CURSO DE
LICITAÇÕES E CONTRATOS
ADMINISTRATIVOS

EDITORA AFILIADA

Visite nossos *sites* na Internet
www.jurua.com.br e
www.editorialjurua.com
e-mail: *editora@jurua.com.br*

ISBN: 978-85-362-4765-6

Brasil – Av. Munhoz da Rocha, 143 – Juvevê – Fone: (41) 4009-3900
Fax: (41) 3252-1311 – CEP: 80.030-475 – Curitiba – Paraná – Brasil
Europa – Rua General Torres, 1.220 – Lojas 15 e 16 – Fone: (351) 223 710 600 –
Centro Comercial D'Ouro – 4400-096 – Vila Nova de Gaia/Porto – Portugal

Editor: José Ernani de Carvalho Pacheco

M827
Moraes, Isaias Fonseca.
Curso de licitações e contratos administrativos./
Isaias Fonseca Moraes./ Curitiba: Juruá, 2014.
472p.

1. Contratos administrativos. 2. Licitações.
I. Título.

CDD 342 (22.ed.)
CDU 342.9

Isaias Fonseca Moraes

CURSO DE
LICITAÇÕES E CONTRATOS
ADMINISTRATIVOS

Curitiba
Juruá Editora
2014

Dedico este trabalho aos gestores públicos que primam pela moralidade, honestidade e respeito com o povo brasileiro ao empregar recursos públicos com observância aos ditames legais e para a satisfação do interesse público.

*Seus sonhos
talvez se realizem ou não.
A perseverança, o trabalho e
muita dedicação influenciam o destino.*

Isaias Fonseca Moraes

NOTA DO AUTOR

Apesar da didática que possui a lei de licitações brasileira que, embora seja norma de caráter geral, esmiúça o procedimento de licitações com clareza e precisão, senti a necessidade de aperfeiçoar algumas anotações pessoais, feitas ao longo do exercício dos cargos de Procurador da Universidade Federal de Rondônia e de Procurador do Estado de Rondônia, e disponibilizar, na forma do presente trabalho, à sociedade jurídica e aos gestores públicos, de modo a contribuir ao aprendizado e orientar a maneira adequada de realização de um procedimento licitatório.

Além de comentários aos artigos da Lei 8.666/93, abordo aspectos e procedimentos estabelecidos em normas esparsas que também mereceram breves comentários. Daí não ser empregado, no trabalho, a denominação de "comentários à lei de licitações e contratos administrativos".

O livro traz, no corpo do texto, a transcrição da legislação envolvida nos temas principais e exemplos práticos – alguns hipotéticos outros concretos – para facilitar o entendimento, de modo a propiciar maior praticidade aos estudos.

Isaias Fonseca Moraes

SUMÁRIO

Capítulo I – LICITAÇÃO 15
1 Evolução Legislativa 15
2 Conceito e Objetivos 30
3 Procedimento Formal 32
4 Lei 8.666/93 – Norma Geral 33
5 Obrigatoriedade 34
6 Finalidades e Princípios 43
7 Ordem Cronológica de Pagamento e Correção Monetária 73
8 Definições 75
9 Licitações de Obras e Serviços 103
10 Licitações de Compras 117
11 Alienações 134
12 Local da Licitação 155
13 Local e Prazo de Publicação do Instrumento Convocatório 156
14 Modalidades de Licitação 160
15 Escolha da Modalidade 171
16 Pregão 177
17 Regime Diferenciado de Contratação Pública – RDC 196
18 Contratação Direta 237
19 Ratificação pela Autoridade Superior 266
20 Habilitação 268
21 Participação de Consórcio 279
22 Registro Cadastral 281

23	Processamento e Julgamento	283
24	Necessidade de Audiência Pública	288
25	Instrumento Convocatório	289
26	Vinculação ao Instrumento Convocatório e sua Impugnação	292
27	Concorrências Internacionais	294
28	Dia da Abertura	296
29	Fase de Classificação e Julgamento	300
30	Tipos de Licitação	302
31	Elaboração da Proposta	312
32	Desclassificação da Proposta	313
33	Licitação Fracassada	314
34	Homologação e Adjudicação	315
35	Revogação, Invalidação e Desistência da Licitação	315
36	Adjudicação Compulsória	318
37	Comissão Processante	319
38	Processamento do Concurso e do Leilão	321

Capítulo II – CONTRATOS ADMINISTRATIVOS 323

1	Considerações Iniciais	323
2	Conceito	324
3	Regime Jurídico	325
4	Classificação	326
5	Objeto do Contrato	327
6	Partes	328
7	Interpretação	328
8	Cláusulas Necessárias	329
9	Garantia	336
10	Vigência	338
11	Prerrogativas da Administração	341
12	Efeitos da Declaração de Nulidade	342
13	Formalização	343
14	O Que Deve Conter	344

15	Publicação	345
16	Obrigatoriedade	346
17	Conhecimento Prévio	348
18	Convocação	348
19	Alteração do Contrato	350
20	Dispensa do Aditamento	358
21	Cláusula *Pacta Sunt Servanda*	358
22	Fiscalização	359
23	Obrigações Acessórias do Contratado	360
24	Responsabilidade Subjetiva do Contrato	361
25	Encargos Trabalhistas, Previdenciários, Fiscais e Comerciais	362
26	Subcontratação	365
27	Recebimento do Objeto	367
28	Testes e Ensaios	369
29	Rejeição do Objeto	369
30	Inexecução do Contrato	371
31	Extinção do Contrato	373

Capítulo III – DAS SANÇÕES E DO PROCESSO JUDICIAL 381

1	Disposições Gerais	381
2	Normas de Caráter Geral	382
3	Sanções Administrativas	385
4	Sanções Penais	392
5	Do Processo e do Procedimento Judicial	409

Capítulo IV – RECURSOS ADMINISTRATIVOS E DISPOSIÇÕES FINAIS E TRANSITÓRIAS 415

1	Recursos Administrativos	415
2	Disposições Finais e Transitórias	423

REFERÊNCIAS 459

ÍNDICE ALFABÉTICO 461

Capítulo I

LICITAÇÃO

1 EVOLUÇÃO LEGISLATIVA

1.1 Decreto 2.926/1862

A primeira norma brasileira sobre licitação foi em 1862, através do Decreto 2.926/62, que regulamentou a arrematação dos serviços postos a cargo do então Ministério da Agricultura, Comércio e Obras Públicas.

O procedimento era simples e oral. Assim que o Governo resolvesse firmar contrato de fornecimento, construção ou conserto de obras realizadas pelo Ministério da Agricultura, o presidente da junta de compras publicava anúncios convidando interessados, fixando, segundo critérios subjetivos da importância da arrematação, o prazo de quinze dias a seis meses para a apresentação das propostas.

O Decreto exigia que amostras dos objetos pretendidos pelo Governo fossem postas à disposição dos interessados e, em tratando de construções ou concertos de obras, as plantas, perfis e detalhes seriam depositados no Arquivo Geral de Obras para exame dos interessados, onde também obtinham todas as informações necessárias a respeito das cláusulas gerais e condições especiais do futuro contrato.

A participação na arrematação era condicionada à apresentação de fiador idôneo até oito dias antes do recebimento das propostas, que se responsabilizasse pelas eventuais multas aplicáveis pelo descumprimento das cláusulas contratuais. O arrematante poderia, ao invés de apresentar fiador, optar por prestar caução em dinheiro ou em fundos públicos de companhias garantidas pelo Governo.

No dia designado para a arrematação, os interessados eram inscritos em livro próprio e, após, se efetuava um sorteio para determinar a ordem de apresentação das propostas, com isso, aquele que teve a "sorte" de dizer sua proposta em primeiro lugar era convidado para, em viva voz, declamá-la de modo a ser ouvido por todos os presentes.

A cada proposta o secretário da junta a consignava em ata, lendo-a posteriormente.

Finda a apresentação, a junta promovia o exame das propostas e documentos dos concorrentes, a fim de dar parecer indicando a que julgar mais vantajosa, remetendo a ata e demais documentos ao Ministério da Agricultura, Comércio e Obras Públicas para decisão sobre a adjudicação.

Propostas lacradas somente eram praticadas quando se tratava de obras novas, concertos ou conservação das obras terminadas, desde que o Governo entendesse conveniente tal prática.

A decisão sobre qual concorrente seria o encarregado do serviço posto em praça era divulgada, no prazo de oito dias, pelo Ministro. Não havendo decisão ao término do prazo, cessava a responsabilidade dos arrematantes e fiadores.

1.2 Decreto 4.536/22

Em 1922 houve uma nova regulamentação sobre o sistema de compras públicas, o que se deu através do Decreto 4.536 de 28 de janeiro. Tratava-se do Código de Contabilidade da União e previa a concorrência pública para o fornecimento de bens, mesmo que em parcelas, de valor superior a 5:000$000 (cinco contos de réis) e para a execução de obras públicas de valor superior a 10:000$000 (dez contos de réis).

A Administração publicava no Diário Oficial, ou jornais oficiais do Estado, as condições de participação, as autoridades encarregadas da adjudicação e o dia, hora e lugar da apresentação das propostas.

Após aferição das condições de participação se lavrava lista de idoneidade, impugnável pelos participantes. Finda a "habilitação" as propostas, entregues lacradas, eram abertas, lidas e, posteriormente, publicadas na íntegra antes da decisão.

Para as compras ordinárias admitia-se concorrência permanente, mediante a inscrição nos ministérios e nas repartições públicas interessadas no fornecimento dos propensos fornecedores de artigos de consumo habitual, que, após inscritos em lista de idoneidade, indicavam o preço, a qualidade do produto e demais esclarecimentos.

A inscrição era processada mediante requerimento ao chefe da repartição ou ao ministro, conforme disposição regulamentar, acompanhada das informações necessárias ao julgamento do proponente e dos artigos e preços dos objetos pretendidos.

Tal procedimento era permanente e a aquisição se daria com aquele que possuísse o menor preço, não podendo o inscrito recusar ao fornecimento sob pena de exclusão de seu nome da lista de idoneidade.

A concorrência era dispensável para aquisições e obras de valores inferiores ao estabelecido e também nos seguintes casos:
a) para fornecimentos, transportes e trabalhos públicos que, por circunstâncias imprevistas ou de interesse nacional, a juízo do Presidente da República, não permitissem a publicidade ou demoras exigidas pelos prazos da concorrência;
b) para fornecimento do material ou gêneros, ou realização de trabalhos que só pudessem ser efetuados por produtor ou profissionais especialistas, ou adquiridos no lugar da produção;
c) para a aquisição de animais para os serviços militares;
d) para arrendamento ou compra de prédios ou terrenos destinados aos serviços públicos;
e) quando não acudirem proponentes à primeira concorrência. Hipótese que a aquisição não se dava quando o preço fosse superior a 10% dos praticados no mercado.

1.3 Decreto-Lei 200/67

O Decreto-Lei 200, de 25.02.1967, praticamente introduziu o modelo atual de licitação. Foi através dele que surgiram as modalidades concorrência, tomada de preços e o convite, além das fases de habilitação e julgamento. O decreto exigia o procedimento para Administração Direta e autárquica.

A norma tratava a licitação como um princípio a ser observado nas compras, obras e serviços, somente sendo dispensável o procedimento nas hipóteses taxativas descritas em seu texto, quais sejam:
a) nos casos de guerra, grave perturbação da ordem ou calamidade pública;
b) quando sua realização comprometer a segurança nacional a juízo do Presidente da República;
c) quando não acudirem interessados à licitação anterior, mantidas neste caso, as condições preestabelecidas;
d) na aquisição de materiais, equipamentos ou gêneros que só podem ser fornecidos por produtor, empresa ou representante comercial exclusivos bem como na contratação de serviços com profissionais ou firmas de notória especialização;
e) na aquisição de obras de arte e objetos históricos;
f) quando a operação envolver concessionário de serviço público ou, exclusivamente, pessoas de direito público interno ou entidades sujeitas ao seu controle majoritário;

g) na aquisição ou arrendamento de imóveis destinados ao Serviço Público;
h) nos casos de emergência, caracterizada a urgência de atendimento de situação que possa ocasionar prejuízos ou comprometer a segurança de pessoas, obras, bens ou equipamentos;
i) nas compras ou execução de obras e serviços de pequeno vulto, entendidos como tal os que envolverem importância inferior a cinco vezes, no caso de compras e serviços, e a cinquenta vezes, no caso de obras, o valor do maior salário-mínimo mensal.

A Administração deveria recorrer à *concorrência* para compras ou serviços de vulto – dez mil vezes o maior salário-mínimo mensal –, admitindo-se a participação de qualquer licitante visando maior amplitude. Nesta modalidade a licitação era dividida em duas fases: a primeira de habilitação preliminar destinada a comprovar a plena qualificação dos interessados para a realização do fornecimento ou execução da obra ou serviços programados; e a fase de julgamento das propostas.

Para as compras ou serviços de médio vulto – entre cem a dez mil vezes o maior salário-mínimo mensal –, poder-se-ia adotar a modalidade *tomada de preços*, cuja participação dependia de prévio registro quanto à habilitação.

O *convite* era a modalidade aplicável para compras ou serviços de valor inferior a cem vezes o maior salário-mínimo mensal, dele podendo participar interessados no ramo pertinente ao objeto da licitação, em número mínimo de três, escolhidos pela unidade administrativa, registrados ou não e convocados por escrito com antecedência mínima de três dias úteis.

Em se tratando de obras, a *concorrência* era obrigatória quando o valor fosse superior a quinze mil vezes o maior salário-mínimo mensal. Se inferior, porém superior a quinhentas vezes o valor do salário-mínimo mensal, **poderia** ser utilizada a modalidade *tomada de preços* e, se inferior a quinhentas vezes o maior salário-mínimo mensal, a utilização do *convite* era obrigatória.

A publicidade se dava de forma diferente para cada modalidade.

Na *concorrência* a "notícia resumida de sua abertura" deveria ser publicada, com antecedência mínima de trinta dias, em órgão oficial e na imprensa diária, com a indicação do local em que os interessados poderiam obter o edital e todas as informações necessárias.

Para *tomada de preços*, bastava fixar o edital, com antecedência mínima de quinze dias, em local acessível aos interessados e comunicar as entidades de classe que os representem.

Para o *convite* bastava o seu envio ao interessado do ramo pertinente ao objeto pretendido.

A critério da autoridade competente, poder-se-ia exigir dos licitantes a prestação de garantias podendo estas ser caução: em dinheiro, títulos da dívida pública ou fidejussória; fiança bancária; e seguro-garantia.

A lei admitia a aplicação de penalidades administrativas aos fornecedores e executores de obras ou serviços em caso de descumprimento de cláusula contratual, como a multa, suspensão do direito de licitar – pelo prazo que a autoridade competente fixar, segundo gradação estipulado em decorrência da natureza da falta – e declaração de inidoneidade para licitar na Administração Federal.

1.4 Lei 5.456/68

Após a edição da Lei 5.456/68, as normas relativas às licitações previstas no Decreto-Lei 200/67 deveriam ser seguidas pelos Estados e Municípios.

Foi a primeira lei "nacional" sobre licitações no Brasil, que admitia, no entanto, a legislação supletiva dos Estados, face as peculiaridades regionais e, mais especificamente, poderiam, mediante lei estadual, fixar limites distintos dos previstos no decreto-lei federal para se estabelecer a modalidade aplicável, sendo que, os Estados, as Capitais e os municípios com população superior a 200.000 habitantes, não poderiam ter limites superior a 50% (cinquenta por cento), e os demais municípios a 25% (vinte e cinco por cento) dos aplicáveis pela União; assim como os prazos poderiam ser reduzidos até a metade.

1.5 Decreto-Lei 2.300/86

O Decreto-Lei 2.300/86 revogou as disposições sobre licitações previstas no Código da Contabilidade Pública da União, os artigos 125 a 144 do Decreto-Lei 200/67 que estabeleciam as normas sobre licitações, a Lei 5.456/68 e ainda as Leis 5.721/71 e 6.946/81, consolidando, em única norma, as disposições gerais sobre a matéria.

Pode-se dizer que este Decreto-Lei foi a norma precursora da Lei 8.666/93. Foi a primeira norma a estabelecer o procedimento de licitação para alienações de bens públicos, além, é claro, de exigir o procedimento para compras, obras e contratação de serviços.

Definiu o objetivo basilar da licitação como a seleção da proposta mais vantajosa para a Administração e fixou os princípios da igualdade, publicidade, da probidade administrativa, da vinculação ao instrumento convocatório, do julgamento objetivo e dos demais correlatos.

O procedimento era aplicável no âmbito da administração federal e autárquica e, as normas gerais, aplicáveis aos Estados e Municípios, que, entretanto, em seu poder de legislar sobre a matéria, não podiam ampliar os casos de dispensa de licitação, tampouco os limites máximos e mínimos dos valores fixados para o convite, a tomada de preços e a concorrência, pois, a Constituição Federal não admitia à União ingerir na Administração dos Estados e Municípios.

Para as sociedades de economia mista, empresas públicas e fundações sob a supervisão ministerial e demais entidades controladas direta ou indiretamente pela União, as normas do decreto-lei eram aplicáveis até que as entidades editassem regulamento próprio, com procedimentos simplificados a respeito de suas licitações.

A norma trazia conceitos diversos, como, por exemplo, de obra, serviço, compra, alienação, projeto básico, execução direta e indireta, além de estabelecer as seguintes modalidades de contratação: empreitada por preço global, por preço unitário, administração contratada e por tarefa.

As obras com o mesmo fim poderiam possuir projeto-padrão e as compras, sempre que possível, deveriam obedecer ao princípio da padronização e serem processadas pelo sistema de registro de preços.

As modalidades de licitação, a exceção do pregão, surgiram nesta norma que acrescentou às previstas no Decreto-Lei 200/67 o *concurso*, como modalidade destinada a quaisquer interessados para escolha de trabalho técnico ou artístico, mediante a instituição de prêmios aos vencedores; e o *leilão*, destinado para a venda de bens móveis e semoventes inservíveis para a Administração, ou de produtos legalmente apreendidos, devolvidos a quem de direito ou utilizados no serviço público.

Assim como a norma anterior, as modalidades eram aplicadas de acordo com os limites fixados e as novidades, com relação à norma anterior, eram as seguintes: a) o *convite* não era obrigatório para contratações de pequeno vulto, poderia a Administração, se coubesse *convite*, realizar modalidade mais complexa; b) o Poder Executivo era autorizado a rever, periodicamente, os valores fixados como limites, regra abolida totalmente pela Lei 8.666/93.

As compras de gêneros alimentícios perecíveis poderiam ser realizadas pelo preço do dia, mediante nota fiscal, diretamente nos centros de abastecimento. Tratava-se de uma forma especial de contratação direta.

A respeito da contratação direta, esta norma foi a primeira a distinguir as espécies de dispensa e inexigibilidade de licitação, sendo que esta se dava por inviabilidade **jurídica** de competição e não **fática** como prevê a lei atual. Havia a hipótese de **vedação** de licitação, a juízo do

Presidente da República, quando houvesse possibilidade de comprometimento da segurança nacional.

O procedimento era similar ao atual com as fases de habilitação e julgamento das propostas distintas e nesta ordem.

Para o julgamento das propostas eram adotadas os seguintes tipos de licitação: menor preço, melhor técnica, técnica e preço e por preço-base, pelo qual a Administração fixava um valor inicial e estabelecia, em função dele, limites mínimo e máximo de preços, especificados no ato convocatório. A norma não disciplinou os procedimentos para cada tipo de licitação, o que ficava a cargo da Comissão julgadora.

As Comissões Permanentes de Licitação exerciam período não superior a um ano e eram compostas de no mínimo três membros.

A norma trouxe disposições gerais sobre o contrato administrativo o que, em sua maioria, foram mantidas pela Lei 8.666/93.

Especificamente com relação a alteração do contrato quanto a acréscimo ou supressões do objeto, a norma fixou os mesmos limites hoje aplicáveis; ou seja, 25% (vinte e cinco por cento) para obras, compras e serviços, e 50% (cinquenta por cento) quanto se tratar de reforma de edifício ou equipamento. Tais limites, os contratados eram obrigados a suportar. No entanto, a norma admitia expressamente que os acréscimos poderiam superar àqueles limites, desde que não houvesse alteração do objeto e mediante acordo das partes, regra que foi suprimida da norma atual.

O Decreto-lei 2.300/86 sofreu alterações pontuais através do Decreto-lei 2.348/87, que, dentre outras coisas, estendeu o procedimento para as concessões e locações públicas e pelo Decreto-lei 2.360/87, mantendo, contudo, a estrutura do procedimento de licitação.

1.6   Constituição de 1988

A Constituição Federal de 1988 conferiu à União a competência privativa para estabelecer normas gerais sobre licitação e contrato administrativo, em todas as modalidades, para as administrações públicas diretas, autárquicas e fundacionais da União, dos Estados, do Distrito Federal e Municípios, obedecido o disposto no art. 37, XXI, e para as empresas públicas e sociedades de economia mista, nos termos do art. 173, § 1º, inciso III.

CF/88
Art. 22. Compete privativamente à União legislar sobre:
(...)

XXVII – normas gerais de licitação e contratação, em todos as modalidades, paras as administrações públicas diretas, autárquicas e fundacionais da União, Estados, Distrito Federal e Municípios, obedecido o disposto no art. 37, XXI, e para as empresas públicas e sociedade de economia mista, nos termos do art. 173, § 1º, III.

Está claro que a competência privativa da União se resume em editar "normas gerais", ou seja, trata-se de competência concorrente entre a União e demais entes federados. A norma deveria estar inserida no corpo do art. 24 e não no 22 da Constituição, haja vista que a regra do art. 24 regula a forma da legislação concorrente nos parágrafos 1º ao 4º. O que importa para o estudo é que os Estados, o Distrito Federal e os Municípios (estes na forma residual) podem legislar supletivamente nessa matéria.

A União exerceu sua competência ao editar a Lei 8.666/93, que ditou as mencionadas "normas gerais" sobre licitação e contrato administrativo. A dificuldade é se extrair daquela lei quais são as normas gerais propriamente ditas e quais só se aplicam ao procedimento licitatório e à contratação realizada pela União. Até que ponto há liberdade aos demais entes – Estados, Distrito Federal e Municípios – de especificarem seus procedimentos sem se afastar das normas gerais fixadas pela União. A tarefa é "garimpar" dentro da Lei 8.666/93 aquilo que pode se ter como "normas especiais" ou particulares aplicáveis somente à União.

A discussão passa pela abrangência que deu a União ao editar as chamadas "normas gerais". A lei licitatória em vigor não deixou margem para a legislação suplementar dos demais entes federados; ela esmiúça o procedimento licitatório e as regras de contratação a ponto de engessar qualquer tentativa de especificação sob o singelo argumento do "interesse local".

A Lei 8.666/93 regulamenta o art. 22, XXVII da Constituição Federal e segue diretrizes definidas no art. 37, XXI que estabelece:

CF/88
Art. 37. *A administração pública direta e indireta de qualquer dos Poderes da União, dos Estados, do Distrito Federal e dos Municípios obedecerá aos princípios de legalidade, impessoalidade, moralidade, publicidade e eficiência e, também, ao seguinte:*
(...)
XXI – ressalvados os casos especificados na legislação, as obras, serviços, compras e alienações serão contratados mediante processo de licitação pública que assegure igualdade de condições a todos os concorrentes, com cláusulas que estabeleçam obrigações de paga-

mento, mantidas as condições efetivas da proposta, nos termos da lei, o qual somente permitirá as exigências de qualificação técnica e econômica indispensáveis à garantia do cumprimento das obrigações.

A norma reforça que a contratação por parte da Administração Pública se faça mediante processo de licitação, no entanto, deixa claro que a legislação infraconstitucional deverá especificar os casos em que o procedimento não será exigido.

A Constituição deixa claro um dos objetivos do processo de licitação que é assegurar igualdade de condições a todos os "concorrentes". A igualdade de condições de participação não significa exigir idênticos requisitos a todos, mas sim estabelecer condições que permitam a participação de licitantes diferentes. Assim, a Lei Complementar 123/06, estabelece regras diferenciadas a serem observadas para as microempresas e empresas de pequeno porte de forma a viabilizar a competição com as grandes empresas.

LC 123/06
Art. 47. Nas contratações públicas da União, dos Estados e dos Municípios, poderá ser concedido tratamento diferenciado e simplificado para as microempresas e empresas de pequeno porte objetivando a promoção do desenvolvimento econômico e social no âmbito municipal e regional, a ampliação da eficiência das políticas públicas e o incentivo à inovação tecnológica, desde que previsto e regulamentado na legislação do respectivo ente.
Art. 48. Para o cumprimento do disposto no art. 47 desta Lei Complementar, a administração pública poderá realizar processo licitatório:
I – destinado exclusivamente à participação de microempresas e empresas de pequeno porte nas contratações cujo valor seja de até R$ 80.000,00 (oitenta mil reais);
II – em que seja exigida dos licitantes a subcontratação de microempresa ou de empresa de pequeno porte, desde que o percentual máximo do objeto a ser subcontratado não exceda a 30% (trinta por cento) do total licitado;
III – em que se estabeleça cota de até 25% (vinte e cinco por cento) do objeto para a contratação de microempresas e empresas de pequeno porte, em certames para a aquisição de bens e serviços de natureza divisível.
§ 1º. O valor licitado por meio do disposto neste artigo não poderá exceder a 25% (vinte e cinco por cento) do total licitado em cada ano civil.

§ 2º. *Na hipótese do inciso II do* **caput** *deste artigo, os empenhos e pagamentos do órgão ou entidade da administração pública poderão ser destinados diretamente às microempresas e empresas de pequeno porte subcontratadas.*

A norma constitucional exige, de igual forma, que a lei infraconstitucional proteja o contratado – colaborador da Administração Pública – mediante cláusula que garanta a obrigatoriedade de pagamento, que mantenha as condições efetivas da proposta e que não exija prova de qualificação técnica e econômica excedente às necessárias para o cumprimento da obrigação.

O teor do inc. XXI do art. 37 da Constituição Federal é sem dúvidas composto por normas de caráter dirigente à legislação infraconstitucional, impondo que estabeleça regras de proteção ao contratado, como a garantia de um processo de licitação isonômico, associado a garantias de pagamento por parte da administração e a manutenção efetiva de sua proposta.

A manutenção efetiva da proposta significa que a administração deve manter, durante a duração do contrato, as condições impostas na proposta, garantindo o equilíbrio econômico e financeiro firmado quando de sua propositura. No momento em que houver o desequilíbrio econômico e financeiro deve a administração promover a alteração contratual para restabelecê-lo, tomando por base a data de validade da proposta e não da efetivação do contrato. Trata-se de garantia constitucional vinculativa do ato administrativo.

A proteção constitucional ao contratado possui uma razão de ser. A relação contratual entre o particular e a administração pública é desigual. A supremacia do interesse público coloca a administração em um patamar, deixando o particular em outro. O contratado é um mero colaborador do Poder Público na prestação de serviços à sociedade, as prerrogativas postas à disposição da administração podem levar ao desinteresse do particular em colaborar com seu esforço, se não houver garantias de condições iguais no certame, de pagamento e da manutenção do equilíbrio econômico e financeiro de sua proposta.

Ao tratar das empresas públicas e das sociedades de economia mista, o art. 173, § 1º, III, equipara tais entidades à administração direta ao exigir a aplicação de seus princípios, no entanto, o § 1º disciplina que *lei* disporá sobre licitações e contratação de obras, serviços, compras e alienações daquelas entidades. A norma, ao dirigir-se especificamente às empresas públicas e às sociedades de economia mista, faz com que a regra geral sobre licitações, aplicável para a administração direta e autárquica, coabite o mesmo ambiente com regras específicas de licitações aplicáveis àquelas entidades.

CF/88
Art. 173. *Ressalvados os casos previstos nesta Constituição, a exploração direta de atividade econômica pelo Estado só será permitida quando necessária aos imperativos da segurança nacional ou a relevante interesse coletivo, conforme definidos em lei.*
§ 1º. A lei estabelecerá o estatuto jurídico da empresa pública, da sociedade de economia mista e de suas subsidiárias que explorem atividade econômica de produção ou comercialização de bens ou de prestação de serviços, dispondo sobre:
(...)
III – licitação e contratação de obras, serviços, compras e alienações, observados os princípios da administração pública;

Com efeito, a Lei 9.478/97, regulamentada pelo Dec. 2.745/98, introduziu um procedimento simplificado nas licitações promovidas pela PETROBRAS. Entretanto, o Tribunal de Contas da União entendeu inconstitucionais tais regras, firmando posição de que as empresas públicas e as sociedades de economia mista devem submissão à Lei 8.666/93.

Após recurso administrativo negado, a PETROBRAS recorreu ao Supremo Tribunal Federal – MS 25888 – alegando que a Lei de Licitações e Contratos não se aplica aos processos de contratação feitos pela empresa, pois esta, na qualidade de sociedade de economia mista, possui regulamento próprio, com fundamento no art. 67 da Lei 9.478/97, e aprovado pelo Dec. 2.745/98. Desta forma, via ação cautelar, conseguiu liminar suspendendo os efeitos da decisão promovida pelo Tribunal de Contas da União. Com isso, a empresa pode fazer mão de procedimento licitatório simplificado e diferenciado.

EMENTA: Ação Cautelar. 2. Efeito suspensivo a recurso extraordinário admitido no Superior Tribunal de Justiça. 3. Plausibilidade jurídica do pedido. Licitações realizadas pela Petrobras com base no Regulamento do Procedimento Licitatório Simplificado (Decreto 2.745/98 e Lei 9.478/97). 4. Perigo de dano irreparável. A suspensão das licitações pode inviabilizar a própria atividade da Petrobras e comprometer o processo de exploração e distribuição de petróleo em todo o país, com reflexos imediatos para a indústria, comércio e, enfim, para toda a população. 5. Medida cautelar deferida para conceder efeito suspensivo ao recurso extraordiná-

rio. (*AC* 1193 MC-QO/RJ – Rio de Janeiro – Questão de ordem em medida cautelar em ação cautelar)

As empresas públicas e as sociedades de economia mista atuam na economia e disputam mercado com a iniciativa privada. Para que haja competição as forças devem se equivaler, daí a vedação constitucional de privilégios fiscais não extensivos ao setor privado para essas entidades:

CF/88
Art. 173. Ressalvados os casos previstos nesta Constituição, a exploração direta de atividade econômica pelo Estado só será permitida quando necessária aos imperativos da segurança nacional ou a relevante interesse coletivo, conforme definidos em lei.
(...)
§ 2º. As empresas públicas e as sociedades de economia mista não poderão gozar de privilégios fiscais não extensivos às do setor privado.

Como a Constituição equiparou as empresas públicas e as sociedades de economia mista às empresas do setor privado no aspecto fiscal e, por tal razão, equilibra as forças para que ocorra competição saudável de mercado, é razoável que o mesmo fundamento seja admitido para permitir que as entidades da administração indireta que atuam no mercado econômico possuam capacidade de operação e mobilização equivalente ao setor privado. Mobilidade que passa, necessariamente, pela capacidade de compras.

O § 1º do art. 173 da Constituição Federal combinado com o inciso III da mesma norma, não deixa dúvidas de que a lei disciplinará o processo de licitação aplicável especificamente pelas empresas públicas e pelas sociedades de economia mista ao assim afirmar:

*A **lei estabelecerá** o estatuto jurídico da empresa pública, da sociedade de economia mista e de suas subsidiárias que explorem atividade econômica de produção ou comercialização de bens ou de prestação de serviços, **dispondo sobre:** (...) III – licitação e contratação de obra, serviços, compras e alienações, observados os princípios da administração pública.*

Ao afirmar que a lei disporá sobre licitação e contratação para as empresas públicas e sociedades de economia mista a Constituição Federal autoriza a edição de lei especial, aplicável àquelas entidades. A única exigência constitucional é que a lei especial cobre o cumprimento dos princípios da administração pública. O procedimento em si pode ser totalmente diferente desde que seja legal, impessoal, moral, eficiente e que se dê publicidade.

O art. 175 da Constituição Federal reafirma a necessidade de licitação em caso de concessão ou permissão dada a terceiros para a prestação de serviços públicos e com ele fica claro a vontade da Carta Federal de exigir o procedimento para todo acordo que a Administração Pública firmar com particular e que houver competição, mesmo em caso de doação com encargo ou mesmo sem encargo por parte do Poder Público, mas com algum tipo de vantagem ao donatário. Assim, se o particular estiver interessado em doar placas de sinalização de ruas para ser fixada nas esquinas, mas com a colocação de propaganda comercial de sua empresa ou negócio, haverá necessidade de licitar.

1.7 Lei 8.666/93

O atual estatuto de licitações e contratos administrativos revogou expressamente o Decreto-Lei 2.300/67 e estabeleceu as normas gerais vigentes e de observância obrigatória pela União, Estados, Distrito Federal, Municípios, suas autarquias e fundações, os fundos especiais e demais entidades controladas direta ou indiretamente pela União, Estados, Distrito Federal e Municípios, assim como empresas públicas e sociedades de economia mista que não possuam legislação especial e, supletivamente, para as que possuam naquilo que couber.

Desde sua edição a Lei 8.666/93 sofreu alterações pontuais pelas Leis 8.883/94, 9.648/98 e 9.854/99, além de conviver em harmonia com leis que ditam procedimentos especiais de licitação para determinadas contratações como a Lei 11.79/04 que regula o procedimento para contratação de parceria público-privada e a Lei 11.107/05 que disciplina regras especiais de contratações realizadas por consórcios públicos. Finalmente, a Lei 10.520/02 que introduziu a modalidade *pregão* para compras e contratação de serviços comuns no âmbito da União.

A Lei 8.666/93 será estudada adiante artigo por artigo.

1.8 Lei 12.462/11

A Medida Provisória 527/11, convertida na Lei 12.462/11, instituiu o Regime Diferenciado de Contratações Públicas – RDC, aplicáveis exclusivamente às licitações e contratos necessários à realização dos Jogos Olímpicos e Paraolímpicos de 2016, Copa das Confederações da

Federação Internacional de Futebol Associação – FIFA/2013, Copa do Mundo FIFA/2014, obras de infraestrutura e de contratação de serviços para os aeroportos das capitais dos Estados da Federação distantes até 350 km (trezentos e cinquenta quilômetros) das cidades sedes das Copa das Confederações e da Copa do Mundo FIFA, das ações integrantes do Programa de Aceleração do Crescimento (PAC), das obras e serviços de engenharia no âmbito do Sistema Único de Saúde – SUS, e das obras e serviços de engenharia para construção, ampliação e reforma de estabelecimentos penais e unidades de atendimento socioeducativo.

O objetivo maior RDC foi reduzir as formalidades e a burocracia, presentes na forma de seleção e contratação regidos pela Lei 8.666/93, mas trouxe uma série de inovações, mesmo que pontuais, que permitem um avanço considerado no sistema de compras governamentais, nas áreas em que é aplicável.

O RDC é uma modalidade de licitação a ser estudada com detalhes no decorrer deste curso.

1.9 Perspectiva da Legislação Futura

Tramita no Congresso Nacional o Projeto de Lei 7.709-A de 2007, já aprovado no Senado Federal, que alterará, segundo a proposta, os artigos 6º, 15, 16, 20, 21, 22, 23, 24, 26, 28, 32, 34, 36, 38, 40, 42, 43, 61, 87 e 109 da Lei 8.666/93. Trata-se de uma reforma significativa para introduzir ao procedimento de licitação o uso da tecnologia, principalmente da internet, adaptação necessária para que o direito acompanhe os avanços da sociedade.

A Administração Pública não merece ficar à margem do desenvolvimento tecnológico, ao contrário, deve aliar-se a ele e utilizá-lo como ferramenta para aprimorar seus procedimentos tornando-o mais eficiente e ágil.

A futura lei, em sendo aprovada, permitirá a utilização de sistema eletrônico que promova a comunicação pela internet, desde que certificado digitalmente por autoridade certificadora credenciada no âmbito do ICP-Brasil por qualquer modalidade de licitação. Outra novidade bastante significativa prevista no projeto é a possibilidade de substituição da publicação na imprensa oficial pela virtual, desde que realizada em sítios oficiais da Administração Pública. Medida que promoverá significativa economia ao mesmo tempo que agilizará o procedimento e, principalmente, efetivará o princípio da publicidade tendo em vista que a internet já é o veículo de maior alcance publicitário, tendo superado em muito a imprensa escrita. Por sua vez, Diário Oficial não é acessível ao cidadão comum, sendo somente lido, e pouco, por alguns servidores que possuem sua leitura como obrigação funcional.

Além das novidades mencionadas acima, os pontos principais da reforma prevista no Projeto de Lei 7.709-A/07 são os seguintes:

1. Obrigatoriedade de utilização da modalidade Pregão para aquisição de bens e contratação de serviços considerados comuns;
2. Define sítio oficial da Administração Pública – local, na internet, certificado digitalmente por autoridade certificadora credenciada no âmbito da Infraestrutura de Chaves Públicas Brasileira – ICP-Brasil;
3. Cria o Sistema Nacional de Cadastro de Registro de Preços, sob a responsabilidade da União, disponibilizando as demais unidades da Administração Pública;
4. Possibilidade de impugnação do preço registrado no cadastro geral por qualquer cidadão;
5. A publicidade mensal exigida pelo art. 16 da Lei 8.666/93, poderá ser feita em sítios oficiais da Administração Pública, desde que certificado no âmbito da ICP-Brasil;
6. Introdução da modalidade Pregão no corpo da Lei 8.666/93;
7. Exigência de declaração do licitante, como documento necessário para fins de habilitação, de que não está incurso nas sanções previstas nos incisos III e IV do art. 87 da Lei 8.666/93, assim como seus diretores, gerentes ou representantes das pessoas jurídicas;
8. Aceitação de documentos impressos de sítio oficial com certificação digital por autoridade credenciada no âmbito do ICP-Brasil;
9. Disponibiliza, expressamente, o Sistema de Cadastramento Unificado de Fornecedores – SICAF aos demais órgãos da Administração Pública;
10. Inverte os atos de homologação e adjudicação constantes no inciso VII do art. 38;
11. Introduz o sistema eletrônico a todas as modalidades;
12. Admite a inversão das fases de habilitação e julgamento das propostas, exigindo, neste caso, que o licitante declare, sob as penas da lei, que reúne as condições de habilitação exigidas no instrumento convocatório;
13. Previsão da sanção de suspensão temporária de participação em licitação e impedimento de contratar com a Administração, nos termos do inciso III do art. 87 da Lei 8.666/93, para caso do li-

citante vencedor não preencher os requisitos de habilitação conforme declarado;

14. Impede a desistência das propostas durante o processo licitatório, salvo por motivo justo decorrente de fato superveniente e aceito pela Comissão ou pelo pregoeiro;

15. Reduz de 5 para 2 dias úteis o prazo para interposição do Recurso Hierárquico e da Representação previsto no art. 109, I, II da Lei 8.666/93;

16. Reduz de 10 para 5 dias úteis o prazo para interposição do Pedido de Reconsideração previsto no inciso III do art. 109 da Lei 8.666/93;

17. Veda o efeito suspensivo aos recursos;

18. O Recurso Hierárquico interposto em face da habilitação ou não do licitante e sobre o julgamento das propostas, deverá ser julgado antes da homologação e adjudicação do objeto;

19. Reduz de 5 para 2 dias úteis o prazo para contrarrazões ao recurso interposto;

20. Reduz de 5 para 2 dias úteis o prazo para autoridade que praticou o ato reconsiderar ou recebê-lo e subir para a autoridade superior;

21. Institui o Cadastro Nacional de Registro de Preços, sob responsabilidade da União, disponibilizando às unidades administrativas da Administração Pública.

A aprovação do Projeto de Lei 7.709/07 promoverá, como se viu, um avanço significativo no processo de licitação, contudo, o Cadastro Nacional de Registro de Preços poderá inibir a realização de licitação pelos demais entes obrigados, além de propiciar o desaquecimento da economia local. Mesmo assim, os avanços superam eventuais prejuízos.

Ao comentar os artigos da Lei 8.666/93, encartes das eventuais alterações serão postas para melhor assimilação. A redação é adotada pela Comissão Especial destinada a proferir parecer ao Projeto de Lei 7.709/07, presidida pelo Deputado Tadeu Filippelli. Os comentários virão identificados com asterisco [*].

2 CONCEITO E OBJETIVOS

Licitação é o procedimento administrativo formal pelo qual um ente público, quando deseja adquirir ou alienar bens, assim como contratar serviços, abre a todos os interessados que se sujeitem às condições fixadas no instrumento convocatório (edital ou carta-convite – *lei interna da licitação e do contrato)*, a possibilidade de formularem propostas, dentre as quais seleciona e aceita a mais vantajosa e conveniente, de modo a promover o desenvolvimento nacional.

O procedimento, após a edição da Lei 12.349, de 15.12.2010, passou a ter três objetivos bem definidos, a saber: a) garantir o princípio constitucional da isonomia entre os participantes; b) escolher a proposta mais vantajosa para a Administração; e, c) promover o desenvolvimento nacional sustentável.

A alteração legislativa recente é significativa, pois a Administração pode, com o amparo no argumento de promoção do desenvolvimento sustentável, decidir favoravelmente à proposta que atende a este requisito, em detrimento de outra que aparentava ser mais vantajosa, ao menos no campo econômico.

A Constituição Federal já estabelece, como um dos objetivos fundamentais da República Federativa do Brasil, a garantia do desenvolvimento nacional[1]. Os objetivos traçados pela Constituição Federal para o Brasil exigem que a atuação estatal, de qualquer nível de administração, somente possa ser praticada se voltar-se à sua atenção. Neste contexto, a promoção do desenvolvimento nacional já era um objeto implícito nas licitações.

O desenvolvimento nacional ocorre sempre que o poder público realiza atividade que venha incrementar a economia, de forma a garantir a geração de empregos, assegurando distribuição de renda e diminuição das desigualdades regionais. Com efeito, o procedimento de licitação visa assegurar não só a melhor proposta financeira para a Administração Pública. Deve ir além. A melhor proposta será aquela que reúna a vantagem pecuniária associada a fatores que promovam o desenvolvimento nacional, como, por exemplo, a distribuição da renda e a garantia da geração de empregos, além das hipóteses em que a lei estabelece os critérios de desempate entre competição envolvendo empresas nacionais e internacionais, favorecendo a aquisição de bens produzidos no País, produzidos ou prestados por empresas brasileiras e, ainda, produzidos ou prestados por empresas que invistam em pesquisa e no desenvolvimento de tecnologia no País (LLC, art. 3º, § 2º – *vide* item 6.1).

O desenvolvimento deve ser ainda sustentável. Ou seja, aquele capaz de produzir riqueza para suprir as necessidades da população atual, sem comprometer as reservas que possam garantir as necessidades das futuras gerações. O que se faz com planejamento de longo prazo, a partir

---

[1] BRASIL, Constituição Federal art. 3º, II.

da consciência de que os recursos naturais são finitos. Desenvolver a Amazônia de forma sustentável é proporcionar a exploração sem sua destruição. A licitação, a partir da Lei 12.349/10, deve ser realizada de forma a garantir o princípio da isonomia, selecionar a proposta mais vantajosa e promover o desenvolvimento nacional sustentável.

Assegurar o princípio da isonomia entre os participantes é uma forma de promover o desenvolvimento nacional almejado pela Constituição Federal, e agora expressamente pela Lei 8.666/93. É certo que este princípio exige tratamento desigual, entre os desiguais, como forma de equilibrar as forças, daí a lei admitir o tratamento diferenciado para as microempresas e as empresas de pequeno porte.

Em resumo, a lei expressa três finalidades centrais do procedimento de licitação. A primeira é garantir igualdade de condições a todos que desejem fornecer bens ou prestar serviços à Administração Pública, assim como aqueles que desejem alienar bens públicos desafetados; trata-se da atenção aos princípios da isonomia e da impessoalidade. O segundo é ampliar as propostas de modo que a Administração possa selecionar a melhor nos aspectos econômico e técnico. A terceira é a promoção do desenvolvimento nacional sustentável.

A partir de agora tratarei do órgão da Administração Pública que promove o certame por *licitante*; enquanto o particular que apresenta proposta por *proponente* ou *licitante particular*.

3 PROCEDIMENTO FORMAL

A formalidade deveria ser a regra em qualquer processo administrativo, porém, a falta de uma legislação que regule o processo administrativo em todas as esferas políticas torna o informalismo preponderante, sendo formais apenas aqueles procedimentos regulados por lei específica. A edição de um "código nacional de processo administrativo" até que poderia uniformizar os procedimentos no âmbito de toda Administração Pública e de todas as esferas, ocorre que a União não pode legislar sobre questões particulares dos Estados e dos Municípios, o que poderia ser entendido como uma espécie de intervenção branca.

Embora o informalismo seja a regra, há procedimentos eminentemente formais, como o processo administrativo disciplinar e o procedimento de licitação.

A Lei 8.666/93, extremamente autodidata, diz onde e como proceder o certame, regula regras de comportamento para a Administração e para o particular, estabelece todos os atos necessários, desde a preparação do processo (fase interna) até a conclusão do certame, atos que só serão válidos se observarem rigorosamente a forma ali estabelecida.

O excesso de formalismo, contudo, pode ser visto como prejudicial à Administração que, volta e outra, se vê na necessidade de possuir maior mobilidade para a concretização de sua finalidade e se vê de certa forma "amarrada" ao formalismo do procedimento licitatório. Até mesmo a contratação direta para acudir situação excepcional e extraordinária, cuja atuação do Poder Público deve ser imediata, não pode ocorrer sem a observância de certas formalidades.

Não é tarefa difícil encontrarmos exemplos em que a Administração busca dar maior agilidade para atender determinada demanda social, um deles é firmar parceria com o terceiro setor mediante convênio ou termo de parceria com repasse financeiro e mediante a prestação de contas. As leis posteriores ao estatuto licitatório mostram uma tendência de oferecer maior flexibilidade ao procedimento. A propósito, o Projeto de Lei 7.709/07 ao implementar o uso da tecnologia, reduzir os prazos e admitir a inversão das fases de habilitação e julgamento, comprova a necessidade de dotar o Poder Público de maior agilidade para que o mesmo se torne mais eficiente.

Inobstante a evidente necessidade de atualização, a Lei 8.666/93 traz algumas regras e conceitos que merecem destaque. Cite-se, por exemplo, a referência que faz à forma de realização dos atos – o procedimento é essencialmente solene –, seu caráter público, a possibilidade de participação do cidadão em acompanhar o procedimento e o direito subjetivo do licitante particular de exigir a regularidade do certame.

Por outro lado, o formalismo estabiliza o procedimento, torna-o igual embora realizado por diferentes órgãos e diferentes esferas públicas, reduzindo as possibilidades de falhas ou irregularidades se não houvessem regras fixas a seguir.

A determinação excessiva da Lei 8.666/93, que a torna uma norma *dirigente,* não deixa margem de interpretações a ponto de alterar a forma da realização do procedimento.

4 LEI 8.666/93 – NORMA GERAL

Lei 8.666/93
Art. 1º. *Esta Lei estabelece normas gerais sobre licitações e contratos administrativos pertinentes a obras, serviços, inclusive de publicidade, compras, alienações e locações no âmbito dos Poderes da União, dos Estados, do Distrito Federal e dos Municípios.*

Parágrafo único. Subordinam-se ao regime desta Lei, além dos órgãos da administração direta, os fundos especiais, as autarquias, as fundações públicas, as empresas públicas, as sociedades de economia mista e demais entidades controladas direta ou indiretamente pela União, Estados, Distrito Federal e Municípios.

A Lei Licitatória regulamenta o art. 22, XXVII da Constituição Federal, ao estabelecer normas gerais a serem seguidas pela União, Estados, Distrito Federal e Municípios (*vide* item 1.6).

O conteúdo do *caput* do art. 1º, enfatiza a necessidade do procedimento para serviços de publicidade, muitas vezes contratados pelo veículo responsável pela campanha eleitoral do gestor. A ênfase, proposital, mostra a intenção de evitar exatamente esse tipo de contratação.

O parágrafo único estende a obrigatoriedade de licitação para órgãos da Administração Direta, o que entendo desnecessário, e para as entidades da Administração Indireta, inclusive empresas públicas e sociedades de economia mista.

Com relação à aplicação da Lei 8.666/93 às empresas públicas e sociedades de economia mista, a norma deve ser interpretada conforme a Constituição Federal – art. 173, § 1º c.c. inc. III – que admite legislação própria e especial para essas entidades, face a sua equiparação às empresas do setor privado. Assim, se houver norma especial com regras diferenciadas, a Lei 8.666/93 será aplicada como norma suplementar.

5   OBRIGATORIEDADE

Lei 8.666/93
Art. 2º. As obras, serviços, inclusive de publicidade, compras, alienações, concessões, permissões e locações da Administração Pública, quando contratadas com terceiros, serão necessariamente precedidas de licitação, ressalvadas as hipóteses previstas nesta Lei.
Parágrafo único. Para os fins desta Lei, considera-se contrato todo e qualquer ajuste entre órgãos ou entidades da Administração Pública e particulares, em que haja um acordo de vontades para a formação de vínculo e a estipulação de obrigações recíprocas, seja qual for a denominação utilizada.

O conteúdo do art. 2º da Lei 8.666/93 impõe a necessidade de realização de licitação a todo contrato a ser firmado pela Administração com terceiros. Por contrato entende-se qualquer relação, mesmo que não haja a formalização de instrumento contratual, mas que imponha obrigações recíprocas mediante acordo de vontade.

A licitação será obrigatória sempre que a Administração Pública pretender realizar obras, contratar serviços, inclusive de publicidade, adquirir bens, promover alienações, concessões, permissões e locações e quando houver competição de mercado, ressalvadas as hipóteses descritas na lei.

Com efeito, qualquer relação da Administração Pública com particular, mesmo a doação com encargo ou mediante vantagem publicitária, deverá ser precedida de licitação, inclusive órgãos dos poderes Legislativo e Judiciário, tribunais de contas, Ministério Público e Defensorias Públicas, além daqueles aos quais a lei atribuir autonomia administrativa e financeira.

Pela oportunidade antecipo a transcrição do art. 117 da lei licitatória.

Lei 8.666/93
Art. 117. As obras, serviços, compras e alienações realizados pelos órgãos dos Poderes Legislativo e Judiciário e do Tribunal de Contas regem-se pelas normas desta Lei, no que couber, nas três esferas administrativas.

5.1 Serviços de Publicidade Através de Agência – Lei Específica

Em 29 de abril de 2010 foi editada a Lei 12.232 que estabelece normas gerais para contratação pela Administração Pública de serviços de publicidade prestados por intermédio de agências de propaganda. Trata-se de norma especial somente aplicável para este objeto.

Por se tratar de norma geral, os Estados e Municípios podem legislar sobre a matéria, observando as normas gerais editadas pela União. Com efeito, a partir de 30.04.2010, data da publicação da lei, as licitações, tendo por objeto a contratação de serviços de publicidade por intermédio de agências de propaganda, deverão adotar o rito estabelecido na lei especial.

5.1.1 Limitações

A lei limita sua aplicação à contratação de serviços de publicidade realizados por intermédio de agências de propaganda, cujas atividades sejam disciplinadas pela Lei 4.680/65, bem como ao objeto específico, descrito no art. 2º, não podendo inserir qualquer outra atividade não discriminada na lei.

Por serviço de publicidade – cuja contratação dependerá de licitação regida pela lei especial – incluem: o estudo, o planejamento, a conceituação, a concepção, a criação, a execução interna, a intervenção e a supervisão da execução externa e a distribuição de publicidade aos veículos e demais meios de divulgação, com o objetivo de promover a venda de bens ou serviços de qualquer natureza, difundir ideias ou informar o público em geral. Outras atividades, mesmo que de caráter publicitário, como a divulgação de festas, eventos de qualquer natureza, assessoria de imprensa, comunicação e relações públicas, deverão ser contratadas por meio de procedimentos licitatórios próprios.

Quanto às agências, somente estarão autorizadas a participar do certame aquelas cujas atividades sejam disciplinadas pela Lei 4.680/65 e que tenham obtido certificado de qualificação técnica de funcionamento. Segundo a lei, o certificado de qualificação técnica de funcionamento

poderá ser obtido perante o Conselho Executivo das Normas-Padrão – CENP, entidade sem fins lucrativos, integrado e gerido por entidades nacionais que representam veículos, anunciantes e agências, ou por entidade equivalente, legalmente reconhecida como fiscalizadora e certificadora das condições técnicas de agências de propaganda.

5.1.2   Seleção Interna – Escolha da Agência

Uma novidade significativa é a possibilidade de adjudicação do objeto a mais de uma agência de publicidade, sem a segregação em itens ou contas publicitárias, mediante justificativa no processo de licitação. A Administração Pública poderá, então, firmar contrato com diversas agências para o mesmo objeto. Na execução, o órgão ou entidade deverá, obrigatoriamente, instituir procedimento de seleção interna entre os contratados, cuja metodologia será por ela aprovada e publicada na imprensa oficial.

A escolha da agência que executará a campanha publicitária específica deve levar em conta aspectos singulares de cada contratada, vinculando o serviço à sua especialidade.

5.1.3   Escolha da modalidade e tipo da licitação

Ao iniciar o procedimento cabe à Administração Pública escolher a modalidade e o tipo em que se dará o procedimento licitatório, o que é feito de acordo com o valor estimado da contratação e, em casos especiais, com o objeto.

Para o procedimento regido pela Lei 12.232/10 o certame deverá ser do tipo "melhor técnica" ou "técnica e preço", o que, por si só, afasta a possibilidade de utilização da modalidade pregão.

5.1.4 O instrumento convocatório

Uma razão que torna a licitação para a contratação de serviços de publicidade, mediante agência de propaganda, especial, é a impossibilidade de definição do objeto, nos moldes exigidos pelo art. 40, I da Lei 8.666/93.

A intenção da Administração Pública é contratar a agência para cuidar da política de propaganda institucional e não da realização de uma campanha publicitária específica. O objeto específico somente surgirá no momento da execução.

O art. 6º da Lei 12.232/10 resolveu a celeuma ao retirar a exigência da descrição sucinta do objeto assim como a necessidade de estabelecer o prazo de execução do contrato. O objeto a ser executado surgirá com a necessidade da realização da propaganda institucional, oportunidade em que poderá ser sucintamente especificado.

O instrumento convocatório deverá conter as exigências do art. 40 da Lei 8.666/93, exceto: a) a descrição sucinta do objeto; b) o prazo de execução; c) o projeto executivo; d) orçamento estimado em planilhas e quantitativos de preços unitários; e) especificações complementares e as normas de execução pertinentes à licitação.

Embora a lei exclua a necessidade de se incluir no instrumento convocatório a minuta do contrato a ser firmado, não é razoável deixar de fora a minuta, mesmo que contemple o objeto de forma genérica.

O instrumento deve conter informações suficientes para a elaboração da proposta na forma de *briefing*. O *briefing* é um conjunto de informações, um roteiro para a elaboração e desenvolvimento de um trabalho, muito utilizado em administração, relações públicas e na área de publicidade. Deve conter um roteiro de ações para criar a solução que o cliente procura é como mapear o problema e, com estas pistas, ter ideias para encontrar as soluções. Trata-se de uma peça fundamental para a elaboração da proposta e de pesquisa de mercado. Através dela a Administração Pública delimita o que pretende, qual o público alvo, os objetivos da campanha, dentre outros elementos informativos e norteadores para a apresentação da proposta.

A proposta técnica será norteada pelo *briefing* que conterá o plano de comunicação publicitária.

O plano de comunicação publicitária deve ser entregue em duas vias, uma sem a identificação de seu autor e a outra identificada. Já a proposta de preços conterá quesitos representativos das formas de remuneração vigentes no mercado publicitário.

5.1.5 Da proposta

Uma questão crucial e que levava a irregularidades nas contratações de serviços de publicidade era o preço do serviço. O *preço* da inserção publicitária é bastante variado e depende de circunstâncias momentâneas, externas à Administração Pública, tais como: o veículo de comunicação, o horário, a audiência ou alcance da notícia. Variáveis que impedem o conhecimento exato do preço quando da realização do certame. Somente se saberá o valor comercializado no dia – ou ao menos próximo – da veiculação.

A proposta de preço deve conter quesitos representativos das formas de remuneração vigentes no mercado publicitário. Trata-se de uma política de preços a ser adotada pela proponente.

A proposta não apresentará, então, um preço fechado. Deverá conter elementos para a composição do preço de acordo com a campanha publicitária, de modo que a Administração tenha condições de selecionar a proposta mais vantajosa.

A apresentação da proposta será padronizada como forma de impedir a sua identificação. A padronização envolverá o tamanho, a fonte tipográfica, os espaçamentos de parágrafos, as quantidades e formas de exemplos de peças e outros aspectos pertinentes, exceto na elaboração das tabelas, planilhas e gráficos integrantes do plano de mídia e não mídia, onde o proponente poderá utilizar as fontes tipográficas que julgar mais adequadas para sua apresentação.

A proposta, na via não identificada do plano de comunicação publicitária, não poderá conter marca, sinal ou palavra que possibilite a identificação do seu proponente antes da abertura do invólucro. O próprio invólucro deve ser padronizado de modo a impedir a identificação do autor da proposta. A Administração deve fornecer previamente o invólucro destinado à via não identificada do plano de comunicação publicitária. A identificação leva à desclassificação do proponente. O plano de comunicação publicitária deve ser entregue em duas vias, uma sem a identificação de seu autor e a outra identificada. Já a proposta de preços conterá quesitos representativos das formas de remuneração vigentes no mercado publicitário.

As propostas serão apresentadas em envelopes separados. A de preços em 1 (um) invólucro e as propostas de técnicas em 3 (três) invólucros distintos: um para a via não identificada do plano de comunicação publicitária; um para a via identificada do plano de comunicação publicitária; e um para as demais informações integrantes da proposta técnica.

A via identificada do plano de comunicação publicitária terá o mesmo teor da via não identificada sem os exemplos de peças referentes à ideia criativa.

5.1.5.1 O Plano de Comunicação Publicitária – PCP

O Plano de Comunicação Publicitária – PCP é, em síntese, a proposta técnica apresentada. Elaborado de acordo com o *brienfig* deverá conter as informações suficientes para que a Administração possa dele extrair a ideia criativa e a estratégia de publicidade.

De acordo com a lei será composto dos seguintes quesitos:

I. raciocínio básico: elaborado sob a forma de texto contendo um diagnóstico das necessidades de comunicação publicitária do órgão ou entidade licitante, a compreensão do proponente sobre o objeto da licitação e os desafios de comunicação a serem enfrentados;

II. estratégia de comunicação publicitária: também apresentado na forma de texto, indicará e defenderá as linhas gerais da proposta para suprir o desafio e alcançar os resultados e metas de comunicação desejados pelo órgão ou entidade licitante;

III. ideia criativa: apresentado sob a forma de exemplos de peças publicitárias, corresponde à resposta criativa do proponente aos desafios e metas por ele explicitados na estratégia de comunicação publicitária;

IV. estratégia de mídia e não mídia: apresentada sob a forma de texto, tabelas, gráficos, planilhas e por quadro resumo que identificará as peças a serem veiculadas ou distribuídas e suas respectivas quantidades, inserções e custos nominais de produção e de veiculação. Através da estratégia de mídia, o proponente explicará e justificará as táticas recomendadas, em consonância com a estratégia de comunicação publicitária por ela sugerida e em função da verba disponível indicada no instrumento convocatório.

5.1.6 Da comissão de licitação e subcomissão julgadora

O certame será processado por comissão permanente ou especial, a mesma que realiza o procedimento licitatório comum do órgão ou entidade licitante. A análise e julgamento das propostas técnicas, entretanto, ficará sob a responsabilidade de subcomissão especial e designada para este fim específico.

A escolha dos membros da subcomissão não é discricionária. Dar-se-á por sorteio, em sessão pública, entre nomes de uma relação que terá, no mínimo, o triplo do número de integrantes da subcomissão, previamente cadastrados, e será composta por, pelo menos, 1/3 (um terço) de profissionais que não mantenham nenhum vínculo funcional ou contratual, direto ou indireto, com o órgão ou entidade licitante.

A subcomissão julgadora será constituída por, pelo menos, 3 (três) membros que sejam formados em comunicação, publicidade ou marketing ou que atuem em uma dessas áreas, sendo que pelo menos 1/3 (um terço) deles não poderá manter nenhum vínculo funcional ou contratual, direto ou indireto, com o órgão ou entidade licitante.

Na prática, a Administração licitante deverá baixar e publicar, na imprensa oficial, um ato administrativo contendo a lista das pessoas que poderão compor a comissão julgadora do certame e a data do sorteio, em prazo não inferior a 10 (dez) dias.

O ato definirá o número de membros da comissão e a lista dos nomes. Por exemplo, se a Administração decidir por uma comissão de três membros, elaborará uma lista com, pelo menos, 9 (nove) nomes de pessoas formadas em publicidade ou marketing, ou que tenham atuado em uma dessas áreas, e que ao menos 3 (três) delas não mantenham vínculo funcional ou contratual, direto ou indireto, com o órgão ou entidade licitante.

O sorteio deve ser organizado de modo a garantir na comissão, pelo menos, 1/3 (um terço) dos membros de profissionais sem vínculo com o órgão ou entidade licitante. No exemplo acima, os nomes podem ficar dispostos em duas urnas: uma contendo os nomes das pessoas com vínculo e outra com os nomes dos profissionais sem vínculo funcional ou contratual, direto ou indireto, com o órgão ou entidade licitante. Procede--se o sorteio de acordo com o que foi definido no ato administrativo. Por exemplo, sorteiam-se dois nomes da urna dos profissionais com vínculo e um nome é retirado da outra urna.

Nas contratações de valor estimado em até 10 (dez) vezes o limite previsto na alínea *a* do inciso II do art. 23 da Lei 8.666/93, a relação de nomes para sorteio poderá ser de, no mínimo, o dobro do número de integrantes da comissão. Para uma comissão de 3 (três) membros a lista terá, no mínimo, 6 (seis) nomes, sendo, pelo menos, 2 (dois) nomes de profissionais sem vínculo funcional ou contratual com o órgão ou entidade licitante.

Qualquer interessado poderá impugnar pessoa integrante da lista, desde o faça até 48 (quarenta e oito) horas antes da sessão pública marcada para o sorteio, mediante fundamentos jurídicos plausíveis.

Admitida a impugnação, o impugnado terá o direito de abster-se de atuar na comissão técnica, declarando-se impedido ou suspeito, antes da decisão da autoridade competente.

A abstenção do impugnado ou o acolhimento da impugnação, mediante decisão fundamentada, implicará, se necessário, na elaboração e publicação de nova lista, sem o nome do impugnado. Será necessário a elaboração e publicação de nova lista quando a mesma tiver sido elaborada com o número mínimo de componentes, ao passo que a retirada de um ou mais nomes implicará na necessidade de recompô-la. A republicação de nova lista exige a observância do prazo mínimo de 10 (dez) dias para a realização do sorteio.

Excepcionalmente, a subcomissão técnica será dispensável nas licitações processadas sob a modalidade de convite, nas pequenas unidades administrativas e sempre que for comprovadamente impossível a sua formação nos termos da lei. Neste caso, o julgamento será realizado pela comissão permanente ou especial de licitação ou, inexistindo esta, por servidor que possua conhecimentos na área de comunicação, publicidade ou marketing, formalmente designado pela autoridade competente.

5.1.7 Procedimentos

Na data, hora e local determinados no instrumento convocatório – dia da abertura – os proponentes entregarão os invólucros com as propostas técnicas e de preços à comissão permanente ou especial de licitação.

Os integrantes da subcomissão técnica – julgadora – **não** poderão participar da sessão de recebimento e abertura dos invólucros com as propostas técnicas e de preços.

A comissão permanente ou especial de licitação somente receberá o invólucro padronizado – contendo a via não identificada do plano de comunicação publicitária – se este não estiver de alguma forma identificado, seja com marca, sinal, etiqueta, amassadura, sujeira ou qualquer forma que possa identificar o autor da proposta.

Uma vez recebido o invólucro padronizado, a comissão **não** lançará nenhum código, sinal ou marca no mesmo, tampouco nos documentos que o compõem.

Após o recebimento dos invólucros, a comissão permanente ou especial de licitação:

1) promoverá a abertura dos 2 (dois) invólucros com a via não identificada do plano de comunicação publicitária e o que contenha as informações referentes ao proponente, em sessão pública;
2) encaminhará as propostas à subcomissão para análise e julgamento;

Na subcomissão de julgamento:

3) processa-se o julgamento do plano de comunicação publicitária, de forma individualizada, desclassificando-se as que desatenderem as exigências legais ou estabelecidas no instrumento convocatório;
4) elaboração da ata de julgamento do plano de comunicação publicitária e encaminhamento à comissão permanente ou especial, juntamente com as propostas, as planilhas com as pontuações e a justificativa escrita das razões que as fundamentaram em cada caso;
5) análise individualizada e julgamento dos quesitos referentes às informações dos proponentes – contidas no segundo invólucro – desclassificando-se as que desatenderem quaisquer das exigências legais ou estabelecidas no instrumento convocatório;
6) elaboração da ata de julgamento dos quesitos relativos às informações dos proponentes e o seu encaminhamento à comissão permanente ou especial de licitação, juntamente com as propostas, as planilhas com as pontuações e a justificativa escrita das razões que as fundamentaram em cada caso;

De volta à comissão permanente ou especial de licitação:

7. realização de sessão pública para apuração do resultado geral das propostas técnicas, com os seguintes procedimentos:
    a) abertura dos invólucros com a via identificada do plano de comunicação publicitária;
    b) cotejo entre as vias identificadas e não identificadas do plano de comunicação publicitária, para identificação de sua autoria;
    c) elaboração da planilha geral com as pontuações atribuídas a cada um dos quesitos de cada proposta técnica;

d) proclamação do resultado do julgamento geral da proposta técnica, registrando-se em ata as propostas desclassificadas e a ordem de classificação.

8) publicação do resultado do julgamento geral da proposta técnica, com a indicação dos proponentes desclassificados e da ordem de classificação organizada pelo nome dos licitantes, abrindo-se o prazo para interposição de recurso, conforme previsto na alínea *b* do inciso I do art. 109 da Lei 8.666/93;

Aguarda-se o prazo para recurso, após, ou decido eventual recurso promove-se:

9) a abertura dos invólucros com as propostas de preços, em sessão pública, obedecendo ao previsto nos incisos II, III e IV do § 1º do art. 46 da Lei 8.666/93, nas licitações do tipo "melhor técnica", e ao disposto no § 2º do art. 46 da mesma lei, nas licitações do tipo "técnica e preço" (ver itens 9.2 e 9.3 deste capítulo);

10) publicação do resultado do julgamento final das propostas, abrindo-se o prazo para interposição de recurso;

Após o prazo ou decido eventual recurso promove-se:

11) convocação dos licitantes classificados no julgamento final para apresentação dos documentos de habilitação;

12) recebimento e abertura do invólucro com os documentos de habilitação dos licitantes, em sessão pública, para análise da sua conformidade com as condições estabelecidas na legislação em vigor e no instrumento convocatório;

13) decisão quanto à habilitação ou inabilitação dos licitantes e abertura do prazo para interposição de recurso;

Pela autoridade competente:

14) reconhecida a habilitação dos licitantes, promove-se a homologação do procedimento e adjudicação do objeto licitado a(os) licitante(s) vencedor(es).

Importante salientar que a Administração Pública poderá firmar o contrato com o licitante melhor classificado ou com mais um e, até mesmo, com todos os classificados.

6   FINALIDADES E PRINCÍPIOS

Lei 8.666/93

Art. 3º. A licitação destina-se a garantir a observância do princípio constitucional da isonomia, a seleção da proposta mais vantajosa para a Administração e a promoção do desenvolvimento nacional sustentável e será processada e julgada em estrita conformidade com os princípios básicos da legalidade, da impessoalidade, da moralidade, da igualdade, da publicidade, da probidade administrativa, da vinculação ao instrumento convocatório, do julgamento objetivo e dos que lhes são correlatos.

Expressamente o *caput* do art. 3º da lei licitatória define as três finalidades principais do certame licitatório que são: a) garantir o princípio da isonomia entre os licitantes particulares; b) a seleção da proposta mais vantajosa para a Administração Pública; e, c) promover o desenvolvimento nacional sustentável.

A Administração Pública, ao instaurar um procedimento de licitação deve, em primeiro lugar, garantir a igualdade de condições entre os licitantes particulares. A isonomia deve ocorrer em todo o procedimento e é condição de validade dos atos. Além de uma obrigação, a garantia do princípio da isonomia é um objetivo do processo de licitação.

Uma vez garantida a isonomia entre os participantes, a seleção da proposta mais vantajosa passa a ser o ideal da Administração Pública. Este ideal deve, agora, ser conjugado nos aspectos de preço e da técnica da proposta, com a promoção do desenvolvimento nacional sustentável. A melhor proposta nem sempre será aquela que apresenta o menor preço ou a melhor técnica, mas sim aquela que, além desses requisitos de caráter objetivo, proporcione à desenvolvimento nacional com sustentabilidade.

Uma proposta pode ser dada como vencedora, mesmo que apresente preço superior, mas que, ao sopesar elementos que promovam o desenvolvimento nacional, acabe por ser, evidentemente, mais vantajosa para a Administração Pública. A evidência da proposta mais vantajosa deve estar clara nos autos e devidamente comprovada e justificada. Não será admissível a escolha da proposta que apresente preço superior, sob o argumento de que a mesma proporcionará o desenvolvimento nacional sustentável, sem uma análise técnica de que seja realmente mais vantajosa.

Ao ser editada a Medida Provisória convertida na Lei 12.349/10, o desenvolvimento nacional permitia a seleção de proposta nacional (de produto brasileiro) frente a estrangeira, mesmo de preço superior. Entretanto, se a garantia do desenvolvimento nacional passar pelo privilégio do produto nacional sobre o estrangeiro, propicia um nacionalismo sem propósitos e inconcebível no mundo globalizado, para não dizer, inconstitucional.

A garantia do desenvolvimento nacional constitui um dos objetivos fundamentais da República Federativa do Brasil, consagrado na Constituição Federal em seu art. 3º, II. Uma interpretação constitucional à expressão "promoção do desenvolvimento nacional sustentável" é aquela em que a Administração Pública não distinga a proposta pelo seu proponente (nacional ou alienígena), mas sim mediante elementos científicos e comprovadores de que a proposta proporcionará, por exemplo, o aumento da geração de empregos, a melhor distribuição da renda, o desenvolvimento da tecnologia nacional etc.

Além dos objetivos centrais que deve ter o procedimento de licitação, o art. 3º da lei expressa os princípios norteadores do certame, sendo: da legalidade, da impessoalidade, da moralidade, da igualdade, da publicidade, da probidade administrativa, da vinculação ao instrumento convocatório e o do julgamento objetivo.

6.1 Princípio da Igualdade

Lei 8.666/93
Art. 3º. (...)
§ 1º. É vedado aos agentes públicos:
I – admitir, prever, incluir ou tolerar, nos atos de convocação, cláusulas ou condições que comprometam, restrinjam ou frustrem o seu caráter competitivo, inclusive nos casos de sociedades cooperativas, e estabeleçam preferências ou distinções em razão da naturalidade, da sede ou domicílio dos licitantes ou de qualquer outra circunstância impertinente ou irrelevante para o específico objeto do contrato, ressalvado o disposto nos §§ 5º a 12 deste artigo e no art. 3º da Lei 8.248, de 23 de outubro de 1991;
II – estabelecer tratamento diferenciado de natureza comercial, legal, trabalhista, previdenciária ou qualquer outra, entre empresas brasileiras e estrangeiras, inclusive no que se refere a moeda, modalidade e local de pagamentos, mesmo quando envolvidos financiamentos de agências internacionais, ressalvado o disposto no parágrafo seguinte e no art. 3º da Lei 8.248, de 23.10.1991.

O princípio constitucional[2] visa assegurar a igualdade de direitos e obrigações para todos os interessados em contratar com a Administração Pública. Em sua atenção, é vedada a prática de atos discriminatórios que favoreçam um participante do certame licitatório em detrimento de outro.

O princípio da igualdade está intimamente ligado ao próprio conceito e aos objetivos da licitação. Dar aos licitantes particulares as mesmas armas e com o mesmo poder de fogo é assegurar a competição.

---

[2] BRASIL, Constituição Federal, art. 5º, *caput*; art. 37, *caput* e inc. XXI.

Aliás, competição é palavra-chave do procedimento licitatório. Competição e licitação são inseparáveis como as faces da mesma moeda.

Para assegurar a aplicação do princípio da isonomia, a lei traz vedações aos agentes públicos de criar condições que restrinjam ou frustrem o caráter competitivo, estabeleçam preferências ou distinções em razão da naturalidade, da sede ou domicílio dos licitantes ou de qualquer outra circunstância impertinente ou irrelevante para o específico objeto do contrato. Desta forma, o agente público não pode exigir, por exemplo, na fase de habilitação, documento ou condições além das previstas em lei, mesmo sob o argumento da cautela ou da moralidade.

Com o advento da Medida Provisória 495/10, convertida na Lei 12.349/10, a licitação passou a ter que promover o desenvolvimento nacional sustentável como um de seus objetivos. Para tanto, em algum momento a Administração Pública deverá aferir se a proposta, dentre outras coisas, assegura a geração de empregos no País, a distribuição de renda e a arrecadação de tributos federais, estaduais ou municipais e o uso racional dos recursos naturais, garantindo sua preservação para as gerações futuras.

Visando a promoção do desenvolvimento nacional sustentável, a lei traz ressalvas ao princípio da isonomia, o que estudaremos em breve; apenas para introduzir a matéria, reputo salutar destacar que, em nome do desenvolvimento nacional sustentável, a Administração poderá impor, no instrumento convocatório, critérios de preferência que favoreçam bens e serviços produzidos ou prestados no País, independentemente de quem os prestam ou produzam. Volto ao tema para afirmar que a escolha da proposta nacional em detrimento da estrangeira, somente por este aspecto e sob o argumento da promoção do desenvolvimento nacional sustentável, ofende não só o princípio da isonomia como toda a lógica do certame licitatório. A escolha da proposta que promova o desenvolvimento nacional sustentável somente é admissível se partir da própria proposta e não do proponente.

Em respeito ao princípio da isonomia, o Supremo Tribunal Federal julgou parcialmente procedente a Ação Direta de Inconstitucionalidade 3.583/PR, ao declarar inconstitucional o art. 1º da lei do Estado do Paraná 12.204/08, com redação dada Lei 13.571/02, também daquele Estado, que estabelecia como condição de acesso a licitação pública, para aquisição de bens ou serviços, que a empresa licitante tenha fábrica ou sede naquele Estado.

EMENTA: LICITAÇÃO PÚBLICA. Concorrência. Aquisição de bens. Veículos para uso oficial. Exigência de que sejam produzidos no Estado-membro. Condição compulsória de acesso. Art. 1º da Lei 12.204/98, do Estado do Paraná, com a redação da Lei 13.571/02.

Discriminação arbitrária. Violação ao princípio da isonomia ou da igualdade. Ofensa ao art. 19, II, da vigente Constituição da República. Inconstitucionalidade declarada. Ação direta julgada, em parte, procedente. Precedentes do Supremo. *É inconstitucional a lei estadual que estabeleça como condição de acesso a licitação pública, para aquisição de bens ou serviços, que a empresa licitante tenha a fábrica ou sede no Estado-membro[3].* **(ADI 3583/PR – Rel. Min. Cezar Peluso – j. em 21.02.2008 – Tribunal Pleno)**

Questão polêmica é a admissão de tratamento diferenciado a pessoas que possuem condições desiguais, por exemplo, para microempresas e empresas de pequeno porte. Assegurar a plena aplicação do princípio da igualdade é admitir a utilização de critérios diferentes entre os desiguais.

Exigir das microempresas ou das empresas de pequeno porte os mesmos requisitos para a habilitação econômico-financeira que se exige das grandes significaria excluir aquelas, previamente, do certame licitatório. Daí a possibilidade, em tese, de se admitir critérios diferentes para propiciar a igualdade de condições.

A Constituição brasileira estabelece que a ordem econômica é fundada na valorização do trabalho humano e na livre iniciativa. Para tanto, adota como princípio o tratamento favorecido às empresas de pequeno porte, constituídas sob as leis brasileiras e que tenham sua sede e administração no País, assim determinando:

CF/88
Art. 170. A ordem econômica, fundada na valorização do trabalho humano e na livre iniciativa, tem por fim assegurar a todos, existência digna, conforme os ditames da justiça social, observados os seguintes princípios:
IX – tratamento favorecido para as empresas de pequeno porte constituídas sob as leis brasileiras e que tenham sua sede e administração no País.

O favorecimento às empresas menores se dá pela relevância que tem a "valorização do trabalho humano", pois elas são instrumentos para a criação e expansão do emprego formal no País.

---

[3] Consulta ao site <http://www.stf.jus.br/jurisprudência> realizada em 02.10.2009.

A Constituição Federal impõe ainda, para todas as esferas de governo, o dever de tratamento diferenciado às microempresas e às empresas de pequeno porte, como estabelece o seu art. 179.

CF/88
Art. 179. A União, os Estados, o Distrito Federal e os Municípios dispensarão às microempresas e às empresas de pequeno porte, assim definidas em lei, tratamento jurídico diferenciado, visando a incentivá-las pela simplificação de suas obrigações administrativas, tributárias, previdenciárias e creditícias, ou pela eliminação ou redução destas por meio de lei.

O tratamento jurídico diferenciado é, pois, imposição constitucional aos governantes federais, estaduais, distritais e municipais, e sua implementação se dá através da adoção de políticas públicas estimuladoras das atividades das microempresas e empresas de pequeno porte, com intuito de fortalecimento desse segmento econômico no mercado e sua efetiva participação no processo de desenvolvimento econômico e social do País.

Resta saber quais são as empresas que poderão receber o tratamento diferenciado. A primeira lei que definiu microempresa e empresa de pequeno porte foi a Lei 9.841/99, *verbis*:

Lei 9.841/99
Art. 2º. Para os efeitos desta Lei, ressalvado o disposto no art. 3º, considera-se:
I – microempresa, a pessoa jurídica e a firma mercantil individual que tiver receita bruta anual igual ou inferior a R$ 244.000,00 (duzentos e quarenta e quatro mil reais);
II – empresa de pequeno porte, a pessoa jurídica e a firma mercantil individual que, não enquadrada como microempresa, tiver receita bruta anual superior a R$ 244.000,00 (duzentos e quarenta e quatro mil reais) e igual ou inferior a R$ 1.200.000,00 (um milhão e duzentos mil reais).
§ 1º. No primeiro ano de atividade, os limites da receita bruta de que tratam os incs. I e II serão proporcionais ao número de meses em que a pessoa jurídica ou firma mercantil individual tiver exercido atividade, desconsideradas as frações de mês.
§ 2º. O enquadramento de firma mercantil individual ou de pessoa jurídica em microempresa ou empresa de pequeno porte, bem como o seu desenquadramento, não implicarão alteração, denúncia ou qualquer restrição em relação a contratos por elas anteriormente firmados.

§ 3º. *Vê-se, portanto, que a definição está vinculada à receita bruta anual. Não há qualquer consideração quanto ao número de empregados ou correlação com o mercado relevante em que atua.*

A LC 123/06 estabeleceu outros limites para se definir as microempresas e as empresas de pequeno porte, *verbis:*

LC 123/06
Art. 3º. *Para os efeitos desta Lei Complementar, consideram-se microempresas ou empresas de pequeno porte a sociedade empresária, a sociedade simples e o empresário a que se refere o art. 966 da Lei 10.406, de 10.01.2002, devidamente registrados no Registro de Empresas Mercantis ou no Registro Civil de Pessoas Jurídicas, conforme o caso, desde que:*
I – no caso das microempresas, o empresário, a pessoa jurídica, ou a ela equiparada, aufira, em cada ano-calendário, receita bruta igual ou inferior a R$ 240.000,00 (duzentos e quarenta mil reais);
II – no caso das empresas de pequeno porte, o empresário, a pessoa jurídica, ou a ela equiparada, aufira, em cada ano-calendário, receita bruta superior a R$ 240.000,00 (duzentos e quarenta mil reais) e igual ou inferior a R$ 2.400.000,00 (dois milhões e quatrocentos mil reais).
§ 1º. *Considera-se receita bruta, para fins do disposto no caput deste artigo, o produto da venda de bens e serviços nas operações de conta própria, o preço dos serviços prestados e o resultado nas operações em conta alheia, não incluídas as vendas canceladas e os descontos incondicionais concedidos.*

A legislação federal vem se consolidando em favor do tratamento diferenciado para as microempresas e empresas de pequeno porte, como, por exemplo, no art. 24 da Lei 9.841/99.

Lei 9.841/99
Art. 24. *A política de compras governamentais dará prioridade à microempresa e à empresa de pequeno porte, individualmente ou de forma associada, com processo especial e simplificado nos termos da regulamentação desta Lei.*

O problema é saber se é possível, em um mesmo certame licitatório, admitir o tratamento diferenciado entre as empresas de grande porte e as pequenas e microempresas, permitindo a competição entre elas; ou se a Administração poderá abrir procedimento licitatório cuja competição se dará, exclusivamente, entre as microempresas e empresas de pequeno porte.

Ao afirmar que a política de compras se dará com processo especial e simplificado, a lei admite a existência de procedimentos distintos com participação exclusiva das microempresas e empresas de pequeno porte.

Trata-se, então, de política governamental, haja vista a dificuldade de se admitir uma licitação que impeça a participação de quem quer que seja. No entanto, a LC 123/06 admite tal possibilidade, ao conceder à Administração três hipóteses de licitação diferenciada. A primeira com participação exclusiva de microempresa e empresa de pequeno porte, admitida quando o valor da contratação não superar a R$ 80.000,00. A segunda é subcontratação compulsória de microempresa ou empresa de pequeno porte em percentual que não exceda a 30% do objeto. A terceira é a fixação de cota de até 25% do objeto para contratação de microempresa ou empresa de pequeno porte quando o bem for divisível, como se vê:

LC 123/06
Art. 47. Nas contratações públicas da União, dos Estados e dos Municípios, poderá ser concedido tratamento diferenciado e simplificado para as microempresas e empresas de pequeno porte objetivando a promoção do desenvolvimento econômico e social no âmbito municipal e regional, a ampliação da eficiência das políticas públicas e o incentivo à inovação tecnológica, desde que previsto e regulamentado na legislação do respectivo ente.
Art. 48. Para o cumprimento do disposto no art. 47 desta LC, a administração pública poderá realizar processo licitatório:
I – destinado exclusivamente à participação de microempresas e empresas de pequeno porte nas contratações cujo valor seja de até R$ 80.000,00 (oitenta mil reais);
II – em que seja exigida dos licitantes a subcontratação de microempresa ou de empresa de pequeno porte, desde que o percentual máximo do objeto a ser subcontratado não exceda a 30% (trinta por cento) do total licitado;
III – em que se estabeleça cota de até 25% (vinte e cinco por cento) do objeto para a contratação de microempresas e empresas de pequeno porte, em certames para a aquisição de bens e serviços de natureza divisível.
§ 1º. O valor licitado por meio do disposto neste artigo não poderá exceder a 25% (vinte e cinco por cento) do total licitado em cada ano civil.
*§ 2º. Na hipótese do inc. II do **caput** deste artigo, os empenhos e pagamentos do órgão ou entidade da administração pública poderão ser destinados diretamente às microempresas e empresas de pequeno porte subcontratadas.*

A aplicação do tratamento diferenciado deve preencher os seguintes requisitos:
I. estar expressamente previsto no instrumento convocatório;
II. haver um mínimo de 3 (três) fornecedores competitivos enquadrados como microempresa ou empresa de pequeno porte sediados no local da licitação ou regionalmente e capazes de cumprir as exigências estabelecidas no instrumento convocatório;
III. haver vantagem para a Administração Pública e não representar prejuízo ao conjunto ou complexo do objeto a ser contratado.

Veja o disposto na lei:

LC 123/06
Art. 49. Não se aplica o disposto nos arts. 47 e 48 desta LC quando:
I – os critérios de tratamento diferenciado e simplificado para as microempresas e empresas de pequeno porte não forem expressamente previstos no instrumento convocatório;
II – não houver um mínimo de 3 (três) fornecedores competitivos enquadrados como microempresas ou empresas de pequeno porte sediados local ou regionalmente e capazes de cumprir as exigências estabelecidas no instrumento convocatório;
III – o tratamento diferenciado e simplificado para as microempresas e empresas de pequeno porte não for vantajoso para a administração pública ou representar prejuízo ao conjunto ou complexo do objeto a ser contratado;
IV – a licitação for dispensável ou inexigível, nos termos dos arts. 24 e 25 da Lei 8.666/93.

O tratamento diferenciado deve, de igual forma, ser definido para possibilitar a competição entre as grandes e as pequenas e microempresas no mesmo certame. A LC 123/06, que dispensa regulamentação, também cuidou de estabelecer os critérios:

LC 123/06
Art. 42. Nas licitações públicas, a comprovação de regularidade fiscal das microempresas e empresas de pequeno porte somente será exigida para efeito de assinatura do contrato.
Art. 43. As microempresas e empresas de pequeno porte, por ocasião da participação em certames licitatórios, deverão apresentar toda a documentação exigida para efeito de comprovação de regularidade fiscal, mesmo que esta apresente alguma restrição.

§ 1º. *Havendo alguma restrição na comprovação da regularidade fiscal, será assegurado o prazo de 2 (dois) dias úteis, cujo termo inicial corresponderá ao momento em que o proponente for declarado o vencedor do certame, prorrogáveis por igual período, a critério da Administração Pública, para a regularização da documentação, pagamento ou parcelamento do débito, e emissão de eventuais certidões negativas ou positivas com efeito de certidão negativa.*

§ 2º. *A não-regularização da documentação, no prazo previsto no § 1º deste artigo, implicará decadência do direito à contratação, sem prejuízo das sanções previstas no art. 81 da Lei 8.666, de 21.06.1993, sendo facultado à Administração convocar os licitantes remanescentes, na ordem de classificação, para a assinatura do contrato, ou revogar a licitação.*

Art. 44. *Nas licitações será assegurada, como critério de desempate, preferência de contratação para as microempresas e empresas de pequeno porte.*

§ 1º. *Entende-se por empate aquelas situações em que as propostas apresentadas pelas microempresas e empresas de pequeno porte sejam iguais ou até 10% (dez por cento) superiores à proposta mais bem classificada.*

§ 2º. *Na modalidade de pregão, o intervalo percentual estabelecido no § 1º deste artigo será de até 5% (cinco por cento) superior ao melhor preço.*

Art. 45. *Para efeito do disposto no art. 44 desta LC, ocorrendo o empate, proceder-se-á da seguinte forma:*

I – a microempresa ou empresa de pequeno porte mais bem classificada poderá apresentar proposta de preço inferior àquela considerada vencedora do certame, situação em que será adjudicado em seu favor o objeto licitado;

II – não ocorrendo a contratação da microempresa ou empresa de pequeno porte, na forma do inc. I do **caput** *deste artigo, serão convocadas as remanescentes que porventura se enquadrem na hipótese dos §§ 1º e 2º do art. 44 desta LC, na ordem classificatória, para o exercício do mesmo direito;*

III – no caso de equivalência dos valores apresentados pelas microempresas e empresas de pequeno porte que se encontrem nos intervalos estabelecidos nos §§ 1º e 2º do art. 44 desta LC, será realizado sorteio entre elas para que se identifique aquela que primeiro poderá apresentar melhor oferta.

§ 1º. *Na hipótese da não-contratação nos termos previstos no* **caput** *deste artigo, o objeto licitado será adjudicado em favor da proposta originalmente vencedora do certame.*

§ 2º. *O disposto neste artigo somente se aplicará quando a melhor oferta inicial não tiver sido apresentada por microempresa ou empresa de pequeno porte.*

§ 3º. *No caso de pregão, a microempresa ou empresa de pequeno porte mais bem classificada será convocada para apresentar nova pro-*

posta no prazo máximo de 5 (cinco) minutos após o encerramento dos lances, sob pena de preclusão.

Art. 46. *A microempresa e a empresa de pequeno porte titular de direitos creditórios decorrentes de empenhos liquidados por órgãos e entidades da União, Estados, Distrito Federal e Município não pagos em até 30 (trinta) dias contados da data de liquidação poderão emitir cédula de crédito microempresarial.*

Parágrafo único. *A cédula de crédito microempresarial é título de crédito regido, subsidiariamente, pela legislação prevista para as cédulas de crédito comercial, tendo como lastro o empenho do poder público, cabendo ao Poder Executivo sua regulamentação no prazo de 180 (cento e oitenta) dias a contar da publicação desta Lei Complementar.*

6.1.1 Critérios de desempate

Lei 8.666/93
Art. 3º. (...)
§ 2º. Em igualdade de condições, como critério de desempate, será assegurada preferência, sucessivamente, aos bens e serviços:
I – produzidos no País;
II – produzidos ou prestados por empresas brasileiras; e
III – produzidos ou prestados por empresas que invistam em pesquisa e no desenvolvimento de tecnologia no País.

Como critério de desempate, a Administração Pública deve observar a proposta que promova o desenvolvimento nacional, desempatando o certame em favor da proposta que, nesta ordem, contemple produtos produzidos no País; que sejam produzidos ou prestados por empresas brasileiras; e produzidos ou prestados por empresas que invistam em pesquisa e no desenvolvimento de tecnologia no País.

Antes da edição da Medida Provisória 495/10 a única forma de desempatar um certame licitatório era o sorteio, caso não houvesse nenhuma microempresa ou empresa de pequeno porte. Com o advento da nova norma, o *desenvolvimento nacional* passou a ser fator preponderante para a seleção da proposta.

6.1.2 Margem de preferência

Lei 8.666/93
Art. 3º. (...)

§ 5º. *Nos processos de licitação previstos no* **caput***, poderá ser estabelecido margem de preferência para produtos manufaturados e serviços nacionais que atendam a normas técnicas brasileiras.*

§ 6º. *A margem de preferência de que trata o § 5º será estabelecida com base em estudos revistos periodicamente, em prazo não superior a 5 (cinco) anos, que levem em consideração:*
I – geração de emprego e renda;
II – efeito na arrecadação de tributos federais, estaduais e municipais;
III – desenvolvimento e inovação tecnológica realizados no País;
IV – custo adicional dos produtos e serviços; e
V – em suas revisões, análise retrospectiva de resultados.

A promoção de desenvolvimento nacional foi o argumento utilizado, pela Medida Provisória 495/10, para estabelecer ressalvas à aplicação do princípio da isonomia. A proposta mais vantajosa para a Administração Pública não é mais aquela que aparenta melhor em razão do valor, mas sim aquela que contemplar promover o desenvolvimento nacional. Com isso, a Administração poderá estabelecer, no instrumento convocatório, margem de preferência para produtos manufaturados e serviços nacionais que atendam normas técnicas brasileiras.

A Lei 12.349/10 alterou a redação da Medida Provisória 495/10 que conferia ao Presidente da República o poder de fixar, mediante decreto, os critérios de preferência. O § 6º já estabeleceu os critérios e, de certa forma, tornou o texto constitucionalmente aceitável, embora ainda propicie favorecimento a bens manufaturados e serviços nacionais.

6.1.2.1 Margem de preferência adicional

Lei 8.666/93
Art. 3º. (...)
§ 7º. *Para os produtos manufaturados e serviços nacionais resultantes de desenvolvimento e inovação tecnológica realizados no País, poderá ser estabelecido margem de preferência adicional àquela prevista no § 5º.*
§ 8º. *As margens de preferência por produto, serviço, grupo de produtos ou grupo de serviços, a que se referem os §§ 5º e 7º, serão definidas pelo Poder Executivo federal, não podendo a soma delas ultrapassar o montante de 25% (vinte e cinco por cento) sobre o preço dos produtos manufaturados e serviços estrangeiros.*

O limite em relação ao preço será sempre o estabelecido no § 6º, ou seja, o preço do produto manufaturado no Brasil não pode superar vinte e cinco por daquele produzido no exterior. No entanto, ressalvado o critério preço, o Poder Executivo poderá estabelecer margem de preferência adicional para os produtos manufaturados e para os serviços nacionais resultantes de desenvolvimento e inovações tecnológicas realizados no País. A margem adicional poderá recair em critérios como a técnica ou qualquer outro fator que integre os fatores subjetivos de julgamento das propostas.

As regras postas pela Medida Provisória 495/10, sem dúvidas, vieram incentivar a produção nacional e, em especial, o desenvolvimento tecnológico no Brasil.

6.1.2.2 Não aplicação da margem de preferência

Lei 8.666/93
Art. 3º. (...)
§ 9º. As disposições contidas nos §§ 5º, 6º e 8º deste artigo não se aplicam aos bens e aos serviços cuja capacidade de produção ou prestação no País seja inferior:
I – à quantidade a ser adquirida ou contratada; ou
II – ao quantitativo fixado com fundamento no § 7º do art. 23 desta Lei, quando for o caso.

A margem de preferência é uma medida protetora do capital nacional que tem por objetivo assegurar o desenvolvimento nacional especialmente no aspecto tecnológico. Somente se justifica a sua fixação e a observância quando o produto interno puder atender a demanda interna e a prestação dos serviços desejados pela Administração Pública. Se a produção nacional não for suficiente para atender a demanda interna privada, não se pode falar em dar preferência ao produto nacional em detrimento dos estrangeiros nas compras governamentais.

A adoção de margem de preferência está, então, condicionada a existência de produção nacional suficiente para atender a demanda privada e pública, caso contrário, o País não poderá obstar a competição entre os bens manufaturados no Brasil com os estrangeiros.

6.1.2.3 Produtos manufaturados por países integrantes ao Mercosul

Lei 8.666/93
Art. 3º. (...)

§ 10. A margem de preferência a que se refere o § 5º poderá ser estendida, total ou parcialmente, aos bens e serviços originários dos Estados Partes do Mercado Comum do Sul – MERCOSUL.

O Brasil firmou com os países integrantes do Mercosul o Protocolo de Contratações Públicas, que veda qualquer espécie de discriminação entre bens e serviços prestados pelos países partes. Diz expressamente o protocolo:

Protocolo de Contratações Públicas
***Art. 5º** – Tratamento nacional*
(...)
2. Nenhum Estado Parte poderá:
a) discriminar um fornecedor ou prestador estabelecido em qualquer dos Estados Partes por motivo de uma afiliação ou propriedade estrangeiras; ou
b) discriminar um fornecedor ou prestador estabelecido no seu território em razão de que os bens ou serviços ou obras públicas oferecidos por esse fornecedor ou prestador para uma contratação em particular sejam de outro Estado Parte.

Sem dúvidas que a fixação de preferências para produtos nacionais, em detrimento dos estrangeiros, ofenderá ao protocolo firmado pelo Brasil. Para solucionar o impasse, o § 10, acrescido ao art. 3º da Lei 8.666/93 pela Medida Provisória 495/10, coloca em condições de paridade os bens manufaturados no Brasil, bem como os serviços originários nos Estados que integrem o Mercosul, o que se dará após a ratificação do Protocolo.

A norma ainda prevê a extensão da preferência aos produtos e serviços provenientes do estrangeiro, total ou parcialmente, na hipótese do Brasil vir a firmar protocolo que garanta o mesmo tratamento a produtos e serviços brasileiros.

6.1.2.4 Das compensações

Lei 8.666/93
Art. 3º. (...)
§ 11. Os editais de licitação para a contratação de bens, serviços e obras poderão, mediante prévia justificativa da autoridade competente, exigir que o contratado promova, em favor de órgão ou entidade integrante da administração pública ou daqueles por ela indicados a partir

de processo isonômico, medidas de compensação comercial, industrial, tecnológica ou acesso a condições vantajosas de financiamento, cumulativamente ou não, na forma estabelecida pelo Poder Executivo federal.

§ 12. Nas contratações destinadas à implantação, manutenção e ao aperfeiçoamento dos sistemas de tecnologia de informação e comunicação, considerados estratégicos em ato do Poder Executivo federal, a licitação poderá ser restrita a bens e serviços com tecnologia desenvolvida no País e produzidos de acordo com o processo produtivo básico de que trata a Lei 10.176, de 11.01.2001.

§ 13. Será divulgada na internet, a cada exercício financeiro, a relação de empresas favorecidas em decorrência do disposto nos §§ 5º, 7º, 10, 11 e 12 deste artigo, com indicação do volume de recursos destinados a cada uma delas.

6.2 Princípio da Legalidade

O princípio da legalidade vincula a atuação do agente público à existência de uma norma legal diferente da pessoa privada que pode fazer tudo que a lei não proíba, o administrador público está adstrito a agir se houver previsão legal.

Pode parecer um vício de linguagem a utilização da expressão *"norma legal"*. Embora se presuma que toda "norma" seja por natureza legal, tal presunção não é absoluta, daí o mecanismo de controle das normas por parte do Poder Judiciário. Normas flagrantemente inconstitucionais não devem ser cumpridas por parte da Administração Pública, competindo ao chefe do Poder Executivo negar-lhe vigência e, de imediato, propor ação direta no juízo competente.

Pelo princípio da legalidade, por exemplo, não se pode dispensar o procedimento de licitação quando o fato não se enquadrar nas hipóteses previstas na lei, isso se traduz na submissão do ato à lei, que pode, contudo, admitir mais de caminho a seguir, sendo legal a escolha de qualquer um. É o que se denomina de discricionariedade.

Facilmente surgem dúvidas na diferenciação do ato discricionário frente ao princípio da legalidade. Imagina-se que ato discricionário é aquele que pode ser praticado à margem da lei. A discricionariedade somente ocorre quando a lei faculta ao administrador a opção de ações, como, por exemplo, realizar ou não o procedimento de licitação nos casos enumerados no art. 24 da Lei 8.666/93. Tal escolha é discricionária e, em sendo promovida a aquisição direta, sem licitação, o ato será legal.

O processo de licitação é, a exemplo do processo administrativo disciplinar, extremamente formal. A lei de licitações expõe todo o ritual a ser seguido desde a autuação do processo até a execução do contrato, prevendo, inclusive, as penas para a sua não observância. Trata-se de lei de cunho material e processual administrativo, dispensando a conjugação com outra norma para sua eficácia plena. Como quase toda ação governamental envolve aquisição de bens ou contratação de serviços, a margem de discricionariedade é mínima quando se trata desta matéria.

6.3 Princípio da Impessoalidade

O procedimento de licitação possui três objetivos claros. O primeiro é selecionar a proposta mais vantajosa para a Administração; o segundo, garantir a participação de todos que se julguem em condições de fornecer bens ou serviços para a Administração em igualdade de condições; o terceiro, a promoção do desenvolvimento nacional.

O princípio isonômico está intimamente ligado ao da impessoalidade. O que é impessoal é geral. As condições e/ou restrições estabelecidas no certame devem atingir todos os licitantes particulares indistintamente; isso exige que a Administração se paute por critérios objetivos, sem levar em conta as condições pessoais do licitante.

O princípio da impessoalidade impõe ao ato administrativo o caráter geral e impessoal, atingindo todos os administrados com a mesma intensidade.

Importante frisar que a lei pode admitir um tratamento diferenciado a determinada pessoa, o que não contraria aos princípios da impessoalidade e da igualdade, ao contrário, os justificam.

6.4 Princípio da Moralidade e da Probidade

A moralidade e a probidade exigem do gestor público uma conduta ética marcada por comportamentos legais, honestos e probos, que traduzam a melhor opção para a Administração.

A moral transcende à própria lei. Decorre da natureza racional e visa, fundamentalmente, ao bem-estar; para Kant, à felicidade[4]. Não se extrai da experiência, esta apenas a indica. Por tal razão, deve ser buscada pelo gestor, pois conduz à justiça.

Muitas vezes haverá um aparente confronto entre princípios. Não é tarefa fácil a escolha entre o legal e o moral, deve haver o equilíbrio, o senso de justiça para a aplicação de um juízo ponderado e a rejei-

---

[4] KANT, Immanuel. **Fundamentação da metafísica dos costumes.** Trad. Paulo Quintanela. Lisboa: Edições 70. *Apud:* GOMES, Alexandre Travessoni, **O fundamento de validade do direito** – Kant e Kelsen. Belo Horizonte: Mandamentos, 2000. p. 62.

ção de atos, e mesmo leis que promovam injustiça social. O senso de justiça leva sempre à moral.

Existem duas concepções de moral: uma interna e outra externa. A primeira é pessoal, intrínseca ao indivíduo, sua desobediência é traduzida em corrupção. Se o gestor público utiliza o poder para obtenção de riquezas pessoais ou promove tratamento diferenciado entre os cidadãos, ofende a moral, pois não é justo usurpar de coisa alheia em benefício próprio. Assim o fazendo, deixará de atender aos anseios da comunidade e nutrirá insatisfações e infelicidades.

A moralidade externa é a que busca o bem-estar social, por meio dela deve-se rejeitar atos, instituições e leis que não promovam a justiça social. A lei pode exigir uma conduta do agente que, ao atendê-la, promoverá injustiça ou sacrifício desproporcional a uma parcela da comunidade. O senso de justiça deve, então, prevalecer para rejeitá-la ou, não sendo possível, para reparar o injustiçado.

6.5 Princípio da Publicidade

Princípio de natureza constitucional, a publicidade é de fundamental importância para a democracia. Por meio dele, a Administração deve dar conhecimento de seus atos ao público em geral.

A publicidade no procedimento de licitação visa, objetivamente, duas coisas, a saber: dar o conhecimento dos atos e despertar o interesse do público externo para participar do certame e, com isso, aumentar a competição.

Para Jürgen Habermas[5], a publicidade visa despertar a opinião pública de modo a exercer sua função crítica. Ou seja, com o conhecimento do ato, o público externo pode aprová-lo, criticá-lo ou impugná-lo, atividades impossíveis se o mesmo não for levado ao conhecimento geral, permanecendo enclausurado no órgão prolator.

*(...) o sujeito dessa esfera pública é o público enquanto portador da opinião pública; a sua função crítica é que se refere a "publicidade" (**Publizität**) como, por exemplo, o caráter público dos debates judiciais. No âmbito das mídias, a "publicidade" certamente mudou de significado. De uma função de opinião pública tornou-se também um atributo de quem desperta a opinião pública;* **public relations**[6], *nome*

---

[5] HABERMAS, Jürgen. **Mudança estrutural da esfera pública**. Tradução de Flávio R. Kothe. Rio de Janeiro: Tempo Brasileiro, 1984. p. 14.
[6] Relações Públicas.

com que se recentemente foram batizados os "relacionamentos com o público" e que têm por objetivo produzir tal *publicity*.

O princípio da publicidade é a garantia da cidadania. Ao tomar conhecimento dos atos da Administração, o cidadão pode participar efetivamente das ações do governo, seja oferecendo seus serviços, seja fiscalizando.

A publicidade ocorre no momento em que a informação fica disponível a qualquer do povo. Na licitação isso se verifica com a publicação do edital no Diário Oficial do órgão licitante ou do ente público a que esteja vinculado e em jornal de grande circulação; na licitação realizada na modalidade de *convite*, quando a carta-convite for recepcionada pelo convidado e fixada no átrio da repartição licitante.

Saliente-se que pode ocorrer de o Diário Oficial circular em data diversa daquela que consta impressa. Neste caso, deve ser repetida a publicação em obediência ao princípio da legalidade, pois a lei exige que a matéria seja publicada naquele veículo de comunicação e em jornal de grande circulação. Não basta, pois, que a publicidade tenha sido atingida com a publicação do instrumento convocatório em jornal de grande circulação; é necessário que haja a publicação em ambos os veículos por causa da imposição legal, embora já se tenha verificado a efetiva publicidade.

É preciso, então, diferenciar publicação de publicidade. A publicidade pode não acontecer no mesmo momento da publicação, notadamente se a informação não chegar ao conhecimento do público. Para tanto, basta que o diário oficial, por exemplo, não circule na data impressa ou que ocorra algum fato que impeça a distribuição dos exemplares do jornal em que foi publicado o ato. Veja-se a norma aplicável:

Lei 8.666/93
Art. 21. (...)
§ 3º. Os prazos estabelecidos no parágrafo anterior serão contados a partir da última publicação do edital resumido ou da expedição do convite, ou ainda da efetiva disponibilidade do edital ou do convite e respectivos anexos, prevalecendo a data que ocorrer mais tarde.

Não se pode negar que o diário oficial é um meio de comunicação pouco popular, sua leitura se restringe a servidores públicos e o cidadão comum não possui acesso fácil e rápido ao mesmo. O projeto de lei 7.709/07, em trâmite no Congresso Nacional, admite a substituição da publicação na imprensa oficial pela realizada em sítios eletrônicos oficiais da Administração Pública, desde que certificado digitalmente por autoridade certificadora credenciada no âmbito da ICP-Brasil.

A Lei 8.666/93 estabelece, de forma precisa, onde, o quê, quem, a quantidade e quando devem ser publicados os avisos de licitação. Senão vejamos:

Lei 8.666/93
Art. 21. Os avisos contendo os resumos dos editais *(o quê*)* das concorrências, das tomadas de preços, dos concursos e dos leilões, embora realizados no local da repartição interessada, deverão ser publicados com antecedência, no mínimo, por uma vez *(a quantidade*)*

I – no Diário Oficial da União *(onde*)*, quando se tratar de licitação feita por órgão ou entidade da Administração Pública Federal *(quem*)* e, ainda, quando se tratar de obras financiadas parcial ou totalmente com recursos federais ou garantidas por instituições federais;

II – no Diário Oficial do Estado, ou do Distrito Federal quando se tratar, respectivamente, de licitação feita por órgão ou entidade da Administração Pública Estadual ou Municipal, ou do Distrito Federal;

III – em jornal diário de grande circulação no Estado e também, se houver, em jornal de circulação no Município ou na região onde será realizada a obra, prestado o serviço, fornecido, alienado ou alugado o bem, podendo ainda a Administração, conforme o vulto da licitação, utilizar-se de outros meios de divulgação para ampliar a área de competição.

§ 1º. O aviso publicado conterá a indicação do local *(o quê*)* em que os interessados poderão ler e obter o texto integral do edital e todas as informações sobre a licitação.

§ 2º. O prazo mínimo até o recebimento das propostas ou da realização do evento será: *(quando*)*

I – quarenta e cinco dias para:
a) concurso;
b) concorrência, quando o contrato a ser celebrado contemplar o regime de empreitada integral ou quando a licitação for do tipo "melhor técnica" ou "técnica e preço";

II – trinta dias para:
a) concorrência, nos casos não especificados na alínea "b" do inciso anterior;
b) tomada de preços, quando a licitação for do tipo "melhor técnica" ou "técnica e preço";

III – quinze dias para a tomada de preços, nos casos não especificados na alínea "b" do inciso anterior, ou leilão;

IV – cinco dias úteis para convite.

*Palavras acrescidas no texto para fins didáticos

Os prazos são contados, de regra, em dias corridos, excluindo-se o do início e incluindo-se o do término. Só se iniciam, ou vencem, em dia de expediente no órgão ou na entidade licitante. No convite e no pregão contam-se em dias úteis, bem como sempre que, dessa maneira, a lei dispuser.

É importante salientar que o dia designado para o recebimento das propostas, a data da abertura, não será computado para fins do prazo, pois é o início; com isso, o dia em que ocorreu a publicação é computado por ser o do vencimento.

Por exemplo, suponha-se que se realize uma licitação na modalidade tomada de preços, do tipo menor preço. O edital fixou o dia 25 (sexta-feira) de um determinado mês para a abertura. Na quinta-feira anterior, dia 24, não haverá expediente no órgão licitante por ser feriado municipal. Neste caso, o dia de início da contagem para fins de aferir a data limite em que deve ocorrer a publicação do edital, dando publicidade ao certame, será o dia 23 (quarta-feira), excluindo-se o dia 25 (da abertura), por ser o início, e o feriado, dia 24, por não haver expediente no órgão licitante.

Neste exemplo hipotético (licitação na modalidade *tomada de preços*, do tipo menor preço), a lei exige o prazo de 15 (quinze) dias corridos entre a publicação do instrumento convocatório e o dia da abertura. No caso, o prazo iniciará no dia 23 e terminará no dia 09 daquele mês. Ou seja, até o dia 09 deverá ter ocorrido a publicação, dando-se, assim, a efetiva publicidade.

D	S	T	Q	Q	S	S
		1	2	3	4	5
6	7	8	9"	10	11	12
13	14	15	16	17	18	19
20	21	22	23	24^	25*	26
27	28	29	30	31		

Legenda: ^ feriado, * data da abertura e " término do prazo

Pela oportunidade antecipo a transcrição do art. 110 da lei licitatória.

Lei 8.666/93
Art. 110. Na contagem dos prazos estabelecidos nesta Lei, excluir-se-á o dia do início e incluir-se-á o do vencimento, e considerar-se-ão os dias consecutivos, exceto quando for explicitamente disposto em contrário.

Parágrafo único. *Só se iniciam e vencem os prazos referidos neste artigo em dia de expediente no órgão ou na entidade.*

6.6 Princípio da Vinculação ao Instrumento Convocatório

O instrumento convocatório (edital ou carta-convite) configura a lei interna do procedimento licitatório. Como tal, impõe total obediência pela Administração e pelos proponentes às suas regras e condições.

Vinculam-se ao edital ou à carta-convite todos os atos decorrentes da licitação, inclusive o futuro contrato a ser firmado. Deste modo, se houver divergência nas cláusulas, prevalecerá a prevista no ato convocatório, como manda a norma:

Lei 8.666/93
Art. 41. A Administração não pode descumprir as normas e condições do edital ao qual se acha estritamente vinculada.

§ 1º. Qualquer cidadão é parte legítima para impugnar edital de licitação por irregularidade na aplicação desta Lei, devendo protocolar o pedido até 5 (cinco) dias úteis antes da data fixada para a abertura dos envelopes de habilitação, devendo a Administração julgar e responder à impugnação em até 3 (três) dias úteis, sem prejuízo da faculdade prevista no § 1º do art. 113.

§ 2º. Decairá do direito de impugnar os termos do edital de licitação perante a administração o licitante que não o fizer até o segundo dia útil que anteceder a abertura dos envelopes de habilitação em concorrência, e a abertura dos envelopes com as propostas em convite, tomada de preços ou concurso, ou a realização de leilão, as falhas ou irregularidades que viciariam esse edital, hipótese em que tal comunicação não terá efeito de recurso.

§ 3º. A impugnação feita tempestivamente pelo licitante não o impedirá de participar do processo licitatório ate o trânsito em julgado da decisão a ela pertinente.

As regras estabelecidas no instrumento convocatório (edital ou carta-convite) não são imutáveis. Se houver necessidade de alguma mudança, a Administração baixa um ato denominado *rerratificação*, pelo qual **RE**tifica o que precisa ser alterado e **RA**tifica as demais cláusulas e condições, reabrindo-se por inteiro o prazo para o recebimento das propostas, caso a alteração afete-as na sua formulação (LLC, art. 21, § 4º).

A reabertura do prazo somente será necessária quando a alteração influenciar na formulação das propostas, como, por exemplo, a diminuição do prazo de entrega ou conclusão da obra ou serviço. Caso contrário, o prazo não será reaberto.

Usualmente, as correções nos editais são feitas através de *errata;* trata-se de uma expressão popular e sua utilização não interfere na essência do ato, que é a retificação do que deve ser alterado e a ratificação do que permanecerá. Veja-se o comando legal a respeito:

Lei 8.666/93
Art. 21. (...)
§ 4º. Qualquer modificação no edital exige divulgação pela mesma forma que se deu o texto original, reabrindo-se o prazo inicialmente estabelecido, exceto quando, inquestionavelmente, a alteração não afetar a formulação das propostas.

6.7 Princípio do Julgamento Objetivo

O julgamento das propostas observará os critérios objetivos fixados no instrumento convocatório e estes devem possuir clareza suficiente para que o vencedor seja declarado sem dificuldades.

A classificação é feita de acordo com o tipo da licitação. A lei prevê os seguintes tipos: *menor preço, melhor técnica, técnica e preço* e *maior lance* ou *oferta.* Esse critério deriva do que se vê na norma abaixo:

Lei 8.666/93
Art. 45. O julgamento das propostas será objetivo, devendo a Comissão de licitação ou o responsável pelo convite realizá-lo em conformidade com os tipos de licitação, os critérios previamente estabelecidos no ato convocatório e de acordo com os fatores exclusivamente nele referidos, de maneira a possibilitar sua aferição pelos licitantes e pelos órgãos de controle.

Por mais que se definam os critérios objetivos, não há como negar a presença de subjetividade na aferição das propostas, mormente nas licitações do tipo *melhor técnica* e *técnica e preço.* No entanto, quanto menor forem as margens de discricionariedade da comissão licitante, maior objetividade se terá no julgamento, principalmente das propostas técnicas e, com isso, será possível aferir com maior precisão as razões que levaram à vitória de determinada proposta.

No *concurso,* em face de sua peculiaridade, a discricionariedade da comissão licitante na escolha do vencedor é ampla. A explicação é simples: no *concurso* não há propostas, os licitantes disputam um prêmio ou remuneração previamente definidos no instrumento convocatório e a Administração seleciona o próprio objeto pretendido e não uma proposta de prestação.

Lei 8.666/93
Art. 13. (...)
§ 1º. Ressalvados os casos de inexigibilidade licitação, os contratos para a prestação de serviços técnicos profissionais especializados deverão, preferencialmente, ser celebrado mediante a realização de concurso, com estipulação prévia de prêmio ou remuneração.

O art. 3º, § 1º, I, da Lei 8.666/93, por seu turno, veda aos agentes públicos criarem condições que comprometam, restrinjam ou frustrem o caráter competitivo. A fixação de critérios não objetivos para o julgamento das propostas pode comprometer, restringir ou frustrar a competitividade em qualquer tipo de licitação.

6.8 Princípio da Adjudicação Compulsória

A Administração não pode, depois de concluído o procedimento, atribuir o objeto da licitação a outro que não seja o vencedor, porque a norma assim proíbe:

Lei 8.666/93
Art. 50. A Administração não poderá celebrar o contrato com preterição da ordem de classificação das propostas ou com terceiros estranhos ao procedimento licitatório, sob pena de nulidade.

Após a adjudicação, a despesa deve ser empenhada e o vencedor convocado para a assinatura do termo de contrato ou aceitação e retirada do instrumento equivalente, no prazo e condições estabelecidas pela Administração. O prazo pode ser prorrogado uma vez, por igual período, quando solicitado pela parte interessada durante o transcurso do primeiro período, desde que ocorra motivo justificado, aceito pela Administração (LLC, art. 64, § 1º).

Se o vencedor não for convocado no prazo de 60 (sessenta) dias da data da entrega das propostas (LLC, art. 64, § 3º), estará desobrigado de contratar e a ele não poderá ser aplicada qualquer penalidade administrativa pela recusa.

Quando o convocado não assinar o termo de contrato, aceitar ou retirar o instrumento equivalente (nota de empenho), a Administração poderá convocar os licitantes remanescentes, obedecida a ordem de classificação, para fazê-lo em igual prazo e nas mesmas condições do vencedor, inclusive quanto ao preço (LLC, art. 64, § 2º). Trata-se de uma faculdade, já que a Administração poderá, também, revogar a licitação.

Lei 8.666/93
Art. 64. A Administração convocará regularmente o interessado para assinar o termo de contrato, aceitar ou retirar o instrumento equivalente, dentro do prazo e condições estabelecidas, sob pena de decair o direito à contratação, sem prejuízo das sanções previstas no art. 81 desta Lei.
§ 1º. O prazo de convocação poderá ser prorrogado uma vez, por igual período, quando solicitado pela parte durante o seu transcurso e desde que ocorra motivo justificado aceito pela Administração.
§ 2º. É facultado à Administração, quando o convocado não assinar o termo de contrato ou não aceitar ou retirar o instrumento equivalente no prazo e condições estabelecidas, convocar os licitantes remanescentes, na ordem de classificação, para fazê-lo em igual prazo e nas mesmas condições propostas pelo primeiro classificado, inclusive quanto aos preços atualizados de conformidade com o ato convocatório, ou revogar a licitação independente da cominação prevista no art. 81 desta Lei.
§ 3º. Decorridos 60 (sessenta) dias da data da entrega das propostas, sem convocação para a contratação, ficam os licitantes liberados dos compromissos assumidos.

6.9 Princípio da Ampla Defesa

O princípio da ampla defesa é uma garantia constitucional que assegura, a qualquer pessoa, a possibilidade de se defender em processo administrativo ou judicial de qualquer instância. Trata-se da garantia de um julgamento com observância do devido processo legal. Assim, a aplicação de penalidade ao licitante particular ou qualquer decisão de seu interesse deverá observar o devido processo administrativo (LLC, art. 87, *caput*).

Para o exercício da ampla defesa estão disponíveis os recursos previstos no art. 109 da Lei 8.666/93, envolvendo o recurso (hierárquico), a representação e o pedido de reconsideração.

O recurso previsto no art. 109, I, da lei licitatória, possui denominação imprópria. Trata-se do "recurso hierárquico", interposto perante a autoridade que praticou o ato, mas endereçado à autoridade imediatamente superior. As hipóteses de cabimento encontram-se taxativamente elencadas nas alíneas do inc. I do art. 109.

O prazo de interposição é de 5 (cinco) dias úteis, salvo nas licitações efetuadas na modalidade de convite, que será de 2 (dois) dias úteis (LLC, art. 109, § 6º); e na modalidade de pregão, cujo prazo será de 3 (três) dias úteis nos termos da Lei Federal 10.520/02.

Interposto o recurso, abre-se o prazo de 5 (cinco) dias para os demais participantes apresentarem contrarrazões, ou de dois ou três dias úteis em se tratando de *convite* ou *pregão,* respectivamente.

A autoridade que praticou o ato impugnado pode, no mesmo prazo, reconsiderar sua decisão ou fazer subir o recurso para julgamento pela autoridade superior (LLC, art. 109, § 4º), que disporá de 5 (cinco) dias para decidir.

O recurso de representação é cabível contra decisão relacionada com o objeto da licitação ou do contrato, desde que não caiba o recurso hierárquico.

Este recurso é cabível contra qualquer decisão de que não caiba *recurso* (aqui entendido o recurso hierárquico). Ou seja, qualquer decisão que não figure nas hipóteses taxadas nas alíneas do art. 109, I, da Lei 8.666/93, mesmo que não relacionada com o objeto da licitação ou do contrato. Trata-se de corolário ao direito de petição perante a Administração Pública, consagrado no art. 5º, XXXIV, *a,* da Constituição Federal.

Não sendo assegurado recurso algum na esfera administrativa, restaria ao ofendido apelar ao Poder Judiciário. A única solução é estender os casos de interposição do recurso de representação contra decisões de que não caiba o recurso previsto no inc. I do art. 109 da Lei 8.666/93.

Finalmente, contra decisões de ministro de Estado, de secretário estadual, distrital ou municipal, conforme o caso, será cabível, no prazo de 10 (dez) dias da abertura de vista, pedido de reconsideração na hipótese do § 3º do art. 87 da Lei 8.666/93[7].

Assim, contra a aplicação da sanção prevista no inc. IV do art. 87 da Lei 8.666/93, que é exclusiva das autoridades acima enumeradas, é cabível no prazo de 10 (dez) dias da abertura de vista o recurso denominado pedido de reconsideração.

Outra questão de relevância é a possibilidade da aplicação da pena de inidoneidade prevista no inc. IV do art. 87 da Lei 8.666/93, pela autoridade máxima do órgão licitante e não apenas por ministro, secretá-

---

[7] A lei remeteu ao § 4º do art. 87. Trata-se de um erro legislativo, pois esse parágrafo não existe.

rios estaduais e municipais. A lei deveria ter atribuído tal competência, sob pena de não ser possível a aplicação desta sanção nas licitações e contratações realizadas por ente ou instituições não vinculadas, administrativamente, a essas autoridades, além de submeter os ministros de Estado à obrigação de examinarem autos de licitação e contratos de todos os órgãos vinculados ao seu respectivo ministério numa burocracia descabida, que gera despesa desnecessária.

Deve-se, então, interpretar extensivamente a norma para admitir a possibilidade de aplicação da pena prevista no inc. IV do art. 87 da Lei 8.666/93, pela autoridade máxima do órgão licitante, além daquelas autoridades mencionadas no § 3º do mesmo artigo.

6.10 Princípio da Padronização

A lei trata a padronização como princípio e afirma que as compras, sempre que possível, devem atendê-lo. Padronização é um procedimento próprio e exclusivo para este fim, servindo para aquisições futuras.

Quando a Administração verifica a necessidade de padronizar determinado bem, abre um procedimento específico, coordenado por comissão especial e qualificada para a seleção do bem de determinada marca, culminando com ato governamental de padronização.

A comissão deve levar em conta fatores como o desempenho, condições de manutenção, assistência técnica e garantias oferecidas, quantidade de bens que possui, relação custo-benefício, em processo de ampla publicidade em que oportuniza todos os fabricantes ou revendedores de produtos similares à apresentação de proposta.

No processo da padronização a Administração não possui a intenção de aquisição do bem. Não existe "processo de aquisição por padronização". Primeiro a Administração padroniza para posteriormente adquirir o bem padronização, podendo, neste caso, indicar a marca do produto, o que pode levar a inviabilidade de competição quando o produto padronizado só possuir um fornecedor.

A economicidade associada ao desempenho do produto, ou seja, a relação custo-benefício, deve nortear o procedimento de padronização, que pode ser revisto a qualquer tempo, pois a Administração não é obrigada a adquirir somente o bem da marca padronizada.

A padronização se materializa em um ato da autoridade máxima do ente público que promove a padronização. Geralmente se consubstancia por portaria ministerial ou decreto expedido por governador ou prefeito.

Marçal Justen Filho[8] expõe didaticamente o tema, assim se pronunciando:

A padronização será promovida pela Administração como pressuposto de futuras contratações. Influirá o conteúdo da atividade administrativa futura, inclusive com a possibilidade de resultar em contratações diretas. É perfeitamente possível que a padronização conclua pela seleção de objeto que pode ser prestado por um único fornecedor, tornando-se inviável a competição. Nenhum vício ocorrerá nessa hipótese, desde que a padronização tenha sido conduzida de modo adequado, com observância das formalidades cabíveis e respeitados os princípios fundamentais.

A padronização materializar-se-á através de ato administrativo da autoridade competente – competência essa que se avalia segundo as regras organizacionais de cada entidade. Em princípio, é competente para decretar a padronização a autoridade de mais elevada hierarquia. Mas a padronização será a última etapa de um procedimento relativamente complexo.

O procedimento iniciar-se-á através da constatação da utilidade e cabimento da padronização. Para tanto, deverá haver ato de instalação de um procedimento administrativo destinado a esse fim específico. Será adequado constituir uma comissão especial para avaliar o cabimento da padronização e encaminhar as providências necessárias a apurar a melhor solução nesse sentido. Essa comissão deverá apurar as necessidades administrativas, formular previsão acerca do montante econômico dos contratos futuros e examinar as alternativas disponíveis para a padronização.

6.11 Princípio da Transparência

Lei 8.666/93
Art. 3º. (...)
§ 3º A licitação não será sigilosa, sendo públicos e acessíveis ao público os atos de seu procedimento, salvo quanto ao conteúdo das propostas, até a respectiva abertura.
Art. 4º. Todos quantos participem de licitação promovida pelos órgãos ou entidades a que se refere o art. 1º têm direito público subjetivo à fiel observância do pertinente procedimento estabelecido nesta lei, podendo qualquer cidadão acompanhar o seu desenvolvimento, desde que não interfira de modo a perturbar ou impedir a realização dos trabalhos.

---

[8] JUSTEN FILHO, Marçal. **Comentários à lei de licitações e contratos administrativos.** 13. ed. São Paulo: Dialética, 2009. p. 176/177.

Parágrafo único. *O procedimento licitatório previsto nesta lei caracteriza ato administrativo formal, seja ele praticado em qualquer esfera da Administração Pública.*

Embora não expresso e positivado como princípio, a transparência é requisito basilar para os atos administrativos e que encontra estreita ligação com o princípio da publicidade.

A redação do § 3º do art. 3º da Lei 8.666/93 impõe a transparência ao procedimento licitatório ao vedar o sigilo, salvo o conteúdo das propostas antes da abertura, e admitir a participação, mediante o acesso aos atos. Desta forma, será ilegal a realização de licitação em recinto fechado ou que não permita o acesso de qualquer cidadão.

As licitações eletrônicas, que, pela natureza, são realizadas em ambiente virtual, devem permitir a participação mediante o acesso por qualquer internauta, inclusive admitir o envio de mensagem instantânea que deve ser analisada e se dar o valor necessário pelo pregoeiro ou administrador do sistema de informática. Entendimento reforçado pela redação do art. 4º que autoriza a qualquer cidadão acompanhar o desenvolvimento do certame. Desta forma, em qualquer licitação, mesmo naquelas desenvolvidas em ambiente virtual, deve se dar de maneira transparente e permitir o acompanhamento por qualquer cidadão.

O sistema de informática utilizado nas licitações eletrônicas deve permitir, mediante a comprovação da cidadania com a digitação do número do título eleitoral e após conferência no cadastro do Tribunal Superior Eleitoral, que o cidadão se habilite para acompanhar o desenvolvimento do certame eletrônico. Se não houver tal possibilidade o certame desrespeitará a imposição contida no art. 4º da Lei 8.666/93.

Sobre a formalidade do procedimento remeto o leitor ao item 3, no entanto chamo a atenção para a redação do parágrafo único do art. 4º da lei licitatória sobre ser a licitação "*um procedimento caracterizado por ato administrativo formal*". Ora, *procedimento administrativo* não se confunde com *ato administrativo*. Procedimento é a realização de uma cadeia itinerária de atos, todos formais; é composto por uma série de atos, de certo modo independentes, porém vinculados um ao outro. Melhor seria se a expressão *ato* estivesse no plural, afirmando que *o procedimento licitatório caracteriza atos administrativos formais praticados em qualquer esfera da Administração Pública*.

6.12 Princípio da Eficiência

A atividade administrativa deve possuir uma finalidade voltada ao bem comum (CF, art. 3º, IV), para tanto, as ações administrativas devem ser feitas com imparcialidade, neutralidade e transparência, tudo para garantir a eficiência do ato.

O princípio da eficiência seria então o agregador dos demais, pois a finalidade eficaz dos atos públicos requer a conjugação da legalidade, da moralidade, da impessoalidade, da razoabilidade e da proporcionalidade.

O planejamento inadequado das ações do Estado leva, quase sempre, a paralisação de obras ou o retardamento de sua conclusão, ou ainda a realização de obras sem qualquer utilidade. Os prejuízos para a sociedade são inevitáveis. A falta de planejamento adequado pode ser entendida como inobservância do princípio da eficiência e, como tal, torna-se passivo do controle jurisdicional, mesmo envolvendo apenas questão de mérito.

A falta de planejamento das reais necessidades da população consumiu recursos públicos em obras faraônicas e sem utilidade comprovada. Boa parte de tais obras perpetua-se como inacabada.

Como se vê, ser eficiente nada mais é do que ter a capacidade de identificar a real necessidade da sociedade e adequar as ações de modo proporcional e racional visando o seu atendimento.

A introdução do princípio da eficiência no rol dos princípios constitucionais consubstancia no marco divisório entre os modelos de administração burocrático com o gerencial (*vide* item 7, Capítulo II). Com o seu surgimento a Administração Pública passa a ter que se preocupar com os resultados de sua atuação e não apenas com as formalidades.

Administração Pública deve ser moderna e eficiente. O gestor tem a obrigação de gerir os recursos com vistas a consecução dos serviços que a população necessita de forma econômica e eficiente. Para tanto, é necessário se afastar do modelo burocrático substituindo-o pelo modelo gerencial, onde o estado é substituído, na execução, por terceira pessoa, vinculada aos setores econômico ou filantrópico, assumindo o papel de financiador, controlador e avaliador.

A eficiência tornou-se princípio constitucional a partir da Emenda Constitucional 19/98. Com ela, surge a necessidade da Administração pública se preocupar com o resultado finalístico de seus serviços, de modo a obter o melhor resultado com o menor custo.

Para melhorar a eficiência e cumprir o princípio, agora constitucional, a Administração Pública, anteriormente burocrática, deve abrir espaço para a Administração Gerencial, que volta aos resultados mesmo que em detrimento das formalidades. Para tanto, a Administração Pública gerencial deve buscar parceria com a sociedade civil e uma maior autonomia para as entidades administrativas.

A eficiência da Administração Pública e a necessidade de reduzir custos, aumentando a qualidade dos serviços públicos prestados, tornam-se as metas do Estado.

A Administração Pública passa a ser gerente, deixando a execução dos serviços aos agentes privados e/ou das organizações da sociedade civil. O terceiro setor começa, então, a participar, como executor de serviços públicos, da Administração Pública, sempre com vistas aos resultados e ao cumprimento de metas previamente estabelecidas.

Por meio de parcerias com o terceiro setor social, o que ocorreu basicamente com o advento da Emenda Constitucional 19, de 1998, ganhou importância a participação das entidades não governamentais na realização de políticas públicas.

Toda atividade pública não exclusiva do Estado pode ser transferida para o segundo e terceiros setores sociais. Inclui-se, na possibilidade de parceria com o terceiro setor, a prestação de serviços como saúde, educação, administração penitenciária, pesquisa científica, fomento, entre outros.

A Administração Pública passa a gerenciar os serviços que são executados por entidades sem fins lucrativos em colaboração ou parceria, mediante o financiamento prévio do Estado e com posterior prestação de contas.

O Estado não possui sequer cacoete de administrador e a corrupção generalizada extrai os poucos recursos e esforços no sentido contrário. A aquisição de um remédio de pressão arterial leva meses e, às vezes, o excesso de fiscalização impede a aquisição, enquanto isso o paciente fica a mercê da sorte.

A falência do Estado burocrata é evidente. A busca de modelo alternativo é o que deve ressoar das ruas, dos gritos daqueles que não suportam mais o aperto no transporte público ou a sua inexistência, a falta de vagas nas unidades de saúde e o descaso e abandono total das universidades públicas.

O modelo de Administração Gerencial surgiu nos fins dos anos 80 na Inglaterra e nos Estados Unidos, baseado na visão de ser o Estado uma grande empresa prestadora de serviços de qualidade, sem burocracia e com eficiência, sendo esta medida por avaliações periódicas de desempenho e controle de resultados.

O gerente não faz, manda fazer. Fiscaliza. Cobra resultados e utiliza os recursos tecnológicos, cada vez mais acessíveis, para promover uma verdadeira revolução na prestação dos serviços. Os serviços são descentralizados e passam, em muitos casos, para o terceiro setor social.

Uma organização pode administrar uma escola pública, contratar professores, estabelecer o padrão de administração, adquirir e preparar a merenda escolar, auferir receita daqueles que possam contribuir, tudo isso mediante o financiamento do Estado.

O Estado não precisa executar, pôr a "mão na massa", basta financiar os serviços, fiscalizar, cobrar resultados com o estabelecimento de metas objetivas e aferíveis mediante o controle e avaliações. Estabelece-se, então, uma espécie de concorrência administrativa entre as diversas unidades administrativas, onde a melhor será a preferida dos usuários.

A Administração Gerencial aceita maior participação dos agentes privados e/ou das organizações da sociedade civil. Com a participação de outros agentes, o Estado troca a administração de processos e a preocupação com compras e abastecimento das unidades pelo gerenciamento dos serviços, mediante o estabelecimento de metas, fiscalização, controle e avaliação.

Com a Administração Gerencial, o usuário dos serviços públicos será visto como cliente.

Com o novo modelo, diversos Municípios substituiriam as arcaicas secretarias por um gerente-geral, cercado de assessores técnicos especializados em controle, fiscalização e avaliação. A economia, na esfera executiva, seria significativa.

A Administração Pública deixaria de ser fiscalizada para fiscalizar, controlar, gerenciar e avaliar.

7 ORDEM CRONOLÓGICA DE PAGAMENTO E CORREÇÃO MONETÁRIA

Lei 8.666/93

Art. 5º. Todos os valores, preços e custos utilizados nas licitações terão como expressão monetária a moeda corrente nacional, ressalvado o disposto no art. 42 desta Lei, devendo cada unidade da Administração, no pagamento das obrigações relativas ao fornecimento de bens, locações, realização de obras e prestação de serviços, obedecer, para cada fonte diferenciada de recursos, a estrita ordem cronológica das datas de suas exigibilidades, salvo quando presentes relevantes razões de interesse público e mediante prévia justificativa da autoridade competente, devidamente publicada.

§ 1º. Os créditos a que se refere este artigo terão seus valores corrigidos por critérios previstos no ato convocatório e que lhes preservem o valor.

§ 2º. A correção de que trata o parágrafo anterior cujo pagamento será feito junto com o principal, correrá à conta das mesmas dotações orçamentárias que atenderam aos créditos a que se referem.

§ 3º. Observados o disposto no **caput***, os pagamentos decorrentes de despesas cujos valores não ultrapassem o limite de que trata o inciso II do art. 24, sem prejuízo do que dispõe seu parágrafo único, deverão ser efetuados no prazo de até 5 (cinco) dias úteis, contados da apresentação da fatura.*

Salvo nas concorrências internacionais em que o edital deverá ajustar-se à política monetária e do comércio exterior, os valores, preços e custos utilizados nas licitações terão como expressão monetária a moeda corrente nacional.

O art. 5º da lei licitatória traz em seu bojo normas de garantias de pagamento segundo ordem cronológica e proteção do valor monetário da proposta.

A garantia refere-se ao dever da Administração Pública de obedecer ordem cronológica de sua exigibilidade, quando for efetivar os pagamentos. Ou seja, pagar aquilo que primeiro se encontrar apto a fazê--lo, seguindo a partir de então a ordem de aptidão. A quebra da ordem cronológica de pagamento só será admissível em face do relevante interesse público devidamente justificado.

Em que pese a lei impor o respeito à ordem cronológica de exigibilidade dos créditos para fins de pagamento, tal conduta não vem sendo cumprida e, de igual forma, fiscalizada por parte dos órgãos de controle interno e externo. Dificilmente se vê a divulgação de lista contendo a ordem de exigibilidade dos débitos públicos. Quero crer que tal conduta se justifica em razão de que não há a necessidade de se formar uma lista de pagamentos pendentes face a adimplência da Administração quanto a seus pagamentos, não se formando, desta feita, um passivo.

Obedecendo a ordem cronológica de pagamentos imposta no *caput* do art. 5º da LLC, a Administração deve efetuar o pagamento das despesas de até R$ 80.000,00 (oitenta mil reais) inclusive, no prazo de 5 (cinco) dias úteis contados da apresentação da fatura.

A proteção do valor monetário da proposta se impõe pela necessidade de correção monetária dos créditos, apurada esta desde a apresentação da proposta até a efetivação do pagamento. Tal conduta, no entanto, não é autoaplicável, é necessário que a garantia esteja prevista no ato convocatório.

8 DEFINIÇÕES

De forma didática o art. 6º da Lei 8.666/93, traz definições e conceitos de diversos termos empregados no procedimento de licitação. Vamos a eles:

8.1 Obra

Lei 8.666/93
Art. 6º. Para os fins desta Lei, considera-se:
I – Obra – toda construção, reforma, fabricação, recuperação ou ampliação, realizada por execução direta ou indireta;

Desnecessário comentar o conceito de obra pública face a definição didática dada pela lei. No entanto, para não passar em branco, entende-se por *obra* toda despesa estatal realizada em edifícios públicos, infraestrutura, projetos urbanos, seja de edificação, ampliação ou reforma, com execução direta ou indireta.

O conceito de obra dado pela lei licitatória alcança as obras em que a Administração Pública seja beneficiária direta, como a construção de seus prédios de uso especial, assim como obras públicas propriamente ditas, aquelas que atendam a sociedade, como as obras de infraestrutura (pavimentação de vias, construção de viadutos, pontes etc.).

8.2 Serviço

Lei 8.666/93
Art. 6º. Para os fins desta Lei, considera-se:
II – Serviço – toda atividade destinada a obter determinada utilidade de interesse para a Administração, tais como: demolição, conserto, instalação, montagem, operação, conservação, reparação, adaptação, manutenção, transporte, locação de bens, publicidade, seguro ou trabalhos técnico-profissionais;

Serviço é a atividade destinada à Administração, atividade que lhe seja útil. Não se trata de *serviço público* destinado a atender diretamente a sociedade, mas de *serviço* que atenda os interesses da Administração de forma direta. A lei enumera, em rol não taxativo, alguns exemplos de serviços como: demolição, conserto, instalação, montagem, operação, conservação, reparação, adaptação, manutenção, transporte, locação de bens, publicidade, seguro ou trabalho técnico-profissional.

Ultimamente tem crescido na Administração Pública o fenômeno da terceirização de atividade-meio, o que se dá pela contratação de serviços como o de vigilância privada para proteção dos prédios públicos, fornecimento de alimentação preparada, fornecimento de gás medicinal, limpeza dos prédios públicos, serviços laboratoriais, dentre outros.

8.3 Compra

Lei 8.666/93
Art. 6º. Para os fins desta Lei, considera-se:
III – Compra – toda aquisição remunerada de bens para fornecimento de uma só vez ou parceladamente;

Sempre que a Administração pretender adquirir bens, assim considerado algo tangível, palpável, que possua existência material, suscetível de valoração, resultado da transformação de matéria-prima em produto industrializado, artesanal ou imóvel edificado ou não, que possa ser adquirido mediante compra.

A compra somente pode recair sobre bens lícitos e que estejam no comércio. Bens comuns *res communes* por estarem fora do comércio não são suscetíveis de aquisição como o ar, o meio ambiente, o mar, a luz solar etc.

De acordo com a redação da lei licitatória, *compra* é o ato pelo qual a Administração Pública efetiva a aquisição de bens materiais corpóreos, móveis ou imóveis, consumíveis ou inconsumíveis, fungíveis ou infungíveis, divisíveis ou indivisíveis, singulares ou coletivos e semoventes.

Bem *material corpóreo* é tudo que é palpável de existência perceptível. Por sua vez, bens *incorpóreos* são os que não se materializam pela natureza de abstração por tal razão não são bens comercializáveis, estão fora do comércio como o direito autoral, de imagem e valores como a honra.

Móveis, de acordo com o Código Civil Brasileiro, são os suscetíveis de movimento próprio, ou de remoção por força alheia, sem alteração da substância ou da destinação econômico-social.

A lei civil brasileira equipara ao bem móvel as energias que tenham valor econômico, os direitos reais sobre objetos móveis e as ações correspondentes, os direitos pessoais de caráter patrimonial e respectivas ações e os materiais destinados a alguma construção, enquanto não forem empregados na obra ou dela retirados pela demolição. Desta forma, quando a Administração pretende construir uma obra por execução direta, deve adquirir os materiais que serão empregados na construção através da compra.

Lei 10.406/02 – Código Civil
Art. 82. São móveis os bens suscetíveis de movimento próprio, ou de remoção por força alheia, sem alteração da substância ou da destinação econômico-social.
Art. 83. Consideram-se móveis para os efeitos legais:
I – as energias que tenham valor econômico;
II – os direitos reais sobre objetos móveis e as ações correspondentes;
III – os direitos pessoais de caráter patrimonial e respectivas ações.
Art. 84. Os materiais destinados a alguma construção, enquanto não forem empregados, conservam sua qualidade de móveis; readquirem essa qualidade os provenientes da demolição de algum prédio.

Imóvel é o solo e tudo quanto se lhe incorporar naturalmente ou artificialmente. Equiparam-se a imóvel para efeitos legais os direitos reais sobre imóveis e as ações que os asseguram, o direito à sucessão aberta e não perdem a qualidade de imóveis as edificações separadas do solo que conservem a sua unidade e forem removidas para outro local e os materiais provisoriamente separados de um prédio, para nele ser reempregado.

Lei 10.406/02 – Código Civil
Art. 79. São bens imóveis o solo e tudo quanto se lhe incorporar natural ou artificialmente.
Art. 80. Consideram-se imóveis para os efeitos legais:
I – os direitos reais sobre imóveis e as ações que os asseguram;
II – o direito à sucessão aberta.
Art. 81. Não perdem o caráter de imóveis:
I – as edificações que, separadas do solo, mas conservando a sua unidade, forem removidas para outro local;

II – os materiais provisoriamente separados de um prédio, para nele se reempregarem.

Consumíveis são os bens móveis cujo uso importa em destruição imediata da própria substância, assim como os imóveis destinados à alienação. Na Administração Pública são chamados de *bens de consumo*. Ao contrário, *inconsumíveis* são móveis, imóveis ou semoventes cujo uso não importa em destruição imediata, são conhecidos no seio da Administração Pública como *bens permanentes* ou de capital.

Fungíveis são móveis que podem substituir-se por outros da mesma espécie, qualidade e quantidade, como um veículo, combustível, papel etc. Infungíveis são os que não podem ser substituídos por outros como uma obra de arte.

Lei 10.406/02 – Código Civil
Art. 85. São fungíveis os móveis que podem substituir-se por outros da mesma espécie, qualidade e quantidade.
Art. 86. São consumíveis os bens móveis cujo uso importa destruição imediata da própria substância, sendo também considerados tais os destinados à alienação.

Bens divisíveis são os que se podem fracionar sem alteração de sua substância ou prejuízo do uso a que se destinam; indivisíveis são os bens que o fracionamento importa em sua não utilização, como um veículo.

Lei 10.406/02 – Código Civil
Art. 87. Bens divisíveis são os que se podem fracionar sem alteração na sua substância, diminuição considerável de valor, ou prejuízo do uso a que se destinam.
Art. 88. Os bens naturalmente divisíveis podem tornar-se indivisíveis por determinação da lei ou por vontade das partes.

Singulares são os bens que, embora reunidos, se consideram *de per si*, independentemente dos demais. Coletivos são os bens singulares considerados pela sua universalidade ou reunião. Por exemplo, uma cabeça de gado é um bem singular, mesmo dentro de um rebanho; o rebanho, considerado pela universalidade, é um bem coletivo.

Lei 10.406/02 – Código Civil
Art. 89. São singulares os bens que, embora reunidos, se consideram de per si, independentemente dos demais.
Art. 90. Constitui universalidade de fato a pluralidade de bens singulares que, pertinentes à mesma pessoa, tenham destinação unitária.
Parágrafo único. Os bens que formam essa universalidade podem ser objeto de relações jurídicas próprias.
Art. 91. Constitui universalidade de direito o complexo de relações jurídicas, de uma pessoa, dotadas de valor econômico.

Semoventes são os bens móveis que possuem mobilidade própria e natural, independente de força artificial. A aquisição de um cavalo para servir à polícia montada se dá pela compra de um semovente.

De acordo com a lei licitatória, será compra se o bem for entregue de uma só vez ou em parcelas.

8.4 Alienação

Lei 8.666/93
Art. 6º. Para os fins desta Lei, considera-se:
IV – Alienação – toda transferência de domínio de bens a terceiros;

O procedimento de licitação *comum* é aquele que tem por objeto a aquisição de bens, mediante compra, ou a contratação de serviços ou obra pública. Será, no entanto, *especial* quando for utilizado para a alienação de bens públicos ou para a contratação de serviços técnicos especializados mediante concurso. Com efeito, as modalidades *concorrência, tomada de preços, convite e pregão* são conhecidas como *"modalidades comuns"*; enquanto o *leilão,* que se destina à alienação de bens, o *concurso,* utilizado para a contratação de serviços técnicos especializados, assim como a *concorrência* realizada para a alienação de bens, são classificadas como *modalidades especiais.*

De regra os bens públicos são inalienáveis tendo em vista pertencerem, a qualquer título, às entidades estatais, daí estarem submetidos a regime especial de direito público. Ou seja, são bens públicos aqueles que possuem vinculação de domínio com qualquer ente público e como tal não estão no comércio ou não podem sofrer qualquer tipo de alienação.

A regra da inalienabilidade de bens públicos não é absoluta. No entanto, para que seja possível a alienação se faz necessário retirar do bem público sua destinação, colocando-o na categoria de bem dominical, que são aqueles pertencentes ao patrimônio disponível da Administração Pública. A retirada da destinação de um bem público é o fenômeno da *desafetação*.

Registre-se que os bens públicos podem assumir a destinação de *uso comum do povo* ou de *uso especial* e, como tal, são inalienáveis, conforme estatui o art. 100 do Código Civil Brasileiro:

Lei 10.406/02 – Código Civil
Art. 100. Os bens públicos de uso comum do povo e os de uso especial são inalienáveis, enquanto conservarem a sua qualificação, na forma que a lei determinar.

São de uso especial os móveis ou imóveis utilizados pela Administração Pública para a efetivação de seus serviços, como delegacias, palácios, escolas públicas, hospitais, viaturas etc.

Bens de uso comum do povo são aqueles que estão franqueados ao acesso público cuja utilização independe de autorização, como as praças, as vias públicas, as pontes, os parques, o meio ambiente etc.

E bens dominicais são os destituídos de qualquer destinação. Não se enquadram nas categorias de bem de uso comum do povo ou de uso especial. São disponíveis, formando a riqueza material e patrimonial do Estado, que poderá aliená-los ou afetá-los ao uso comum do povo ou ao uso especial através da afetação.

Lei 10.406/02 – Código Civil
Art. 101. Os bens públicos dominicais podem ser alienados, observadas as exigências da lei.

A forma de alienação de bens públicos será estudada adiante na análise dos artigos 17 e 19 do estatuto de licitações e contratos.

8.5 Obras, Serviços e Compras de Grande Vulto

Lei 8.666/93
Art. 6º. Para os fins desta Lei, considera-se:
V – Obras, serviços e compras de grande vulto – aquelas cujo valor estimado seja superior a 25 (vinte e cinco) vezes o limite estabelecido na alínea "c" do inciso I do art. 23 desta Lei;

A lei licitatória considera obra, serviço ou compra de grande vulto aquelas em que o valor estimado seja superior a R$ 37.500.000,00 (trinta e sete milhões e quinhentos mil reais), que corresponde a 25 vezes o limite estabelecido na alínea *c* do inciso I do art. 23 da Lei 8.666/93, que hoje é de R$ 1.500.000,00 (um milhão e quinhentos mil reais).

A Administração deve considerar de grande vulto o valor *estimado* e não o *contratado*. A estimativa é feita antes da escolha da modalidade mediante pesquisa de mercado ou por meio de planilhas elaboradas pelo corpo técnico do órgão licitante.

8.6 Seguro-garantia

Lei 8.666/93
Art. 6º. Para os fins desta Lei, considera-se:
VI – Seguro-Garantia – o seguro que garante o fiel cumprimento das obrigações assumidas por empresas em licitações e contratos;

Uma das prerrogativas da Administração é a que lhe permite exigir garantia da prestação dos serviços ou da entrega dos bens adquiridos.

A garantia para a Administração Pública difere daquela prestada nas relações contratuais privadas. No contrato privado, quem exige garantia é, de regra, o credor ou o prestador dos serviços, e serve, fundamentalmente, para a certeza de pagamento pelo contratante. No contrato administrativo, o garantidor é quem presta o serviço ou quem tem que entregar o bem adquirido e não a Administração contratante. Há, então, uma visível inversão de posições. Quando se contrata, por exemplo, uma escola particular para a prestação de serviços educacionais, o aluno (contratante) é quem presta a garantia de pagamento; contudo, a escola é que prestará garantia se for contratada pela Administração (contratante) para prestar o mesmo serviço. Trata-se de garantia de fiel cumprimento das obrigações. Outro exemplo: a concessionária exige garantia do consumidor quando lhe vende um automóvel em parcelas, entretanto, presta garantia à Administração Pública para lhe vender o mesmo bem quando a entrega não for imediata.

A exigência de garantia é ato discricionário que deverá constar no instrumento convocatório e, se exigida, não poderá ser dispensada no contrato. De outro lado, se não for exigida no instrumento convocatório não poderá constar no contrato.

Uma vez exigida, a garantia pode ser prestada nas modalidades previstas no § 1º do art. 56 da Lei 8.666/93, a saber: caução em dinheiro, títulos de dívida pública, seguro-garantia ou fiança bancária, cabendo a escolha ao particular.

A garantia será liberada ou restituída, devidamente corrigida quando prestada em dinheiro, após a execução do contrato. Em caso de inexecução ou execução parcial, o contratado perderá a garantia em favor da Administração.

8.7 Formas de Execução

Lei 8.666/93
Art. 6º. Para os fins desta Lei, considera-se:
VII – Execução direta – a que é feita pelos órgãos e entidades da Administração, pelos próprios meios;
VIII – Execução indireta – a que o órgão ou entidade contrata com terceiros sob qualquer dos seguintes regimes:
a) empreitada por preço global – quando se contrata a execução da obra ou do serviço por preço certo e total;
b) empreitada por preço unitário – quando se contrata a execução da obra ou do serviço por preço certo de unidades determinadas;
c) (Vetado).
d) tarefa – quando se ajusta mão de obra para pequenos trabalhos por preço certo, com ou sem fornecimento de materiais;
e) empreitada integral – quando se contrata um empreendimento em sua integralidade, compreendendo todas as etapas das obras, serviços e instalações necessárias, sob inteira responsabilidade da contratada até a sua entrega ao contratante em condições de entrada em operação, atendidos os requisitos técnicos e legais para sua utilização em condições de segurança estrutural e operacional e com as características adequadas às finalidades para que foi contratada;

Execução direta é aquela em que a Administração realiza a obra com pessoal próprio (servidores públicos) e em geral com maquinário próprio, mas nada impede que o maquinário seja de terceiro mediante locação.

Execução indireta é aquela em que a Administração a transfere ao setor privado mediante contratação e execução da obra, com os seguintes regimes: a) empreitada por preço global – quando se contrata a execução da obra ou do serviço por preço certo e total, ou seja, a Administração licita a obra em sua totalidade, conhecendo, desde a proposta, o valor que será empregado na obra até sua conclusão. O pagamento, contudo, pode ser parcelado mediante a medição da obra realizada e o preço, embora certo e determinado, pode sofrer reajuste em condições especiais, principalmente no caso de supressão ou acréscimo do objeto; b) empreitada por preço unitário – quando se contrata a execução da obra ou do serviço por preço certo de unidades determinadas, geralmente a obra a ser realizada possui indeterminação quantitativa, por exemplo, a licitação cujo objeto seja a perfuração de um poço artesiano até encontra lençol d'água potável, o contratado será remunerado pelo preço dado à unidade (metros) vezes a quantidade final de unidades realizadas; c) tarefa – quando se ajusta mão de obra para pequenos trabalhos por preço certo, com ou sem fornecimento de materiais. Usada especificamente quando o objeto é a contratação de mão de obra e pode se dar por preço certo, global ou unitário; d) empreitada integral – quando se contrata um empreendimento em sua integralidade, compreendendo todas as etapas das obras, serviços e instalações necessárias, sob inteira responsabilidade da contratada até a sua entrega ao contratante em condições de entrada em operação, atendidos os requisitos técnicos e legais para sua utilização em condições de segurança estrutural e operacional e com as características adequadas às finalidades para que foi contratada; por exemplo, a Administração pretende contratar obra de saneamento básico, em que o contratado deve entregá-la em funcionamento, com a rede de tubulações instaladas, laboratórios e sistemas de tratamento em pleno funcionamento.

A contratação de obra pública com execução indireta não se confunde com a transferência de obra pública à iniciativa privada mediante contrato concessão, permissão, parceria público-privada e consórcios públicos, muito embora tais contratações se efetivem através de licitação. Aqui é um modelo de descentralização.

8.8 Projeto Básico

Lei 8.666/93
Art. 6º. Para os fins desta Lei, considera-se:
IX – Projeto Básico – conjunto de elementos necessários e suficientes, com nível de precisão adequado, para caracterizar a obra ou serviço, ou complexo de obras ou serviços objeto da licitação, elaborado com base nas indicações dos estudos técnicos preliminares, que assegurem a viabilidade técnica e o adequado tratamento do impacto ambiental do empreendimento, e que possibilite a avaliação do custo da obra e a definição dos métodos e do prazo de execução, devendo conter os seguintes elementos:
a) desenvolvimento da solução escolhida de forma a fornecer visão global da obra e identificar todos os seus elementos constitutivos com clareza;

b) *soluções técnicas globais e localizadas, suficientemente detalhadas, de forma a minimizar a necessidade de reformulação ou de variantes durante as fases de elaboração do projeto executivo e de realização das obras e montagem;*
c) identificação dos tipos de serviços a executar e de materiais e equipamentos a incorporar à obra, bem como suas especificações que assegurem os melhores resultados para o empreendimento, sem frustrar o caráter competitivo para a sua execução;
d) informações que possibilitem o estudo e a dedução de métodos construtivos, instalações provisórias e condições organizacionais para a obra, sem frustrar o caráter competitivo para a sua execução;
e) subsídios para montagem do plano de licitação e gestão da obra, compreendendo a sua programação, a estratégia de suprimentos, as normas de fiscalização e outros dados necessários em cada caso;
f) orçamento detalhado do custo global da obra, fundamentado em quantitativos de serviços e fornecimentos propriamente avaliados;

O projeto básico é uma peça obrigatória para licitações de obras e serviços e de fundamental importância. Através dele a Administração diz quanto, como e o quê pretende, mediante planejamento preparatório realizado após estudos técnicos de viabilidade econômica, social, ambiental, de modo a possibilitar a avaliação do custo da obra ou do serviço e a definição dos métodos e do prazo de execução.

Trata-se de um documento técnico, devendo conter os elementos que demonstrem a viabilidade da execução da obra ou do serviço.

As alíneas do inciso IX do art. 6º da Lei 8.666/93, enumeram os elementos que deve conter o projeto básico especificamente para a realização de obras de engenharia. Assim, antes de deflagrar o procedimento licitatório, cujo objeto seja a contratação de serviços de engenharia, o planejamento deverá conter os elementos descritos na lei, de modo a permitir que o licitante e toda a sociedade identifique exatamente o seu objeto, as soluções técnicas que devem ser empregadas de modo a evitar necessidades de alterações significativas quando da elaboração do projeto executivo, identificação do tipo de material que deverá ser empregado na obra, elementos indispensáveis para a elaboração da proposta de modo a não frustrar a competição, assim como o orçamento detalhado do custo global da obra, fundamentado em quantitativos de serviços e fornecimentos.

A apresentação do projeto básico se traduz como requisito de efetivação do princípio da transparência, norteador da atividade pública.

Além dos elementos necessários estabelecidos no inciso IX do art. 6°, a lei licitatória enumera, no art. 12, os requisitos que devem ser considerados nos projetos básicos e executivos. Com efeito, para a elaboração dessas peças técnicas, deve-se atender, naquilo que couber, os elementos e requisitos, aqueles constantes no inciso IX do art. 6°, e estes nos incisos do art. 12, todos da Lei 8.666/93.

Lei 8.666/93
Art. 12. Nos projetos básicos e projetos executivos de obras e serviços serão considerados principalmente os seguintes requisitos:
I – segurança;
II – funcionalidade e adequação ao interesse público;
III – economia na execução, conservação e operação;
IV – possibilidade de emprego de mão de obra, materiais, tecnologia e matérias-primas existentes no local para execução, conservação e operação;
V – facilidade na execução, conservação e operação, sem prejuízo da durabilidade da obra ou do serviço;
VI – adoção das normas técnicas, de saúde e de segurança do trabalho adequadas;
VII – impacto ambiental.

Um projeto básico deve conter os seguintes elementos:
- OBJETO – descrição clara e sucinta do serviço a ser contratado ou da obra a ser realizada, contendo a informação de local onde será prestado ou edificada a obra;
- JUSTIFICATIVA – motivação que levou a Administração a contratar o serviço ou realizar a obra, com ênfase na sua necessidade e adequação – nada mais, nem menos –, do necessário para satisfazer ao interesse público. A justificativa deve conter, de igual forma, os elementos exigidos pelas alíneas *a* e *b* do art. 6°, IX da Lei 8.666/93 e os requisitos descritos nos incisos do art. 12 da mesma lei. Para atender aos elementos e os requisitos o projeto deve:
  a) mostrar o desenvolvimento da solução escolhida de forma a fornecer visão global da obra e identificar todos os seus elementos constitutivos com clareza;
  b) discriminar as soluções técnicas globais e localizadas, suficientemente detalhadas, de forma a minimizar a necessidade de re-

formulação ou de variantes durante as fases de elaboração do projeto executivo e de realização das obras e montagem;
c) descrever os aspectos de segurança do empreendimento e do serviço, tanto para a Administração como para os administrados;
d) caracterizar a funcionalidade e a adequação de acordo com o interesse público;
e) demonstrar a economicidade da execução, conservação e operação, facilidade de execução, sem prejuízo da durabilidade da obra ou do serviço;
f) possibilitar, se for o caso, o emprego de mão de obra, matérias, tecnologia e matérias-primas existentes no local da execução, conservação e operação;
g) adoção das normas técnicas de saúde e de segurança do trabalho adequadas;
h) delimitar os impactos ambientais da obra.

- BASE LEGAL PARA A CONTRATAÇÃO – expor que a contratação e a execução obedecerão ao disposto na Lei 8.666/93, de 21.06.1993, e suas alterações e demais normas pertinentes;
- ESPECIFICAÇÕES DOS SERVIÇOS – identificação dos tipos de serviços a executar e de materiais e equipamentos a incorporar à obra, bem como suas especificações que assegurem os melhores resultados para o empreendimento, sem frustrar o caráter competitivo para a sua execução, assim como o detalhamento dos serviços, as etapas, o cronograma de execução e a forma de fiscalização; informações que possibilitem o estudo e a dedução de métodos construtivos, instalações provisórias e condições organizacionais para a obra;
- SUBSÍDIOS PARA A LICITAÇÃO – subsídios para montagem do plano de licitação e gestão da obra, compreendendo a sua programação, a estratégia de suprimentos, as normas de fiscalização e outros dados necessários em cada caso;
- ORÇAMENTO DETALHADO – do custo global da obra, fundamentado em quantitativos de serviços e fornecimentos propriamente avaliados, de modo a estimar a despesa;
- OUTROS ELEMENTOS – como se fixar as responsabilidades das partes (contratante e contratado), forma de pagamento, previsão orçamentária, dentre outros específicos e relevantes levando em consideração o caso concreto.

8.9 Projeto Executivo

Lei 8.666/93
Art. 6º. Para os fins desta Lei, considera-se:
X – Projeto Executivo – o conjunto dos elementos necessários e suficientes à execução completa da obra, de acordo com as normas pertinentes da Associação Brasileira de Normas Técnicas – ABNT;

O projeto executivo, exigível apenas para a contratação de obras de engenharia, é uma peça técnica que contém os elementos necessários e suficientes à execução completa da obra, de acordo com as normas pertinentes da Associação Brasileira de Normas Técnicas – ABNT.

O projeto executivo não é peça essencial para a realização da licitação, pode ser elaborado após o certame e pelo seu vencedor, que o fará com base no projeto básico, suas planilhas, projetos arquitetônico, estrutural, elétrico, hidráulico etc., e conterá todos os elementos da execução do empreendimento.

8.10 Administração Pública

Lei 8.666/93
Art. 6º. Para os fins desta Lei, considera-se:
XI – Administração Pública – a administração direta e indireta da União, dos Estados, do Distrito Federal e dos Municípios, abrangendo inclusive as entidades com personalidade jurídica de direito privado sob controle do poder público e das fundações por ele instituídas ou mantidas;
XII – Administração – órgão, entidade ou unidade administrativa pela qual a Administração Pública opera e atua concretamente;

A Administração Pública engloba a Administração direta e a indireta.

A Administração direta é constituída por órgãos públicos despersonalizados e que desenvolvem atividades próprias do Estado, prestando, diretamente ou por meio de colaboradores (contratados, concessionários, permissionários etc.), serviços públicos à sociedade.

A Administração indireta é composta por entidades detentoras de personalidade jurídica própria, podendo ser de direito público (autarquias e agências reguladoras) ou de direito privado (empresas públicas, fundações públicas e sociedades de economia mista), criadas ou autorizadas por lei para, as de direito público, executarem atividades próprias do Estado com maior liberdade e agilidade; e as de direito privado aturem na economia ou em atividade cuja presença do Estado não seja obrigatória.

Embora o Estado seja uno e indivisível, a Administração Pública é exercida por órgãos distintos e separados inicialmente pela forma federativa de Estado e, posteriormente, pelos Poderes da União, dos Estados, do Distrito Federal e dos Municípios.

Cada Poder, de cada ente federado, exerce função administrativa e executa atividades públicas voltadas à obtenção dos objetivos traçados pela Federação. A função típica de administrar é exercida pelo Poder Executivo; para tanto, a Constituição Federal consagrou o Sistema de Administração Pública baseado na Administração direta, indireta e fundacional, em qualquer do Poderes da União, dos Estados, do Distrito Federal e dos Municípios.

A expressão "administração pública" é, no sentido objetivo, o conjunto de bens e direitos próprios para a execução da função administrativa; no sentido subjetivo, o conjunto de pessoas (órgãos), públicos ou privados que executam a atividade administrativa.

8.10.1 Administração direta

Na esfera federal a Administração direta está definida no Dec.-Lei 200/67, nos seguintes termos:

Dec.-Lei 200/67
Art. 4°. A Administração Federal compreende:
I – A Administração Direta, que se constitui dos serviços integrados na estrutura administrativa da Presidência da República e dos Ministérios.

A estrutura da Administração Direta é composta por órgãos que executam atividades próprias do Estado. São unidades administrativas desprovidas de personalidade jurídica própria e subordinadas diretamente e hierarquicamente ao Poder que integram.

A definição legal de órgão público foi dada pela Lei Federal 9.784/99

Lei 9.784/99
Art. 1°. Esta Lei estabelece normas básicas sobre o processo administrativo no âmbito da Administração Federal direta e indireta, visando, em especial, à proteção dos direitos dos administrados e ao melhor cumprimento dos fins da Administração.

§ 1º. Os preceitos desta Lei também se aplicam aos órgãos dos Poderes Legislativo e Judiciário da União, quando no desempenho de função administrativa.

§ 2º. Para os fins desta Lei, consideram-se:

I – órgão – a unidade de atuação integrante da estrutura da Administração direta e da estrutura da Administração indireta;

II – entidade – a unidade de atuação dotada de personalidade jurídica;

III – autoridade – o servidor ou agente público dotado de poder de decisão.

O órgão público pode ser *pessoal* ou *subjetivo,* assim considerado aquele que se confunde com a pessoa que exerce cargo público. Quando exercido por uma única pessoa, é dito unipessoal; quando exercido por um grupo de pessoas, pluripessoal. O Presidente da República é, individualmente, um órgão público. Os membros do Ministério Público, os magistrados (quando atuam individualmente), os detentores de mandatos eletivos, os procuradores da União, dos Estados e dos Municípios, bem como de suas autarquias, são órgãos públicos unipessoais, porque falam e agem em nome do ente que representam. Já o pleno, a turma ou câmara de tribunal são exemplos de órgãos públicos pluripessoais, pois as decisões só se fazem mediante aprovação coletiva.

Órgãos públicos *impessoais* são aqueles cuja existência não depende da pessoa física que o comanda. São os órgãos públicos propriamente ditos, como os ministérios, as secretarias etc.

Os órgãos públicos, especialmente os impessoais, interagem entre si pelo princípio da hierarquia; doutra parte se complementam em busca da vontade do ente público como um corpo único. Daí a existência de órgãos de *natureza instrumental,* que servem de apoio a órgãos de *natureza executiva,* que são aqueles voltados para a consecução dos objetivos-fins da Administração Pública.

Os órgãos de natureza instrumental destinam-se a gerar condições para que o órgão de natureza executiva desenvolva a função fim do Estado. A Casa Civil da Presidência da República é órgão de natureza instrumental; já o Ministério da Educação é órgão de natureza executiva.

8.10.2 Administração indireta

A Administração indireta representa a atuação do Estado em determinada atividade econômica ou na prestação de serviço público por meio de uma entidade administrativa destacada do corpo da Administração centralizada, porém, mantendo determinado vínculo com aquela.

A descentralização da Administração Pública fez nascer entidades com características híbridas, algumas com natureza jurídica de direito público (autarquias, agências reguladoras, fundações de direito público e consórcios públicos que adotem essa natureza jurídica); e outras de natureza jurídica de direito privado (empresas públicas, sociedades de economia mista e consórcios públicos que adotem natureza jurídica de direito privado).

O Dec.-Lei 200/67 também relaciona as entidades que compreendem a Administração indireta, exceto os consórcios públicos, introduzidos pela Lei Federal 11.107/05:

Dec.-Lei 200/67
Art. 4º. A Administração Federal compreende:
II – A Administração Indireta, que compreende as seguintes categorias de entidades, dotadas de personalidade jurídica própria:
a) Autarquias;
b) Empresas Públicas;
c) Sociedades de Economia Mista.
d) Fundações públicas. (Incluído pela Lei 7.596/87).
Parágrafo único. As entidades compreendidas na Administração Indireta vinculam-se ao Ministério em cuja área de competência estiver enquadrada sua principal atividade.

8.10.2.1 Autarquia

Alguns serviços públicos exigem da Administração Pública certa agilidade não presente no modelo centralizado. A descentralização é, pois, uma necessidade verificada na prestação de serviços públicos especializados. Para tanto, a Administração centralizada destaca uma porção de si fazendo nascer outra pessoa, com a mesma natureza jurídica, porém com personalidade, patrimônio e receita próprios.

O conceito legal de autarquia encontra-se no Dec.-Lei 200/67, que assim disciplina:

Dec.-Lei 200/67
Art. 5º. Para os fins desta lei, considera-se:
I – Autarquia – o serviço autônomo, criado por lei, com personalidade jurídica, patrimônio e receita próprios, para executar atividades típicas da Administração Pública, que requeiram, para seu melhor funcionamento, gestão administrativa e financeira descentralizada;

Marçal Justen Filho[9] conceitua autarquia como *"(...) uma pessoa jurídica de direito público, instituída para desempenhar atividades administrativas sob regime de direito público, criada por lei que determina o grau de sua autonomia em face da Administração direta"*.

Autarquia é, então, uma entidade distinta da Administração, com capacidade de gerar receita e formar patrimônio, tendo por finalidade específica prestar serviço público próprio do Estado.

Para se saber se uma entidade é uma autarquia, mesmo que não possua este rótulo, basta "eliminá-la" do mundo. Em tal situação, se a Administração tiver que, obrigatoriamente, absorver as atividades da pessoa extinta é porque ela exercia uma atividade própria do Estado. Logo trata-se de uma autarquia. Comumente os departamentos de trânsito estaduais são autarquias. Imagine, então, a extinção de uma autarquia responsável pelo trânsito, pelo licenciamento de veículos etc., o Estado terá, obrigatoriamente, que absorver suas atividades.

A importância do raciocínio se dá em razão de que, muitas vezes, cria-se uma empresa ou uma fundação, quando deveria se criar uma autarquia. Por exemplo, a Empresa de Infraestrutura Aeroviária – INFRAERO. Se houver uma reforma e for extinta a INFRAERO, algum órgão da Administração direta terá que assumir suas atividades. Então, esta empresa executa uma atividade própria do Estado, logo deveria ser uma autarquia. Em razão de sua essência, o Supremo Tribunal Federal equipara a Infraero, bem como a Empresa Brasileira de Correios e Telégrafos, às autarquias.

Frise-se que a atividade desempenhada pela autarquia é típica do Estado; daí ser uma pessoa com personalidade jurídica própria e de direito público. Embora esteja na Administração indireta, as autarquias gozam de privilégios próprios do Poder Público, como o regime jurídico de seus bens, que são públicos, e benefícios tributários, como se vê no julgado abaixo:

Ementa: Agravo regimental no agravo de instrumento. Constitucional. Tributário. Imunidade tributária. Autarquia estadual. IPTU Reexame de fatos e provas. Inviabilidade do recurso. *1. A imunidade tributária recíproca dos entes políticos (CB/88, art. 150, VI, "a") é extensiva às autarquias no que se refere ao patrimônio, à renda e aos serviços vinculados a suas finalidades essenciais ou às delas decorrentes. 2. Reexame de fatos e provas. Inviabilidade do recurso*

---

[9] JUSTEN FILHO, Marçal. **Curso de Direito Administrativo**. São Paulo: Saraiva, 2005. p. 101-102.

extraordinário. *Súmula 279 do STF. Agravo regimental a que se nega provimento*[10]. **(AI-AgR 607615 / MG – 2ª T. – Rel. Min. Eros Grau – j. em 18.12.2006 – DJ 23.02.2007)**

Existem alguns órgãos que são tratados como autarquias, tais como as entidades de classe: OAB, CRECI, CREA, CRM etc.

8.10.2.2 Fundação pública

Alguns serviços não exigem a atuação direta do Estado para a sua execução, mormente haja interesse público em sua realização por envolver questões sociais. Ou seja, o Estado não está obrigado a prestar determinado serviço, mas possui interesse que o mesmo seja realizado em face da relevância social.

A prestação de serviços sociais pelo Estado pode se dar através de uma fundação pública, pessoa jurídica regida pelo direito privado, sem fins lucrativos, mantida pelo Poder Público com a colaboração da sociedade, para a prestação de tais serviços sociais.

A diferença essencial das fundações para as autarquias é que aquelas executam serviços sociais que o Estado não está obrigado a prestar, mas os assume em razão do interesse social; enquanto as autarquias são criadas para realizar serviço próprio e obrigatório da Administração Pública. As fundações são mantidas pelo Poder Público, enquanto as autarquias possuem receita própria. Outra diferença está no modo de criação: as autarquias são criadas por lei enquanto as fundações são criadas por *autorização* da lei.

O conceito legal das fundações também é dado pelo Dec.-Lei 200/67:

Dec.-Lei 200/67
Art. 5º. Para os fins desta lei, considera-se:
IV – Fundação Pública – a entidade dotada de personalidade jurídica de direito privado, sem fins lucrativos, criada em virtude de autorização legislativa, para o desenvolvimento de atividades que não exijam execução por órgãos ou entidades de direito público, com autonomia administrativa, patrimônio próprio gerido pelos respectivos órgãos de direção, e funcionamento custeado por recursos da União e de outras fontes. (Incluído pela Lei 7.596/87).

---

[10] Disponível em: <www.stf.gov.br/jurisprudência>.

8.10.2.3 Empresa pública

O Estado, em certas circunstâncias, atua diretamente na exploração de atividade econômica. Esta atuação, no entanto, nos termos da Constituição Federal, deve se limitar aos imperativos da segurança nacional ou a relevante interesse coletivo.

CF/88
Art. 170. A ordem econômica, fundada na valorização do trabalho humano e na livre iniciativa, tem por fim assegurar a todos existência digna, conforme os ditames da justiça social, observados os seguintes princípios:
(...)
Art. 173. Ressalvados os casos previstos nesta Constituição, a exploração direta de atividade econômica pelo Estado só será permitida quando necessária aos imperativos da segurança nacional ou a relevante interesse coletivo, conforme definidos em lei.

A exploração direta do Estado em atividade econômica se dá por meio de empresa pública ou por uma sociedade de economia mista.

Empresa pública é uma pessoa jurídica com natureza de direito privado, dotada de personalidade, patrimônio, capital e receita próprios, criada mediante autorização de lei (CF/88, art. 37, XIX), com recursos exclusivos do setor público. Quando formada de um só ente público, temos a chamada "empresa pública unipessoal"; se constituída por capital de mais de um ente público, passa a ser "empresa pública pluripessoal";

O Dec.-Lei 200/67 traz o seguinte conceito legal:

Dec.-Lei 200/67
Art. 5º. Para os fins desta lei, considera-se:
II – Empresa Pública: a entidade dotada de personalidade jurídica de direito privado, com patrimônio próprio e capital exclusivo da União, criado por lei para a exploração de atividade econômica que o Governo seja levado a exercer por força de contingência ou de conveniência administrativa podendo revestir-se de qualquer das formas admitidas em direito. (Redação dada pelo Dec.-lei 900/69).

As empresas públicas, de regra, não prestam serviços públicos, apenas exploram atividade econômica que o governo seja obrigado a exercer por força de contingência (monopólio) ou por conveniência administrativa. Daí decorre sua personalidade jurídica de direito privado.

Por isso a Constituição Federal veda a concessão para as empresas públicas e as sociedades de economia mista, de privilégios fiscais não extensivos ao setor privado.

Por não prestar serviço público em sua essência, a criação de uma empresa pública não caracteriza em descentralização administrativa, que se dá somente na hipótese de retirar da Administração direta serviços próprios e obrigatórios do Estado. A exploração na atividade econômica, função primordial de uma empresa pública, é atividade inerente ao setor privado. O tratamento dado a uma empresa pública deve ser o mesmo que se dá a uma empresa privada, sob pena do Estado praticar concorrência desleal.

CF/88
Art. 173. (...)
§ 2º. As empresas públicas e as sociedades de economia mista não poderão gozar de privilégios fiscais não extensivos às do setor privado.

É certo que algumas empresas prestam serviços públicos, a exemplo da Empresa Brasileira de Correios e Telégrafos – ECT. Importante ressaltar o posicionamento jurisprudencial do Supremo Tribunal Federal a respeito das empresas públicas prestadoras de serviços públicos próprios do Estado. Tais empresas vêm merecendo tratamento diferenciado daquelas que exploram atividade econômica sob o regime da livre concorrência. Com efeito, a jurisprudência do Pretório Excelso vem se consolidando em favor de que empresas públicas, a exemplo da ECT, ao afirmar que possuem prerrogativas das autarquias como a impenhorabilidade de seus bens e benefícios tributários.

Ementa: Recurso extraordinário. Constitucional. Empresa Brasileira de Correios e Telégrafos. Impenhorabilidade de seus bens, rendas e serviços. Recepção do art. 12 do Dec.-lei 509/69. Execução. Observância do regime de precatório. Aplicação do art. 100 da Constituição Federal. *1. À empresa Brasileira de Correios e Telégrafos, pessoa jurídica equiparada à Fazenda Pública, é aplicável o privilégio da impenhorabilidade de seus bens, rendas e serviços. Recepção do artigo 12 do Dec.-lei 509/69 e não incidência da restrição contida no art. 173, § 1º, da Constituição Federal, que submete a empresa pública, a sociedade de economia mista e outras entidades que explorem atividade econômica ao regime próprio das empresas privadas, inclusive quanto às obrigações trabalhistas e tributárias. 2. Empresa pública que não exerce atividade econômica e presta ser-*

viço público da competência da União Federal e por ela mantido. *Execução.* Observância ao regime de precatório, sob pena de vulneração do disposto no art. 100 da Constituição Federal. Recurso extraordinário conhecido e provido. **(RE 220906/DF – Tribunal Pleno – Rel. Min. Maurício Corrêa – j. em 16.11.2000 – DJ 14.11.2002)**

Ementa: Constitucional. Tributário. ECT – Empresa Brasileira de Correios e Telégrafos: imunidade tributária recíproca: CF, art. 150, VI, a. Empresa pública que exerce atividade econômica e empresa pública prestadora de serviço público: distinção. Taxas: imunidade recíproca: inexistência. *I. – As empresas públicas prestadoras de serviço público distinguem-se das que exercem atividade econômica. A ECT – Empresa Brasileira de Correios e Telégrafos, é prestadora de serviço público de prestação obrigatória e exclusiva do Estado, motivo por que está abrangida pela imunidade tributária recíproca: CF., art. 22, X; CF, art. 150, VI, a. Precedentes do STF: RE 424.227/SC, 407.099/RS, 354.897/RS, 356.122/RS e 398.630/SP, Ministro Carlos Velloso, 2ª T. II. – A imunidade tributária recíproca – CF., art. 150, VI, a – somente é aplicável a impostos, não alcançando as taxas. III. – RE. conhecido e improvido*[11]. **(RE 424227/SC – 2ª T. – Rel. Min. Carlos Velloso – j. em 24.08.2004 – DJ 10.09.2004)**

8.10.2.4 Sociedade de economia mista

O Estado pode atuar na economia juntamente com a iniciativa privada. Para tanto, busca um sócio privado e, com a união das forças, cria uma sociedade denominada de "economia mista", constituída com capital público e privado.

A sociedade de economia mista nada mais é do que uma "empresa" cujo capital é formado com recursos públicos e privados. Ou seja, o Estado busca, na iniciativa privada, "sócios" para a criação de uma "empresa" visando a exploração direta de atividade econômica.

O que distingue a empresa pública da sociedade de economia mista é que, naquela, o capital é exclusivo das entidades governamentais, ao passo que as sociedades de economia mista se constituem pela junção de capital público e privado, ambos reunindo recursos para a realização de uma finalidade sempre econômica. A participação do Estado poderá ser majoritária ou minoritária; entretanto, mais da metade das ações com direito a voto deve pertencer ao Estado com o objetivo de conservar, para o Estado, o domínio do destino da empresa.

---

[11] Disponível em: <www.stf.gov.br/jurisprudência>.

Em razão da natureza jurídica de direito privado, a sociedade de economia mista, assim como a empresa pública, não goza dos privilégios das pessoas jurídicas de direito público.

A sociedade de economia mista será sempre uma sociedade anônima e o pessoal que trabalha nesse tipo de instituição é regido pela legislação trabalhista, por não se tratar de servidores públicos; por isso, os litígios de trabalho serão resolvidos pela Justiça do Trabalho.

Finalmente, as sociedades de economia mista não estão sujeitas à falência, mas os seus bens são penhoráveis e a pessoa jurídica que a controla responde, subsidiariamente, pelas suas obrigações.

Eis o conceito legal de sociedade de economia mista:

Dec.-Lei 200/67
Art. 5º. Para os fins desta lei, considera-se:
III – Sociedade de Economia Mista – a entidade dotada de personalidade jurídica de direito privado, criada por lei para a exploração de atividade econômica, sob a forma de sociedade anônima, cujas ações com direito a voto pertençam em sua maioria à União ou a entidade da Administração Indireta. (Redação dada pelo Dec.-Lei 900, de 1969).
§ 1º. No caso do inc. III, quando a atividade for submetida a regime de monopólio estatal, a maioria acionária caberá apenas à União, em caráter permanente.

8.10.2.5 Agência reguladora

A Constituição Federal reserva ao Estado a atuação na economia como agente normativo e regulador, de modo que, nos termos da lei, exerça as funções de fiscalização, incentivo e planejamento (CF/88, art. 174)

Já vimos que o Estado atua (explora) diretamente na economia, quando necessária aos imperativos da segurança nacional ou a relevante interesse coletivo, e o faz através de empresa pública ou de sociedade de economia mista.

Como agente normativo e regulador, o Estado exerce funções próprias do Setor Público, mas voltado ao interesse coletivo, especialmente na defesa dos beneficiários dos serviços prestados pelo setor privado.

O Estado e o segundo setor (economia privada) caminham às vezes em direções opostas. De um lado, a obtenção de lucros faz com que o setor privado busque, incessantemente, a redução do custo de produção, o que, às vezes, leva à baixa da qualidade dos serviços. Daí surge, do outro lado, e com relevância, o papel regulador do Estado.

Por outro lado, o Estado brasileiro prestava, sob regime de monopólio, serviços públicos – mas de natureza econômica – hoje prestados pela iniciativa privada. Cito, por exemplo, os serviços de telefonia, geração e transmissão de energia elétrica, dentre outros.

O serviço essencial à população possui caráter público e, mesmo prestado pela iniciativa privada, não retira esta condição em face da obrigatoriedade que o Estado tem em oferecê-lo. A intervenção regulatória não substitui a direta. Deve existir em ambos os casos, atuando o Estado como agente regulador e fiscalizador, inclusive sobre empresas estatais ou sociedades de economia mista.

Quando o Estado deixa de prestar serviço público essencial, passando-o para a iniciativa privada, contudo, mantém para si o poder de regular o setor.

A questão é saber como regular e fiscalizar. Pode o Estado exercer este papel diretamente, através de órgãos de sua estrutura administrativa; ou fazê-lo de forma descentralizada com entidades da administração indireta, porém, com poder normativo, fiscalizador e regulador.

Com a reforma administrativa e dentro de uma nova e moderna visão do Estado – o chamado "Estado mínimo" – o Brasil alterou sua forma de atuação regulatória na economia, passando a incorporar em sua estrutura as agências reguladoras. Com isso, houve uma descentralização administrativa em que o Estado brasileiro, em um primeiro momento, transfere para a iniciativa privada a exploração de serviços anteriormente prestados por si, para depois regular, normatizar e fiscalizar a sua prestação pela iniciativa privada.

As agências reguladoras surgem exatamente no momento em que o Estado passa à iniciativa privada a incumbência de oferecer serviço público essencial, anteriormente prestado pelo setor público.

As agências reguladoras são entidades pertencentes à Administração indireta, de natureza jurídica de direito público, detentoras de autonomia e investidas de competência para regulação setorial.

A atividade de regulação envolve, dentre outras, a função normativa do Estado. Sabemos que a norma possui caráter geral e abstrato e o Estado a utiliza em decorrência de sua soberania e, em regra, pelo Poder Legislativo. Até aí tudo bem. O problema surge em dotar uma entidade da Administração indireta, logo vinculada ao Poder Executivo, com competência fiscalizadora e normativa. Ou seja, de estabelecer as normas, diretrizes a serem seguidas ou suportadas pelos administrados.

É cediço que a função fiscalizadora do Estado é, por essência, coercitiva e sancionadora. Permitir que uma entidade possa ditar normas para posteriormente fiscalizar os que devem segui-las, é, no mínimo, assustador nos dias de hoje.

Indiscutível que a agência reguladora possui caráter público e, como tal, no exercício de suas funções deve manter-se neutra ao analisar as relações entre as partes envolvidas na atividade regulada, quais sejam: o Estado, os regulados e os consumidores. A neutralidade associada à transparência de suas ações se contrapõe ao assustador poder a si atribuído.

O termo "agência reguladora" foi importado do direito norte-americano. Ocorre que nos EUA o emprego do termo *agencies* designa tanto as agências reguladoras como executivas que, no direito pátrio, conhecemos por autarquias.

Alguns doutrinadores classificam agência reguladora como "autarquia especial". Para Maria Sylvia Zanella Di Pietro[12], autarquias especiais são aquelas cujas decisões "(...) *não são passíveis de apreciação por órgãos ou entidades da Administração Pública*".

Embora as autarquias e as agências reguladoras guardem a semelhança de serem porções da Administração Pública, como tal, são pessoas jurídicas de direito público, as autarquias são órgãos *executivos,* ao passo que agências reguladoras possuem competências *normativas* e de *regulação setorial.*

A propósito, as autarquias, que já possuem natureza executiva, juntamente com as fundações públicas, ambas já existentes, podem assumir de fato este emblema ao serem qualificadas por ato do Poder Executivo como "Agências Executivas" nos termos da Lei 9.649/98. Para tanto, devem celebrar, com o Ministério supervisor, contrato de gestão estabelecendo metas de desenvolvimento institucional. O contrato de gestão deverá ter periodicidade mínima de um ano e contemplar objetivos, metas e indicadores de desempenho da entidade.

Na verdade, trata-se de uma política de governo com o objetivo de adequar as autarquias para que elas se tornem mais eficientes, haja vista que, por natureza, já são executivas.

Uma autarquia ou fundação pública que vier a se transformar em agência executiva, como queira, terá privilégios em relação àquelas que não firmarem o contrato de gestão. Ou seja, gozarão dos mesmos privilégios já existentes para as autarquias e mais aqueles que vierem a

---

[12] DI PRIETO, Maria Sylvia Zanella. **Parcerias na Administração Pública**. 4. ed., São Paulo: Atlas, 2002. p. 141.

ser fixados por lei, como o já previsto no parágrafo único do art. 24 da Lei 8.666/93:

Lei 8.666/93
Art. 24. É dispensável a licitação:
(...)
Parágrafo único. Os percentuais referidos nos incs. I e II do **caput** *deste artigo serão 20% (vinte por cento) para compras, obras e serviços contratados por consórcios públicos, sociedade de economia mista, empresa pública e por autarquia ou fundação qualificada, na forma da lei, como Agências Executivas.*

A denominação "agência" utilizada pelo direito brasileiro, ao se referir em agência reguladora, não foi a mais apropriada e trouxe certa confusão doutrinária e até legal. Inadequada porque o termo já era empregado para outros órgãos e entidades, como as agências de desenvolvimento (que possuem caráter executivo), as agências dos Correios e Telégrafos etc.

A confusão aumenta quando se tenta estabelecer correlação entre as agências reguladoras e as autarquias. Não há ligação entre atividades de regulação com as de execução. As autarquias são de natureza executiva porque desempenham uma função estatal de execução de serviços – por exemplo, os departamentos estaduais de trânsito; já as agências reguladoras exercem função estatal, porém, distinta daquela, apenas de regulação setorial.

Fixadas as diferenças e já estabelecido o campo de atuação das agências reguladoras, qual seja, o de regulação setorial, o que equivale a assunção das funções estatais de normatização e fiscalização da atividade econômica, reputo importante adentrar em duas questões peculiares às agências.

A primeira questão é o seu alcance. A agência reguladora, embora se funda no art. 174 da Constituição Federal, norma específica que disciplina a atividade normativa e fiscalizadora do Estado no segundo setor, não se limita apenas à iniciativa privada. Muitos serviços, explorados com intenção de lucros, também são prestados pelo Poder Público, e como tal, se submetem à fiscalização da agência que o regula. Cito por exemplo o setor de saúde pública. Sabe-se que os hospitais públicos convivem com os particulares como se houvesse competição de mercado. É claro que não há a competição, mas ambos devem obediência às regras próprias estabelecidas pelas agências de vigilância em saúde.

Se existe um serviço haverá um controle exercido pelo Estado, independentemente se é o Estado que o presta.

Da afirmação decorre outras características das agências reguladoras. Sua independência.

A agência reguladora deve possuir total independência do agente explorador do serviço, do consumidor e do Poder Público. A independência entre os dois primeiros dispensa maiores comentários. Ela é evidente. O problema surge ao se afirmar a necessária independência com o Poder Público.

Já foi dito que as agências reguladoras possuem caráter público decorrente da própria função que exerce. Pois bem. O Estado cria uma pessoa e lhe transfere atribuições a si conferidas pela Constituição Federal, para, posteriormente, provar do veneno ao ser fiscalizado. O órgão regulador (criado pelo Estado) pode, no exercício de suas funções, se opor a uma política de governo e restringir uma ação do Estado, assim como exigir na melhoria de serviços prestados diretamente pelo Estado.

Não houve uma total independência entre o agente regulador e o Estado, como poderia se implementar uma fiscalização daquele sobre este?

A independência entre a agência reguladora e o Poder Público se solidifica, por exemplo, na estabilidade dos dirigentes. O exercício da função normativa e fiscalizadora não coloca em risco o cargo do dirigente. Ele cumpre mandato fixado por lei (eis aqui outra diferença entre as agências reguladoras e as autarquias).

A independência política das Agências Reguladoras consolida, sem dúvidas, sua autonomia administrativa, financeira e de gestão. Esta última se verifica, por exemplo, na liberdade no que tange ao procedimento de licitação. Indubitavelmente que as agências devem observância às regras gerais de licitação estabelecidas na Lei 8.666/93. Contudo, como não existe definição precisa do que venham a ser "normas gerais de licitação", algumas agências reguladoras adotam procedimento licitatório distinto dos contidos na lei federal, desde que respeitem os princípios gerais.

A modalidade pregão, hoje instituída através da Lei 10.520/02, teve início em um procedimento licitatório realizado na Agência Nacional de Telecomunicações – ANATEL.

Além da ANATEL (Agência Nacional de Telecomunicações), várias outras agências já foram criadas, cito algumas: ANP (Agência Nacional do Petróleo) e a ANEEL (Agência Nacional de Energia Elétrica) – todas elas para a regulação e controle de atividades até então exercidas pelo Estado como monopólio –, ANTT (Agência Nacional de

Transporte Terrestre), ANAC (Agência Nacional de Aviação Civil), ANA (Agência Nacional das Águas).

8.11 Imprensa Oficial

Lei 8.666/93
Art. 6º. Para os fins desta Lei, considera-se:
XIII – Imprensa Oficial – veículo oficial de divulgação da Administração Pública, sendo para a União o Diário Oficial da União, e, para os Estados, o Distrito Federal e os Municípios, o que for definido nas respectivas leis;

Imprensa oficial é o veículo de comunicação utilizado pela Administração para divulgação de seus atos. Para a União é o Diário Oficial da União – DOU; para os Estados e Municípios é o que for definido mediante lei, que pode recair em jornal privado, desde que definido em lei estadual ou municipal.

Geralmente os Municípios adotam o diário oficial de seu respectivo estado como o seu veículo oficial, face o elevado custo de manutenção de uma imprensa oficial própria. No entanto, com o avanço dos sistemas de informação, os veículos oficiais modernos são virtuais, sem impressão, acessíveis a qualquer Município.

8.12 Partes Envolvidas no Certame

Lei 8.666/93
Art. 6º. Para os fins desta Lei, considera-se:
XIV – Contratante – é o órgão ou entidade signatária do instrumento contratual;
XV – Contratado – a pessoa física ou jurídica signatária de contrato com a Administração Pública;
XVI – Comissão – comissão, permanente ou especial, criada pela Administração com a função de receber, examinar e julgar todos os documentos e procedimentos relativos às licitações e ao cadastramento de licitantes.

Após a realização da licitação, o órgão ou entidade que realizou convocará o vencedor para firmar consigo um contrato administrativo, em que a Administração Pública figurará como *contratante* e o particular *contratado*.

A licitação é processada no âmbito do órgão ou entidade licitante, através de *comissão,* permanente ou especial, criada especificamente para promover o certame. A Comissão será responsável para receber, examinar e julgar os documentos relativos à habilitação e a proposta, até a declaração do vencedor, além de recepcionar eventuais recursos, decidindo pela manutenção do ato ou reconsiderá-lo. Se mantiver o ato atacado, remeter o recurso para a autoridade superior.

A comissão licitante é o órgão responsável pelo andamento da licitação, podendo, inclusive, elaborar o edital e, após aprovado pela autoridade competente, levá-lo à publicação.

Nas modalidades de concorrência e tomada de preço a comissão deve ter no mínimo três membros; a modalidade convite pode ser processada por um servidor.

Comissão especial é empregada sempre que houver a necessidade de licitar objeto específico em que o interesse público imponha uma equipe técnica especializada para o julgamento das propostas. Na modalidade concurso a comissão será, de regra, especial.

No leilão, a comissão será substituída pelo leiloeiro que pode ser administrativo, servidor indicado para promover o leilão ou profissional contratado com remuneração equivalente a percentual do valor apurado.

No pregão, o pregoeiro e seus auxiliares farão as vezes da comissão, tendo poderes aumentados como o de adjudicar o objeto em favor do vencedor.

* **Perspectiva de alteração da lei**

O Projeto de Lei 7.709/07, se aprovado e convertido em lei, acrescentará o inciso XVII ao art. 6º da Lei 8.666/93 com a seguinte redação:

XVII – Sítio oficial da administração pública - local, na internet, certificado digitalmente por autoridade certificadora, onde a Administração Pública disponibiliza suas informações e serviços de governo eletrônico.
Parágrafo único. *A autoridade certificadora a que se refere o inciso XVII deverá ser credenciada no âmbito da Infraestrutura de Chaves Públicas Brasileira – ICP Brasil, no caso de sítio oficial da União, sendo facultado aos Estados, ao Distrito Federal e aos Municípios a adoção de outros meios de comprovação da autoria e integridade de documentos em forma eletrônica.*

A alteração tem por objeto o aparelhamento da Administração Público com recursos tecnológicos disponíveis, tendo por objetivo dar maior agilidade, transparência e eficiência. A adoção da internet e da certificação de documentos é um passo enorme no caminho de se realizar um certame licitatório todo virtual, o que o torna mais econômico e célere.

9 LICITAÇÕES DE OBRAS E SERVIÇOS

A licitação, cujo objeto é a realização de obras em engenharia ou contratação de serviços, deve ser precedida da elaboração do projeto básico, detalhando quanto, como, onde e o quê a Administração Pública pretende. O processo pode também já incluir o projeto executivo ou prever que o mesmo seja elaborado pelo contratado sob a supervisão da Ente licitante e de acordo com as diretrizes fixadas no projeto básico.

Face as peculiaridades, a lei licitatória traz a sequência a ser observada, as condições que permitam a realização da licitação e as vedações, vejamos:

9.1 Sequência

Lei 8.666/93
Art. 7º. As licitações para a execução de obras e para a prestação de serviços obedecerão ao disposto neste artigo e, em particular, à seguinte sequência:
I – projeto básico;
II – projeto executivo;
III – execução das obras e serviços.
§ 1º. A execução de cada etapa será obrigatoriamente precedida da conclusão e aprovação, pela autoridade competente, dos trabalhos relativos às etapas anteriores, à exceção do projeto executivo, o qual poderá ser desenvolvido concomitantemente com a execução das obras e serviços, desde que também autorizado pela Administração.

O projeto básico é peça técnica obrigatória para a realização da licitação, sem o mesmo, ou mal elaborado de modo a exigir alterações significativas no projeto executivo, em virtude de falhas técnicas do planejamento, enseja a não observância do comando legal e pode levar restrições por parte dos órgãos de controle e, até mesmo, a nulidade do certame.

O projeto básico deve permitir a elaboração da proposta. Com efeito, deve conter todos os elementos essenciais da obra ou do serviço, conforme destacado no art. 6º da Lei 8.666/93.

Após sua elaboração pelo corpo técnico, a autoridade competente o aprova, autorizando a realização da licitação.

O projeto executivo é peça técnica que deve obedecer as normas da ABNT – Associação Brasileiras de Normas Técnicas –, e serve para o detalhamento da execução da obra. É dispensável na fase de licitação, mas fundamental na execução, devendo o mesmo ser elaborado por técnicos e aprovado pela autoridade competente.

A execução das obras e serviços constitui uma etapa posterior ao projeto executivo. Trata-se da execução propriamente dita da obra ou da prestação dos serviços pelo particular com o acompanhamento e fiscalização diária da Administração contratante.

9.2 Condições para Realização do Certame

Lei 8.666/93
Art. 7º. (...)
§ 2º. As obras e os serviços somente poderão ser licitados quando:
I – houver projeto básico aprovado pela autoridade competente e disponível para exame dos interessados em participar do processo licitatório;
II – existir orçamento detalhado em planilhas que expressem a composição de todos os seus custos unitários;
III – houver previsão de recursos orçamentários que assegurem o pagamento das obrigações decorrentes de obras ou serviços a serem executadas no exercício financeiro em curso, de acordo com o respectivo cronograma;
IV – o produto dela esperado estiver contemplado nas metas estabelecidas no Plano Plurianual de que trata o art. 165 da Constituição Federal, quando for o caso.

O § 2º do art. 7º da Lei 8.666/93 impõe condições para a realização da licitação de obras e/ou serviços de modo que a Administração Pública, internamente, deve verificar se todas foram cumpridas antes de deflagrar o procedimento.

Todas as condições impostas pelo art. 7º, § 2º e incisos, visam o planejamento técnico e financeiro de modo a admitir a realização de licitação somente quando a obra ou o serviço se demonstrar viável e que o Poder Público tenha condições de promover o pagamento.

9.3 Vedações

Lei 8.666/93
Art. 7º. (...)

§ 3º. É vedado incluir no objeto da licitação a obtenção de recursos financeiros para sua execução, qualquer que seja a sua origem, exceto nos casos de empreendimentos executados e explorados sob o regime de concessão, nos termos da legislação específica.

§ 4º. É vedada, ainda, a inclusão, no objeto da licitação, de fornecimento de materiais e serviços sem previsão de quantidades ou cujos quantitativos não correspondam às previsões reais do projeto básico ou executivo.

§ 5º. É vedada a realização de licitação cujo objeto inclua bens e serviços sem similaridade ou de marcas, características e especificações exclusivas, salvo nos casos em que for tecnicamente justificável, ou ainda quando o fornecimento de tais materiais e serviços for feito sob o regime de administração contratada, previsto e discriminado no ato convocatório.

§ 6º. A infringência do disposto neste artigo implica a nulidade dos atos ou contratos realizados e a responsabilidade de quem lhes tenha dado causa.

§ 7º. Não será ainda computado como valor da obra ou serviço, para fins de julgamento das propostas de preços, a atualização monetária das obrigações de pagamento, desde a data final de cada período de aferição até a do respectivo pagamento, que será calculada pelos mesmos critérios estabelecidos obrigatoriamente no ato convocatório.

§ 8º. Qualquer cidadão poderá requerer à Administração Pública os quantitativos das obras e preços unitários de determinada obra executada.

§ 9º. O disposto neste artigo aplica-se também, no que couber, aos casos de dispensa e de inexigibilidade de licitação.

As vedações previstas nos §§ 3º e 4º corroboram com a necessidade de elaboração de um projeto básico detalhado que indique não só a reserva orçamentária, mas também a plena viabilidade financeira de execução da obra ou da prestação dos serviços. Assim, não pode a Administração licitar obra ou serviço impondo ao contratado a capitação de recursos para sua execução, salvo nas hipóteses de concessão e, após a edição da Lei 11.079/04, contratação de parceria público-privada.

Concessão e parceria público-privada não se confunde com a contratação de obra de engenharia ou de serviços. Nas concessões, assim como nas parcerias público-privada, há o se denomina de descentralização da atividade pública mediante o trespasse para a iniciativa privada. Na contratação de serviços ou obra de engenharia a sua execução é centralizada, realizada pelo órgão ou entidade licitante mediante a colaboração do particular e não sob sua responsabilidade.

No § 4º consta a vedação de inclusão, no objeto da licitação, o fornecimento de materiais e serviços sem especificar quantidades ou quantitativos que não correspondam aos previstos no projeto básico e no projeto executivo, quando este for parte integrante da licitação.

Em respeito aos princípios da impessoalidade, transparência, isonomia e da competitividade, o § 5º do art. 7º da Lei 8.666/93, veda a realização de licitação cujo objeto inclua bens e serviços sem similitude ou marcas, características e especificações exclusivas, salvo nos casos em que for tecnicamente justificável ou quando o fornecimento de tais materiais e serviços for feito sob o regime de Administração contratada.

A norma veda a realização da licitação, assim, se se realizar licitação cujo objeto ofenda a vedação expressa na lei, esta será ilegal e implica em nulidade dos atos e contratos decorrentes e a responsabilidade de quem deu causa, conforme dispõe o parágrafo seguinte da norma.

A vedação se justifica para que o procedimento não se torne inócuo, tornando letra morta toda a lei licitatória. Ora, se não há similitude no mercado de determinado bem ou serviço não haverá competição e sem competição não há que se falar em licitação.

Escolha tecnicamente justificável, uma das ressalvas admitidas, se verifica quando o bem ou o serviço estiver padronizado. A padronização se consolida mediante um processo administrativo específico cuja escolha do bem ou do serviço a ser padronizado recaia em comissão técnica e após criteriosa avaliação e mediante ato de padronização expedido pela autoridade máxima do ente licitante.

Administração contratada ocorre quando o instrumento convocatório deixa a cargo da vencedora do certame, futura contratada, a responsabilidade de administrar a execução da obra ou do serviço, cabendo-lhe, inclusive, o fornecimento de material.

A redação do § 7º do art. 7º da Lei 8.666/93 não possui razão de ser. Diz a norma que "*não será ainda computado como valor da obra ou serviço, para fins de julgamento das propostas de preços, a atualização monetária das obrigações de pagamento, desde a data final de cada período de aferição até a do respectivo pagamento, que será calculada pelos mesmos critérios estabelecidos obrigatoriamente no ato convocatório*". Ora, o julgamento da proposta acontece durante o procedimento de licitação; o pagamento se opera após a execução ou o início da execução e é claro que a Administração deve levar em consideração os valores decorrentes da atualização monetária, assim como eventual juros pagos face atrasos de pagamento, como despesa global referente à obra ou ao serviço.

O seguinte (8º) não traz uma vedação propriamente dita, mas confere a qualquer cidadão o direito/poder de requerer da Administração Pública os quantitativos das obras e preços unitários de obra executada. Direito/poder inserido pelo princípio da fiscalização ou transparência. Por certo o requerente deve fazer prova de sua cidadania mediante a apresentação do título de eleitor e, se houver necessidade, de estar em pleno gozo de seus direitos eleitorais mediante certidão expedida pelo tribunal eleitoral a que esteja inscrito, sendo desnecessário justificar as razões do requerimento.

As vedações e demais regras contidas no artigo 7º da Lei 8.666/93 se aplica, no que couber, nos casos de contratação direta – dispensa ou inexigibilidade de licitação.

9.4 Execução e Retardamento

Lei 8.666/93
Art. 8º. A execução das obras e dos serviços deve programar-se, sempre, em sua totalidade, previstos seus custos atual e final e considerados os prazos de sua execução.
Parágrafo único. É proibido o retardamento imotivado da execução de obra ou serviço, ou de suas parcelas, se existente previsão orçamentária para sua execução total, salvo insuficiência financeira ou comprovado motivo de ordem técnica, justificados em despacho circunstanciado da autoridade a que se refere o art. 26 desta Lei.

A Lei 8.666/93 disciplina o procedimento de licitação, porém, aborda muitas questões de execução do contrato – da obra ou do serviço – mesmo em artigos contidos na parte destinada ao procedimento de licitação. É o que ocorre no art. 8º que impõe regras a serem observadas na execução da obra ou do serviço, exigindo que os mesmos sejam prestados e executados em sua totalidade, devendo ser previstos os custos considerando os prazos de execução.

O comando, em redação esdrúxula, exige que as obras e serviços sejam executados e prestados em sua totalidade dentro dos prazos estabelecidos no contrato. Tal conclusão se consolida pela redação do parágrafo único que proíbe o retardamento imotivado da execução de obra ou serviço, ou de suas parcelas, se existente previsão orçamentária para sua execução total.

O retardamento da execução da obra ou da prestação dos serviços só se justifica em razão da inexistência de recursos financeiros ou por questões de ordem técnica, devidamente justificado pela autoridade.

Por razões de ordem técnica deve-se entender aquela vinculada diretamente ao objeto da obra ou do serviço, quando se fizer necessário o retardamento para ajustes, ou em razão de fatores externos, como as condições naturais do tempo, que importem na paralisação da execução.

9.5 Impedimentos de Ordem Pessoal

Lei 8.666/93
Art. 9º. Não poderá participar, direta ou indiretamente, da licitação ou da execução de obra ou serviço e do fornecimento de bens a eles necessários:

I – o autor do projeto, básico ou executivo, pessoa física ou jurídica;

II – empresa, isoladamente ou em consórcio, responsável pela elaboração do projeto básico ou executivo ou da qual o autor do projeto seja dirigente, gerente, acionista ou detentor de mais de 5% (cinco por cento) do capital com direito a voto ou controlador, responsável técnico ou subcontratado;

III – servidor ou dirigente de órgão ou entidade contratante ou responsável pela licitação.

(...)

§ 3º. Considera-se participação indireta, para fins do disposto neste artigo, a existência de qualquer vínculo de natureza técnica, comercial, econômica, financeira ou trabalhista entre o autor do projeto, pessoa física ou jurídica, e o licitante ou responsável pelos serviços, fornecimentos e obras, incluindo-se os fornecimentos de bens e serviços a estes necessários.

§ 4º. O disposto no parágrafo anterior aplica-se aos membros da comissão de licitação.

Os impedimentos constantes no art. 9º da lei licitatória são de ordem moral e visam evitar o favorecimento em razão de relação estreita entre o prestador e a Administração Pública e, de igual forma, em razão desta relação, a obtenção de vantagens face ao conhecimento de informações privilegiadas.

O Supremo Tribunal Federal ao ser questionado sobre a constitucionalidade do art. 7º da Lei do Estado de São Paulo 6.544/89, com redação dada pela Lei 9.371/96, também daquele Estado, consolidou o entendimento de que a regra estabelecida no art. 9º da Lei 8.666/93 é de caráter geral, como tal, aplicável aos Estados, ao Distrito Federal, aos Municípios, por concretizar os princípios da moralidade e da isonomia.

A lei estadual repetiu a redação da norma federal tendo o autor da ação direta utilizado como argumento o fato de que a repetição literal das normas gerais pela legislação estadual "(...) *implica usurpação de competência legislativa privativa, deferida pelo Ordenamento Constitucional, em afronta, portanto, ao estatuído na Lei Maior*"[13].

A ação direta não foi conhecida, conforme decisão do Ministro Eros Grau, transcrita em parte a seguir:

(...) entre outras normas gerais – normas nacionais, não meramente federais, pois – assumem esse caráter as que consubstanciam regras voltadas a dar concreção a princípios jurídicos fundamentais recepcionados, expressa ou implicitamente, na CF/88. o art. 9º da Lei 8666 é dotado de caráter geral, visto que confere concreção aos princípios da moralidade e da isonomia. Logo, como norma geral que é, vincula os órgãos da administração direta e indireta dos Estados, do Distrito Federal e dos Municípios e as autarquias, as fundações públicas, as empresas públicas, as sociedades de economia mista e demais entidades controladas direta ou indiretamente pelos Estados-membros, pelo Distrito Federal e pelos Municípios. A lei estadual não inovou o ordenamento jurídico; apenas reproduziu, no texto legal estadual que regula licitações e contratações preceito federal que a elas se aplica. Explicita norma geral aplicável à matéria, não devendo em razão disso ser censurado o legislador estadual (...) evidenciada a falta de interesse de agir (...) não conheço desta ação direta[14].

Com efeito, encontra-se impedido de participar, direta ou indiretamente, da licitação ou da execução da obra ou serviço e do fornecimento de bens a eles necessários as seguintes pessoas:

a) O autor do projeto, básico ou executivo, pessoa física ou jurídica;

Registre-se que o impedimento previsto na lei licitatória é de participar da licitação ou da execução da obra ou serviços e do fornecimento de bens a eles necessários.

Ocorre que a lei incluiu os autos do projeto executivo. É cediço que, de regra, o projeto executivo conste no processo de licitação e, como tal, seja elaborado pela Administração Pública ou por quem ela confiar em fazê-lo. A propósito, a Administração pode abrir licitação cujo objeto seja apenas a elaboração dos projetos básicos e executivos. Em tal condição, é perfeitamente compreensivo o impedimento imposto pela lei licitatória.

---

[13] Consulta ao site <www.stf.jus.br>, base de dados da ADI 3.158-9.
[14] *Idem.* Consultas realizadas em 05.10.2009.

Outra questão importante e que merece reflexão é a desnecessidade da licitação conter o projeto executivo, este pode ser uma das obrigações contidas no instrumento convocatório para o contratado, hipótese que fatalmente levaria à interpretação diversa do teor do art. 9, I, da Lei 8.666/93. Embora a lei expressamente impeça ao autor do projeto executivo executar a obra ou serviços, assim como fornecer bens a eles necessários, não razoável que a Administração licite uma obra ou um serviço em que transfira ao vencedor a obrigação de elaboração do projeto executivo e, depois, impeça que o mesmo cumpra as demais obrigações que é a sua execução.

b) empresa, isoladamente ou em consórcio, responsável pela elaboração do projeto básico ou executivo ou da qual o autor do projeto seja dirigente, gerente, acionista ou detentor de mais de 5% (cinco por cento) do capital com direito a voto ou controlador, responsável técnico ou subcontratado;

A regra contida na alínea *b* traz o mesmo caráter moralizador da anterior, estendendo-a a pessoa jurídica que, isoladamente ou em consórcio, seja responsável pela elaboração dos projetos básico e executivo. De igual forma, impede a participação de pessoa física, porém vinculada à pessoa jurídica como dirigente, gerente, acionista ou detentor de mais de 5% (cinco por cento) do capital com direito a voto ou controlador, responsável técnico ou subcontratado.

O mesmo raciocínio feito na análise da alínea *a* serve para o conteúdo da alínea *b,* qual seja, se a Administração abrir licitação tendo por objeto a seleção de serviço técnico-especializado consistente na elaboração dos projetos básicos e executivo, o autor, seja pessoa física ou jurídica e, se jurídica, a pessoa física a ela vinculada, estará impedido de participar da licitação que tiver por objeto a execução do projeto elaborado. Por outro lado, se o projeto executivo – desnecessário no processo de licitação – estiver contido dentre as obrigações do vencedor do certame, este não ficará impedido de executá-lo (*vide* § 2º do art. 9º da Lei 8.666/93).

c) servidor ou dirigente de órgão ou entidade contratante ou responsável pela licitação.

Indiscutível que o servidor ou dirigente de órgão ou entidade contratante ou responsável pela licitação não poderá participar do certame, tampouco na execução da obra ou serviços, assim como no fornecimento dos bens a eles necessários. O impedimento é de cunho moral e visa resguardar a lisura, a imparcialidade e a pessoalidade que se daria se admitido fosse.

Não é necessário que o servidor ocupe cargo de comando, direção ou chefia, basta ser servidor do órgão ou entidade licitante para se encontrar na condição de impedido de participar das licitações ou execução de obras e serviços, realizadas pelo órgão a que se encontre vinculado por laços profissionais, mesmo que temporariamente ou por vínculo precário.

Os impedimentos se estendem para a forma indireta de participação, assim considerada pela lei a existência de qualquer vínculo de natureza técnica, comercial, econômica, financeira ou trabalhista entre o autor do projeto, pessoa física ou jurídica, e o licitante ou responsável pelos serviços, fornecimentos e obras, incluindo-se os fornecimentos de bens e serviços a estes necessários.

9.6 Exceções aos Impedimentos de Ordem Pessoal

Lei 8.666/93
Art. 9º. (...)

§ 1º. É permitida a participação do autor do projeto ou da empresa a que se refere o inciso II deste artigo, na licitação de obra ou serviço, ou na execução, como consultor ou técnico, nas funções de fiscalização, supervisão ou gerenciamento, exclusivamente a serviço da Administração interessada.

§ 2º. O disposto neste artigo não impede a licitação ou contratação de obra ou serviço que inclua a elaboração de projeto executivo como encargo do contratado ou pelo preço previamente fixado pela Administração.

O autor dos projetos básico e executivo, quando este não for obrigação licitada, poderá participar tanto da licitação quanto da execução da obra ou do serviço na qualidade de consultor ou técnico, assim como nas funções de fiscalização, supervisão ou gerenciamento, desde que esteja a serviço da Administração Pública. Assim, não sendo servidor público, a Administração contratará direto (face a inexigibilidade de licitação) os serviços do autor dos projetos, com remuneração fixada no contrato, para que o mesmo exerça as funções admitidas no § 1º do art. 9º da Lei 8.666/93.

Como explicitado nos comentários das alíneas *a* e *b* do art. 9º, quando o projeto executivo for licitado como obrigação do vencedor sua elaboração, não haverá impedimento de sua execução pelo autor.

9.7 Formas de Execução

Lei 8.666/93
Art. 10. *As obras e serviços poderão ser executados nas seguintes formas:*
I – execução direta;
II – execução indireta, nos seguintes regimes:
a) empreitada por preço global;
b) empreitada por preço unitário;
c) (Vetado)
d) tarefa;
e) empreitada integral.

Remeto o leitor aos comentários referentes ao art. 6º da lei licitatória, item 4.5.7.

9.8 Padronização de Projetos

Lei 8.666/93
Art. 11. *As obras e serviços destinados aos mesmos fins terão projetos padronizados por tipos, categorias ou classes, exceto quando o projeto-padrão não atender às condições peculiares do local ou às exigências específicas do empreendimento.*

Em muitas ocasiões a Administração Pública realiza obras seguindo um padrão definido por questões técnicas. A exemplo foram as construções, no Estado do Rio de Janeiro, das escolas denominadas CIEP's, que seguiam o mesmo projeto com o mesmo padrão de arquitetura. Pode até ser que a definição de se realizar o mesmo projeto seja eminentemente política, no entanto, é evidente que as obras ou serviços que possuírem a mesma finalidade e que a sua execução tiver que ocorrer em locais distintos, a utilização do mesmo projeto privilegia os princípios da eficiência e da economicidade, face a teoria da economia de escala.

O desenvolvimento de um projeto básico e de execução envolve estudos técnicos que, muitas vezes, possuem elevado custo, daí a autorização da lei, ou melhor, a determinação da lei de que se as obras ou os serviços destinarem-se aos mesmos fins terão projetos padronizados, salvo quando o projeto-padrão não atender as condições peculiares do local e as exigências específicas do empreendimento, o que deve estar justificado no processo.

A regra do art. 11 não comporta interpretação abrandada face a alegação de que a mesma retira a discricionariedade do administrador. Se as obras ou os serviços destinarem à mesma finalidade a elaboração de um projeto-padrão configura imposição legal, fugir do padrão é exceção à regra. O projeto-padrão, contudo, não deve ser imutável, deve existir uma margem de adaptação às peculiaridades do local em que a obra ou o serviço serão prestados, como o acesso, os níveis do terreno, a adequação ao interesse público, de modo que a Administração pode possuir projetos que atendam a cada demanda ou promover os assustes necessários e, até mesmo, elaborar outro se o interesse público assim exigir.

9.9 Requisitos dos Projetos Básico e Executivo

Lei 8.666/93
Art. 12. Nos projetos básicos e projetos executivos de obras e serviços serão considerados principalmente os seguintes requisitos:
I – segurança;
II – funcionalidade e adequação ao interesse público;
III – economia na execução, conservação e operação;
IV – possibilidade de emprego de mão de obra, materiais, tecnologia e matérias-primas existentes no local para execução, conservação e operação;
V – facilidade na execução, conservação e operação, sem prejuízo da durabilidade da obra ou do serviço;
VI – adoção das normas técnicas, de saúde e de segurança do trabalho adequadas;
VII – impacto ambiental.

Remeto o leitor aos comentários referentes ao art. 6º da lei licitatória, item 4.5.8

9.10 Serviços Técnicos Profissionais Especializados

Lei 8.666/93
Art. 13. Para os fins desta Lei, consideram-se serviços técnicos profissionais especializados os trabalhos relativos a:
I – estudos técnicos, planejamentos e projetos básicos ou executivos;
II – pareceres, perícias e avaliações em geral;
III – assessorias ou consultorias técnicas e auditorias financeiras ou tributárias;

IV – fiscalização, supervisão ou gerenciamento de obras ou serviços;
V – patrocínio ou defesa de causas judiciais ou administrativas;
VI – treinamento e aperfeiçoamento de pessoal;
VII – restauração de obras de arte e bens de valor histórico.
VIII – (Vetado).

Pela disposição da lei de licitações existe dois tipos de serviços, aqueles que podem ser prestados por qualquer pessoa, por não requerer habilidades diferenciadas, e os técnicos profissionais especializados, conforme enumeração taxativa constante nos incisos do art. 13, que só são prestados por pessoa física ou jurídica que detenha notória especialidade, o que, geralmente, leva à inviabilidade de competição.

Os serviços comuns podem exigir algum tipo de especialização, o que limita o número de pessoas habilitadas na sua prestação como, por exemplo, serviços de vigilância privada, em que a pessoa jurídica contratada, assim como seus funcionários, deve possuir curso de formação em segurança, porém, não requerem habilitação profissional ou conhecimento apurado. Já os serviços profissionais especializados são os que só podem ser prestados por pessoa física que possua habilitação profissional, ou por pessoa jurídica com profissionais habilitados em seu quadro funcional, e ainda por pessoa que detenha técnica apurada e reconhecida no mercado.

São serviços técnicos profissionais especializados os que tiverem por objeto: a elaboração de estudos técnicos, planejamento e projetos básicos ou executivos; elaboração de pareceres, perícias e avaliações em geral; prestação de assessorias ou consultorias técnicas e auditorias financeiras ou tributárias; serviço de fiscalização, supervisão ou gerenciamento de obras ou serviços; patrocínio ou defesa de causas judiciais ou administrativas; treinamento e aperfeiçoamento de pessoal; e restauração de obras de arte e bens de valor histórico.

A contratação dos serviços enumerados no item I do art. 13 da Lei 8.666/93 é, de regra, preparatória para futura contratação com vistas a execução da obra ou do serviço definido nos projetos. Vimos que, em tal situação, o autor do projeto básico ou executivo está impedido de participar da segunda licitação ou da execução da obra ou do serviço decorrente, salvo na condição de supervisão, fiscalização ou gerenciamento, conforme estatuído no inc. IV.

A prova da especialização profissional se dá mediante a apresentação de diploma de conclusão de curso superior, pós-graduação, mestrado, doutorado, pós-doutorado ou qualquer outro documento de estudo correlato com o objeto licitado. A notoriedade, por sua vez, é uma qualidade pessoal conquistada mediante a experiência profissional, reconhecida e atestada por todos diante da fama, da publicidade da pessoa física ou jurídica, pública ou privada. Decorre do conhecimento geral do público.

A notoriedade destaca o profissional no mercado, sendo o fundamento que leva à contratação direta. Notória especialização é algo inquestionável, reconhecido, comprovado por experiências anteriores, conhecido por todos, público. Certamente há um grau de abstração no conceito de notoriedade, daí a necessidade de justificativa nos autos feita pela autoridade competente reconhecendo, no âmbito da Administração Pública, a notoriedade da pessoa. Notoriedade não se prova, se comprova e se reconhece.

9.11 Formas de Contratação

Lei 8.666/93
Art. 13. (...)
§ 1º. Ressalvados os casos de inexigibilidade de licitação, os contratos para a prestação de serviços técnicos profissionais especializados deverão, preferencialmente, ser celebrados mediante a realização de concurso, com estipulação prévia de prêmio ou remuneração.
§ 2º.Aos serviços técnicos previstos neste artigo aplica-se, no que couber, o disposto no art. 111 desta Lei.

Os profissionais especializados geralmente levam à contratação direta face a inviabilidade de competição. No entanto, se houver no mercado mais de um técnico cuja notoriedade de um não elimine a competição, a Administração deve fazer uso do processo de licitação a fim de selecionar a melhor proposta.

A licitação deve ser conduzida de acordo com a peculiaridade do objeto, assim, a modalidade mais indicada para a seleção é o *concurso*, modalidade especial em que a proposta vencedora já é o objeto pretendido pela Administração que o trabalho técnico profissional especializado. No *concurso* os proponentes não apresentam propostas, mas sim o próprio trabalho objeto (o trabalho técnico como os projetos arquitetônicos, estudos etc.), com remuneração ou prêmio previamente fixado pela Administração.

O *concurso* é a modalidade indicada, mas não obrigatória, tendo em vista que a comissão julgadora do trabalho deve ser constituída por técnicos com conhecimento na área específica do objeto; às vezes a Administração se vê obrigada a convocar pessoas, fora de seus quadros, para a formação da comissão julgadora.

A modalidade concurso não será indica quando o objeto a ser selecionado não for o trabalho técnico profissional especializado, mas sim sua elaboração. Por exemplo, se a Administração resolver selecionar um projeto arquitetônico para a construção de um estádio de futebol para abrigar os jogos da copa do mundo, e selecionar o projeto em si todos os participantes deverão elaborar o seu projeto e apresentá-lo à comissão julgadora para a decisão. Por sua vez, se o objeto for a elaboração do projeto e não o projeto em si, poderá fazer uso de outra modalidade admitida para o caso.

9.12 Obrigação de Manutenção do Corpo Técnico

Lei 8.666/93
Art. 13. (...)
§ 3º. A empresa de prestação de serviços técnicos especializados que apresente relação de integrantes de seu corpo técnico em procedimento licitatório ou como elemento de justificação de dispensa ou inexigibilidade de licitação, ficará obrigada a garantir que os referidos integrantes realizem pessoal e diretamente os serviços objeto do contrato.

Se a pessoa jurídica for selecionada para a elaboração de um serviço técnico profissional especializado em razão dos profissionais que apresentou à Administração, a manutenção dos técnicos durante a execução é algo natural. A regra, contudo, merece ser interpretada com cautela e bom-senso. Eventos imprevistos ou se previstos, porém de consequências incalculáveis, naturais ou não, podem tornar impossível a realização pessoal e diretamente pela equipe ou profissional apresentado à Administração o que, em razão da equipe ou do profissional, levou à seleção da proposta da empresa. Em tal situação, como a morte de elemento da equipe ou do profissional único, levaria ao rompimento do contrato face a interpretação literal do § 3º.

Por certo o legislador não pretendeu preservar a Administração Pública para evitar que empresas apresentassem apenas documentos como "currículos" contrato de trabalho de gaveta quando na verdade a execução será entregue a pessoas distintas que, se aparecessem, não levaria a seleção da proposta pela ausência de notoriedade ou profissionalismo provado.

A norma deve ser interpretada com certa margem de indeterminação de modo a permitir que a Administração, ao verificar o caso concreto, possa admitir a substituição do profissional por outro de igual gabarito.

10 LICITAÇÕES DE COMPRAS

A partir do art. 14 a Lei 8.666/93 dita regras gerais para licitação de compras. A diferença fundamental é a desnecessidade de formalizar projeto básico bem como executivo; tendo em vista que a entrega do bem se traduz na satisfação da Administração, muitas vezes é desnecessário até a formalização de contrato.

10.1 O Objeto

Lei 8.666/93
Art. 14. Nenhuma compra será feita sem a adequada caracterização de seu objeto e indicação dos recursos orçamentários para seu pagamento, sob pena de nulidade do ato e responsabilidade de quem lhe tiver dado causa.

A licitação para aquisição de bens é denominada de "compra", seu procedimento é um pouco mais simples pois é dispensável a elaboração de projeto básico e executivo.

No processo deve estar plenamente justificado o binômio *necessidade – adequação* e conter adequada caracterização de seu objeto.

A descrição do objeto deve ser sucinta e clara conforme estatui o art. 40, I da lei licitatória a seguir transcrito. Sucinto é um adjetivo, aquilo que é dito em poucas palavras, com concisão, breve, resumido, lacônico, mas dito com clareza.

Lei 8.666/93
Art. 40. O edital conterá no preâmbulo o número de ordem em série anual, (...), e indicará, obrigatoriamente, o seguinte:
I – o objeto da licitação, em descrição sucinta e clara;

— O objeto pode ser *único*, mesmo que em várias quantidades, ou *múltiplo*, que se dá quando a Administração em um mesmo certame licita vários itens, distintos e independentes ou dependentes entre si (papel, caneta, lápis, borracha etc.).

Será único quando a Administração descrever, por exemplo, a aquisição de dez computadores de mesa, portáteis tipo *notebook*, que tenham no mínimo as seguintes características: tela de 15 polegadas, HD de 500GB, memória de 4GB, sistema operacional incluso, processador Core Duo, com câmera integrada, bateria de aproximadamente 3 horas. O proponente apresentará, neste exemplo hipotético, sua proposta em valor unitário do bem, que será apenas multiplicado pela quantidade.

Por outro lado, o objeto será *múltiplo* independente entre si quando a proposta puder ser separada e a aquisição recair em mais de um fornecedor. Por exemplo: dez computadores – com a mesma descrição acima – e dez impressoras multifuncionais que imprimam, digitalizem e copiem, que imprimam os dois lados do papel e com capacidade de impressão de 200 folhas por minuto ou superior, com impressão a lazer. Trata-se de uma licitação de objetos *múltiplos* independentes e que podem ser adquiridos isoladamente, situação em que o proponente poderá lançar proposta para os dois itens ou apenas um deles. Da mesma forma que poderá ser vencedor para o fornecimento de ambos ou de um apenas.

Os objetos podem ser *múltiplos*, porém, dependentes entre si, hipótese em que a proposta somente será aceita se alcançar todos os itens, sendo considerada pelo preço global. Por exemplo, a Administração pretende adquirir, direto da fábrica, um aparelho que realiza exames hematológicos, compreendido em um sistema fechado. Os aparelhos laboratoriais funcionam com reagente específico, produzido pelo mesmo fabricante. Por se tratar da aquisição do aparelho, a Administração deve licitar o reagente em quantidade suficiente e que, justificadamente, deve ser compatível tecnicamente com o modelo do aparelho. Os objetos serão distintos, porém, dependentes e vinculados entre si. Não posso comprar o aparelho de um fabricante e o reagente do outro pela falta de compatibilidade.

A dependência pode ser exigida pela Administração, assim, mesmo que os bens possam ser fornecidos separadamente, há imposição de que sejam fornecidos conjuntamente pela mesma pessoa. Esta imposição, entretanto, não pode restringir a competitividade.

10.2 Indicação dos Recursos Orçamentários

Além da adequada caracterização do objeto, o art. 14 da Lei 8.666/93 exige que a Administração indique os recursos orçamentários para o seu pagamento. A exigência possui razão de ser. No processo de licitação de obras e serviços, vimos que o processo deve estar instruído com o projeto básico e nele conter os estudos de viabilidade de execução indicando os orçamentos que suportarão as despesas até a conclusão da obra ou execução do serviço.

Na licitação de compras não é necessário a elaboração do projeto básico, contudo, a reserva orçamentária é indispensável e serve de garantia de comprometimento por parte da Administração e de pagamento para o fornecedor além de ser financeiramente moral, evita que o Poder Público adquira bens além de suas forças financeiras.

10.3 Requisitos de Observância Prioritária

A diversificação de bens necessários para a Administração e a quantidade por ela adquirida, associada à carência de depósitos seguros e à evidente despesa desnecessária em manter estoques elevados, em que deve-se dispor de prédios, servidores, fiscalização, faz com que haja o planejamento para as compras do material necessário a atender períodos cada vez mais curtos.

Para evitar a repetição de certames licitatórios em períodos curtos, o que poderia levar ao entendimento de fracionamento, o art. 15 da Lei 8.666/93 disciplina regras e princípios a serem observados sempre que possível nas compras.

A expressão *"sempre que possível"*, empregada no *caput* do art. 15, retira do administrador público a discricionariedade em aplicar ou não os princípios e regras ali estabelecidos. Trata-se de norma impositiva e a não utilização, quando possível, a ofenderá.

10.3.1 Princípio da padronização

Lei 8.666/93
Art. 15. As compras, sempre que possível, deverão:
I – atender ao princípio da padronização, que imponha compatibilidade de especificações técnicas e de desempenho, observadas, quando for o caso, as condições de manutenção, assistência técnica e garantia oferecidas;

Remeto o leitor ao item 6.10.

10.3.2 Sistema de registro de preços

Lei 8.666/93
Art. 15. As compras, sempre que possível, deverão:
II – ser processadas através de sistema de registro de preços;

Registro de preços é um sistema de compras e não uma modalidade de licitação. Pelo sistema, a Administração registra preços de produtos de grande consumo e necessidade, especialmente os consumíveis e de difícil ou impossível manutenção de estoques, como combustíveis, medicamentos, alimentação preparada, equipamentos de informática, móveis, material de escritório etc.

O sistema consiste em manter preços "em arquivo" para futuras contratações pelo período não superior a um ano, sendo processado com ampla pesquisa de mercado e mediante licitação na modalidade concorrência ou pregão.

A realização da licitação para fins de registro de preços não obriga a Administração a adjudicar o objeto com aquele que teve seu preço registrado. Deve firmar com o mesmo contrato de *compromisso de fornecimento*, fornecendo ao contratado Certificado de Registro de Preços – CRP com validade de um ano, mesmo período de validade dos preços registrados, sujeitando-se o compromissário à obrigação de fornecer o bem sempre que convocado no período de validade do registro.

O edital que deflagrar o registro de preços deverá prever a periodicidade de reajuste e as demais condições para se garantir eventual contratação.

Os preços registrados devem ser publicados trimestralmente no Diário Oficial da entidade licitante e, no caso dos Municípios, no Diário Oficial do respectivo Estado.

Quando desejar o bem cujo preço se encontrar registrado, a Administração poderá optar em realizar outro certame ou adquirir diretamente daquele que possua o preço em registro que não precisa participar do novo certame por possuir direito de preferência, para futura contratação, se seu preço e condições de fornecimento forem iguais aos do vencedor.

O sistema de registro de preços pode ser comparado com o modelo de compras permanente admitido pelo Decreto 4.536 de 28 de janeiro de 1922.

O mencionado decreto introduziu o Código de Contabilidade da União e previa a concorrência pública para o fornecimento de bens, mesmo que em parcelas, de valor superior a 5:000$000 (cinco contos de réis) e para a execução de obras públicas de valor superior a 10:000$000 (dez contos de réis). No entanto, para as compras ordinárias admitia-se *concorrência permanente* mediante a inscrição, nos ministérios e nas repartições públicas interessadas no fornecimento, dos propensos fornecedores de artigos de consumo habitual, que, após inscritos em lista de idoneidade, indicavam o preço, a qualidade do produto e demais esclarecimentos.

A inscrição era processada mediante requerimento ao chefe da repartição ou ao ministro, conforme disposição regulamentar, acompanhada das informações necessárias ao julgamento do proponente e dos artigos e preços dos objetos pretendidos. Tal procedimento era permanente e a aquisição se daria com aquele que possuísse o menor preço, não podendo o inscrito recusar ao fornecimento sob pena de exclusão de seu nome da lista de idoneidade.

10.3.3 Submissão às condições de aquisição e pagamento semelhantes às do setor privado

Lei 8.666/93
Art. 15. As compras, sempre que possível, deverão:
III – submeter-se às condições de aquisição e pagamento semelhantes às do setor privado;

As regras constantes no inciso III são de difícil aplicação diante das diferenças existentes entre os setores público e privado da sociedade. Por outro lado, a intenção da lei é aproximar as formas de aquisição e pagamento ao máximo, mas nunca promover uma igualdade de fato, daí a utilização do termo *"semelhantes"*. Semelhança que se verifica nas condições de fornecimento, preços e pagamentos, de modo a impedir que o Poder Público receba o bem e demore na promoção do pagamento, prática muito utilizada no pretérito, o que causava sérios prejuízos aos fornecedores.

10.3.4 Subdivisão do objeto em parcelas

Lei 8.666/93
Art. 15. As compras, sempre que possível, deverão:
IV – ser subdivididas em tantas parcelas quantas necessárias para aproveitar as peculiaridades do mercado, visando a economicidade;

A interpretação literal do inciso IV do art. 15 da Lei 8.666/93 pode levar ao equívoco de que há autorização legislativa para fracionar o procedimento de licitação, prática por demais combatida pelos órgãos de controle, embora em diversas situações o fracionamento seja obrigatório, o que se verifica principalmente nas grandes obras. Ocorre que o art. 15 da Lei 8.666/93 encontra-se inserido nas disposições que tratam das compras, assim, se o montante da compra for considerado de grande vulto, é salutar, senão obrigatório, o fracionamento do objeto em lotes realizando várias licitações, importando no aumento significativo da competitividade.

De certa forma a autorização existe, mas não se trata de fracionamento fraudulento, aquele utilizado para escapar da própria licitação ou utilizar modalidade menos severa, que somente pode ser utilizado face as peculiaridades do mercado e se houver evidente economicidade obtida com o aumento da competitividade. Por certo o fracionamento só será admitido se em cada licitação for observada a modalidade que caberia em um procedimento único.

Outra questão que se extrai da norma é a de se utilizar nas compras, sempre que possível, as subdivisões do objeto se isso se tornar mais econômico. Assim, se for economicamente viável, a Administração pode licitar computadores em módulos separados, compondo o objeto com itens distintos (múltiplos) independentes entre si. Por exemplo, CPU com as características internas definidas – teclado, monitor etc. – desde que sejam compatíveis. Note que este exemplo não implicaria em fracionamento da licitação e sim do objeto, o que é plenamente aceitável.

10.3.5 Balizamento dos preços

Lei 8.666/93
Art. 15. As compras, sempre que possível, deverão:
V – balizar-se pelos preços praticados no âmbito dos órgãos e entidades da Administração Pública.

Os bens são adquiridos por todos os órgãos da Administração Pública e de todas as esferas políticas, desta forma, é possível aferir os preços dos produtos tendo por base os praticados em outra cidade, Estado ou região. Por certo os preços se diferem face a extensão territorial do Brasil e a maior parte da distribuição é feita via terrestre, que é um dos meios de transporte de custo mais elevado. No entanto, como as Administrações Públicas adquirem grandes quantidades, a aplicação da teoria de economia de escala é plenamente possível. É certo que os órgãos públicos devem manter cadastros de custos acessíveis à consulta por qualquer pessoa, principalmente por outros órgãos e entidades públicas ou privadas submetidas ao regime de direto público.

* Perspectiva de alteração da lei

O Projeto de Lei 7.709/07, se aprovado e convertido em lei, acrescentará o inciso VI ao art. 15 da Lei 8.666/93 com a seguinte redação:

VI – adotar especificação do bem a ser adquirido que considera critérios ambientais;

O setor industrial vem seguindo uma tendência de produzir bens que agridem menos o meio ambiente, ou que provoquem danos em menor escala. Novas tecnologias vem sendo adotadas e os produtos cada vez mais consomem menos energia ou utilizam energias renováveis, não emitem gases prejudiciais à camada de ozônio, consomem menos combustíveis etc. A alteração pretendida visa tornar obrigatória à Administração Pública dar preferência a produtos considerados ecologicamente corretos, o que se dará por critérios de julgamento estabelecidos no instrumento convocatório. Tal prática pode levar, inclusive, à escolha de um produto de preço superior, cuja utilização levará à significativa economia futura. A análise de julgamento deixará de ser simples, somente pelo preço, passando a ser técnica.

10.3.6 Realização de registro de preços

O registro de preços é um sistema de compras realizado por órgãos ou entidades públicos com grande fluxo de compras e contratações de serviços. A intenção, *prima facie*, não é efetivar a compra, mas ter em registro preços previamente selecionados para futuras aquisições.

A realização de um registro de preços se dá mediante licitação com característica especial, haja vista que, muito embora a Administração acabe por efetivar a compra ou contratar o serviço, o objetivo principal não é este.

Os parágrafos do art. 15 ditam normas para a sua realização.

10.3.6.1 Transparência do sistema

Lei 8.666/93
Art. 15. As compras, sempre que possível, deverão:
§ 1º. O registro de preços será precedido de ampla pesquisa de mercado.
§ 2º. Os preços registrados serão publicados trimestralmente para orientação da Administração, na imprensa oficial.
(...)

§ 5º. *O sistema de controle originado no quadro geral de preços, quando possível, deverá ser informatizado.*

Como vimos no item 4.7.3.2 a Administração Pública, sempre que possível, fará suas compras através do sistema de registro de preços. O registro de preços deverá ser precedido de ampla pesquisa de mercado e, inclusive, balizar-se por preços praticados por outros órgãos da Administração, com o fim de se buscar os menores preços para registro. Na pesquisa de mercado a Administração abrirá procedimento de licitação, tendo por objeto registrar preços para futura e eventual contratação.

A ata de preços registrados, que por óbvio só se consolidará após o certame, deve ser publicada trimestralmente para servir de orientação à Administração em atenção ao inciso V do art. 15 da lei licitatória e, quando possível, ser informatizado.

* **Perspectiva de alteração da lei**

O Projeto de Lei 7.709/07, em trâmite no Congresso Nacional, pretende alterar a redação do § 5º do art. 15 da Lei 8.666/93 que passará, não havendo modificação, a ser a seguinte:

Art. 15. (...)
§ 5º. *O sistema de controle originado do cadastro do registro de preços, quando viável, deverá ser informatizado.*

O conteúdo da norma não sofrerá alteração, apenas a expressão *"originado no quadro geral de preços"* será adequada para *"originado do cadastro do registro de preços"*, ficando mais evidente a intenção de seu conteúdo.

10.3.6.2 Regulamentação do registro de preços

Lei 8.666/93
Art. 15. As compras, sempre que possível, deverão:
§ 3º. *O sistema de registro de preços será regulamentado por decreto, atendidas as peculiaridades regionais, observadas as seguintes condições:*
I – seleção feita mediante concorrência;
II – estipulação prévia do sistema de controle e atualização dos preços registrados;
III – validade do registro não superior a um ano.

O sistema de registro de preços será regulado por decreto pelas unidades federadas, visando atender as peculiaridades regionais. O decreto regulamentar, a ser expedido pelo chefe do Poder Executivo, deve observar as condições fixadas pelos incisos do § 3º do art. 15 da Lei 8.666/93, que são: seleção mediante concorrência; estipulação prévia do sistema de controle de atualização dos preços registrados e validade não superior a um ano. Vermos a seguir, separadamente, cada condição:

I – Seleção mediante concorrência

Ao estudarmos a modalidade *concorrência* teremos a oportunidade de saber que se trata da modalidade utilizada para aquisição de bens, contratação de obras e serviços de grande vulto (ver item 14.1).

O registro de preços deve utilizar a concorrência tendo em vista que a Administração, ao usar este sistema, não tem a obrigação de quantificar o bem desejado, para ela o que interessa é o preço a ser registrado para atender a futura e eventual aquisição.

Sem quantificar o objeto, a compra por este sistema pode levar a uma contratação de grande vulto. Por outro lado, a intenção é permitir que as compras sejam acessíveis a um grande número de fornecedores, daí a necessidade de se utilizar uma modalidade que tenha como princípio a *universalidade*, que é aquela que admite a participação da licitação por qualquer pessoa desde que atenda aos requisitos de habilitação, além de exigir ampla publicidade em seu processamento.

Não obstante a Lei 8.666/93 exigir a modalidade concorrência para a realização de registro de preços a Lei 10.520/02, que instituiu a modalidade *pregão,* admitiu a utilização desta modalidade para a seleção de registro de preços para aquisição de bens comuns. A partir de então, a seleção de registro de preços passou a ser admitida por concorrência ou pregão.

Lei 10.520/02
Art. 11 . As compras e contratações de bens e serviços comuns, no âmbito da União, dos Estados, do Distrito Federal e dos Municípios, quando efetuadas pelo sistema de registro de preços previsto no art. 15 da Lei 8.666, de 21.06.1993, poderão adotar a modalidade de pregão, conforme regulamento específico.

II – Estipulação prévia do sistema de controle e atualização dos preços registrados

O instrumento convocatório deverá conter o sistema de controle e atualização dos preços registrados diante do prazo de validade da Ata de Registro. No período de 1 (um) ano, muitos fatores econômicos podem alterar significativamente os preços para mais ou para menos. A Administração deve, assim, acompanhar os eventos externos mas que exerçam influência no preço do bem e, sempre que necessário, promover os ajustes.

III – Validade do registro não superior a um ano

A última condição imposta pela lei ao regulamento a ser baixado pelos entes federados diz respeito ao prazo de validade do registro, que não pode ser superior a um ano. Após o período de validade a Administração não pode solicitar o fornecimento, tampouco prorrogar a Ata de Registro.

Embora o estudo esteja voltado para compras, importante frisar que é possível utilizar registro de preços para a seleção de serviços e, por consequência, serviços de prestação continuada. Por se tratar de serviços é inevitável a realização de contrato entre a Administração e o prestador.

Como a Ata do Registro de Preços possui validade de um ano, deve-se verificar se o contrato decorrente de registro pode ter duração superior a este período, ou se ele também perderá a vigência após o término da validade da Ata de Registro de Preços.

O que perde a validade é a Ata de Registro de Preços e não os atos dela decorrentes. Por outro lado, a perda da validade não torna os atos derivados da Ata nulos ou ineficazes.

O contrato possui, em linguagem simples, vida própria e terá vigência como os demais contratos administrativos que decorrerem de licitação comum ou até mesmo pela via direta. Não admitir a prorrogação do contrato de prestação de serviços, cuja contratação decorreu de registro de preços, implicaria em criar uma nova categoria de contratos administrativos, aqueles vinculados à condição de validade do certame. O contrato só é atingido quando a licitação for anulada face a alguma ilegalidade. Por fim, o que perde a validade é a Ata de Registro de Preços e não a licitação que a originou.

O Decreto Federal 4.342/02 ratifica a autonomia do contrato decorrente do Sistema de Registro de Preços ao remeter sua vigência às regras estabelecidas no art. 57 da Lei 8.666/93, *verbis*:

Decreto 4.342/02
Art. 4º. (...)
§ 1º. Os contratos decorrentes do SRP terão sua vigência conforme as disposições contidas nos instrumentos convocatórios e respectivos contratos, obedecido o disposto no art. 57 da Lei 8.666/93.

O art. 57 da Lei 8.666/93, como se verá adiante, admite a prorrogação de contratos de prestação de serviços a serem executados de forma continuada.

10.3.6.3 Contrato de compromisso de fornecimento

Lei 8.666/93
Art. 15. As compras, sempre que possível, deverão:
§ 4º. A existência de preços registrados não obriga a Administração a firmar as contratações que deles poderão advir, ficando-lhe facultada a utilização de outros meios, respeitada a legislação relativa às licitações, sendo assegurado ao beneficiário do registro preferência em igualdade de condições.

Como vimos, a licitação realizada para se registrar preços não implica que a Administração venha a adquirir o bem. O registro de preços é um sistema de compras que deve ser usado, sempre que possível, principalmente para os bens ou serviços que a Administração Pública necessita com grande frequência.

Após o término do certame o vencedor firmará um contrato de *compromisso de fornecimento*, ficando vinculado a ele pelo período validade da Ata de Registro de Preços. Quando a Administração resolver promover a aquisição poderá requisitar o fornecimento ou utilizar outros meios admitidos pela lei, assegurando o direito de preferência, em igualdade de condições, àquele que possuir o preço registrado.

10.3.6.4 Controle externo pelo cidadão

Lei 8.666/93
Art. 15. As compras, sempre que possível, deverão:
§ 6º. Qualquer cidadão é parte legítima para impugnar preço constante do quadro geral em razão de incompatibilidade desse com o preço vigente no mercado.

A lei confere a qualquer cidadão o direito de impugnar o preço constante no registro se este estiver incompatível com os praticados no mercado. Vimos que a Ata de Registro de Preços possui validade de um ano, período suficiente para que ocorram alterações na situação econômica da região e elevar ou abaixar os preços praticados no mercado.

A Administração possui o dever de acompanhar os preços de mercado e estabelecer o sistema de controle; o cidadão possui o direito de fiscalizar e impugnar o preço. Trata-se de norma moralizadora e serve de controle externo da Administração.

* **Perspectiva de alteração da lei**

O Projeto de Lei 7.709/07 em trâmite no Congresso Nacional, pretende alterar a redação do § 6º do art. 15 da Lei 8.666/93, que passará, não havendo modificação, a ser a seguinte:

Art. 15. (...)

§ 6º. Qualquer cidadão é parte legítima para impugnar preço constante do quadro geral e do cadastro do registro de preços em razão de incompatibilidade desse com o preço vigente no mercado.

A alteração da redação será apenas para adequar à nova linguagem que trará o conteúdo do § 5º que substituirá a expressão "*originado no quadro geral de preços*" por "*originado do cadastro do registro de preços*", ficando mais evidente a intenção de seu conteúdo.

10.3.6.5 Utilização do registro por outros órgãos ou entidades – carona

Muito se discute se é possível o registro de preços realizado por um órgão servir para as compras ou contratação de serviços de outros órgãos que não tenham participado do certame.

Qualquer licitação, seja feita pelo menor Município brasileiro ou pela União, obedece as regras e princípios estabelecidos pela lei. Se o procedimento transcorreu dentro da normalidade, não ocorreu nenhum fato que pudesse levar à ilegalidade; associado ao fato de que os atos administrativos gozam de presunção de legitimidade, não há porque impedir que um órgão não participante do certame possa aproveitar os procedimentos. Para tanto, face ao princípio da legalidade, tal possibilidade deve estar prevista em norma jurídica válida.

O Decreto 3.391/01, que regulou o sistema de registro de preços no âmbito da União, acolheu a possibilidade da chamada *carona*. Com isso órgãos ou entidades, mesmo que não tenham participado do certame licitatório, podem utilizar a Ata de Registro de Preços do órgão licitante, desde que devidamente comprovada a vantagem, mediante consulta prévia (autorização) do órgão e manifestação do fornecedor de sua capacidade em atender.

Decreto 3.391/01

Art. 8º. A Ata de Registro de Preços, durante sua vigência, poderá ser utilizada por qualquer órgão ou entidade da Administração que não tenha participado do certame licitatório, mediante prévia consulta ao órgão gerenciador, desde que devidamente comprovada a vantagem.

§ 1º. Os órgãos e entidades que não participaram do registro de preços, quando desejarem fazer uso da Ata de Registro de Preços, deverão manifestar seu interesse junto ao órgão gerenciador da Ata, para que este indique os possíveis fornecedores e respectivos preços a serem praticados, obedecida a ordem de classificação.

§ 2º. Caberá ao fornecedor beneficiário da Ata de Registro de Preços, observadas as condições nela estabelecidas, optar pela aceitação ou não do fornecimento, independentemente dos quantitativos registrados em Ata, desde que este fornecimento não prejudique as obrigações anteriormente assumidas.

§ 3º. As aquisições ou contratações adicionais a que se refere este artigo não poderão exceder, por órgão ou entidade, a cem por cento dos quantitativos registrados na Ata de Registro de Preços.

A possibilidade de utilização da *carona* é restrita ao sistema de registro de preços, para tanto, se faz necessário o preenchimento dos seguintes requisitos: a) prévia consulta e anuência do órgão gerenciador; b) indicação pelo órgão gerenciador do fornecedor ou prestador de serviço; c) aceitação, pelo fornecedor, da contratação pretendida, condicionada a não gerar prejuízo aos compromissos assumidos na Ata de Registro de Preços; d) manter as mesmas condições do registro, ressalvadas apenas as renegociações promovidas pelo órgão gerenciador, que se fizerem necessárias.

* Perspectiva de alteração da lei

O Projeto de Lei 7.709/07, se aprovado e convertido em lei, acrescentará o art. 15-A à Lei 8.666/93. Através dele instituirá o Cadastro Nacional de Registro de Preços, sob a responsabilidade da União, que será disponibilizado às unidades administrativas da Administração Pública.

Conheça o texto.

Art. 2º. A Lei 8.666, de 1993, passa a vigorar acrescida do seguinte art. 15-A:
"Art. 15-A. Fica instituído o Cadastro Nacional de Registros de Preços, sob responsabilidade da União, que será disponibilizado às unidades administrativas da Administração Pública.

Parágrafo único. *Os órgãos ou entidades da Administração Pública que utilizarem o cadastro de que trata o* **caput** *deverão informar no sítio oficial da Administração Pública Federal os preços registrados em Atas e as contratações formalizadas.*

10.4 O que Mais Deve Ser Observado nas Compras

Lei 8.666/93
Art. 15. *As compras, sempre que possível, deverão:*
§ 7º. Nas compras deverão ser observadas, ainda:
I – a especificação completa do bem a ser adquirido sem indicação de marca;
II – a definição das unidades e das quantidades a serem adquiridas em função do consumo e utilização prováveis, cuja estimativa será obtida, sempre que possível, mediante adequadas técnicas quantitativas de estimação;
III – as condições de guarda e armazenamento que não permitam a deterioração do material.

Em respeito ao princípio da impessoalidade e visando o aumento da competição, é vedado na descrição do objeto a indicação de marca. Regra que somente admite uma exceção, quando a Administração instaura procedimento de licitação para aquisição de bem padronizado (ver item 4.3.10)

A inclusão de marca na descrição do objeto é ato nulo e se o procedimento for levado ao término nem o ato será válido, inclusive eventual contrato decorrente da licitação.

Sempre que se pretender adquirir bens o gestor deve planejar de modo a identificar a real necessidade, adequando o objeto para atender somente o indispensável. O binômio *necessidade-adequação* abrange os quantitativos em função do consumo e de utilização prováveis, podendo, inclusive, fazer estimativa para o consumo futuro, desde que haja condições de armazenamento que não permitam a deterioração do material.

10.5 Recebimento Especial

Lei 8.666/93
Art. 15. *As compras, sempre que possível, deverão:*

§ 8º. O recebimento de material de valor superior ao limite estabelecido no art. 23 desta Lei, para a modalidade de convite, deverá ser confiado a uma comissão de, no mínimo, 3 (três) membros.

O recebimento do objeto se dá na fase contratual, no entanto, quando se trata de compras de bens, muitas vezes não se faz necessário a elaboração do instrumento contratual, a entrega do bem após a expedição da nota de empenho se traduz na satisfação do interesse da Administração Pública.

A entrega do objeto, pura e simples, não induz, necessariamente, a extinção do vínculo entre as partes, há situações em que o recebimento é provisório, só se concretizando após verificação e conferências por parte de comissão ou servidor designado para conferência.

Alguns bens necessitam de testes ou ensaios para a aferição de seu funcionamento. Se o edital, a carta-convite ou o ato normativo não dispuserem em contrário, os testes e demais provas exigidos por normas técnicas oficiais para a boa execução do objeto correrão por conta do contratado.

Questão importante a ser discutida é sobre a possibilidade da Administração receber o objeto com característica diversa da prevista no instrumento convocatório ou no contrato. Embora a norma do art. 76 da Lei 8.666/93 seja imperativa, impondo à rejeição, a matéria deve ser tratada com cautela.

Recentemente a Secretaria de Estado da Educação do Estado de Rondônia licitou serviços de fabricação de carteiras escolares. O edital exigiu que as carteiras fossem confeccionadas *em madeira* de *lei, tipo garapeira.* O vencedor, ao fabricar, interpretou que a exigência era que a madeira deveria ser de *lei*, e o *tipo garapeira* seria apenas um exemplo desse tipo de material; então, fabricou as carteiras escolares com madeira de *lei*, porém, de tipo diverso à garapeira. Resultado: a comissão de recebimento rejeitou o objeto.

Estabeleceu-se o impasse: de um lado a Secretaria de Educação, necessitando das carteiras, tolerou o recebimento; doutro lado, a lei impunha a rejeição.

Outra situação é aquela em que o bem ou produto licitado deixa de ser fabricado, desaparece do mercado ou é substituído por outro mais moderno, fato que ocorre com frequência. A aplicação da regra estabelecida no art. 76 da Lei 8.666/93 pode ser bastante prejudicial ao interesse público. Com isso, deve ser avaliado o caso concreto e a Administração decidir pelo recebimento ou não de outro produto distinto do licitado, desde que atenda às suas necessidades.

A substituição pode ser aceita se o objeto distinto do contrato for, comprovadamente, apto a atender a destinação própria do anterior, ou seja, respeitar o mesmo padrão de qualidade e durabilidade. Se não for, a Administração pode até receber, desde que o novo objeto atenda as suas necessidades e que seja compensada com o abatimento do preço ou com o aumento da quantidade.

A aferição da qualidade, da eficiência e da durabilidade deve ser feita por peritos especializados na área através de laudo circunstanciado.

No caso das carteiras escolares da Secretaria de Educação do Estado de Rondônia é claro que a alteração no tipo da madeira não afetou a destinação do bem. O material utilizado na fabricação alterou apenas elementos especiais, como a durabilidade, o conforto e, principalmente, o preço. Após a perícia, foi aceito o objeto que atendia a mesma durabilidade e eficiência, porém, como o material usado possuía um custo de mercado menor do que o apresentado na proposta, houve acréscimo na quantidade, mantendo-se com isso a equação encargo igual remuneração "E=R".

Caso o padrão de qualidade do bem seja superior ao apresentado na proposta, o contratado não pode exigir a diferença.

Jessé Torres Pereira Júnior[15] também aponta a possibilidade de substituição:

> *Diante dos termos imperativos da norma, tem sido indagado se a rejeição também seria incontornável caso o contratado se dispusesse a fornecer ou executar objeto que, conquanto diverso do previsto, atendesse ao especificado no edital e no contrato, e até o superasse.*
> *A hipótese que volta e meia ocorre é a do produto cotado na proposta ausentar-se do mercado no momento da entrega, levando a adjudicatária a propor a sua substituição por outro que cumpra as mesmas funções, sem alteração de preço.*
> *Tal proposta não colidirá com a regra do art. 76, podendo se aceita, desde que o produto sucedâneo seja comprovadamente apto a realizar todas as funções do substituído, com padrão de qualidade equivalente ou superior e sem alteração de preço (pareceres nesse sentido, nos autos do respectivo processo). Nessas circunstâncias, o fornecimento ou a execução não se faria em desacordo com o contrato.*

---

[15] PEREIRA JÚNIOR, Jessé Torres. **Comentários à Lei de Licitações e contratações da Administração Pública**. 5. ed., rev., atual. e ampl., de acordo com a E.C. 06/95 e 19/98, com a L.C. 101/00, com as Leis 9.648/98 e 9.845/99 e com a M.P. 2.108/01 e seus regulamentos. Rio de Janeiro: Renovar, 2002. p. 702.

O comando do § 8º do art. 15, da Lei 8.666/93, impõe que para as compras de valores acima de R$ 80.000,00 (oitenta mil reais) o recebimento seja realizado por comissão que contenha no mínimo três membros.

10.6 Publicidade

Lei 8.666/93
Art. 16. Será dada publicidade, mensalmente, em órgão de divulgação oficial ou em quadro de avisos de amplo acesso público, à relação de todas as compras feitas pela Administração Direta ou Indireta, de maneira a clarificar a identificação do bem comprado, seu preço unitário, a quantidade adquirida, o nome do vendedor e o valor total da operação, podendo ser aglutinadas por itens as compras feitas com dispensa e inexigibilidade de licitação.
Parágrafo único. O disposto neste artigo não se aplica aos casos de dispensa de licitação previstos no inciso IX do art. 24.

Em respeito ao princípio da transparência a Administração deve divulgar, mensalmente, em órgão oficial ou em quadro de acesso ao público, a relação de todas as compras feitas de modo a identificar o bem comprado, seu preço unitário, quantidade adquirida, nome do fornecedor e valor total da operação.

A exigência somente não se aplica nos casos de contratação direta por dispensa de bens necessários para acudir situação de comprometimento da segurança nacional.

* Perspectiva de alteração da lei

O Projeto de Lei 7.709/07, em trâmite no Congresso Nacional, pretende alterar a redação do *caput* do art. 16 da Lei 8.666/93, que passará, não havendo modificação, a ser a seguinte:

Art. 16. Será dada publicidade, mensalmente, através dos meios de divulgação oficial previstos no art. 21, ou em quadro de avisos de amplo acesso público, à relação de todas as compras feitas pela Administração Direta ou Indireta, de maneira a clarificar a identificação do bem comprado, seu preço unitário, a quantidade adquirida, o nome do vendedor e o valor total da operação, podendo ser aglutinadas por itens as compras feitas com dispensa e inexigibilidade de licitação.

A alteração visa dar mais clareza definindo os órgãos em que a divulgação deve ser promovida. O atual texto deixa uma margem de indeterminação elevada, em que o administrador pode se valer para publicar em qualquer veículo de publicidade que entenda, ou adote, como oficial. A nova redação indicará qual ou quais os veículos que devem ser utilizados.

11 ALIENAÇÕES

A regra da inalienabilidade dos bens públicos não é absoluta. A Administração Pública pode desfazer de seus bens pela venda, permuta, doação etc. A inalienabilidade absoluta somente alcança as terras devolutas arrecadadas pelos Estados, via ação discriminatória, necessárias à proteção dos ecossistemas naturais (CF/88, art. 225, § 5º) e as terras indígenas (CF/88, art. 231, § 4º). Os demais bens, seja qual for sua espécie, podem ser alienados.

Ocorre que os bens públicos são indisponíveis, o administrador é mero gestor de negócio, com isso, a sua alienação deve observar requisitos como: 1) autorização legislativa; 2) processo de classificação como inservíveis; 3) desafetação (se de uso comum do povo ou de uso especial); 4) avaliação; 5) licitação – salvo quando a lei a dispensa – e, 6) escritura pública, se não dispensada.

A União não necessita de autorização legislativa a cada transferência, tampouco de lei para alienação de bens imóveis cuja aquisição derive de procedimentos judiciais ou de dação em pagamento – é o que veremos no art.19 da Lei 8.666/93 – mas a avaliação, a comprovada necessidade ou utilidade pública na alienação e precedência de licitação, ainda que na modalidade leilão, são requisitos indispensáveis.

As regras do art. 19 da Lei 8.666/93 valem para a União assim como para os Estados, o Distrito Federal e os Municípios que a adotarem. A autonomia dos entes federados permite que eles legislem a respeito de seus bens, especialmente quanto aos requisitos para alienação. Entretanto, a regra local não pode possuir maior flexibilidade do que a conferida pela lei federal sob pena de se ferir ao pacto federativo. Norma estadual, distrital ou municipal não pode permitir, por exemplo, a alienação de bem imóvel sem prévia autorização legislativa, salvo aqueles cuja procedência tenha decorrido de processo judicial ou dação em pagamento. Pode, entretanto, exigir a autorização legislativa para tais bens, embora a Lei 8.666/93 não exija. A norma local pode ser mais rigorosa.

11.1 Formas de Alienação

A alienação dos bens públicos geralmente se dá pelos instrumentos utilizados pelo setor privado, como a venda, a doação, a permuta etc. Aplicam-se, *mutatis mutandis*, os instrumentos jurídicos concebidos na aquisição dos bens. A Administração compra, vende; recebe em doação, doa etc. Veremos as formas de alienação previstas na lei licitatória, assim como as regras e princípios aplicáveis para o caso.

11.2 Quando Alienar

Lei 8.666/93
Art. 17. A alienação de bens da Administração Pública, subordinada à existência de interesse público devidamente justificado, será precedida de avaliação e obedecerá às seguintes normas:

A alienação de bem público só é possível se o interesse público assim exigir, fato que deve estar plenamente justificado. O interesse público não se confunde com interesse do gestor ou do governo. Não é uma política governamental, mas uma situação de fato que torna o bem desnecessário em permanecer sob o domínio público.

A necessidade de alienação não é raro de acontecer. A Administração Pública, em todas as esferas, possui diversos tipos de bens, muitos deles com vida útil expirada mas que pode ser reaproveitada por outra pessoa.

O patrimônio de capital da Administração deve estar sob constante aferição, de modo a se destacar os bens inservíveis, desnecessários ou os que já cumpriram sua missão.

Feito o balanço patrimonial, por comissão especialmente designada ou pelo órgão da estrutura administrativa com competência fixada em lei, procede-se a avaliação dos bens e, se declarada a sua desafetação, passando-os à categoria de bens dominicais e, como tais, passíveis de alienação.

11.3 Normas para Alienação de Imóveis

Lei 8.666/93
Art. 17. A alienação de bens da Administração Pública, subordinada à existência de interesse público devidamente justificado, será precedida de avaliação e obedecerá às seguintes normas:
I – quando imóveis, dependerá de autorização legislativa para órgãos da administração direta e entidades autárquicas e fundacionais, e, para todos, inclusive as entidades paraestatais, dependerá de avalia-

ção prévia e de licitação na modalidade de concorrência, dispensada esta nos seguintes casos:

A alienação de imóveis depende de autorização legislativa (lei) para órgãos da Administração Direta e entidades autárquicas e fundacionais. Por exclusão, as entidades da Administração Indireta, detentoras de personalidade jurídica de direito privado – as empresas públicas e as sociedades de economia mista –, podem alienar seus bens sem a necessidade de autorização legislativa. A explicação é simples. Os bens das entidades da Administração Indireta que atuem na economia não são públicos, logo são alienáveis, respondem pelo passivo das entidades.

Com relação às Agências Reguladoras, criadas após a edição da Lei Licitatória, seus bens obedecem às regras de direito público com efeito, a alienação de seus imóveis depende de autorização legislativa.

Para todos, órgãos da Administração Direta, Indireta (de direito público ou privado), entidades paraestatais, a alienação dependerá também de avaliação prévia e de licitação na modalidade concorrência.

Veremos que a modalidade concorrência é considerada *modalidade comum,* pois serve, prioritariamente, para aquisição de bens ou contratação de serviços. Quando utilizada para alienação de bens ela assume o caráter de *modalidade especial,* sendo que o julgamento se dará pela maior oferta.

11.3.1 Licitação dispensada – hipóteses

As alíneas *a* a *i* do inc. I, do art. 17, descrevem as hipóteses em que o procedimento de licitação é dispensado no caso de alienação de bens. Ao estudarmos uma a uma, veremos que na verdade não haveria como licitar face a inviabilidade de competição. Poder-se-ia até enquadrá-los como inexigibilidade de licitação. No entanto, a lei resolveu utilizar a nomenclatura de *licitação dispensada.*

A dispensa de licitação prevista no art. 24 da Lei 8.666/93 e a inexigibilidade do art. 25 da mesma lei em nada se assemelham à licitação dispensada, hipóteses entabuladas no art. 17, I, II e alíneas da Lei 8.666/93. Licitação dispensada é instituto aplicável somente para **alienação** de bens imóveis e móveis, e não para aquisição.

Marçal Justen Filho[16] ventila que as disposições constantes nos incisos do art. 17 da Lei 8.666/93 configuram hipóteses de dispensa de

---

[16] JUSTEN FILHO, Marçal. **Comentários à Lei de Licitações e Contratos Administrativos.** 9ª. ed., São Paulo: Dialética, 2002. p. 235.

licitação e somente se aplicam no âmbito da União, tendo em vista a autonomia dos Estados, do Distrito Federal e dos Municípios de disporem livremente sobre seus bens. Para o doutrinador não há distinção entre licitação dispensável, hipótese do art. 24 da Lei 8.666/93, e licitações dispensadas, situações do art. 17 da Lei.

Louvável a tese defendida pelo renomado doutrinador no que tange tratar-se de regra especial, aplicável somente à União, podendo os demais entes federados, diante da autonomia constitucional, disporem sobre seus bens, desde que sigam as normas gerais.

Quanto à semelhança entre os institutos da licitação dispensada, hipótese do art. 17 da lei licitatória, e a licitação dispensável, descritas no art. 24, com o devido respeito, não vislumbro a semelhança aventada.

Licitação dispensável é ato discricionário do administrador. Existe uma faculdade entre realizar ou não o procedimento; já nas situações do art. 17, não há competição a ponto de permitir a faculdade. O Administrador estará vinculado à alienação para determinada pessoa dada a peculiaridade da situação. Por exemplo, na dação em pagamento a Administração quer liquidar dívidas utilizando bens móveis ou imóveis. Por certo, a licitação seria possível se o objetivo fosse a venda como forma de se capitalizar para promover o pagamento, caso contrário, mantendo-se a intenção da dação em pagamento, o bem só pode ir para o credor. Inexiste possibilidade de competição.

Como se vê, as situações previstas no art. 17 da lei licitatória conduzem à inviabilidade de competição. Não há como promover licitação nos casos de dação em pagamento, doação de bens para outro órgão da Administração Pública, permuta de bens, investidura, venda a um outro órgão ou entidade pública etc.

11.3.1.1 Dação em pagamento

Lei 8.666/93
Art. 17. A alienação de bens da Administração Pública, subordinada à existência de interesse público devidamente justificado, será precedida de avaliação e obedecerá às seguintes normas:
I – quando imóveis, dependerá de autorização legislativa para órgãos da administração direta e entidades autárquicas e fundacionais, e, para todos, inclusive as entidades paraestatais, dependerá de avaliação prévia e de licitação na modalidade de concorrência, dispensada esta nos seguintes casos:
a) dação em pagamento;

Dação em pagamento é um instituto do direito privado pelo qual o credor pode consentir em receber prestação diversa da que lhe é devida.

O pagamento das dívidas públicas se dá, de regra, em dinheiro, obedecendo a ordem cronológica de sua exigibilidade. Contudo, a Administração, na qualidade de devedora, pode utilizar o instituto da *dação em pagamento* oferecendo ao credor bem imóvel para saldar o débito, desde que haja autorização legislativa na alienação do bem e, por certo, a aceitação por parte do credor.

Dação em pagamento constituiu forma indireta de cumprimento de uma obrigação pecuniária.

No Código Civil Brasileiro a dação em pagamento está regulada nos artigos 356 a 359, abaixo transcritos.

Lei 10.406/02
Art. 356. O credor pode consentir em receber prestação diversa da que lhe é devida.
Art. 357. Determinado o preço da coisa dada em pagamento, as relações entre as partes regular-se-ão pelas normas do contrato de compra e venda.
Art. 358. Se for título de crédito a coisa dada em pagamento, a transferência importará em cessão.
Art. 359. Se o credor for evicto da coisa recebida em pagamento, restabelecer-se-á a obrigação primitiva, ficando sem efeito a quitação dada, ressalvados os direitos de terceiros.

Note que a alienação de bem público pela dação em pagamento conduz, inevitavelmente, à inexigibilidade de licitação. Somente ocorrerá se o bem for entregue em pagamento ao credor, não há que se falar em competição.

11.3.1.2 Doação

Lei 8.666/93
Art. 17. A alienação de bens da Administração Pública, subordinada à existência de interesse público devidamente justificado, será precedida de avaliação e obedecerá às seguintes normas:
I – quando imóveis, dependerá de autorização legislativa para órgãos da administração direta e entidades autárquicas e fundacionais, e, para todos, inclusive as entidades paraestatais, dependerá de avalia-

Curso de Licitações e Contratos Administrativos 139

ção prévia e de licitação na modalidade de concorrência, dispensada esta nos seguintes casos:

(...)

b) doação, permitida exclusivamente para outro órgão ou entidade da administração pública, de qualquer esfera de governo, ressalvado o disposto nas alíneas f, h e i;

A natureza jurídica da doação é contratual, tendo por característica a liberalidade do doador que transfere patrimônio, bens ou vantagens para outra pessoa.

Além da autorização legislativa para que a Administração possa alienar bens imóveis pela doação, há, ainda, a condição pessoal da pessoa beneficiada, qual seja, ser órgão ou entidade da administração pública, de qualquer esfera de governo, ressalvada as hipóteses de regularização fundiária previstas nas alíneas f, h e i.

A doação de imóvel, como qualquer outra forma de alienação de bens imóveis, só se opera mediante autorização legislativa e quando subordinada a relevante interesse público. Com efeito, quando um órgão ou entidade doa um bem imóvel a outro da Administração Pública, o faz motivadamente. O bem recebido em doação já deve estar afetado, com destinação fixada no instrumento de doação, assim como na lei autorizadora. A propósito, o § 1º do art. 17 da lei em estudo, expressamente, prevê a reversão da doação, retornando o bem ao patrimônio da pessoa doadora quando cessadas as razões que justificaram a doação e vedado que o beneficiário o aliene.

Lei 8.666/93
Art. 17. (...)
§ 1º. Os imóveis doados com base na alínea "b" do inciso I deste artigo, cessadas as razões que justificaram a sua doação, reverterão ao patrimônio da pessoa jurídica doadora, vedada a sua alienação pelo beneficiário.

11.3.1.3 Permuta

Lei 8.666/93
Art. 17. A alienação de bens da Administração Pública, subordinada à existência de interesse público devidamente justificado, será precedida de avaliação e obedecerá às seguintes normas:

I – quando imóveis, dependerá de autorização legislativa para órgãos da administração direta e entidades autárquicas e fundacionais, e, para todos, inclusive as entidades paraestatais, dependerá de avaliação prévia e de licitação na modalidade de concorrência, dispensada esta nos seguintes casos:
(...)
c) permuta, por outro imóvel que atenda aos requisitos constantes do inciso X do art. 24 desta Lei;

A permuta é a troca de um bem imóvel por outro, desde que haja vantagens para as partes. A permuta pode se dar entre bens de órgãos ou entidades da Administração Pública ou entre esta e particular privado.

As condições para a permuta são, além da satisfação do interesse público e da autorização legislativa, que o bem a ser permutado pelo público atenda aos critérios fixados no inciso X do art. 24 da Lei 8.666/93, ou seja, imóvel destinado ao atendimento das finalidades precípuas da Administração, escolhido o bem em virtude de fatores como: localização, acesso e, principalmente, que seja o único com tais características que atenda as necessidades da Administração Pública.

A licitação, no caso de permuta, somente é dispensada se o bem do particular for o único que atenda aos interesses da Administração. Se houver mais de um, o procedimento licitatório será obrigatório, mesmo para a permuta, face a possibilidade de propostas diferenciadas.

11.3.1.4 Investidura

Lei 8.666/93
Art. 17. A alienação de bens da Administração Pública, subordinada à existência de interesse público devidamente justificado, será precedida de avaliação e obedecerá às seguintes normas:
I – quando imóveis, dependerá de autorização legislativa para órgãos da administração direta e entidades autárquicas e fundacionais, e, para todos, inclusive as entidades paraestatais, dependerá de avaliação prévia e de licitação na modalidade de concorrência, dispensada esta nos seguintes casos:
(...)
d) investidura;

Muitas vezes a Administração realiza obras e não ocupa a totalidade do terreno, remanescendo áreas inaproveitáveis isoladamente. A área remanescente só terá serventia se anexada ao imóvel vizinho. Pois bem, em tal hipótese, a alienação de área remanescente de obras públicas ao imóvel lindeiro denomina-se *investidura*. Para que ocorra, se faz necessário a autorização legislativa, avaliação prévia e que o valor do imóvel remanescente não ultrapasse a R$ 40.000,00 (quarenta mil reais), correspondente hoje a 50 % (cinquenta por cento) do valor constante na alínea *a* do inc. II do art. 23 da Lei 8.666/93.

Outra forma de alienação considerada como investidura é a transferência do domínio para legítimos possuidores ou para o Poder Público, de imóveis para fins residenciais construídos em núcleos urbanos anexos a usinas hidroelétricas, desde que considerados dispensáveis na fase de operação dessas unidades e não integrem a categoria de bens reversíveis ao final da concessão.

Lei 8.666/93
Art. 17. (...)
§ 3º. Entende-se por investidura, para os fins desta lei:
I – a alienação aos proprietários de imóveis lindeiros de área remanescente ou resultante de obra pública, área esta que se tornar inaproveitável isoladamente, por preço nunca inferior ao da avaliação e desde que esse não ultrapasse a 50% (cinquenta por cento) do valor constante da alínea "a" do inciso II do art. 23 desta lei;
II – a alienação, aos legítimos possuidores diretos ou, na falta destes, ao Poder Público, de imóveis para fins residenciais construídos em núcleos urbanos anexos a usinas hidrelétricas, desde que considerados dispensáveis na fase de operação dessas unidades e não integrem a categoria de bens reversíveis ao final da concessão.

11.3.1.5 Venda a outro órgão ou entidade da Administração Pública

Lei 8.666/93
Art. 17. A alienação de bens da Administração Pública, subordinada à existência de interesse público devidamente justificado, será precedida de avaliação e obedecerá às seguintes normas:
I – quando imóveis, dependerá de autorização legislativa para órgãos da administração direta e entidades autárquicas e fundacionais, e, para todos, inclusive as entidades paraestatais, dependerá de avaliação prévia e de licitação na modalidade de concorrência, dispensada esta nos seguintes casos:
(...)
e) venda a outro órgão ou entidade da administração pública, de qualquer esfera de governo;

A alienação mediante venda pressupõe a necessidade de licitação na modalidade concorrência ou leilão. No entanto, quando a venda for para outro órgão ou entidade da Administração Pública, de qualquer esfera de governo, esta se processa diretamente, desde que haja autorização legislativa, avaliação prévia e subordinada ao interesse público.

11.3.1.6 Alienação para programas habitacionais ou de regularização fundiária de interesse social

Lei 8.666/93
Art. 17. A alienação de bens da Administração Pública, subordinada à existência de interesse público devidamente justificado, será precedida de avaliação e obedecerá às seguintes normas:
I – quando imóveis, dependerá de autorização legislativa para órgãos da administração direta e entidades autárquicas e fundacionais, e, para todos, inclusive as entidades paraestatais, dependerá de avaliação prévia e de licitação na modalidade de concorrência, dispensada esta nos seguintes casos:
(...)
f) alienação gratuita ou onerosa, aforamento, concessão de direito real de uso, locação ou permissão de uso de bens imóveis residenciais construídos, destinados ou efetivamente utilizados no âmbito de programas habitacionais ou de regularização fundiária de interesse social desenvolvidos por órgãos ou entidades da administração pública;

A alínea *f* traz vários institutos de alienação de bens imóveis, mas todos com o mesmo fundamento, que é permitir a efetiva utilização do bem em programa de habitação ou de regularização fundiária de interesse social, desde que desenvolvidos por órgãos ou entidades da Administração Pública.

Com efeito, quando um órgão ou entidade pública desenvolve programa habitacional ou de regularização fundiária de interesse social, tem como propósito transferir o domínio ou o uso do bem a terceiro.

A alienação em tais situações pode ser gratuita ou onerosa e pelos seguintes institutos: aforamento, concessão de direito real de uso, locação ou permissão de uso.

11.3.1.7 Aforamento

O instituto do aforamento, anteriormente de direito privado, só permanece no ordenamento jurídico brasileiro na esfera do direito público. O código civil revogado regulava a *enfiteuse* como direito real sobre a propriedade, instituto não recepcionado pelo Código Civil Brasileiro de 2002.

Aforamento ou enfiteuse constitui um direito real sobre coisa alheia, limitado, porém, extenso, pelo qual o aforado ou enfiteuta exerce poderes sobre a propriedade como se detivesse o domínio.

O revogado código civil brasileiro tratava deste direito em seu art. 678 assim disciplinado: *"dá-se a enfiteuse, aforamento ou emprazamento, quando por ato entre vivos, ou de última vontade, o proprietário atribui a outrem o domínio útil do imóvel, pagando a pessoa, que o adquire, e assim se constitui enfiteuta, ao senhorio direto uma pensão, ou foro, anual, certo e invariável"*.

O objetivo do instituto era permitir que o proprietário que não desejasse utilizar o bem imóvel diretamente cedesse a outrem, mediante contrato, pelo qual se tornaria senhorio direto e perceberia uma pensão anual devida pelo enfiteuta.

Tecnicamente o aforamento ou enfiteuse pode ser considerado, dentro do direito moderno, uma "múmia viva", sua utilização se não rara, dificilmente haverá contrato novo com base neste instituto. No entanto, terras de marinha, áreas reservadas e até mesmo *sesmarias* ainda existem no Brasil, com a utilização deste instituto que é um direito perpétuo de uso, transmissível entre vivos ou *causa mortis*, desde que acompanhando pelo foro, ou seja, oneroso.

11.3.1.8 Concessão de direito real de uso, locação e permissão de uso

Os programas habitacionais desenvolvidos por órgãos ou entidades da Administração Pública podem admitir o traspasse do imóvel ao beneficiário, mediante contrato de concessão de direito real de uso, derivado do direito de usufruto e, em razão do objetivo previsto na lei licitatória, poderia até ser denominado como o legítimo direito real de habitação.

O Decreto-Lei 271/67, embora trate especificamente do instituto da concessão de uso, que, apesar de se assemelhar à concessão de direito real de uso tem como característica a precariedade, apresenta a definição de concessão de uso e trata este instituto como um *direito real resolúvel,* ou seja, dá a ele a roupagem necessária para ser considerado um instrumento sólido e posto à disposição da Administração Pública para admitir o uso (como alienação) de bem público por particular. O art. 7º do decreto assim estabelece:

Decreto-Lei 271/67
Art. 7º. *É instituída a concessão de uso de terrenos públicos ou particulares, remunerada ou gratuita, por tempo certo ou indeterminado, como direito real resolúvel, para fins específicos de urbanização, industrialização, edificação, cultivo da terra, ou outra utilização de interesse social.*

§ 1º. A concessão de uso poderá ser contratada, por instrumento público ou particular, ou por simples termo administrativo, e será inscrita e cancelada em livro especial.

§ 2º. Desde a inscrição da concessão de uso, o concessionário fruirá plenamente do terreno para os fins estabelecidos no contrato e responderá por todos os encargos civis, administrativos e tributários que venham a incidir sobre o imóvel e suas rendas.

§ 3º. Resolve-se a concessão antes de seu termo, desde que o concessionário dê ao imóvel destinação diversa da estabelecida no contrato ou termo, ou descumpra cláusula resolutória do ajuste, perdendo, neste caso, as benfeitorias de qualquer natureza.

§ 4º. A concessão de uso, salvo disposição contratual em contrário, transfere-se por ato inter vivos, ou por sucessão legítima ou testamentária, como os demais direitos reais sobre coisas alheias, registrando-se a transferência.

Note que a intenção da lei licitatória é admitir a concessão de direito real de uso, na hipótese da alínea *f*, para admitir o uso de imóveis em programas habitacionais ou de regularização fundiária de interesse social, desenvolvidos por órgãos ou entidades da Administração Pública, situações mais restritas do que o direito previsto no Decreto Federal 271/67.

Não se pode, então, fazer uso do art. 17, I, *f*, da Lei 8.666/93, para se firmar contrato sem licitação de concessão de direito real de uso de imóvel público para, por exemplo, fins de industrialização ou outro que não seja habitação ou regularização fundiária.

Concluindo, concessão de direito real de uso é um contrato, gratuito ou oneroso, pelo qual a Administração transfere ao particular o uso de bem imóvel, de regra não edificado, para fins de urbanização, industrialização, edificação, cultivo ou qualquer outra exploração de interesse social. Ocorre que somente será admitida a dispensa do procedimento de licitação com base no art. 17, I, *f* da Lei 8.666/93, se o objetivo do uso for habitacional ou de regularização fundiária, mediante programas desenvolvidos por órgão ou entidade da Administração Pública.

De igual forma, a locação e a permissão de uso só recai sobre imóvel edificado como residência e destinado a atender programas habitacionais ou de regularização fundiária desenvolvidos por órgão ou entidade da Administração Pública.

Em que pese a lei dispor da locação como forma de alienação de imóvel residencial, a regra deve ser interpretada de forma restritiva para admitir uma real alienação em programas habitacionais, em que o contrato de locação caracterize, face a perpetuidade, como um contrato de concessão, haja vista que o contrato de locação comum não importa em alienação do imóvel locado.

11.3.1.9 Legitimação de posse

Lei 8.666/93
Art. 17. *A alienação de bens da Administração Pública, subordinada à existência de interesse público devidamente justificado, será precedida de avaliação e obedecerá às seguintes normas:*
I – quando imóveis, dependerá de autorização legislativa para órgãos da administração direta e entidades autárquicas e fundacionais, e, para todos, inclusive as entidades paraestatais, dependerá de avaliação prévia e de licitação na modalidade de concorrência, dispensada esta nos seguintes casos:
(...)
g) procedimentos de legitimação de posse de que trata o art. 29 da Lei 6.383, de 07.12.1976, mediante iniciativa e deliberação dos órgãos da Administração Pública em cuja competência legal inclua-se tal atribuição;

A Lei 6.383/76 dispõe sobre o processo discriminatório das terras devolutas da União.

Não se discute no Brasil que terras públicas, ditas devolutas, foram e vem sendo ocupadas constantemente, às vezes por quem realmente necessita da terra para o seu cultivo mas, infelizmente, muitas vezes por pessoas de grandes fortunas que apenas extraem as riquezas de maneira predatória e criminosa.

Por certo o direito deve proteger o ocupante de terras públicas, que as tenha tornado produtivas pelo seu trabalho e o de sua família. Com efeito, o art. 29 da Lei 6.383/67 estabelece as regras e condições para a legitimação de tais posses e que, com o advento da Lei 11.196/05, os atos de legitimação dessas terras podem se dar sem licitação.

Eis o teor do art. 29 da Lei 6.383/67:

Lei 6.383/67
Art. 29. O ocupante de terras públicas, que as tenha tornado produtivas com o seu trabalho e o de sua família, fará jus à legitimação da

posse de área contínua até 100 (cem) hectares, desde que preencha os seguintes requisitos:
I – não seja proprietário de imóvel rural;
II - comprove a morada permanente e cultura efetiva, pelo prazo mínimo de 1 (um) ano.
§ 1º. A regularização da ocupação de que trata este artigo consistirá no fornecimento de uma Licença de Ocupação, pelo prazo mínimo de mais quatro anos, findo o qual o ocupante terá a preferência para aquisição do lote pelo valor mínimo estabelecido em planilha referencial de preços, a ser periodicamente atualizada pelo INCRA, utilizando-se dos critérios relativos à ancianidade da ocupação, às diversificações das regiões em que se situar a respectiva ocupação e à dimensão de área.
§ 2º. Aos portadores de Licenças de Ocupação, concedidas na forma da legislação anterior, será assegurada a preferência para aquisição de área até 100 (cem) hectares, nas condições do parágrafo anterior, e, o que exceder esse limite, pelo valor atual da terra nua.
§ 3º. A Licença de Ocupação será intransferível inter vivos e inegociável, não podendo ser objeto de penhora e arresto.

11.3.1.10 Imóvel comercial – regularização fundiária

Lei 8.666/93
Art. 17. A alienação de bens da Administração Pública, subordinada à existência de interesse público devidamente justificado, será precedida de avaliação e obedecerá às seguintes normas:
I – quando imóveis, dependerá de autorização legislativa para órgãos da administração direta e entidades autárquicas e fundacionais, e, para todos, inclusive as entidades paraestatais, dependerá de avaliação prévia e de licitação na modalidade de concorrência, dispensada esta nos seguintes casos:
(...)
h) alienação gratuita ou onerosa, aforamento, concessão de direito real de uso, locação ou permissão de uso de bens imóveis de uso comercial de âmbito local com área de até 250 m² (duzentos e cinquenta metros quadrados) e inseridos no âmbito de programas de regularização fundiária de interesse social desenvolvidos por órgãos ou entidades da administração pública;

Quando a Administração Pública desenvolve programas habitacionais ou de regularização fundiária de interesse social, muitas vezes se depara com a necessidade de regularizar imóvel edificado que, embora inserido na área do programa, esteja servindo para fins comercias.

Com efeito, os institutos previstos e já analisados no item 4.8.3.2.6, para onde remeto o leitor, servem à alienação de imóvel público com fins comerciais.

11.3.1.11 Regularização fundiária da Amazônia Legal

Lei 8.666/93
Art. 17. A alienação de bens da Administração Pública, subordinada à existência de interesse público devidamente justificado, será precedida de avaliação e obedecerá às seguintes normas:
I – quando imóveis, dependerá de autorização legislativa para órgãos da administração direta e entidades autárquicas e fundacionais, e, para todos, inclusive as entidades paraestatais, dependerá de avaliação prévia e de licitação na modalidade de concorrência, dispensada esta nos seguintes casos:
(...)
i) alienação e concessão de direito real de uso, gratuita ou onerosa, de terras públicas rurais da União na Amazônia Legal onde incidam ocupações até o limite de 15 (quinze) módulos fiscais ou 1.500ha (mil e quinhentos hectares), para fins de regularização fundiária, atendidos os requisitos legais;

Outro problema sério e de relevância pública que o Brasil precisa enfrentar diz respeito a ocupações de terras da União na Amazônia Legal. O problema passa por questões ambientais e a exploração sustentável da Floresta Amazônica.

A Lei 11.952/09 dispõe sobre a regularização fundiária das ocupações incidentes em terras situadas em áreas da União, no âmbito da Amazônia Legal, e acrescentou a alínea *i* ao inciso I do art. 17 da Lei 8.666/93, admitindo a alienação mediante a concessão de direito real de uso, gratuita ou onerosa, dessas terras.

Vimos que concessão de direito real de uso é um instituto de natureza contratual pelo qual o proprietário admite o uso, sem a transferência do domínio, de imóvel a outra pessoa.

A autorização legislativa contida na Lei 11.952/09, combinada com a Lei 8.666/93, admite a concessão de direito real de uso, onerosa ou gratuita, por tempo certo ou determinado, mas somente para fins específicos de regularização fundiária.

Lei 11.952/09
Art. 2º. Para os efeitos desta Lei, entende-se por:

VIII – concessão de direito real de uso: cessão de direito real de uso, onerosa ou gratuita, por tempo certo ou indeterminado, para fins específicos de regularização fundiária;

Com o advento da Lei 11.952/09, a alienação de terras no âmbito da Amazônia Legal pode se dar pela concessão do título de propriedade, assim como pelo direito real de uso, à pessoa natural que, nos termos da lei, regulamento ou ato normativo do órgão competente, haja implementado os requisitos mínimos de cultura, ocupação mansa e pacífica e exploração direta sobre área rural superior a 1 (um) módulo fiscal e limitada a 15 (quinze) módulos fiscais, desde que não exceda 1.500ha (mil e quinhentos hectares), hipótese em que se dispensa a autorização legislativa.

Lei 8.666/93
Art. 17. A alienação de bens da Administração Pública, subordinada à existência de interesse público devidamente justificado, será precedida de avaliação e obedecerá às seguintes normas:
(...)
§ 2º. A Administração também poderá conceder título de propriedade ou de direito real de uso de imóveis, dispensada licitação, quando o uso destinar-se:
(...)
II – a pessoa natural que, nos termos da lei, regulamento ou ato normativo do órgão competente, haja implementado os requisitos mínimos de cultura, ocupação mansa e pacífica e exploração direta sobre área rural situada na Amazônia Legal, superior a 1 (um) módulo fiscal e limitada a 15 (quinze) módulos fiscais, desde que não exceda 1.500ha (mil e quinhentos hectares);
§ 2º-A. As hipóteses do inciso II do § 2º ficam dispensadas de autorização legislativa, porém submetem-se aos seguintes condicionamentos:
I – aplicação exclusivamente às áreas em que a detenção por particular seja comprovadamente anterior a 1º de dezembro de 2004;
II – submissão aos demais requisitos e impedimentos do regime legal e administrativo da destinação e da regularização fundiária de terras públicas;
III – vedação de concessões para hipóteses de exploração não contempladas na lei agrária, nas leis de destinação de terras públicas, ou nas normas legais ou administrativas de zoneamento ecológico econômico; e
IV – previsão de rescisão automática da concessão, dispensada notificação, em caso de declaração de utilidade, ou necessidade pública ou interesse social.
§ 2º-B. A hipótese do inciso II do § 2º deste artigo:

I – só se aplica a imóvel situado em zona rural, não sujeito a vedação, impedimento ou inconveniente a sua exploração mediante atividades agropecuárias;

II – fica limitada a áreas de até quinze módulos fiscais, desde que não exceda mil e quinhentos hectares, vedada a dispensa de licitação para áreas superiores a esse limite;

III – pode ser cumulada com o quantitativo de área decorrente da figura prevista na alínea g do inciso I do **caput** *deste artigo, até o limite previsto no inciso II deste parágrafo.*

Embora a redação do § 2º-A dispense a autorização legislativa, entendo que a Lei 11.952/09 já é a autorização legislativa para a alienação de terras da União no âmbito da Amazônia Legal.

Por fim, as normas contidas na alínea *i* do inciso I do art. 17 e no § 2º, II e §§ 2º-A e 2º-B e seus incisos, da Lei 8.666/93, são de caráter especial e, como tal, aplicável somente à União.

11.3.1.12 Alienação condicionada à utilização

Finalmente a Administração Pública pode conceder título de propriedade ou concessão de direito real de uso quando o imóvel destinar-se a outro órgão ou entidade da Administração Pública, qualquer que seja a sua localização.

Lei 8.666/93
Art. 17. A alienação de bens da Administração Pública, subordinada à existência de interesse público devidamente justificado, será precedida de avaliação e obedecerá às seguintes normas:
(...)
§ 2º. A Administração também poderá conceder título de propriedade ou de direito real de uso de imóveis, dispensada licitação, quando o uso destinar-se:
I – a outro órgão ou entidade da Administração Pública, qualquer que seja a localização do imóvel;

11.4 Normas para Alienação de Móveis

A alienação de móveis segue, basicamente, os mesmos procedimentos adotados para os imóveis, à exceção da autorização legislativa que, para os móveis, é dispensada.

Com efeito, quando a Administração Pública entender necessário a alienação de móveis promoverá avaliação prévia e licitação mediante leilão ou concorrência.

Os bens móveis alienáveis devem estar desafetados e ser classificados como inservíveis, o que se dá através de processo administrativo instaurado para este fim. Após a classificação dos bens como inservíveis, deve-se dar baixa no patrimônio e abrir o procedimento de licitação visando a venda.

A licitação será dispensada nas hipóteses a seguir analisadas.

11.4.1 Doação

Lei 8.666/93
Art. 17. A alienação de bens da Administração Pública, subordinada à existência de interesse público devidamente justificado, será precedida de avaliação e obedecerá às seguintes normas:
(...)
II – quando móveis, dependerá de avaliação prévia e de licitação, dispensada esta nos seguintes casos:
a) doação, permitida exclusivamente para fins e uso de interesse social, após avaliação de sua oportunidade e conveniência socioeconômica, relativamente à escolha de outra forma de alienação;

A doação de bens móveis é exceção e só pode ser utilizada esta forma de alienação caso não haja outra forma apropriada e de acordo com a oportunidade e conveniência socioeconômica. Trata-se de uma questão de mérito e se destina a atender o interesse social.

Não se deve doar apenas para se livrar do bem face a sua não utilização, quando inservível à atividade administrativa. Por sua vez, quando servível mas o interesse socioeconômico impuser, associado à conveniência e oportunidade administrativa, pode-se doar até mesmo bens novos ou adquiri-los para este fim, desde que devidamente justificado o interesse social e público da aquisição e doação.

Diferentemente do que ocorre com os imóveis, a doação de bens móveis pode ser feita para qualquer pessoa, até mesmo privada. Porém, geralmente recai para outro órgão ou entidade da Administração Pública ou para entidades sociais sem fins lucrativos.

11.4.2 Permuta

Lei 8.666/93
Art. 17. A alienação de bens da Administração Pública, subordinada à existência de interesse público devidamente justificado, será precedida de avaliação e obedecerá às seguintes normas:
(...)
II – quando móveis, dependerá de avaliação prévia e de licitação, dispensada esta nos seguintes casos:
b) permuta, permitida exclusivamente entre órgãos ou entidades da Administração Pública;

A permuta é troca de bens móveis, um pelo outro, permitida somente entre órgãos ou entidades da Administração Pública, o que diverge com o tratamento dado ao imóvel que admite a permuta por qualquer um independente da pessoa proprietária.

11.4.3 Venda de Ações e Títulos

Lei 8.666/93
Art. 17. A alienação de bens da Administração Pública, subordinada à existência de interesse público devidamente justificado, será precedida de avaliação e obedecerá às seguintes normas:
(...)
II – quando móveis, dependerá de avaliação prévia e de licitação, dispensada esta nos seguintes casos:
c) venda de ações, que poderão ser negociadas em bolsa, observada a legislação específica;
d) venda de títulos, na forma da legislação pertinente;

Ações são ativos negociáveis em bolsas de valores das entidades públicas que atuam no mercado econômico ou títulos públicos emitidos pelo governo e que, de igual forma, são bens negociáveis no mercado.

As ações ou os títulos destinam-se à captação de recurso extraorçamentário para cobrir investimentos tanto públicos como de crescimento ou ampliação da entidade de direito público vinculada à Administração Pública.

11.4.4 Venda de bens produzidos ou comercializados por órgãos ou entidades da Administração Pública

Lei 8.666/93
Art. 17. *A alienação de bens da Administração Pública, subordinada à existência de interesse público devidamente justificado, será precedida de avaliação e obedecerá às seguintes normas:*
(...)
II – quando móveis, dependerá de avaliação prévia e de licitação, dispensada esta nos seguintes casos:
e) venda de bens produzidos ou comercializados por órgãos ou entidades da Administração Pública, em virtude de suas finalidades;

A muito tempo se discute no Brasil a carga tributária excessiva que sobrecarrega os meios de produção e distribuição de bens e serviços.

Um dos fatores que impõe uma carga tributária elevada é a não utilização da máquina pública para a geração de riqueza. No Brasil o Estado tem como fonte, quase que única, de recursos a captação de tributos da sociedade. Uma escola pública, por ser pública, não pode implementar programas que viabilizem a cobrança de mensalidade daqueles que podem pagar, para permitir o acesso gratuito dos que não podem e, por que não, retribuir os que necessitam. Da mesma forma, o que impede um hospital público de fornecer serviços mediante o pagamento de quem os recebe.

Se a máquina administrativa pudesse gerar mais riqueza a carga tributária poderia ser amenizada e o País passaria a ser mais competitivo.

O Brasil é um País de custo de vida elevado, principalmente para classe média, pois não oferece serviços públicos de qualidade ao mesmo tempo em que impõe uma carga tributária elevada. Com isso o cidadão necessita recorrer à rede privada de ensino e de saúde sem ver diminuir a carga tributária.

Com relação a bens, a lei admite a possibilidade de produção e comercialização em virtude de suas finalidades. Com efeito, se um órgão público produz, por exemplo, carteiras escolares ou mesmo blocos de pavimentação, pode comercializá-los.

Por certo, a Administração deve regulamentar a forma de comercialização sem se afastar das questões tributárias que envolverão o "negócio".

A dispensa de licitação para este tipo de transação somente será admissível se a produção do bem for rotina do órgão ou entidade e não limitada, disponibilizando a qualquer pessoa a sua aquisição. Se limitada, o procedimento licitatório se imporá.

11.4.5 Venda de materiais e equipamentos para outros órgãos ou entidade da Administração Pública

Lei 8.666/93
Art. 17. A alienação de bens da Administração Pública, subordinada à existência de interesse público devidamente justificado, será precedida de avaliação e obedecerá às seguintes normas:
(...)
II – quando móveis, dependerá de avaliação prévia e de licitação, dispensada esta nos seguintes casos:
f) venda de materiais e equipamentos para outros órgãos ou entidades da Administração Pública, sem utilização previsível por quem deles dispõe.

Outra modalidade de venda de bem móvel com dispensa de licitação á a hipótese da alínea *f*, que admite a venda para outro órgão ou entidade da Administração Pública de equipamentos ou materiais sem utilização previsível por quem dispõe. Trata-se de autorização específica, só admissível entre órgãos públicos.

11.5 Habilitação na Concorrência para Venda de Imóveis

Lei 8.666/93
Art. 18. Na concorrência para a venda de bens imóveis, a fase de habilitação limitar-se-á à comprovação do recolhimento de quantia correspondente a 5% (cinco por cento) da avaliação.

Veremos que a concorrência é modalidade *comum* que serve para a aquisição de bens ou contratação de serviços que, quando utilizada para a alienação de bens imóveis, adota sua face de modalidade *especial*.

Sendo modalidade *comum* ou *especial*, na concorrência sempre se encontrará o princípio da universalidade, pelo qual admite a participação no certame de qualquer interessado desde que preencha os requisitos exigidos no instrumento convocatório.

Quando a concorrência for *especial*, ou seja, utilizada para a alienação de bem imóvel, terá como objetivo atrair qualquer pessoa, física ou jurídica, com condições financeiras para *comprar* o bem pelo preço da avaliação ou mediante uma maior oferta. Por certo, a pessoa que deseja comprar da Administração só necessita comprovar que possui condições de honrar com o preço, daí, para fins de habilitação ao certame, a lei exige o recolhimento de 5% (cinco por cento) correspondente ao valor da avaliação.

11.6 Alienação Especial de Bem Imóvel

Lei 8.666/93
Art. 19. Os bens imóveis da Administração Pública, cuja aquisição haja derivado de procedimentos judiciais ou de dação em pagamento, poderão ser alienados por ato da autoridade competente, observadas as seguintes regras:
I – avaliação dos bens alienáveis;
II – comprovação da necessidade ou utilidade da alienação;
III – adoção do procedimento licitatório, sob a modalidade de concorrência ou leilão.

Vimos, de forma exaustiva e repetitiva, que a alienação de bem imóvel depende de autorização legislativa e licitação na modalidade concorrência. Entretanto, alguns bens imóveis podem ser alienados independente de autorização legislativa e mediante leilão, além da concorrência. São aqueles cuja aquisição decorra de procedimentos judiciais ou dação em pagamento.

Bens adquiridos em procedimentos judiciais é algo comum no processo de execução fiscal. Quando o contribuinte não paga o débito fiscal após citado no processo de execução, a execução recai sobre seus bens que, não sendo arrematados em praça pública, podem se integrar ao patrimônio da Administração mediante a adjudicação.

A aquisição pela dação em pagamento, de igual forma, admite a alienação do bem independentemente de autorização legislativa e pode ser processada pela modalidade concorrência ou leilão.

Em qualquer caso, se a modalidade for concorrência será do tipo *melhor oferta* e será do tipo *maior lance,* se leilão.

Finalmente, as regras para alienação desses bens são as estabelecidas no art. 19 da Lei 8.666/93, quais sejam: avaliação prévia, comprovação da necessidade ou utilidade pública e licitação.

12 LOCAL DA LICITAÇÃO

Lei 8.666/93
Art. 20. *As licitações serão efetuadas no local onde se situar a repartição interessada, salvo por motivo de interesse público, devidamente justificado.*
Parágrafo único. *O disposto neste artigo não impedirá a habilitação de interessados residentes ou sediados em outros locais.*

A licitação ocorrerá no local onde se situar o órgão licitante, podendo, contudo, ser deslocada para local diverso mediante justificativa fundamentada, como, por exemplo, o lugar da execução da obra ou da prestação dos serviços, desde que o interesse público assim exija.

Justifica, por exemplo, o deslocamento da licitação para o local da prestação dos serviços ou entrega dos bens, quando se pretender aumentar a competição.

O mundo virtual, contudo, vem desmitificando este conceito. A competitividade virtual é infinitamente superior à presencial; com isso, após o pregão eletrônico, vem crescendo sobremaneira a utilização deste modelo. A propósito, veremos a seguir que o Projeto de Lei 7.709/07 pretende alterar a redação do art. 20 admitindo a realização de licitação eletrônica.

* Perspectiva de alteração da lei

O Projeto de Lei 7.709/07, se aprovado e convertido em lei, alterará significativamente a redação do *caput* do art. 20 da Lei 8.666/93, acrescentando os parágrafos de 1º ao 6º, que admitira a realização de licitação eletrônica por qualquer modalidade. Conheça a redação proposta:

Art. 20. *As licitações serão efetuadas no local onde se situar a repartição interessada, salvo por motivo de interesse público, devidamente justificado, ou quando realizadas e processadas por meio de sistema eletrônico que promova a comunicação pela Internet, desde que certificado digitalmente por autoridade certificadora, garantindo a qualquer interessado o acesso ao processo.*

§ 1º. *O disposto neste artigo não impedirá a habilitação de interessados residentes ou sediados em outros locais.*

§ 2º. *Ressalvado o disposto nos §§ 9º e 10 do art. 23, qualquer modalidade de licitação poderá ser realizada e processada por meio de sistema eletrônico.*

§ 3º. *O sistema referido no § 2º deverá utilizar recursos de criptografia e de autenticação que assegurem condições adequadas de segurança em todas as etapas do certame.*

§ 4º. *Quando o processo licitatório for realizado e processado por meio eletrônico, os arquivos e registros digitais a ele relativos deverão permanecer à disposição das auditorias internas e externas, dispensada a guarda de documentos em papel.*

§ 5º. *Os atos constantes dos arquivos e registros digitais serão válidos para todos os efeitos legais, inclusive para comprovação e prestação de contas.*

§ 6º. *Aplica-se o disposto nos §§ 2º e 3º do art. 2º da Lei 10.520, de 17.07.2002, a todas as modalidades de licitação referidas nesta Lei, facultando-se às bolsas de mercadorias a cobrança de taxas e emolumentos referentes ao fornecimento do edital, que não serão superiores ao custo de sua reprodução gráfica, e aos custos de utilização de recursos de tecnologia de informação.*

13 LOCAL E PRAZO DE PUBLICAÇÃO DO INSTRUMENTO CONVOCATÓRIO

Lei 8.666/93
Art. 21. *Os avisos contendo os resumos dos editais das concorrências, das tomadas de preços, dos concursos e dos leilões, embora realizados no local da repartição interessada, deverão ser publicados com antecedência, no mínimo, por uma vez:*

I – no Diário Oficial da União, quando se tratar de licitação feita por órgão ou entidade da Administração Pública Federal e, ainda, quando se tratar de obras financiadas parcial ou totalmente com recursos federais ou garantidas por instituições federais;

II – no Diário Oficial do Estado, ou do Distrito Federal quando se tratar, respectivamente, de licitação feita por órgão ou entidade da Administração Pública Estadual ou Municipal, ou do Distrito Federal;

III – em jornal diário de grande circulação no Estado e também, se houver, em jornal de circulação no Município ou na região onde será realizada a obra, prestado o serviço, fornecido, alienado ou alugado o bem, podendo ainda a Administração, conforme o vulto da licitação, utilizar-se de outros meios de divulgação para ampliar a área de competição.

§ 1º. *O aviso publicado conterá a indicação do local em que os interessados poderão ler e obter o texto integral do edital e todas as informações sobre a licitação.*

§ 2º. *O prazo mínimo até o recebimento das propostas ou da realização do evento será:*
I – quarenta e cinco dias para:

a) concurso;
b) concorrência, quando o contrato a ser celebrado contemplar o regime de empreitada integral ou quando a licitação for do tipo "melhor técnica" ou "técnica e preço";
II – trinta dias para:
a) concorrência, nos casos não especificados na alínea "b" do inciso anterior;
b) tomada de preços, quando a licitação for do tipo "melhor técnica" ou "técnica e preço";
III – quinze dias para a tomada de preços, nos casos não especificados na alínea "b" do inciso anterior, ou leilão;
IV – cinco dias úteis para convite.
§ 3º. Os prazos estabelecidos no parágrafo anterior serão contados a partir da última publicação do edital resumido ou da expedição do convite, ou ainda da efetiva disponibilidade do edital ou do convite e respectivos anexos, prevalecendo a data que ocorrer mais tarde.
§ 4º. Qualquer modificação no edital exige divulgação pela mesma forma que se deu o texto original, reabrindo-se o prazo inicialmente estabelecido, exceto quando, inquestionavelmente, a alteração não afetar a formulação das propostas.

Lei 10.520/02
Art. 4º. A fase externa do pregão será iniciada com a convocação dos interessados e observará as seguintes regras:
I – a convocação dos interessados será efetuada por meio de publicação de aviso em diário oficial do respectivo ente federado ou, não existindo, em jornal de circulação local, e facultativamente, por meios eletrônicos e conforme o vulto da licitação, em jornal de grande circulação, nos termos do regulamento de que trata o art. 2º;
II – do aviso constarão a definição do objeto da licitação, a indicação do local, dias e horários em que poderá ser lida ou obtida a íntegra do edital;
(...)
IV – cópias do edital e do respectivo aviso serão colocadas à disposição de qualquer pessoa para consulta e divulgadas na forma da Lei 9.755, de 16.12.1998;
V – o prazo fixado para a apresentação das propostas, contado a partir da publicação do aviso, não será inferior a 8 (oito) dias úteis;

Uma questão formal, que deve ser observada em qualquer certame licitatório, diz respeito ao local e aos prazos em que o instrumento convocatório deve ser veiculado com antecedência mínima.

A lei exige a publicação em veículos oficiais (Diário Oficial da União, dos Estados, do Distrito Federal e dos Municípios), assim como em jornal de grande circulação no Estado e, se houver, em jornal de circulação no Município ou na região onde será realizada a obra, prestado o serviço, fornecido ou alugado o bem.

A exigência de publicação em veículos de comunicação escrita, oficial ou não, tem por objetivo o cumprimento ao princípio da publicidade. No entanto, mesmo que se dê publicidade por outro meio, como a utilização de rádio comunitário, comum nas pequenas cidades e admitida pela lei, a publicação deve ser realizada sob pela de ferir o princípio da legalidade.

A propósito, a publicidade se alcança quando a informação chega ao conhecimento do povo e não quando ocorre a publicação em diário oficial, pois, salvo raras exceções, quase ninguém os lê. Desta forma, publicar o edital apenas no Diário Oficial se cumprirá ao princípio da legalidade sem dar a publicidade necessária e imposta pela lei licitatória.

Com a expansão da internet e sua acessibilidade pelo público, independente de faixa etária, classe social ou grau de instrução, este veículo vem se tornando forte aliado ao princípio da publicidade.

O art. 21 da Lei 8.666/93 diz onde, o quê e quando se deve publicar. Os quadros abaixo sintetizam as regras por modalidade:

13.1 Para a Modalidade Concorrência

ONDE PUBLICAR	• Diário oficial; • Jornal diário de grande circulação onde será realizado o objeto da licitação.
O QUE PUBLICAR	Indicação do local em que os interessados poderão ler e obter o texto integral do edital e todas as informações sobre a licitação.
PRAZO MÍNIMO	• 45 dias – para contrato de empreitada integral ou quando a licitação for do tipo melhor técnica ou técnica e preço; • 30 dias – para contrato de outro regime e licitação do tipo menor preço.

13.2 Para a Modalidade Tomada de Preços

ONDE PUBLICAR	• Diário oficial; • Jornal diário de grande circulação onde será realizado o objeto da licitação.
O QUE PUBLICAR	Indicação do local em que os interessados poderão ler e obter o texto integral do edital e todas as informações sobre a licitação.
PRAZO MÍNIMO	• 30 dias – quando a licitação for do tipo melhor técnica ou técnica e preço; • 15 dias – para licitação do tipo menor preço.

13.3 Para a Modalidade Convite

Embora o *caput* do art. 21 da Lei 8.666/93 não inclua a modalidade convite, dando a entender que inexiste a obrigatoriedade de se dar publicidade quando se realiza licitação nesta modalidade, o inciso IV do § 2º estabelece o prazo mínimo em que deve ser publicado os avisos. Na verdade ocorreu uma falha legislativa ao inserir o prazo de antecedência da entrega do convite no corpo do art. 21, pois, de fato, não há necessidade de publicar o aviso da carta-convite em meio de comunicação escrito, nem mesmo em diário oficial.

ONDE PUBLICAR	Não é necessário publicar o aviso da carta-convite, apenas fixá-la no átrio da repartição licitante.
O QUE DIVULGAR	A carta-convite em sua íntegra.
PRAZO MÍNIMO	13 dias úteis.

13.4 Para a Modalidade Concurso

ONDE PUBLICAR	• Diário oficial; • Jornal diário de grande circulação onde será realizado o objeto da licitação.
O QUE PUBLICAR	Indicação do local em que os interessados poderão ler e obter o texto integral do edital e todas as informações sobre a licitação.
PRAZO MÍNIMO	45 dias.

13.5 Para Modalidade Leilão

ONDE PUBLICAR	• Diário oficial; • Jornal diário de grande circulação onde será realizado o objeto da licitação.
O QUE PUBLICAR	Indicação do local em que os interessados poderão ler e obter o texto integral do edital e todas as informações sobre a licitação.
PRAZO MÍNIMO	15 dias.

13.6 Para a Modalidade Pregão

ONDE PUBLICAR	• Diário oficial (obrigatório) • Jornal de circulação local (não existindo o diário oficial) • Meios eletrônicos (facultativo) • conforme o vulto da licitação, em jornal de grande circulação. • cópias do edital e do respectivo aviso serão colocadas à disposição de qualquer pessoa para consulta e divulgadas na forma da Lei 9.755, de 16.12.1998;

O QUE PUBLICAR	Aviso contendo definição do objeto da licitação, a indicação do local, dias e horários em que poderá ser lida ou obtida a íntegra do edital.
PRAZO MÍNIMO	8 dias úteis.

* **Perspectiva de alteração da lei**

O Projeto de Lei 7.709/07, se aprovado e convertido em lei, alterará a redação do *caput* do art. 21 da Lei 8.666/93, e do inciso III, substituindo a obrigatoriedade de publicação em jornal diário de grande circulação – que passará a ser facultativa – pela publicação no sítio oficial da Administração Pública, quando existente.

Conheça a redação proposta:

Art. 21. A publicidade oficial das licitações será veiculada:
(...)
III – em sítio oficial da Administração Pública, quando existente.
§ 1º. O aviso contendo o resumo de edital de concorrência, de tomada de preço, de concurso ou de leilão conterá a indicação do local em que os interessados poderão ler e obter o texto integral do edital e todas as demais informações sobre a licitação, e deverá ser veiculado com antecedência, conforme os prazos fixados no § 2º.
§ 2º. (...)
IV – oito dias úteis para o pregão;
V – cinco dias úteis para o convite.
(...)
§ 5º. A publicidade em sítios oficiais da Administração Pública não substitui a publicação na imprensa oficial, salvo determinação em contrário contida em decreto do Poder Executivo da respectiva esfera de governo.
§ 6º. Fica facultado à Administração, conforme o vulto da licitação, publicar os resumos de editais também em jornal diário de grande circulação no Estado e, se houver, em jornal de circulação no Município ou na região onde será realizada a obra, prestado o serviço, fornecido, alienado ou alugado o bem, assim como utilizar-se de outros meios de divulgação para ampliar a competição. (NR)

14   MODALIDADES DE LICITAÇÃO

Lei 8.666/93
Art. 22. São modalidades de licitação:
I – concorrência;
II – tomada de preços;
III – convite;

IV – concurso;
V – leilão.
(...)
§ 8º. É vedada a criação de outras modalidades de licitação ou a combinação das referidas neste artigo.

As modalidades de licitação estabelecem o procedimento a ser adotado em cada certame. Variam da mais formal para a menos formal, de acordo com o vulto da futura contratação.

São classificadas como *comuns* ou *especiais*. Modalidades *comuns* são aquelas que se destinam a aquisição de bens ou contratação de serviços, a saber: *concorrência, tomada de preços, convite* e *pregão;* enquanto as modalidades *especiais* servem para alienação de bens ou contratação de serviços técnicos profissionais especializados. São especiais o *leilão* – destinado à alienação de bens móveis e imóveis – e o *concurso,* cuja finalidade é a contratação de serviços técnicos profissionais especializados.

No item 4.8.3, para onde o remeto, vimos que a modalidade concorrência deve ser empregada para a alienação de bens imóveis. Neste caso, a mesma assume a condição de modalidade especial.

Em matéria de licitações os Estados, o Distrito Federal e os Municípios possuem competência concorrente para legislar. No entanto, não podem criar outras modalidades, tampouco disciplinar sobre procedimentos que combinem com as existentes. Somente a União poderá legislar criando, modificando ou extinguindo modalidades de licitação.

Segundo o saudoso Prof. Diógenes Gasparini[17], *"não haverá, na Administração Pública brasileira, modalidade de licitação diversa ou decorrente das cinco relacionadas nos incisos do art. 22. Será ilegal a norma estadual, municipal, distrital ou de entidade vinculada que dispuser em contrário".*

14.1 Concorrência

Lei 8.666/93
Art. 22. São modalidades de licitação:
§ 1º. Concorrência é a modalidade de licitação entre quaisquer interessados que, na fase inicial de habilitação preliminar, comprovem possuir os requisitos mínimos de qualificação exigidos no edital para execução de seu objeto.

---

[17] GASPARINI, Diógenes. **Direito Administrativo**. 5. ed., rev., atual. e aum. São Paulo: Saraiva, 2000. p. 236.

Concorrência é a modalidade que se realiza com ampla publicidade e dela pode participar qualquer interessado que atenda aos requisitos previstos no edital (universalidade), independentemente de estar registrado em cadastro de fornecedores e exigida para aquisições ou contratações de grande vulto.

A ampla publicidade e a universalidade são características peculiares da concorrência, a qual é utilizada para compras ou contratações de grande vulto. A lei exige a utilização desta modalidade, independente do valor, para registro de preços e para alienação de bens imóveis, conforme estudado no art. 17 (item 4.8.3).

A publicidade deve ser feita num prazo mínimo com 30 (trinta) dias de antecedência (LLC, art. 21, § 2º, II, *a*), salvo quando se tratar de licitação do tipo "melhor técnica" ou "técnica e preço" e, ainda, quando o contrato a ser celebrado contemplar a modalidade de empreitada integral, em que o prazo será de 45 (quarenta e cinco) dias (LLC, art. 21, § 2º, I, *b*).

A contagem se dá em dias corridos, excluindo-se o início e incluindo-se o término; somente inicia ou termina em dia de expediente normal no órgão licitante.

A universalidade (LLC, art. 22, § 1º) significa a possibilidade de participação de qualquer interessado que, na fase inicial de habilitação preliminar, comprove possuir os requisitos exigidos no edital para executar o objeto licitado. É ilegal a exigência de requisitos que vão além dos necessários à verificação da habilitação jurídica, qualificação técnica ou econômico-financeira e a regularidade fiscal, por ferir o princípio da universalidade.

Se a despeito da ampla publicidade não comparecer nenhum interessado (licitação deserta), ou com condições de ser habilitado (licitação fracassada), poderá a Administração, nos termos do art. 24, V, da Lei 8.666/93, contratar com quem se interesse desde que a renovação do procedimento traga prejuízos de ordem econômica (aumento do preço) ou de ordem administrativa (atraso no serviço). A renovação do certame é a regra, a contratação direta é a exceção e somente pode ser utilizada quando o interesse público assim impuser.

A concorrência, de regra[18], é a modalidade que admite a participação de empresa estrangeira. A licitação internacional segue os mesmos procedimentos da nacional e pode ter a participação de interessados nacionais ou estrangeiros, sempre em condições iguais, inclusive com a

---

[18] O art. 23, § 3º, da Lei 8.666/93, admite a utilização da tomada de preços se o licitante possuir cadastro internacional de fornecedores. Também se admite o convite quando não houver fornecedor do bem ou do serviço no Brasil.

dedução dos tributos que oneram as empresas nacionais – *equalização das propostas.*

Por ser a modalidade mais complexa e que permite a qualquer interessado participar, o que aumenta o caráter competitivo, a concorrência pode ser utilizada para qualquer tipo de contratação, independentemente do valor. Assim, mesmo que a lei permita a realização de modalidade menos formal, poderá a Administração fazer uso da concorrência.

14.2 Tomada de Preços

Lei 8.666/93
Art. 22. São modalidades de licitação:
§ 2º. Tomada de preços é a modalidade de licitação entre interessados devidamente cadastrados ou que atenderem a todas as condições exigidas para cadastramento até o terceiro dia anterior à data do recebimento das propostas, observada a necessária qualificação.
(...)
§ 9º. Na hipótese do parágrafo 2º deste artigo, a administração somente poderá exigir do licitante não cadastrado os documentos previstos nos arts. 27 a 31, que comprovem habilitação compatível com o objeto da licitação, nos termos do edital.

Tomada de preços é a modalidade de licitação realizada entre interessados previamente cadastrados ou que preencham os requisitos para cadastramento até o terceiro dia anterior à data designada para o recebimento das propostas. Não vigora nesta modalidade o princípio da universalidade, aquele que admite a participação de qualquer pessoa, independentemente de estar cadastrado, desde que preencha os requisitos exigidos no certame para habilitação e fornecimento.

A fase de habilitação é prévia e realizada com o registro cadastral nos termos do art. 34 da Lei 8.666/93. O Certificado de Registro Cadastral – CRC, emitido em razão do processo de cadastramento, substitui a exibição dos documentos de habilitação exigidos pela lei.

Os não cadastrados que pretenderem participar do certame deverão apresentar os documentos necessários para o cadastramento, conforme estabelece o § 9º do art. 22 da lei licitatória, até 3 (três) dias antes da abertura. P.ex.: se o recebimento da proposta for marcado para o dia 20, o prazo para os não cadastrados apresentarem a documentação vencerá no dia 17. A contagem é feita em dias corridos e não se interrompe nos fins de semana e feriados.

Esta modalidade deve ser utilizada para compras ou contratação de serviços de vulto médio, segundo os limites de valores estabelecidos no art. 23, inc. I, "*b*", e inc. II, "*b*", da Lei 8.666/93.

O prazo de publicação do edital será de 30 (trinta) dias quando a licitação for do tipo "melhor técnica" ou "técnica e preço" e de 15 (quinze) dias quando a licitação for do tipo "menor preço".

A tomada de preços pode ser substituída pela concorrência (Lei 8.666/93, art. 23, § 4º).

14.3 Convite

Lei 8.666/93
Art. 22. São modalidades de licitação:
§ 3º. Convite é a modalidade de licitação entre interessados do ramo pertinente ao seu objeto, cadastrados ou não, escolhidos e convidados em número mínimo de 3 (três) pela unidade administrativa, a qual afixará, em local apropriado, cópia do instrumento convocatório e o estenderá aos demais cadastrados na correspondente especialidade que manifestarem seu interesse com antecedência de até 24 (vinte e quatro) horas da apresentação das propostas.
(...)
§ 6º. Na hipótese do § 3º deste artigo, existindo na praça mais de 3 (três) possíveis interessados, a cada novo convite, realizado para objeto idêntico ou assemelhado, é obrigatório o convite a, no mínimo, mais um interessado, enquanto existirem cadastrados não convidados nas últimas licitações.

§ 7º. Quando, por limitações do mercado ou manifesto desinteresse dos convidados, for impossível a obtenção do número mínimo de licitantes exigidos no § 3º deste artigo, essas circunstâncias deverão ser devidamente justificadas no processo, sob pena de repetição do convite.

O convite é a modalidade menos formal ou menos solene, realizada entre interessados do ramo pertinente ao seu objeto, cadastrados ou não, escolhidos e convidados em número mínimo de 3 (três) pela unidade administrativa.

Para aumentar a competitividade e diante da desnecessidade de publicação da convocação no diário oficial ou em jornal diário de grande circulação, o órgão licitante fixará, em mural apropriado e de acesso público, o instrumento convocatório (*carta-convite*) propiciando aos não convidados, porém cadastrados na correspondente especialidade, a oportunidade de manifestarem interesse de participação no certame. A manifestação deverá ser feita com antecedência de até 24 (vinte e quatro) horas da apresentação das propostas.

O convite destina-se a compras ou contratação de serviços de pequeno vulto, assim considerados os previstos no art. 23, I, "*a*", e inc. II, "*a*", da Lei 8.666/93.

É a única modalidade de licitação em que a lei não exige publicação do instrumento convocatório no diário oficial e/ou em jornal diário de grande circulação. A publicidade se dá com a entrega da *carta-convite* aos convidados e pela fixação do instrumento no átrio da repartição licitante para dar conhecimento público e permitir aos não convidados, mas que atuam no ramo do objeto licitado, a possibilidade de participar.

Nada impede, contudo, que a Administração divulgue o instrumento convocatório (*carta-convite*) por meio eletrônico ou por outra forma de divulgação. O que se deve evitar é o encarecimento desnecessário. Se houver possibilidade de ampliar a divulgação do convite, sem custos, melhor.

O prazo mínimo para a abertura é de 5 (cinco) dias úteis (LLC, art. 21, § 2°, IV) da expedição do convite, aqui entendida como a data em que a *carta* foi recebida pela última das pessoas convidadas ou, ainda, da efetiva disponibilidade do instrumento convocatório no átrio da repartição licitante, prevalecendo a data que ocorrer mais tarde. Ou seja, o prazo da abertura será de 5 (cinco) dias úteis, contados da fixação do instrumento no mural ou da data de recebimento pela última pessoa convidada, se esta ocorrer por último.

A lei exige que se convide no mínimo 3 (três) pessoas do ramo pertinente ao objeto licitado. Não determina, porém, que haja esse número de propostas aptas para seleção. Marçal Justen Filho[19] entende que a inexistência de três propostas não é causa para invalidação do certame, mas deve a Administração justificar as razões para não repeti-lo.

Duas questões merecem destaque: 1) a necessidade de cadastro prévio dos convidados; e 2) a necessidade de se ter no mínimo três *propostas* aptas para a seleção.

A primeira questão é bastante polêmica. Embora a lei não exija o cadastro prévio, apenas que se convide no mínimo três pessoas, *cadastrados* ou *não*, do ramo do objeto que se pretende adquirir ou do serviço que se pretende contratar, não há como deixar de exigir o Certificado de Registro Cadastral, mesmo para os convidados. Não se convida para uma

---

[19] JUSTEN FILHO, Marçal. **Comentários à Lei de Licitações e Contratos Administrativos**. 9. ed., São Paulo: Dialética, 2002. p. 204.

recepção em casa quem não se conhece. E quando, na recepção, aparecer alguém não convidado, o anfitrião investigará quem é o "penetra" e com quem veio.

Suponha-se que um administrador pretenda dar preferência a um determinado fornecedor. Bastaria, então, convidar outras duas que se sabe não possuírem os requisitos para habilitação para obter o resultado pretendido, numa evidente fraude ao procedimento.

Embora a lei expressamente afirme que o cadastro não é obrigatório, o convite deve ser dirigido à pessoa do ramo que esteja previamente cadastrada, ou, no mínimo, que se saiba possuir condições de habilitação. Como o ato é impessoal, impossível saber quem detém condições de habilitação sem consultar o cadastro.

Se a lei exige o cadastro dos não convidados, não poderia liberar os convidados da habilitação prévia. O tratamento diferenciado propicia situação de desigualdade, ferindo aos princípios da isonomia, da competitividade e da impessoalidade (CF/88, art. 37, *caput*), razão pela qual é sustentável, inclusive, a inconstitucionalidade desta regra.

A segunda questão diz respeito à necessidade de se ter três propostas válidas. Em licitação o importante é garantir a participação do maior número de licitantes para aumentar a probabilidade de se firmar a melhor contratação possível para a Administração. Participação não significa, necessariamente, propostas válidas. Uma coisa leva à outra. Se for exigido o número de três licitantes aptos a propor, ou seja, qualificados, haverá, por consequência, o mínimo de três propostas.

Em nenhuma modalidade se exige o mínimo de propostas válidas, muitas vezes somente uma pessoa atende ao chamado e nem por isso o certame ficará comprometido. Mas no convite, em razão da baixa publicidade e da relativa discricionariedade que possui o administrador em convidar, razoável é exigir o mínimo de propostas aptas à seleção.

Havendo desinteresse, ou não se obtendo três licitantes habilitados a formularem propostas, a repetição do convite se imporá, salvo por motivo relevante e devidamente justificado[20]. A propósito, esta imposição decorre do estabelecido pelo § 7º do art. 22 da Lei 8.666/93, que afirma:

---

[20] O Tribunal de Contas da União, na sessão de 19.06.91, ao julgar o processo 24.572/90-0, emprestou-lhe caráter normativo e deliberativo, quando disse que *"para a regularidade da licitação na modalidade do convite, é imprescindível que se apresentem, no mínimo, três licitantes devidamente qualificados. Não se obtendo este número legal de propostas aptas à seleção, impõe-se a repetição do ato, com a convocação de outros possíveis interessados, de modo a se garantir, nesse aspecto, a legitimidade do certame"*. (*apud* GASPARINI, Diógenes. **Direito administrativo**. 5. ed., revista, atualizada e aumentada. São Paulo: Saraiva, 2000, p. 241)

"*quando, por limitações do mercado ou manifesto desinteresse dos convidados, for impossível a obtenção do número mínimo de licitantes exigidos no § 3º deste artigo, essas circunstâncias deverão ser devidamente justificadas no processo, sob pena de repetição do convite*".

Poderão ecoar vozes sustentando que exigir na modalidade convite três propostas aptas para a seleção é torná-la mais rígida do que as demais que não apresentam tal rigor. Porém, na *concorrência*, na *tomada de preços* e no *pregão* a publicidade é ampla, logo o alcance é maior, o que aumenta a probabilidade de maior participação, ao mesmo tempo que o administrador não possui a discricionariedade de "escolher" o vencedor. Assim, exigir três licitantes habilitados a formularem proposta é o mínimo que se pode fazer para diminuir abusos na seleção quando se utiliza o convite.

14.4 Concurso

Lei 8.666/93
Art. 22. São modalidades de licitação:
§ 4º. Concurso é a modalidade de licitação entre quaisquer interessados para escolha de trabalho técnico, científico ou artístico, mediante a instituição de prêmios ou remuneração aos vencedores, conforme critérios constantes de edital publicado na imprensa oficial com antecedência mínima de 45 (quarenta e cinco) dias.
(...)
Art. 52. O concurso a que se refere o § 4º do art. 22 desta Lei deve ser precedido de regulamento próprio, a ser obtido pelos interessados no local indicado no edital.
§ 1º. O regulamento deverá indicar:
I – a qualificação exigida dos participantes;
II – as diretrizes e a forma de apresentação do trabalho;
III – as condições de realização do concurso e os prêmios a serem concedidos.
§ 2º. Em se tratando de projeto, o vencedor deverá autorizar a Administração a executá-lo quando julgar conveniente.

O concurso é modalidade *especial* destinada a selecionar trabalho técnico, científico ou artístico especializado. Vigora nesta modalidade o princípio da universalidade ainda mais abrangente do que é na concorrência, tendo em vista que, em determinadas situações, não se exigirá sequer habilitação do licitante. Pode, por exemplo, a Administração pretender escolher trabalho artístico e, por isso, não há como exigir qualquer tipo de habilitação, apenas o cumprimento de exigências próprias constantes no edital.

No concurso não há proposta a ser selecionada, a Administração escolhe o próprio objeto pretendido. Difícil de entender? Eis um exemplo hipotético. A Administração Pública pretende selecionar um projeto arquitetônico de um estádio de futebol para abrigar a abertura dos jogos olímpicos na cidade do Rio de Janeiro. Para tanto, abre um concurso para a seleção. Os participantes (arquitetos, engenheiros, desenhistas, artistas plásticos etc, quem a Administração admitir) apresentarão o projeto e não uma proposta para elaborá-lo. A comissão licitante seleciona o projeto (objeto pretendido) e não uma proposta.

Os participantes disputam o prêmio ou remuneração previamente estabelecidos no edital. Não se aplica nesta modalidade nenhum *tipo de licitação* como os definidos no art. 45, § 1º, da Lei 8.666/93; como vimos, a Administração Pública não tem que classificar propostas, escolhe diretamente o objeto pretendido, ou seja, o trabalho técnico, científico ou artístico. A escolha se dará de acordo com o regulamento previamente estabelecido e baixado de acordo com os requisitos fixados no art. 52 da Lei 8.666/93.

A comissão de licitação para o concurso pode ser especial e diferenciada, compondo-se de pessoas especialistas no ramo do objeto desejado. Para a escolha do trabalho, a comissão deverá seguir as orientações do edital que, por sua vez, não excluirá a margem discricionária dos membros da comissão na escolha com um maior grau de subjetividade.

A entrega do prêmio será condicionada à cessão dos direitos autorais e patrimoniais relativos ao trabalho à Administração Pública, para que esta possa utilizar o projeto de acordo com o previsto no regulamento.

Se o objeto do concurso for projeto de engenharia, o vencedor deverá autorizar a sua execução quando bem convier à Administração e não poderá participar do processo licitatório para executar a obra (LLC, art. 9º, I), salvo nas hipóteses do § 1º do art. 9º, como consultor ou técnico, nas funções de fiscalização, supervisão ou gerenciamento, auxiliando o órgão licitante.

A publicação do instrumento convocatório deve ser realizada obedecendo-se o prazo mínimo de 45 (quarenta e cinco) dias de antecedência (LLC, art. 21, § 2º, I, *a*).

14.5 Leilão

Lei 8.666/93
Art. 22. São modalidades de licitação:

§ 5º. *Leilão é a modalidade de licitação entre quaisquer interessados para a venda de bens móveis inservíveis para a Administração ou de produtos legalmente apreendidos ou penhorados, ou para a alienação de bens imóveis prevista no art. 19, a quem oferecer o maior lance, igual ou superior ao valor da avaliação.*

(...)

Art. 53. *O leilão pode ser cometido a leiloeiro oficial ou a servidor designado pela Administração, procedendo-se na forma da legislação pertinente.*

§ 1º. *Todo bem a ser leiloado será previamente avaliado pela Administração para fixação do preço mínimo de arrematação.*

§ 2º. *Os bens arrematados serão pagos à vista ou no percentual estabelecido no edital, não inferior a 5% (cinco por cento) e, após a assinatura da respectiva ata lavrada no local do leilão, imediatamente entregues ao arrematante, o qual se obrigará ao pagamento do restante no prazo estipulado no edital de convocação, sob pena de perder em favor da Administração o valor já recolhido.*

§ 3º. *Nos leilões internacionais, o pagamento da parcela à vista poderá ser feito em até vinte e quatro horas.*

§ 4º. *O edital de leilão deve ser amplamente divulgado, principalmente no município em que se realizará.*

Leilão é uma modalidade *especial* que se presta para a alienação de bens móveis inservíveis para a Administração, ou de produtos legalmente apreendidos ou penhorados[21], bem como para alienar bens imóveis adquiridos judicialmente ou mediante dação em pagamento.

O procedimento dispensa habilitação, salvo o recolhimento de 5% (cinco por cento) do valor da avaliação. Vigora, então, nesta modalidade o princípio da universalidade. A justificativa é simples: a Administração pretende alienar (geralmente vender) bens, quem vende deseja receber o maior preço ou oferta, não tem sentido limitar a participação de quem quer comprar. A única exigência, então, é que o comprador tenha condições de prover o pagamento e, para isso, poderá ser exigida a prestação de garantia ou recolhimento de caução.

Para a alienação de bens móveis a Administração Pública deve abrir um procedimento específico para classificar, avaliar e dar baixa no patrimônio dos bens inservíveis aptos à alienação. Com tal medida, promoverá a desafetação do bem móvel, condição necessária à alienação.

---

[21] A doutrina tem interpretado a expressão "bens penhorados" como "bens empenhados", pois a penhora é judicial e a alienação se dá nos termos do Código de Processo Civil. Já os bens empenhados, por exemplo, são aqueles dados como garantia em contratos de mútuo, como os da Caixa Econômica Federal.

Inservível é o bem móvel imprestável para o atendimento das necessidades administrativas, como veículos, móveis de escritórios, aparelhos elétricos etc.

O leilão também se presta para alienar bens imóveis cuja aquisição tenha derivado de procedimentos judiciais ou de dação em pagamento. Neste caso, deve-se proceder avaliação prévia e comprovar a necessidade ou utilidade da alienação, sendo desnecessária a autorização legislativa.

No dia designado para o leilão o bem será apregoado em cessão pública na qual os participantes oferecerão lances orais, até se chegar ao maior lance, desde que igual ou superior ao valor avaliado. Após a cessão, lavra-se ata circunstanciada, declarando o vencedor.

O pagamento deve ser feito no ato, quando o edital não dispuser de forma contrária, e o bem arrematado será entregue ao vencedor após a satisfação do preço.

O leilão será considerado *comum* quando realizado por leiloeiro oficial conforme legislação federal (Decretos 21.981/32, 22.427/33 e 2.089/63 e Decreto-Lei 37/66), ou *administrativo* quando realizado por funcionário da entidade licitante.

Segundo Diógenes Gasparini[22] *"os Estados, os Municípios e o Distrito Federal somente podem realizar leilões comuns, pois não podem legislar sobre profissões, competência privativa da União (art. 22, XVI, da CF/88), sendo, desta forma, inconstitucionais as leis estaduais e municipais que cometem a servidor, e não ao leiloeiro oficial, competência para realização de leilões".*

A escolha do leiloeiro pode ser feita por licitação. Dependerá de licitação se houver mais de um e a Administração puder escolher, caso contrário, será inexigível. Veja o que define a norma:

* **Perspectiva de alteração da lei**

O Projeto de Lei 7.709/07, se aprovado e convertido em lei, alterará a redação do art. 22 da Lei 8.666/93, acrescentando o inciso VI, integrando a modalidade pregão no corpo da Lei 8.666/93, além de alterar a redação do § 7º e acrescentar o § 10, que dará preferência à realização de licitação eletrônica.

Conheça a redação proposta:

Art. 22. (...)
VI – pregão.

---

[22] GASPARINI, Diógenes. **Direito Administrativo**. 5. ed., rev., atual. e aum. São Paulo: Saraiva, 2000. p. 454.

(...)

§ 7º. Quando, por limitações do mercado ou manifesto desinteresse dos convidados, for impossível a obtenção do número mínimo de propostas válidas, observado o disposto no § 6º, essas circunstâncias deverão ser devidamente justificadas no processo ou repetido o convite.

(...)

§ 10. Pregão é a modalidade de licitação em que a disputa pelo fornecimento ou prestação de serviço é feita por meio de proposta e lances em sessão pública presencial ou à distância, na forma eletrônica, mediante sistema que promova a comunicação pela internet, nos termos da Lei 10.520, de 2002.

15 ESCOLHA DA MODALIDADE

A licitação apresenta sempre duas fases distintas: uma interna e outra externa. A fase interna se inicia com o pedido do órgão ou setor administrativo para a aquisição de bens ou contratação de serviços. Nesta fase alguns procedimentos devem ser adotados, um deles é a escolha da modalidade.

A modalidade deve ser escolhida de acordo com o vulto da contratação, segundo intervalos de valor estabelecidos no art. 23 da Lei 8.666/93. A estimativa da despesa é o fator que auxiliará o seu ordenador a escolher a modalidade adequada. O valor estimado geralmente é encontrado após cotação de preços ou elaboração de planilhas orçamentárias com base em preços de mercado.

A estimativa do valor da contratação é importante para a escolha da modalidade e também para verificar se a Administração possui condições de realizar a despesa em seu aspecto orçamentário e financeiro. Havendo orçamento, impõe-se reserva no valor correspondente à estimação feita, estando o processo apto à escolha da modalidade, ato que deve ser praticado pelo ordenador.

A escolha da modalidade não constitui ato discricionário, deve recair sobre aquela que se enquadrar dentro da despesa estimada nos termos do art. 23 da Lei Licitatória. Será discricionária, contudo, a opção pela realização de uma modalidade mais rígida do que a exigida pela lei. Ou seja, quando couber *convite*, poderá ser realizada *tomada de preços* e, em qualquer caso, *concorrência*. Por sua vez, independente do valor, poderá ser realizado *pregão* se o objeto pretendido for *comum*, assim considerado aquele que independa de aferição técnica.

A escolha da modalidade é um passo muito importante a ser tomado pelo ordenador, principalmente quando o objeto a ser licitado for obra de engenharia ou prestação de serviço continuado. Em tais casos geralmente os contratos são prorrogados ou aditivados, alterando, quantitativamente, o seu objeto, o que modifica o valor da contratação. A modalidade deve compreender a totalidade da despesa em cada exercício orçamentário. Se for necessário a alteração do objeto ou do prazo contratual, o valor total deverá ficar dentro do limite da modalidade utilizada.

Nos contratos de prestação de serviços continuados que podem ter duração final de até 60 (sessenta) meses ou, excepcionalmente, até 72 (setenta e dois) meses, cada período de 12 meses deve obedecer ao limite máximo da modalidade utilizada no certame licitatório.

A escolha da modalidade deverá obedecer aos parâmetros estabelecidos no art. 23 da Lei de Licitações, que utiliza o fator preço como critério.

Outra questão importante na escolha da modalidade é a exigência do art. 39 da Lei 8.666/93. Ao se constatar que o valor estimado para a licitação, ou conjunto de licitações simultâneas ou sucessivas, será superior a 100 (cem) vezes o limite previsto no art. 23, inc. I, alínea c, da Lei de Licitações, ou seja, valores superiores a R$ 150.000.000,00 (cento e cinquenta milhões de reais), o processo licitatório será iniciado por audiência pública obrigatória.

Veja os quadros sintéticos abaixo:

15.1 Escolha da Modalidade para Obras e Serviços de Engenharia

Lei 8.666/93
Art. 23. As modalidades de licitação a que se referem os incisos I a III do artigo anterior serão determinadas em função dos seguintes limites, tendo em vista o valor estimado da contratação:
I – para obras e serviços de engenharia:
a) convite – até R$ 150.000,00 (cento e cinquenta mil reais);
b) tomada de preços – até R$ 1.500.000,00 (um milhão e quinhentos mil reais);
c) concorrência – acima de R$ 1.500.000,00 (um milhão e quinhentos mil reais);

VALOR ESTIMADO EM REAIS	MODALIDADE
Até 150.000,00	CONVITE
Até 1.500.000,00	TOMADA DE PREÇOS
Acima de 1.500.000,00	CONCORRÊNCIA

15.2 Escolha da Modalidade para Compras e Serviços

Lei 8.666/93
Art. 23. As modalidades de licitação a que se referem os incisos I a III do artigo anterior serão determinadas em função dos seguintes limites, tendo em vista o valor estimado da contratação:
II – para compras e serviços não referidos no inciso anterior:
a) convite – até R$ 80.000,00 (oitenta mil reais);
b) tomada de preços – até R$ 650.000,00 (seiscentos e cinquenta mil reais);
c) concorrência – acima de R$ 650.000,00 (seiscentos e cinquenta mil reais).

VALOR ESTIMADO EM REAIS	MODALIDADE
Até 80.000,00	CONVITE
Até 650.000,00	TOMADA DE PREÇOS
Acima de 650.000,00	CONCORRÊNCIA

15.2.1 Fracionamento da licitação

Lei 8.666/93
Art. 23. (...)
§ 1º. As obras, serviços e compras efetuadas pela administração serão divididas em tantas parcelas quantas se comprovarem técnica e economicamente viáveis, procedendo-se à licitação com vistas ao melhor aproveitamento dos recursos disponíveis no mercado e à ampliação da competitividade, sem perda da economia de escala.
§ 2º. Na execução de obras e serviços e nas compras de bens, parceladas nos termos do parágrafo anterior, a cada etapa ou conjunto de etapas da obra, serviço ou compra, há de corresponder licitação distinta, preservada a modalidade pertinente para a execução do objeto em licitação.
(...)
§ 5º. É vedada a utilização da modalidade "convite" ou "tomada de preços", conforme o caso, para parcelas de uma mesma obra ou serviço, ou ainda para obras e serviços da mesma natureza e no mesmo local que possam ser realizadas conjunta e concomitantemente, sempre que o somatório de seus valores caracterizar o caso de "tomada de preços" ou "concorrência", respectivamente, nos termos deste artigo, exceto para as parcelas de natureza específica que possam ser executadas por pessoas ou empresas de especialidade diversa daquela do executor da obra ou serviço.

(...)

§ 7º. *Na compra de bens de natureza divisível e desde que não haja prejuízo para o conjunto ou complexo, é permitida a cotação de quantidade inferior à demandada na licitação, com vistas a ampliação da competitividade, podendo o edital fixar quantitativo mínimo para preservar a economia de escala.*

Um dos objetivos do procedimento de licitação, se não o principal, é a seleção da melhor proposta para a Administração Pública. Para tanto, quanto maior for a competitividade, maiores serão as chances de se obter a melhor contratação possível.

A amplitude da obra, da aquisição ou do serviço pode exigir, tecnicamente, que o objeto seja dividido em parcelas de modo a permitir o aumento da competitividade e, com isso, a obtenção de maior economicidade. Desta forma, admite-se a realização de várias licitações, ou de uma só, porém com o objeto dividido em lotes, onde cada lote pode ter como vencedor pessoa distinta.

A divisão da licitação em parcelas somente é admitida se comprovadamente o resultado final for mais econômico, mesmo considerando a economia de escala se o objeto fosse licitado de forma global.

Em uma licitação tendo por objeto a construção de uma grande obra de engenharia, a Administração Pública pode licitar separadamente, desde que tecnicamente se comprove a economicidade, a mão de obra e o material, este em várias licitações, uma para cada tipo de material (ferragem, vidros, pisos, cimento, fios etc.). A economia na licitação parcelada pode ser significativa.

Para a divisão da licitação, em cada parcela ou licitação parcial, deve ser observada a modalidade pertinente para a execução de todo o objeto. O que justifica a divisão são estudos técnicos que comprovem o aumento da competitividade e a obtenção da maior economia.

15.2.2 Opção pela concorrência

Lei 8.666/93
Art. 23. (...)
§ 3º. *A concorrência é a modalidade de licitação cabível, qualquer que seja o valor de seu objeto, tanto na compra ou alienação de bens imóveis, ressalvado o disposto no art. 19, como nas concessões de direito real de uso e nas licitações internacionais, admitindo-se neste último caso, observados os limites deste artigo, a tomada de*

preços, quando o órgão ou entidade dispuser de cadastro internacional de fornecedores ou o convite, quando não houver fornecedor do bem ou serviço no País.

§ 4º. Nos casos em que couber convite, a Administração poderá utilizar a tomada de preços e, em qualquer caso, a concorrência.

Por ser a modalidade que exige maior prazo de publicidade e admite a participação de qualquer pessoa com condições de executar a obra, prestar o serviço ou fornecer o objeto, a concorrência assume a posição de modalidade *genérica*, cabível em qualquer situação, qualquer que seja o valor do objeto licitado.

A escolha da modalidade, contudo, deve ser feita de modo a atender aos princípios da economicidade, competitividade e eficiência. Não se deve realizar uma concorrência quando couber tomada de preços por mero capricho do administrador, a tomada de preços será mais econômica e eficiente. Contudo, estando devidamente justificada e comprovada a necessidade da adoção da modalidade concorrência, não haverá problema em realizá-la mesmo que couber convite.

15.2.3 Opção por organizações industriais da administração

Lei 8.666/93
Art. 23. (...)
§ 6º. As organizações industriais da Administração Federal direta, em face de suas peculiaridades, obedecerão aos limites estabelecidos no inciso I deste artigo também para suas compras e serviços em geral, desde que para a aquisição de materiais aplicados exclusivamente na manutenção, reparo ou fabricação de meios operacionais bélicos pertencentes à União.

15.2.4 Atualização dos valores

Os valores fixados na licitatória poderão ser anualmente revistos por ato do Poder Executivo Federal, devidamente publicado no Diário Oficial da União, observando a variação geral dos preços do mercado no período.

A estabilidade da economia brasileira, alcançada em 1994, fez com que não houvesse a necessidade de atualização dos valores por ato do Poder Executivo Federal, embora haja a autorização legal para tanto, conforme art. 120 da lei licitatória que antecipo os comentários e a transcrição.

Lei 8.666/93
Art. 120. Os valores fixados por esta Lei poderão ser anualmente revistos pelo Poder Executivo Federal, que os fará publicar no Diário Oficial da União, observando como limite superior a variação geral dos preços do mercado, no período.
Parágrafo único. O Poder Executivo Federal fará publicar no Diário Oficial da União os novos valores oficialmente vigentes por ocasião de cada evento citado no **caput** deste artigo, desprezando-se as frações inferiores a Cr$ 1,00 (hum cruzeiro real).

15.2.5 Licitação realizada por consórcio público

Lei 8.666/93
Art. 23. (...)
§ 8º. No caso de consórcios públicos, aplicar-se-á o dobro dos valores mencionados no **caput** deste artigo quando formado por até 3 (três) entes da Federação, e o triplo, quando formado por maior número.

Uma inovação significativa na Administração Pública brasileira, especialmente no que tange à forma de prestação de serviços públicos, são os chamados consórcios públicos regulamentados pela Lei 11.107/05, que pode ser considerada como parte integrante do "pacote" denominado "reforma administrativa".

Consórcio público é uma associação de entes públicos criada para a execução de serviços de interesse comum, representa uma evolução do Direito Administrativo brasileiro que busca responder às novas demandas por meio de técnicas e programas testados em outros países.

Registre-se que, através dos consórcios públicos, poderão ser implementadas políticas públicas nos Estados e nos mais de cinco mil Municípios brasileiros. Serão beneficiados, principalmente, os pequenos Municípios que, isoladamente não possuem condições de arcar com determinados investimentos, mas, de forma associada com a União, o Estado e outros Municípios de sua região, poderão disponibilizar à sociedade serviços jamais prestados.

As licitações realizadas pelos consórcios públicos obedecem a limites diferenciados para a escolha da modalidade. A Lei 11.107/05 acrescentou o § 8º ao art. 23 que prevê o dobro dos valores mencionados no *caput* quando o consórcio for formado por até três entes da Federação e o triplo, quando formado por maior número. Com isso, enquanto a Administração Pública em geral terá de observar o limite de R$ 80.000,00 para a abertura de procedimento licitatório na modalidade convite, visando a compra de determinado material, um consórcio público formado por mais de três entes federativos terá esta margem alargada para R$ 240.000,00.

O único problema é que o *caput* do art. 23 da Lei 8.666/93 não traz nenhum valor como limite. Os valores estão nos incisos I e II daquele artigo, cabe ao intérprete aplicar os limites de acordo com o que dispõe o § 8°, surgindo os seguintes valores para a escolha da modalidade em uma licitação realizada por consórcio público, veja os quadros:

Para obras e serviços de engenharia (consórcio de até três entes)

VALOR ESTIMADO EM REAIS	MODALIDADE
Até 300.000,00	CONVITE
Até 3.000.000,00	TOMADA DE PREÇOS
Acima de 3.000.000,00	CONCORRÊNCIA

Para obras e serviços de engenharia (consórcio com mais de três entes)

VALOR ESTIMADO EM REAIS	MODALIDADE
Até 450.000,00	CONVITE
Até 4.500.000,00	TOMADA DE PREÇOS
Acima de 4.500.000,00	CONCORRÊNCIA

Para compras e serviços (consórcio de até três entes)

VALOR ESTIMADO EM REAIS	MODALIDADE
Até 160.000,00	CONVITE
Até 1.300.000,00	TOMADA DE PREÇOS
Acima de 1.300.000,00	CONCORRÊNCIA

Para compras e serviços (consórcio com mais de três entes)

VALOR ESTIMADO EM REAIS	MODALIDADE
Até 240.000,00	CONVITE
Até 1.950.000,00	TOMADA DE PREÇOS
Acima de 1.950.000,00	CONCORRÊNCIA

16   PREGÃO

Assim como a concorrência, a tomada de preços e o convite, o pregão é modalidade *comum,* ou seja, destinada a aquisição de bens e/ou contratação de serviços.

O pregão foi instituído pela Medida Provisória 2.026/00 no âmbito da União. Após várias reedições a Medida Provisória foi transformada na Lei 10.520 em 17.07.2002. A Lei estendeu a aplicação desta modalidade para os Estados, o Distrito Federal e os Municípios que devem, no entanto, regulamentá-la por legislação própria.

O pregão destina-se à aquisição de bens ou serviços comuns, assim considerados os que se encontram com facilidade no mercado e cuja classificação independe de aferição técnica, qualquer que seja o valor estimado da contratação. Substitui, em vários casos, até a concorrência. Vigora nesta modalidade o princípio da oralidade. As propostas, após a primeira classificação, são oferecidas de forma oral através de lances *a menor* que podem ser renovados; daí ser conhecido como "*leilão às avessas*". Estarão aptos a oferecer lances orais os licitantes que apresentarem a melhor proposta (de menor preço) e aqueles cujo preço não superar em 10% (dez por cento) àquela.

A desburocratização do sistema de compras administrativas, bem como a agilização e a diminuição dos custos, constituem-se em objetivos centrais dessa modalidade de licitação.

Outra novidade está na possibilidade de se utilizar recursos eletrônicos e tecnológicos, permitindo, inclusive, realizar pregão não presencial via internet, o que aumenta ainda mais a competitividade.

A publicidade se dará com a publicação do edital na imprensa oficial, ou em jornal de grande circulação na região do órgão licitante, no prazo mínimo de 8 (oito) dias úteis da data designada para apresentação das propostas. No dia da abertura, o pregoeiro abrirá os envelopes das propostas, classificando a de menor valor e aquelas não superiores a 10% (dez por cento), cujos proponentes estarão aptos a oferecer lances com preços decrescentes, cobrindo a melhor oferta.

Encerrados os lances verbais, em sendo aceitável a proposta de menor preço, passa-se à fase de habilitação que se dará apenas com o licitante autor da melhor proposta. Se este estiver em condições de se habilitar, será declarado vencedor.

Observe que as fases de habilitação e classificação foram invertidas. No pregão os documentos de regularidade (habilitação) somente são analisados após a fase de julgamento das propostas e apenas aqueles do licitante particular que ofereceu o menor preço.

16.1 Objeto do Pregão

A modalidade pregão somente pode ser utilizada para aquisição de bens ou contratação de serviços *comuns*, assim considerados aqueles cuja seleção não exija maiores complexidades ou que não apresentem diferenciações técnicas. Basicamente, são bens ou serviços oferecidos e encontrados com facilidade no mercado. Segundo Marçal Justen Filho[23],

> *Comum não é o bem destituído de sofisticação, mas aqueles para cuja aquisição satisfatória não se fazem necessárias investigações ou cláusulas mais profundas.*
>
> *Enfim, são comuns os objetos padronizados, aqueles que têm um perfil qualitativo definido no mercado. Mas não apenas os objetos padronizados podem ser reputados como comuns.*
>
> *Bem por isso, a regra é que obras e serviços de engenharia não se enquadrem no âmbito de "bens e serviços". Como toda edificação imobiliária envolve avaliação de circunstâncias específicas, variáveis segundo as peculiaridades de local e necessidade, torna-se muito problemático cogitar de objeto padronizado. Mas, até pode, por exceção e especialmente no tocante a serviços de engenharia, encontrar hipóteses em que se reconheceria um objeto comum. Suponha-se, por exemplo, a implantação de habitações populares, envolvendo projetos padronizados e construções destituídas de maior complexidade. Não seria viável negar a possibilidade de licitação mediante pregão apenas em virtude do silêncio legislativo acerca de obras.*

Bens e serviços comuns são, pois, aqueles que podem ser classificados pelo preço, dispensam sofisticação e são facilmente encontrados no mercado. O critério para selecionar e classificar a proposta deve ser sempre o de menor preço.

Lembre-se que a falta de sofisticação não impede que a qualidade seja aferida. A Administração pode rejeitar produto que, embora comum e disponível no mercado, não atenda as exigências mínimas de qualidade.

Lei 10.520/02
Art. 1º. Para aquisição de bens e serviços comuns, poderá ser adotada a licitação na modalidade de pregão, que será regida por esta Lei.

---

[23] JUSTEN FILHO, Marçal. Pregão: nova modalidade licitatória. Artigo publicado: **Informativo de Licitação e Contratos**. Curitiba: Zênite, a. VIII, n. 83, jan. 2001.

Parágrafo único. *Consideram-se bens e serviços comuns, para os fins e efeitos deste artigo, aqueles cujos padrões de desempenho e qualidade possam ser objetivamente definidos pelo edital, por meio de especificações usuais no mercado.*
***Art. 3º.** (...)*
II – a definição do objeto deverá ser precisa, suficiente e clara, vedadas especificações que, por excessivas, irrelevantes ou desnecessárias, limitem a competição;

Questão bastante polêmica é a possibilidade de se adotar o pregão para se adquirir bens e/ou serviços de informática. A base da discussão se funda na exigência contida no § 4º do art. 45 da Lei 8.666/93, que determina, quanto a tais bens e serviços, que seja, obrigatoriamente, adotado o tipo de licitação "técnica e preço", o quê, por si só, impediria a utilização do pregão.

A interpretação deste dispositivo deve ser evolutiva e acompanhar o desenvolvimento tecnológico verificado nos últimos dez anos. Em 1993, quando da edição da lei de licitações, ter um microcomputador no local de trabalho era um sonho quase irrealizável. De lá para cá, dificilmente uma criança de seis anos não teve acesso a qualquer componente eletrônico ou a um terminal de computador.

A evolução da tecnologia popularizou os bens e os serviços de informática. Hoje, compram-se componentes e suprimentos de informática em supermercados ou em lojas não especializadas. A literatura disponível permite, de igual forma, o acesso ao conhecimento a ponto de se encontrar jovens, sem qualquer formação acadêmica, desenvolvendo programas de alta resolução tecnológica.

Atualmente, adquirir bens e serviços de informática, embora a lei exija, não requer as formalidades de uma licitação do tipo "técnica e preço", salvo para aquisição ou locação de programas de alta complexidade ou equipamentos ainda não produzidos no País. A propósito, é quase impossível acompanhar o avanço tecnológico. Se a Administração pretender adquirir o equipamento mais evoluído do mercado, certamente o comprará na data de julgamento das propostas, porém, o equipamento vencedor correrá sérios riscos de ter sido ultrapassado por outro, de tecnologia mais avançada, quando for receber.

Marçal Justen Filho[24] assim enfrenta a polêmica:

---

[24] JUSTEN FILHO, Marçal. **Comentários à Lei de Licitações e Contratos Administrativos**. 9. ed., São Paulo: Dialética, 2002. p. 416.

O § 4º do art. 45 reflete um estágio inicial da evolução tecnológica, em que a inovação se traduzia na ausência de bens e serviços padronizados. O dispositivo perdeu (se é que algum dia o teve) sua razão de ser. Com a evolução e o progresso, os bens e serviços na área de informática inseriam-se no processo de produção em massa. Perderam suas especificidades. Isso significa tal como se passa com a maior parte dos produtos, os bens e serviços de informática podem ser distinguidos em duas categorias fundamentais. Há os padronizados, disponíveis facilmente no mercado, e há os dotados de peculiaridades e especificidades.

*Assim, é perfeitamente possível encontrar equipamentos de informática à venda em supermercados e lojas não especializadas. Ali também se vendem os chamados "**softwares** de prateleira": programas com perfil não diferenciado, comercializados em massa e que podem ser facilmente instalados e operados.*

Ora, é evidente que essa espécie de bens e serviços não demandam licitação de técnica e preço, eis que não há sequer possibilidade de cogitação de variação técnica apta a satisfazer de modo mais adequado o interesse público. Aliás, o reconhecimento da procedência do raciocínio conduziu à possibilidade de utilização de pregão para contratação nessa área.

Portanto, tem de interpretar-se o § 4º de modo compatível com a Constituição, para evitar o resultado prático de a Administração ser obrigada a desembolsar valores superiores aos necessários. A licitação de tipo de técnica será aplicada sempre que a necessidade administrativa envolver alguma característica especial ou peculiar, que não possa ser satisfeita por meio dos produtos padronizados. Para ser mais preciso, até se pode admitir que a Administração possa adquirir produtos sob encomenda, não disponíveis no mercado, valendo-se de licitação de menor preço quando sua necessidade não exigir variações técnicas, qualidades especiais ou atributos diferenciados por parte dos bens e serviços que pretende adquirir.

Os bens e serviços de informática disponíveis no mercado e que não apresentem grandes variações técnicas podem ser adquiridos pela Administração pelo "menor preço" e, por consequência, se admite a utilização da modalidade pregão.

O Estado de Rondônia admitiu a possibilidade de adquirir bens de informática através do pregão conforme o Decreto Estadual 10.763, de 08.12.2003, *verbis*:

Dec. Estadual/RO 10.763/03
Art. 1º. *A implementação da modalidade de pregão, no âmbito da administração pública estadual, obedecerá ao disposto neste decreto.*

Art. 2º. O procedimento estabelecido na Lei federal 10.520, de 17.07.2002, a ser realizado por licitação do tipo menor preço, destina-se à aquisição de bens e à prestação de serviços comuns, qualquer que seja o valor estimado da contratação, em que a disputa é feita por meio de propostas e lances sucessivos em sessão pública.

§ 1º. Consideram-se bens e serviços comuns aqueles cujos padrões de desempenho e qualidade possam ser objetivamente definidos no edital, por meio de especificações usuais no mercado.

§ 2º. Excluem-se da modalidade de pregão as contratações de obras e serviços de engenharia, as locações imobiliárias, as alienações em geral e as contratações de bens e serviços de informática, exceto microcomputador de mesa ou portátil (*"notebook"*), monitor de vídeo, impressora e serviços de apoio à atividade de informática (digitação e manutenção).

A União também regulou a matéria através do Decreto Federal 3.555, de 08.08.2000, que admitiu a possibilidade de se adquirir bens de informática através da modalidade pregão.

Dec. 3.555/00
Art. 1º. Este Regulamento estabelece normas e procedimentos relativos à licitação na modalidade de pregão, destinada à aquisição de bens e serviços comuns, no âmbito da União, qualquer que seja o valor estimado.

Art. 3º. Os contratos celebrados pela União, para aquisição de bens e serviços comuns, serão precedidos, prioritariamente, de licitação pública na modalidade de pregão, que se destina a garantir, por meio de disputa justa entre interessados, a compra mais econômica, segura e eficiente.

§ 3º. Os bens de informática adquiridos nesta modalidade, referidos no item 2.5 do Anexo II, deverão ser fabricados no País, com significativo valor agregado local, conforme disposto no art. 3º da Lei 8.248, de 23.10.1991, e regulamentado pelo Decreto 1.070, de 02.03.1994.

O item 2.5 do Anexo II do Decreto 3.555/00 considera bens de informática comuns microcomputadores de mesa ou portáteis (*notebooks*), monitores de vídeo e impressoras.

16.2 Pregão Eletrônico

O art. 2º, § 1º, da Lei 10.520/02, permite a utilização de recursos tecnológicos e de informática para realizar pregões no âmbito da União. Os Estados-membros, o Distrito Federal e os Municípios devem regulamentar a utilização desses recursos.

Desenvolvido o sistema de ponta e tecnologia com segurança contra fraudes, invasão de privacidade, *hackers* etc., todos os atos do pregão podem ser realizados via sistema de computação à distância, sem a presença física dos participantes e do pregoeiro, substituído, neste caso, pelo sistema tecnológico.

A Administração federal tem-se empenhado para difundir este sistema para que seja adotado pelos Estados e Municípios e assim aproveitem o avanço tecnológico em seu benefício. Veja o que diz a Lei:

Lei 10.520/02
Art. 2º. Vetado
§ 1º. Poderá ser realizado o pregão por meio da utilização de recursos de tecnologia da informação, nos termos de regulamentação específica.
§ 2º. Será facultado, nos termos de regulamentos próprios da União, Estados, Distrito Federal e Municípios, a participação de bolsas de mercadorias no apoio técnico e operacional aos órgãos e entidades promotores da modalidade de pregão, utilizando-se de recursos de tecnologia da informação.
§ 3º. As bolsas a que se referem o § 2º deverão estar organizadas sob a forma de sociedades civis sem fins lucrativos e com a participação plural de corretoras que operem sistemas eletrônicos unificados de pregões.

16.3 Fase Interna ou Preparatória

Qualquer procedimento de licitação se inicia internamente, com atos preparatórios, presos na clausura do órgão licitante. A Administração, ao levantar suas necessidades, justificando-as, deve definir com clareza o objeto pretendido através do projeto básico, em seguida averiguar as condições de mercado, notadamente quanto ao preço, visando a reserva orçamentária. Tomadas tais providências, o ordenador da despesa poderá autorizar a aquisição ou a contratação, escolhendo a modalidade e o tipo de licitação.

Escolhido o pregão, que dependerá do objeto a ser licitado, deve ser indicado o pregoeiro dentre servidores do órgão ou entidade responsável pela licitação e a equipe de apoio que será composta, em sua maioria, por servidores ocupantes de cargo efetivo ou emprego da Administração, estes, preferencialmente, pertencentes ao órgão ou entidade promotora do evento, como exige a Lei:

Lei 10.520/02
Art. 3º. A fase preparatória do pregão observará o seguinte:

I – a autoridade competente justificará a necessidade de contratação e definirá o objeto do certame, as exigências de habilitação, os critérios de aceitação das propostas, as sanções por inadimplemento e as cláusulas do contrato, inclusive com fixação dos prazos para fornecimento;

III – dos autos do procedimento constarão a justificativa das definições referidas no inc. I deste artigo e os indispensáveis elementos técnicos sobre os quais estiverem apoiados, bem como o orçamento, elaborado pelo órgão ou entidade promotora da licitação, dos bens ou serviços a serem licitados; e

IV – a autoridade competente designará, dentre os servidores do órgão ou entidade promotora da licitação, o pregoeiro e respectiva equipe de apoio, cuja atribuição inclui, dentre outras, o recebimento das propostas e lances, a análise de sua aceitabilidade e sua classificação, bem como a habilitação e a adjudicação do objeto do certame ao licitante vencedor.

§ 1º. A equipe de apoio deverá ser integrada em sua maioria por servidores ocupantes de cargo efetivo ou emprego da administração, preferencialmente pertencentes ao quadro permanente do órgão ou entidade promotora do evento.

§ 2º. No âmbito do Ministério da Defesa, as funções de pregoeiro e de membro da equipe de apoio poderão ser desempenhadas por militares.

No pregão, a comissão licitatória, normalmente composta de três membros nas modalidades tradicionais, é substituída por um único servidor, o pregoeiro, que será assistido por "servidores auxiliares". Sobre o pregoeiro recai toda a responsabilidade na condução do certame. Sua competência é ampla, cabendo-lhe conduzir todos os atos reservados à comissão de licitação previstos na Lei 8.666/93, sendo: a) presidir a sessão de recebimento das propostas; b) abrir as propostas; c) decidir sobre a admissibilidade e classificação das propostas; d) conduzir os lances; e) encerrar os lances; f) promover a habilitação daquele que tiver oferecido o menor preço; g) declarar o vencedor; i) processar os recursos; j) adjudicar o objeto ao vencedor (na ausência de recurso).

16.4 Fase Externa

A fase externa se inicia com a publicação do edital que, por sua vez, deverá retratar as providências prévias e preencher requisitos capazes de produzir efeitos idênticos aos pertinentes às demais modalidades de licitação.

Caberá, tão somente, adaptar algumas exigências da Lei de Licitações às peculiaridades do pregão. Inconcebível é o aproveitamento de edital preparado para outra modalidade e a sua aplicação para pregão. Se isso ocorrer, dar-se-á um grande passo rumo ao insucesso. Diz a lei nesse particular:

Lei 10.520/02
Art. 4º. A fase externa do pregão será iniciada com a convocação dos interessados e observará as seguintes regras:

I – a convocação dos interessados será efetuada por meio de publicação de aviso em diário oficial do respectivo ente federado ou, não existindo, em jornal de circulação local, e facultativamente, por meios eletrônicos e conforme o vulto da licitação, em jornal de grande circulação, nos termos do regulamento de que trata o art. 2º;

II – do aviso constarão a definição do objeto da licitação, a indicação do local, dias e horários em que poderá ser lida ou obtida a íntegra do edital;

III – do edital constarão todos os elementos definidos na forma do inc. I do art. 3º, as normas que disciplinarem o procedimento e a minuta do contrato, quando for o caso;

IV – do edital e do respectivo aviso serão colocadas à disposição de qualquer pessoa para consulta e divulgadas na forma da Lei 9.755, de 16.12.1998;

A divulgação por meio eletrônico é facultativa, destina-se muito mais para sedimentar a cultura respectiva, dando à comunidade a noção de relevância que os meios eletrônicos tendem a assumir.

16.5 Prazo para Recebimento das Propostas

Além da economia pretendida com o emprego do pregão, pela possibilidade de redução do preço no *"leilão ao contrário"*, outro objetivo foi a desburocratização do sistema de compras e contratação do setor público. Não bastava simplesmente alterar os prazos exigidos pela Lei 8.666/93; era necessário criar um mecanismo que permitisse, além da redução do tempo com a agilização do procedimento, a utilização de recursos tecnológicos, inexistentes quando foi editada a Lei 8.666/93. As leis devem acompanhar a sociedade e não o contrário.

O pregão somente pode ser utilizado para a aquisição ou contratação de serviços *comuns*, independentemente do valor. Seu emprego permite à Administração a conclusão do procedimento de licitação em tempo inferior do que o necessário para outras modalidades. O procedimento é célere, influenciado principalmente em razão da inversão das fases de habilitação e classificação, associado ao prazo entre a publicação do aviso convocatório e o recebimento das propostas que é de 8 (oito) dias úteis.

Muitas vezes a Administração não dispõe de tempo suficiente para realizar o procedimento licitatório ou, ao realizar, surgem situações que levam à paralisação. Nas modalidades em que a habilitação ocorre primeiro devem ser observadas duas fases recursais: uma após a habilitação e outra à classificação. A celeridade e a possibilidade de sua utilização independentemente do valor da contratação permitem realizar licitação em circunstância que, antes do pregão, levaria à contratação direta.

Lei 10.520/02
Art. 4º. (...)
V – o prazo fixado para a apresentação das propostas, contado a partir da publicação do aviso, não será inferior a 8 (oito) dias úteis;

16.6 Sessão de Recebimento das Propostas e Oferecimento de Lances

No dia, hora e local designados no edital, em prazo não inferior a 8 (oito) dias úteis a contar da publicação do aviso, será realizada sessão pública para recebimento das propostas.

Aberta a sessão, os interessados ou seus representantes legais apresentarão declaração, sob as penas da lei, de que cumprem plenamente os requisitos de habilitação – exigência necessária em face da inversão das fases – e entregarão os envelopes contendo sua proposta.

Lei 10.520/02
Art. 4º. (...)
VI – no dia, hora e local designados, será realizada sessão pública para recebimento das propostas, devendo o interessado, ou seu representante, identificar-se e, se for o caso, comprovar a existência dos necessários poderes para formulação de propostas e para a prática de todos os demais atos inerentes ao certame;
VII – aberta a sessão, os interessados ou seus representantes, apresentarão declaração dando ciência de que cumprem plenamente os requisitos de habilitação e entregarão os envelopes contendo a indicação do objeto e do preço oferecidos, procedendo-se à sua imediata abertura e à verificação da conformidade das propostas com os requisitos estabelecidos no instrumento convocatório;

No decorrer da sessão, após a abertura das propostas, o licitante que ofereceu a melhor oferta e aqueles cujo preço não superarem em 10%

(dez por cento) àquela, poderão oferecer lances verbais sucessivos e decrescentes até a proclamação do vencedor, como diz a Lei:

Lei 10.520/02
Art. 4º. (...)
VIII – no curso da sessão, o autor da oferta de valor mais baixo e os das ofertas com preços até 10% (dez por cento) superiores àquela poderão fazer novos lances verbais e sucessivos, até a proclamação do vencedor;
IX – não havendo pelo menos 3 (três) ofertas nas condições definidas no inciso anterior, poderão os autores das melhores propostas, até o máximo de 3 (três), oferecer novos lances verbais e sucessivos, quaisquer que sejam os preços oferecidos;

A limitação de participantes no oferecimento de lances a menor é desnecessária, não há problema em se permitir que qualquer licitante ofereça lances a menor. Com a limitação ocorre uma espécie de classificação prévia, antes da fase oral, o que pode comprometer o objetivo de obter contratação mais econômica. A ressalva do inciso IX somente é aplicável quando não houver pelo menos 3 (três) ofertas dentro do limite de 10% (dez por cento). Ainda assim, seria melhor que qualquer licitante pudesse oferecer lances orais.

16.7 Gravação da Sessão

Com o objetivo de aferir a lisura nos procedimentos orais, a fase de lances pode ser gravada pela Administração ou mesmo pelo particular, neste caso, desde que não utilize equipamentos que causem desconforto às pessoas.

A gravação da sessão possibilita reproduzir fatos que podem ajudar a solucionar discussões na hipótese de recurso.

Qualquer meio idôneo de gravação é admitido, inclusive circuitos internos e microcâmeras, desde que não sejam clandestinos (escondidos). Destaque-se a norma:

Lei 10.520/02
Art. 8º. Os atos essenciais do pregão, inclusive os decorrentes de meios eletrônicos, serão documentados no processo respectivo, com vistas à aferição de sua regularidade pelos agentes de controle, nos termos do regulamento previsto no art. 2º.

Como o *caput* do art. 2º da Lei 10.520/02 foi vetado, o regulamento mencionado no art. 8º, que estabelecerá o meio de filmagem, é o previsto no § 1º do referido artigo.

16.8 Tipo da Licitação

No pregão, em razão do objeto que deve ser comum, o critério para classificar a proposta vencedora será o de menor preço. Escolhido o pregão, o ordenador da despesa não necessita decidir sobre o tipo, pois, se para a classificação for necessário aferição técnica da proposta, não poderá ser empregada esta modalidade.

Os lances orais não se confundem com "menor lance", porque esse tipo de licitação não existe! Por outro lado, a intenção dos lances é alcançar o menor preço para a contratação, como se vê:

Lei 10.520/02
Art. 4º. (...)

X – para julgamento e classificação das propostas, será adotado o critério de menor preço, observados os prazos máximos para fornecimento, as especificações técnicas e parâmetros mínimos de desempenho e qualidade definidos no edital;

XI – examinada a proposta classificada em primeiro lugar, quanto ao objeto e valor, caberá ao pregoeiro decidir motivadamente a respeito da sua aceitabilidade;

Ao pregoeiro compete decidir a respeito da aceitabilidade da proposta. Essa permissão visa impedir que se apresentem propostas inexequíveis, capazes de comprometer o certame.

16.9 Habilitação

Conhecido o autor da proposta de menor preço passa-se à fase da habilitação. Não se olvide que adotar requisitos complexos para a habilitação importaria, na sistemática do pregão, dar oportunidade a uma litigiosidade indesejável. A inversão das fases de habilitação e classificação teve como propósito agilizar o certame, eliminando a análise desnecessária de documentos de todos os licitantes. Permitiu, também, a eliminação da fase recursal após a habilitação, presente nas modalidades comuns disciplinadas pela Lei 8.666/93, o que propiciou mais celeridade ao procedimento, pois se consome muito tempo na conferência de documentos de habilitação e na análise de recursos de licitantes que, ao final, não sairão vencedores do certame.

Em uma concorrência, por exemplo, muitas vezes o particular inconformado com sua inabilitação ou com a habilitação de seu oponente faz uso do recurso hierárquico e, não obtendo êxito, busca a tutela jurisdicional, paralisando o procedimento até manifestação final do Judiciário. Com a inversão das fases, apenas a documentação do autor da melhor proposta será analisada, a economia de tempo é evidente.

Importante lembrar que restringir o pregão ao fornecimento de bens e serviços comuns significa reconhecer a desnecessidade de requisitos de habilitação mais severos. Como os bens objeto de pregão devem se encontrar disponíveis no mercado, segundo tendências padronizadas, presume-se não apenas a desnecessidade de maior investigação acerca do objeto mas, também, que objetos comuns não demandam maior especialidade do fornecedor. Logo, os requisitos de habilitação devem ser os mínimos possíveis. Vale formular um elenco dos requisitos de habilitação cabíveis no pregão:

16.9.1 Habilitação jurídica

Não se pode dispensar a comprovação da existência da pessoa jurídica e a capacidade das pessoas físicas responsáveis.

A habilitação jurídica consistirá, conforme o caso, na apresentação dos documentos exigidos no art. 28 da Lei 8.666/93. A existência da pessoa física se prova com a cédula de identidade; da pessoa jurídica, através do contrato social registrado no órgão competente, acompanhado de documentos de eleição dos administradores se se tratar de sociedades por ações.

Empresa individual deve apresentar o registro comercial e associações civis o ato constitutivo (estatuto) e prova da eleição da diretoria em exercício.

Finalmente, em se tratando de empresa ou sociedade estrangeira, do decreto e do registro ou autorização para funcionamento expedido por órgão competente, quando a atividade assim o exigir.

16.9.2 Regularidade fiscal

É imprescindível que o edital determine os documentos necessários à comprovação da regularidade fiscal, evitando as intermináveis disputas acerca das certidões adequadas. Assim, se necessária a apresentação tanto da certidão negativa da Receita Federal quanto da Procuradoria da Fazenda Nacional, tal exigência deverá explicitamente constar do ato convocatório.

Para a regularidade fiscal deverá ser exigido, conforme o caso, a prova de inscrição no Cadastro de Pessoas Físicas (CPF) ou no Cadastro Geral de Contribuintes (CGC); prova da inscrição no cadastro de contribuinte estadual ou municipal, se houver; prova da regularidade perante as Fazendas Nacional, Estadual, Distrital ou Municipal, conforme o ente ou órgão licitante; e para com a Seguridade Social (INSS) e o Fundo de Garantia por Tempo de Serviço (FGTS).

16.9.3 Qualificação técnica

A qualificação técnica tem por finalidade verificar se o futuro fornecedor ou prestador dos serviços possui condições de cumprir suas obrigações. No pregão, de regra, a qualificação técnica será desnecessária para aquisição de bens. Ora, se é pretendido adquirir bens comuns, pressupõe-se que estes estão disponíveis no mercado e, como tal, qualquer fornecedor possa atender.

Em se tratando de serviços, a Administração deverá aferir se o prestador possui condições de atender ao objeto. Para tanto, exigirá: comprovação de registro ou inscrição na entidade profissional competente (CREA, OAB, CRM, CRF etc.) e a aptidão para desempenho da atividade, com a indicação de instalações, equipamentos e pessoal habilitado.

16.9.4 Qualificação econômico-financeira

A qualificação econômico-financeira visa verificar se o proponente terá condições de prestar o objeto licitado sem qualquer adiantamento financeiro.

Nas compras de maior vulto a Administração deverá empreender maior cautela, especialmente quando o objeto for entregue em parcelas.

Quanto aos serviços, os cuidados se redobram, é necessário que o prestador comprove possuir condições de prestá-los. Em qualquer caso, os requisitos dos incisos I e II do art. 31 da Lei 8.666/93 poderão ser exigidos a depender das circunstâncias, ou seja, o balanço patrimonial de demonstrações contábeis do último exercício social e certidão negativa de falência ou concordata.

Lei 10.520/02
Art. 4º. (...)
XII – encerrada a etapa competitiva e ordenadas as ofertas, o pregoeiro procederá à abertura do invólucro contendo os documentos de habilitação do licitante que apresentou a melhor proposta, para verificação do atendimento das condições fixadas no edital;

XIII – a habilitação far-se-á com a verificação de que o licitante está em situação regular perante a Fazenda Nacional, a Seguridade Social e o Fundo de Garantia do Tempo de Serviço – FGTS, e as Fazendas Estaduais e Municipais, quando for o caso, com a comprovação de que atende às exigências do edital quanto à habilitação jurídica e qualificações técnica e econômico-financeira;

XIV – os licitantes poderão deixar de apresentar os documentos de habilitação que já constem do Sistema de Cadastramento Unificado de Fornecedores – SICAF e sistemas semelhantes mantidos por Estados, Distrito Federal ou Municípios, assegurado aos demais licitantes o direito de acesso aos dados nele constantes;

XV – verificado o atendimento das exigências fixadas no edital, o licitante será declarado vencedor;

Não sendo habilitado o dono da melhor proposta ou se esta for considerada inexequível, o pregoeiro examinará as ofertas subsequentes e a qualificação dos licitantes, obedecida a ordem de classificação de forma sucessiva, até a apuração de uma proposta que atenda ao edital.

Tal hipótese pode ensejar punição ao licitante classificado em primeiro lugar, bem como todos aqueles que não lograrem habilitação, porque declararam que possuíam condições de habilitação.

Lei 10.520/02
Art. 4º. (...)
XVI – se a oferta não for aceitável ou se o licitante desatender às exigências habilitatórias, o pregoeiro examinará as ofertas subsequentes e a qualificação dos licitantes, na ordem de classificação, e assim sucessivamente, até a apuração de uma que atenda ao edital, sendo o respectivo licitante declarado vencedor;
XVII – nas situações previstas nos incisos XI e XVI, o pregoeiro poderá negociar diretamente com o proponente para que seja obtido preço melhor;

16.10 Fase Recursal

No pregão a fase recursal é única. Ainda na sessão, assim que for declarado o vencedor, qualquer licitante poderá manifestar a intenção de recorrer, devendo apresentar as razões em 3 (três) dias. A falta de manifestação, motivada e imediata, importará renúncia ao direito de recurso e o pregoeiro adjudicará o objeto em favor do vencedor.

O recurso poderá versar sobre o conteúdo da proposta e/ou a habilitação do vencedor. Não se concebe outro fundamento para o recurso, já que, a essa altura, todas as demais questões já foram resolvidas e estarão preclusas. A medida cabível será o recurso hierárquico, previsto no inciso I, alíneas *a* e *b* do art. 109 da Lei 8.666/93, com prazo reduzido para 3 (três) dias corridos.

A Lei assegura vistas aos demais licitantes para apresentarem contrarrazões, em igual número de dias, a contar do término do prazo do recorrente. Como se vê:

Lei 10.520/02
Art. 4º. (...)
XVIII – declarado o vencedor, qualquer licitante poderá manifestar imediata e motivadamente a intenção de recorrer, quando lhe será concedido o prazo de 3 (três) dias para apresentação das razões do recurso, ficando os demais licitantes desde logo intimados para apresentar contrarrazões em igual número de dias, que começarão a correr do término do prazo do recorrente, sendo-lhes assegurada vista imediata dos autos;

O acolhimento do recurso importará a invalidação apenas dos atos insuscetíveis de aproveitamento, vale dizer, da proposta vencedora ou da habilitação do vencedor. Nesta hipótese, o procedimento deve retornar à fase anterior, convocando os demais licitantes a fim de iniciar nova negociação, nos termos dos incisos XVI e XVII do art. 4º da Lei 10.520/04.

Lei 10.520/02
Art. 4º. (...)
XIX – o acolhimento de recurso importará a invalidação apenas dos atos insuscetíveis de aproveitamento;

16.11 Adjudicação

Adjudicação é a entrega do objeto em favor do vencedor do certame. Com ela, nasce uma perspectiva de direito de que, caso a Administração venha a contratar, será com aquele que possuir o objeto adjudicado para si. No pregão, a adjudicação será promovida pelo pregoeiro, somente recairá sobre outra autoridade em caso de recurso, como manda a norma a seguir:

Lei 10.520/04
Art. 4º. (...)
XX – a falta de manifestação imediata e motivada do licitante importará a decadência do direito de recurso e a adjudicação do objeto da licitação pelo pregoeiro ao vencedor;
XXI – decididos os recursos, a autoridade competente fará a adjudicação do objeto da licitação ao licitante vencedor;

16.12 Homologação

Trata-se do mesmo instituto disciplinado pela Lei 8.666/93. A autoridade competente (ordenador da despesa) deverá exercitar juízo de legalidade e conveniência acerca da licitação e a anulará ou revogará, caso verifique, respectivamente, a presença de nulidades absolutas ou a inconveniência do resultado; em caso contrário, aprovará o procedimento através da homologação.

No pregão a adjudicação pode ocorrer primeiro do que a homologação. A adjudicação é o último ato do procedimento e somente deve ser praticado quando se verificar a legalidade de todo o processo de licitação. A adjudicação feita pelo pregoeiro ficará condicionada à homologação. Significa que, sem esta, aquela não produzirá efeito algum. Se não for homologada, desaparecerá a adjudicação anteriormente proferida.

Em termos rigorosos, a homologação significa que a autoridade superior encampou a adjudicação praticada pelo pregoeiro. Diz a lei a respeito:

Lei 10.520/02
Art. 4º. (...)
XXII – homologada a licitação pela autoridade competente, o adjudicatário será convocado para assinar o contrato no prazo definido em edital; e
XXIII – se o licitante vencedor, convocado dentro do prazo de validade da sua proposta, não celebrar o contrato, aplicar-se-á o disposto no inciso XVI.

16.13 Vedações

Um dos objetivos do pregão foi a desburocratização do sistema de compras do setor público. Exigir as mesmas condições para as demais modalidades seria, no dito popular, "trocar seis por meia dúzia".

A habilitação no pregão é simplificada, o que permite a qualquer interessado participar, mesmo aquele que não poderia se fosse outra a modalidade empregada. É vedado, expressamente, exigir garantia de proposta, aquisição de edital como condição de participação e o pagamento de taxas e emolumentos, ressalvados os referentes ao fornecimento do edital, desde que não seja superior ao custo de sua reprodução gráfica e aos custos pela utilização de recursos de tecnologia da informação. Observe o teor da Lei:

Lei 10.520/02
Art. 5º. É vedada a exigência de:
I – garantia de proposta;
II – aquisição do edital pelos licitantes, como condição para participação no certame; e
III – pagamento de taxas e emolumentos, salvo os referentes a fornecimento do edital, que não serão superiores ao custo de sua reprodução gráfica, e aos custos de utilização de recursos de tecnologia da informação, quando for o caso.

16.14 Prazo de Validade das Propostas

De regra, o prazo de validade das propostas será de 60 (sessenta) dias. Pode o edital dispor sobre prazo superior, na forma do art. 64, § 3º, da Lei 8.666/93, para liberar o proponente da contratação quando não convocado.

Nas demais modalidades o prazo de validade das propostas coincide com o prazo de liberação do proponente vencedor para contratação, importando dizer que todas as propostas perdem a validade após sessenta dias da data prevista para entrega dos envelopes.

No pregão, verificados incidentes que impeçam a contratação do vencedor, o segundo colocado poderá ser convocado, desde que a sua proposta esteja dentro do prazo de validade.

Lei 10.520/02
Art. 6º. O prazo de validade das propostas será de 60 (sessenta) dias, se outro não estiver fixado no edital.

16.15 Cominação de Sanções por Inadimplemento

A simplificação do sistema de compras implementada pelo pregão, que se consubstancia em inverter as fases de habilitação e classificação e com o uso do princípio da oralidade, tornam a responsabilidade do licitante maior nesta modalidade do que nas demais. Caso o licitante pratique ato que venha a comprometer o certame, como declarar-se apto à habilitação sabendo não estar, implicará responder às sanções previstas na Lei 8.666/93. A seriedade dos licitantes é essencial para o êxito deste modelo de competição. O procedimento simplificado não comporta maior indagação acerca da idoneidade do licitante. Com a certeza de que somente serão aferidos os documentos de habilitação após a classificação, podem surgir aventureiros com o propósito de tumultuar o certame. É fundamental, portanto, estabelecer sanções para tornar previsível, inquestionável e irreversível a punição a comportamentos dessa ordem.

Além das sanções da Lei 8.666/93, aplicáveis subsidiariamente ao pregão (Lei 10.520/02, art. 9°), o vencedor convocado no prazo de validade da proposta que não celebrar o contrato, deixar de entregar ou apresentar documentação exigida no certame, ensejar o retardamento da execução do objeto, não mantiver a proposta, falhar ou fraudar a execução do contrato, comportar-se de modo inidôneo ou cometer fraude fiscal, ficará impedido de licitar e contratar com a União, Estados, Distrito Federal ou Municípios e será descredenciado do sistema de cadastro de fornecedores pelo prazo de até 5 (cinco) anos, sem prejuízo das multas previstas no edital e no contrato e as demais cominações legais.

Lei 10.520/02
Art. 7°. Quem, convocado dentro do prazo de validade da sua proposta, não celebrar o contrato, deixar de entregar ou apresentar documentação falsa exigida para o certame, ensejar o retardamento da execução de seu objeto, não mantiver a proposta, falhar ou fraudar na execução do contrato, comportar-se de modo inidôneo ou cometer fraude fiscal, ficará impedido de licitar e contratar com a União, Estados, Distrito Federal ou Municípios e, será descredenciado no SICAF, ou nos sistemas de cadastramento de fornecedores a que se refere o inc. XIV do art. 4° desta Lei, pelo prazo de até 5 (cinco) anos, sem prejuízo das multas previstas em edital e no contrato e das demais cominações legais.
Art. 9°. Aplicam-se subsidiariamente, para a modalidade de pregão, as normas da Lei 8.666, de 21.06.1993.

* Perspectiva de alteração da lei

O Projeto de Lei 7.709/07, se aprovado e convertido em lei, alterará a redação do art. 23 da Lei 8.666/93, atualizando os valores que estabelecem os limites de escolha de cada modalidade e disciplinam regras referentes à modalidade pregão, tornando-a obrigatória para a seleção de bens comuns.

Conheça a redação proposta:

Art. 23. (...)
I – para obras e serviços de engenharia:
a) convite – até R$ 340.000,00 (trezentos e quarenta mil reais);
b) tomada de preços – até R$ 3.400.000,00 (três milhões e quatrocentos mil reais);
c) concorrência – acima de R$ 3.400.000,00 (três milhões e quatrocentos mil reais);
II – para compras e serviços não referidos no inciso anterior:
a) convite – até R$ 180.000,00 (cento e oitenta mil reais);
b) tomada de preços – até R$ 1.500.000,00 (um milhão e quinhentos mil reais);
c) concorrência – acima de R$ 1.500.000,00 (um milhão e quinhentos mil reais).
(...)
§ 3º. A concorrência é a modalidade de licitação cabível, qualquer que seja o valor de seu objeto, tanto na compra, alienação ou permissão de uso de bens imóveis, ressalvado o disposto no art. 19, na contratação de parceria público-privada, nos termos da Lei 11.079, de 30.12.2004, como nas concessões de direito real de uso e nas licitações internacionais, admitindo-se neste último caso, observados os limites deste artigo, a tomada de preços, quando o órgão ou entidade dispuser de cadastro internacional de fornecedores ou o convite, quando não houver fornecedor do bem ou serviço no País, ou ainda o Pregão nos casos previstos no § 9º deste artigo.
(...)
§ 9º. Observado o disposto no § 10, é obrigatória a adoção da modalidade pregão para todas as licitações do tipo "menor preço", sendo exigível, no caso de obras, quantitativos definidos, sem possibilidade de acréscimos ou supressões contratuais a que se refere o art. 65, § 1º, desta Lei.
§ 10. É vedada a adoção da modalidade pregão para licitação destinada à contratação de obra de valor superior ao previsto no art. 23, I, "a", desta Lei, ou de serviços e compras de grande vulto, nos termos do art. 6º, V, desta Lei, bem como para serviços técnicos profissionais especializados enumerados no art. 13 desta Lei.

17 REGIME DIFERENCIADO DE CONTRATAÇÃO PÚBLICA – RDC

O RDC é uma modalidade comum de licitação instituído para agilizar as contratações dos grandes eventos esportivos que o País sediará a partir de 2013 até 2016.

Pode ser utilizada na contratação das obras do Programa de Aceleração do Crescimento – PAC, das obras e serviços de engenharia do Sistema Único de Saúde – SUS, das obras e serviços de engenharia para construção, ampliação e reforma de estabelecimentos penais e unidades de atendimento socioeducativo e também é aplicável às licitações e contratos necessários à realização de obras e serviços de engenharia no âmbito dos sistemas públicos de ensino.

É uma modalidade menos burocrática, e como tal, visa ampliar a eficiência nas contratações públicas.

A adoção desta modalidade afasta as normas estabelecidas na Lei 8.666/93. Trata-se, então, de uma modalidade comum – visa a contratação de serviços –, porém, especial quanto a sua aplicação, eis que somente pode ser utilizada para as contratações estabelecidas em rol taxativo. Vamos à norma.

Lei 12.462/11
Art. 1º. É instituído o Regime Diferenciado de Contratações Públicas (RDC), aplicável exclusivamente às licitações e contratos necessários à realização:
I – dos Jogos Olímpicos e Paraolímpicos de 2016, constantes da Carteira de Projetos Olímpicos a ser definida pela Autoridade Pública Olímpica (APO); e
II – da Copa das Confederações da Federação Internacional de Futebol Associação – Fifa 2013 e da Copa do Mundo Fifa 2014, definidos pelo Grupo Executivo – Gecopa 2014 do Comitê Gestor instituído para definir, aprovar e supervisionar as ações previstas no Plano Estratégico das Ações do Governo Brasileiro para a realização da Copa do Mundo Fifa 2014 – CGCOPA 2014, restringindo-se, no caso de obras públicas, às constantes da matriz de responsabilidades celebrada entre a União, Estados, Distrito Federal e Municípios;
III – de obras de infraestrutura e de contratação de serviços para os aeroportos das capitais dos Estados da Federação distantes até 350 km (trezentos e cinquenta quilômetros) das cidades sedes dos mundiais referidos nos incisos I e II.
IV – das ações integrantes do Programa de Aceleração do Crescimento (PAC)
V – das obras e serviços de engenharia no âmbito do Sistema Único de Saúde – SUS.
VI – das obras e serviços de engenharia para construção, ampliação e reforma de estabelecimentos penais e unidades de atendimento sócio--educativo.
(...)

*§ 3º. Além das hipóteses previstas no **caput**, o RDC também é aplicável às licitações e contratos necessários à realização de obras e serviços de engenharia no âmbito dos sistemas públicos de ensino.*

17.1 Rol Taxativo

O RDC é uma modalidade comum – destinada à aquisição de bens ou contratação de serviços – mas especial, pois somente pode ser utilizada para os casos taxativamente estabelecidos nos incisos do art. 1º e no § 3º da lei.

O Brasil assumiu a responsabilidade de sediar grandes eventos esportivos, como as copas das Confederações em 2013, já realizadas, a Copa do Mundo de Futebol da FIFA, em 2014, e os Jogos Olímpicos e Paraolímpicos do Rio de Janeiro em 2016.

Os eventos esportivos de âmbito mundial exigem a concentração de esforços para preparar o País com a infraestrutura mínima necessária. Para tanto, verificado o excesso de formalidades e a burocracia presente nas modalidades já conhecidas, a União baixou Medida Provisória, convertida na chamada "Lei Especial da Copa", com vistas a agilizar as contratações e aquisições relacionadas aos eventos e a infraestrutura das cidades sedes e região.

Aproveitando a ocasião, as Leis 12.688/12, 12.745/12 e a Medida Provisória 630/13 estenderam a utilização da modalidade nas ações vinculadas ao Programa de Aceleração do Crescimento – PAC, na contratação das obras e serviços de engenharia no âmbito do Sistema Único de Saúde – SUS, das obras e serviços de engenharia para construção, ampliação e reforma de estabelecimentos penais e unidades de atendimento socioeducativo e, posteriormente, das obras e serviços de engenharia no âmbito dos sistemas públicos de ensino, respectivamente. Ou seja, nas áreas de prioridade máxima do Governo Federal, estadual e municipal.

A modalidade RDC difere do Pregão, pois este via a aquisição ou a contratação de serviços comuns, cujos padrões de desempenho e qualidade possam ser objetivamente definidos pelo edital, por meio de especificações usuais no mercado, cuja seleção possa se dar pelo menor preço, deixando os de maior complexidade, aqueles aferíveis pela técnica, às modalidades da Lei 8.666/93.

No Regime Diferenciado de Contratação esta diferenciação inexiste. Pode-se contratar qualquer serviço, desde que para atender aos eventos ou aos objetos estabelecidos na lei.

17.2 Objetivos

Lei 12.462/11
Art. 1º. (...)
§ 1º. O RDC tem por objetivos:
I – ampliar a eficiência nas contratações públicas e a competitividade entre os licitantes;
II – promover a troca de experiências e tecnologias em busca da melhor relação entre custos e benefícios para o setor público;
III – incentivar a inovação tecnológica; e
IV – assegurar tratamento isonômico entre os licitantes e a seleção da proposta mais vantajosa para a administração pública.

O RDC foi instituído com vistas a diminuir a burocracia nas contratações públicas de modo a aumentar a eficiência nas contratações prioritárias e fundamentais para o Brasil.

O aumento da eficiência constitui em obrigação do estado brasileiro desde a Emenda Constitucional 19/93. O uso do RDC permite a melhoria da eficiência quanto a celeridade nas contratações, bem como quanto a economicidade, eis que os estudos da previsão de custos só são conhecidos após o certame, ficando de conhecimento restrito à Administração e aos órgãos de controle.

O aumento da competitividade é outro fator que melhora a eficiência, tendo em vista que com ela sempre vem a melhora da relação custo/benefício.

O princípio da eficiência finalmente foi posto à frente de formalidades inúteis e desnecessárias e, para tanto, a lei estabeleceu diretrizes de modo a assegurá-lo, quais sejam: a) a padronização de objetos contratuais, editais e contratos; b) a análise da maior vantagem da contratação considerando custos e benefícios, diretos e indiretos, de natureza econômica, social ou ambiental; c) contratos com previsão de remuneração variável para o contratado, de acordo com sua performance, dentre outras.

O contrato decorrente da seleção no modelo RDC, se aproxima, em alguns pontos, dos chamados "contratos de gestão" firmados pela Administração Pública com organizações pertencentes ao terceiro setor social.

17.3 Negação à Lei 8.666/93

Lei 12.462/11
Art. 1º. (...)

§ 2º. A opção pelo RDC deverá constar de forma expressa do instrumento convocatório e resultará no afastamento das normas contidas na Lei 8.666, de 21.06.1993, exceto nos casos expressamente previstos nesta Lei.

A Lei 12.462/11 traz uma inovação legislativa ao negar a aplicação de outra norma. Ao optar pelo RDC a Administração afasta a aplicação da Lei 8.666/93, salvo nos casos admitidos pela própria lei inovadora.

A Lei 8.666/93 é extremamente formalista, burocrática e causa o fenômeno das licitações intermináveis, procrastinadas por recursos entre os licitantes e por atuação precoce dos órgãos de controle interno e externo. É antieconômica ao impedir, de certa forma, a ampla negociação entre os licitantes e a Administração que, antes mesmo da abertura, já tem que indicar seus orçamentos e o levantamento de custo aferidos no mercado.

17.4 Definições

Lei 12.462/11
Art. 2º. Na aplicação do RDC, deverão ser observadas as seguintes definições:
I – empreitada integral: quando se contrata um empreendimento em sua integralidade, compreendendo a totalidade das etapas de obras, serviços e instalações necessárias, sob inteira responsabilidade da contratada até a sua entrega ao contratante em condições de entrada em operação, atendidos os requisitos técnicos e legais para sua utilização em condições de segurança estrutural e operacional e com as características adequadas às finalidades para a qual foi contratada;
II – empreitada por preço global: quando se contrata a execução da obra ou do serviço por preço certo e total;
III – empreitada por preço unitário: quando se contrata a execução da obra ou do serviço por preço certo de unidades determinadas;
IV – projeto básico: conjunto de elementos necessários e suficientes, com nível de precisão adequado, para, observado o disposto no parágrafo único deste artigo:
a) caracterizar a obra ou serviço de engenharia, ou complexo de obras ou serviços objeto da licitação, com base nas indicações dos estudos técnicos preliminares;
b) assegurar a viabilidade técnica e o adequado tratamento do impacto ambiental do empreendimento; e

c) *possibilitar a avaliação do custo da obra ou serviço e a definição dos métodos e do prazo de execução;*

V – projeto executivo: conjunto dos elementos necessários e suficientes à execução completa da obra, de acordo com as normas técnicas pertinentes; e

VI – tarefa: quando se ajusta mão de obra para pequenos trabalhos por preço certo, com ou sem fornecimento de materiais.

Parágrafo único. *O projeto básico referido no inciso IV do* **caput** *deste artigo deverá conter, no mínimo, sem frustrar o caráter competitivo do procedimento licitatório, os seguintes elementos:*

I – desenvolvimento da solução escolhida de forma a fornecer visão global da obra e identificar seus elementos constitutivos com clareza;

II – soluções técnicas globais e localizadas, suficientemente detalhadas, de forma a restringir a necessidade de reformulação ou de variantes durante as fases de elaboração do projeto executivo e de realização das obras e montagem a situações devidamente comprovadas em ato motivado da administração pública;

III – identificação dos tipos de serviços a executar e de materiais e equipamentos a incorporar à obra, bem como especificações que assegurem os melhores resultados para o empreendimento;

IV – informações que possibilitem o estudo e a dedução de métodos construtivos, instalações provisórias e condições organizacionais para a obra;

V – subsídios para montagem do plano de licitação e gestão da obra, compreendendo a sua programação, a estratégia de suprimentos, as normas de fiscalização e outros dados necessários em cada caso, exceto, em relação à respectiva licitação, na hipótese de contratação integrada;

VI – orçamento detalhado do custo global da obra, fundamentado em quantitativos de serviços e fornecimentos propriamente avaliados.

Salutar destacar aqui apenas as inovações trazidas pela lei, o que torna a modalidade RDC especial em sua essência, evitando a repetição de conteúdos já comentados anteriormente.

As grandes inovações presentes na modalidade RDC estão no projeto básico, onde os seus elementos não podem frustrar o caráter competitivo do procedimento licitatório – o aumento da competição é um dos objetivos do RDC, de modo que todos os elementos do projeto básico devem primar pela preservação da competição –, e ser claro, inclusive quanto aos serviços e materiais a serem empregados na obra.

O projeto básico deverá, ainda, mostrar o desenvolvimento da solução escolhida de forma a fornecer visão global da obra, identificar seus elementos constitutivos com clareza e trazer as soluções técnicas globais e localizadas, suficientemente detalhadas, de forma a restringir a necessidade de reformulação ou de variantes durante as fases de elaboração do projeto executivo e de realização das obras e montagem a situações devidamente comprovadas em ato motivado da Administração Pública. A norma visa evitar as constantes alterações nas obras após a contratação, onde o projeto executivo inviabiliza a solução tecnológica escolhida pelo projeto básico.

O projeto básico deve dar subsídios para montagem do plano de licitação e gestão da obra, compreendendo a sua programação, a estratégia de suprimentos, as normas de fiscalização e outros dados necessários em cada caso; como também prevê a Lei 8.666/93, a exceção se restringe à respectiva licitação, na hipótese de contratação integrada, pois neste caso a elaboração do projeto básico será de responsabilidade do contratado.

17.5 Princípios

Lei 12.462/11
Art. 3º. As licitações e contratações realizadas em conformidade com o RDC deverão observar os princípios da legalidade, da impessoalidade, da moralidade, da igualdade, da publicidade, da eficiência, da probidade administrativa, da economicidade, do desenvolvimento nacional sustentável, da vinculação ao instrumento convocatório e do julgamento objetivo.

A grande novidade é o fato da eficiência ter sido tratada como objetivo e como princípio. Embora singela, a mudança é profunda. A eficiência passa a um patamar acima dos demais princípios ao, na qualidade de objetivo, ser perseguido pela Administração Pública, podendo inclusive ser o grande motivador da seleção.

No mais, o artigo apenas reproduz os princípios já conhecidos.

17.6 Diretrizes

Lei 12.462/11
Art. 4º. Nas licitações e contratos de que trata esta Lei serão observadas as seguintes diretrizes:
I – padronização do objeto da contratação relativamente às especificações técnicas e de desempenho e, quando for o caso, às condições de manutenção, assistência técnica e de garantia oferecidas;
II – padronização de instrumentos convocatórios e minutas de contratos, previamente aprovados pelo órgão jurídico competente;

III – busca da maior vantagem para a administração pública, considerando custos e benefícios, diretos e indiretos, de natureza econômica, social ou ambiental, inclusive os relativos à manutenção, ao desfazimento de bens e resíduos, ao índice de depreciação econômica e a outros fatores de igual relevância;

IV – condições de aquisição, de seguros e de pagamento compatíveis com as do setor privado, inclusive mediante pagamento de remuneração variável conforme desempenho, na forma do art. 10 desta Lei;

IV – condições de aquisição, de seguros, de garantias e de pagamento compatíveis com as condições do setor privado, inclusive mediante pagamento de remuneração variável conforme desempenho, na forma do art. 10;

V – utilização, sempre que possível, nas planilhas de custos constantes das propostas oferecidas pelos licitantes, de mão de obra, materiais, tecnologias e matérias-primas existentes no local da execução, conservação e operação do bem, serviço ou obra, desde que não se produzam prejuízos à eficiência na execução do respectivo objeto e que seja respeitado o limite do orçamento estimado para a contratação; e

VI – parcelamento do objeto, visando à ampla participação de licitantes, sem perda de economia de escala.

§ 1º. As contratações realizadas com base no RDC devem respeitar, especialmente, as normas relativas à:

I – disposição final ambientalmente adequada dos resíduos sólidos gerados pelas obras contratadas;

II – mitigação por condicionantes e compensação ambiental, que serão definidas no procedimento de licenciamento ambiental;

III – utilização de produtos, equipamentos e serviços que, comprovadamente, reduzam o consumo de energia e recursos naturais;

IV – avaliação de impactos de vizinhança, na forma da legislação urbanística;

V – proteção do patrimônio cultural, histórico, arqueológico e imaterial, inclusive por meio da avaliação do impacto direto ou indireto causado pelas obras contratadas; e

VI – acessibilidade para o uso por pessoas com deficiência ou com mobilidade reduzida.

§ 2º. O impacto negativo sobre os bens do patrimônio cultural, histórico, arqueológico e imaterial tombados deverá ser compensado por meio de medidas determinadas pela autoridade responsável, na forma da legislação aplicável.

Diretriz é a linha a ser seguida, a forma de se percorrer o caminho. As diretrizes a serem seguidas nas contratações pela modalidade RDC tem por fundamento o respeito ao cidadão, ao exigir a acessibilidade, ao mesmo tempo em que visa aproximar a forma de contratação pública ao modelo adotado pelo setor privado.

Grande inovação é a possibilidade de pagamento variável, de acordo com o desempenho. O art. 4º traça as diretrizes gerais a serem adotados nos procedimentos que utilizarem a nova modalidade.

Preocupações com o meio ambiente e o patrimônio cultural, histórico, arqueológico e imaterial, figuram pela primeira vez em uma norma licitatória, o que demonstra uma mudança radical na conduta do País, anteriormente despreocupado com questões de suma importância.

Ao traçar diretrizes a lei dá o norte, o caminho a ser trilhado em cada procedimento que adotar a regra. Não só isso, entendo que o art. 4º desta lei é aplicável, de imediato, em qualquer procedimento licitatório, mesmo quando não adotada a modalidade RDC. Trata-se de norma geral baixada pela União, mesmo que o *caput* tenha restringido sua aplicação nas licitações que adotarem o rito especial.

17.7 Do Objeto da Licitação

Lei 12.462/11
Art. 5º. O objeto da licitação deverá ser definido de forma clara e precisa no instrumento convocatório, vedadas especificações excessivas, irrelevantes ou desnecessárias.

Tenho visto em diversos certames licitatórios a preocupação da Administração em definir o objeto a ser licitado com pormenores desnecessários, o que pode inibir a competição.

A Lei 8.666/93 exige que o objeto seja *claro* e *sucinto*, no entanto, talvez com a preocupação em adquirir produto de qualidade superior, e diante da vedação de estabelecer a marca, descrevem o objeto com especificações excessivas.

O exemplo clássico é o da caneta esferográfica BIC. Como na definição do objeto a Administração não pode definir a marca pretendida BIC, assim descreve o objeto:

CANETA ESFEROGRÁFICA, cor da carga azul, ponta plástica com esfera de tungstênio, escrita média, corpo plástico transparente com a pega ou todo sextavado, com orifício de ventilação central, tampa e fundo na cor azul, validade mínima de 22 meses, a partir da data de entrega, impressa na embalagem. Caixa com 50 unidades, com selo do Inmetro impresso.

Sinceramente não sei porque ainda existe a proibição da Administração Pública escolher a marca do produto, principalmente daqueles que são comercializados em grande escala e de qualidade reconhecida pelo brasileiro. A vedação dá azo para se dar o famoso "jeitinho brasileiro" para driblar a lei, o que foi parcialmente corrigido nesta modalidade de licitação, como se verá no teor do art. 7º.

Mais uma vez a lei exige a definição do objeto de forma clara e sucinta e agora precisa, sem especificações desnecessárias e que possam inibir a competição.

Se não posso escolher a marca, o objeto para aquisição de caneta deve ser assim definido: "CANETA ESFEROGRÁFICA DE COR AZUL". Nada mais. A validade, os testes, as amostras e outros requisitos necessários, devem vir no corpo do instrumento convocatório.

17.8 Orçamento Secreto

Lei 12.462/11
Art. 6º. Observado o disposto no § 3º, o orçamento previamente estimado para a contratação será tornado público apenas e imediatamente após o encerramento da licitação, sem prejuízo da divulgação do detalhamento dos quantitativos e das demais informações necessárias para a elaboração das propostas.
§ 1º. Nas hipóteses em que for adotado o critério de julgamento por maior desconto, a informação de que trata o caput deste artigo constará do instrumento convocatório.
§ 2º. No caso de julgamento por melhor técnica, o valor do prêmio ou da remuneração será incluído no instrumento convocatório.
§ 3º. Se não constar do instrumento convocatório, a informação referida no caput deste artigo possuirá caráter sigiloso e será disponibilizada estrita e permanentemente aos órgãos de controle externo e interno.

Uma das inovações mais significativas da nova modalidade de licitação – Regime Diferenciado de Contratações (RDC), sem dúvidas, é a manutenção sob sigilo dos orçamentos prévios colhidos ou produzidos pela Administração, bem como a introdução do tipo de seleção *Maior Desconto*.

Muito me incomoda a obrigatoriedade da Administração Pública de dizer a todos quanto orçou uma obra ou produto. É como se dissesse ao vendedor; "– Olha, essa obra me custará tanto, por quanto você me faz?".

Recentemente precisei podar uma árvore na frente de minha residência, conversei com dois podares. Ao primeiro disse que a última poda me custou R$100,00 (cem reais) mas achei caro e perguntei por quanto ele faria. A resposta foi rápida, R$80,00 (oitenta reais), já havia, então, obtido um belo desconto. Ao segundo, não informei o valor que havia pago anteriormente, simplesmente perguntei o seu preço. Pasmem, R$30,00 (trinta reais). Adivinhem com quem contratei.

Causou polêmica, no entanto, a admissão, pela lei, da Administração Pública omitir temporariamente a publicidade do orçamento estimado da contratação, permitindo sua divulgação após o término do certame.

Na sistemática, a regra é o sigilo dos orçamentos estimados da contratação, sem embargo da obrigatória divulgação do detalhamento dos quantitativos e demais especificações necessárias para a elaboração das propostas, sendo que este dado será sigiloso, inclusive para os licitantes, só podendo ser conhecido após o término do certame licitatório. Antes do qual, somente os órgãos de controle interno e externo podem ter acesso aos dados. A exceção é para as licitações do tipo *maior desconto*, bem como nos casos de julgamento por melhor técnica – em tais casos, não haveria o sigilo acerca do orçamento estimado.

Certamente, inexistindo conhecimento prévio pelos licitantes do valor referencial do objeto contratual, estes tenderão a ofertar um preço menor, mais próximo do praticado efetivamente no mercado.

17.9 Indicação de Marca ou Modelo

Lei 12.462/11
Art. 7º. No caso de licitação para aquisição de bens, a administração pública poderá:
I – indicar marca ou modelo, desde que formalmente justificado, nas seguintes hipóteses:
a) em decorrência da necessidade de padronização do objeto;
b) quando determinada marca ou modelo comercializado por mais de um fornecedor for a única capaz de atender às necessidades da entidade contratante; ou
c) quando a descrição do objeto a ser licitado puder ser melhor compreendida pela identificação de determinada marca ou modelo aptos a servir como referência, situação em que será obrigatório o acréscimo da expressão "ou similar ou de melhor qualidade";
II – exigir amostra do bem no procedimento de pré-qualificação, na fase de julgamento das propostas ou de lances, desde que justificada a necessidade da sua apresentação;
III – solicitar a certificação da qualidade do produto ou do processo de fabricação, inclusive sob o aspecto ambiental, por qualquer instituição oficial competente ou por entidade credenciada; e

IV – solicitar, motivadamente, carta de solidariedade emitida pelo fabricante, que assegure a execução do contrato, no caso de licitante revendedor ou distribuidor.

As hipóteses em que se pode definir a marca ou modelo foram taxativamente expostas nas alíneas do inciso I do art. 7º.

Na alínea *a*, admite-se a indicação da marca em decorrência da necessidade de padronização do objeto. Ocorre que não se pode adquirir um produto determinado para o fim de padronização.

A padronização vem primeiro. Trata-se de um procedimento específico, instaurado para este fim, que se exaure no ato do chefe do Poder ou a autoridade máxima do órgão ou entidade, padronizando o bem. Somente após e para futuras aquisições, pode-se definir a marca.

A hipótese contida no art. 7º, I, *a,* é ilegal pois ofensiva ao princípio da padronização, mesmo que tenha este como objetivo.

Na alínea *b,* admite se definir a marca quando esta ou modelo for comercializado por mais de um fornecedor e for a única capaz de atender às necessidades da entidade contratante.

A hipótese aqui tratada se aproxima muito à inexigibilidade de competição, afastada esta em razão do produto ser comercializado por vários fornecedores. Seria, por exemplo, a aquisição de determinado reagente para uso exclusivo em laboratório, onde só uma marca atende o interesse da Administração, mas a licitação se impõe em razão da competição.

A hipótese contida na alínea *c,* sem dúvidas, resolve o problema da aquisição da caneta BIC. Por certo, a Administração pode pretender a caneta esferográfica BIC, mas não pode recusar outras marcas de igual ou superior qualidade, eis que esta marca não é única que atende o interesse da Administração.

As disposições dos incisos I a III do art. 7º são facultativas, a Administração *pode* exigir que os licitantes e as propostas atendam se estiver estabelecido no instrumento convocatório. No silêncio, não pode ser exigido, por exemplo, a apresentação de amostras conforme permitido no inciso II.

17.10 Regime de Execução – Contratação Integrada

Lei 12.462/11
Art. 8º. Na execução indireta de obras e serviços de engenharia, são admitidos os seguintes regimes:
I – empreitada por preço unitário;

II – empreitada por preço global;
III – contratação por tarefa;
IV – empreitada integral; ou
V – contratação integrada.

§ 1º. *Nas licitações e contratações de obras e serviços de engenharia serão adotados, preferencialmente, os regimes discriminados nos incisos II, IV e V do caput deste artigo.*

§ 2º. *No caso de inviabilidade da aplicação do disposto no § 1º deste artigo, poderá ser adotado outro regime previsto no caput deste artigo, hipótese em que serão inseridos nos autos do procedimento os motivos que justificaram a exceção.*

§ 3º. *O custo global de obras e serviços de engenharia deverá ser obtido a partir de custos unitários de insumos ou serviços menores ou iguais à mediana de seus correspondentes ao Sistema Nacional de Pesquisa de Custos e Índices da Construção Civil (Sinapi), no caso de construção civil em geral, ou na tabela do Sistema de Custos de Obras Rodoviárias (Sicro), no caso de obras e serviços rodoviários.*

§ 4º. *No caso de inviabilidade da definição dos custos consoante o disposto no § 3º deste artigo, a estimativa de custo global poderá ser apurada por meio da utilização de dados contidos em tabela de referência formalmente aprovada por órgãos ou entidades da administração pública federal, em publicações técnicas especializadas, em sistema específico instituído para o setor ou em pesquisa de mercado.*

§ 5º. *Nas licitações para a contratação de obras e serviços, com exceção daquelas onde for adotado o regime previsto no inciso V do* **caput** *deste artigo, deverá haver projeto básico aprovado pela autoridade competente, disponível para exame dos interessados em participar do processo licitatório.*

§ 6º. *No caso de contratações realizadas pelos governos municipais, estaduais e do Distrito Federal, desde que não envolvam recursos da União, o custo global de obras e serviços de engenharia a que se refere o § 3º deste artigo poderá também ser obtido a partir de outros sistemas de custos já adotados pelos respectivos entes e aceitos pelos respectivos tribunais de contas.*

§ 7º. *É vedada a realização, sem projeto executivo, de obras e serviços de engenharia para cuja concretização tenha sido utilizado o RDC, qualquer que seja o regime adotado.*

Os regimes de execução previstos na nova lei repetem o conteúdo da Lei 8.666/93, com exceção da contratação integrada – razão pela qual me reportarei somente a este regime.

O art. 8º deve ser interpretado em conjunto com o 9º, eis que este completa aquele. Então, ei-lo:

Lei 12.462/11
Art. 9º. Nas licitações de obras e serviços de engenharia, no âmbito do RDC, poderá ser utilizada a contratação integrada, desde que técnica e economicamente justificada e cujo objeto envolva, pelo menos, uma das seguintes condições:
I – inovação tecnológica ou técnica;
II – possibilidade de execução com diferentes metodologias; ou
III – possibilidade de execução com tecnologias de domínio restrito no mercado.

§ 1º. A contratação integrada compreende a elaboração e o desenvolvimento dos projetos básico e executivo, a execução de obras e serviços de engenharia, a montagem, a realização de testes, a préoperação e todas as demais operações necessárias e suficientes para a entrega final do objeto.

§ 2º. No caso de contratação integrada:
I – o instrumento convocatório deverá conter anteprojeto de engenharia que contemple os documentos técnicos destinados a possibilitar a caracterização da obra ou serviço, incluindo:
a) a demonstração e a justificativa do programa de necessidades, a visão global dos investimentos e as definições quanto ao nível de serviço desejado;
b) as condições de solidez, segurança, durabilidade e prazo de entrega, observado o disposto no caput e no § 1º do art. 6º desta Lei;
c) a estética do projeto arquitetônico; e
d) os parâmetros de adequação ao interesse público, à economia na utilização, à facilidade na execução, aos impactos ambientais e à acessibilidade;
II – o valor estimado da contratação será calculado com base nos valores praticados pelo mercado, nos valores pagos pela administração pública em serviços e obras similares ou na avaliação do custo global da obra, aferida mediante orçamento sintético ou metodologia expedita ou paramétrica.
III – será adotado o critério de julgamento de técnica e preço.

§ 3º. Caso seja permitida no anteprojeto de engenharia a apresentação de projetos com metodologias diferenciadas de execução, o instrumento convocatório estabelecerá critérios objetivos para avaliação e julgamento das propostas.

§ 4º. Nas hipóteses em que for adotada a contratação integrada, é vedada a celebração de termos aditivos aos contratos firmados, exceto nos seguintes casos:
I – para recomposição do equilíbrio econômico-financeiro decorrente de caso fortuito ou força maior; e
II – por necessidade de alteração do projeto ou das especificações para melhor adequação técnica aos objetivos da contratação, a pedi-

do da administração pública, desde que não decorrentes de erros ou omissões por parte do contratado, observados os limites previstos no § 1º do art. 65 da Lei 8.666, de 21.06.1993.

O Regime de Execução por *contratação integrada*, adotado, com preferência, nas obras da Copa do Mundo e das Olimpíadas.

Para ser utilizado este regime de execução exige-se prévia justificativa técnica e econômica, a teor do art. 9º, § 1º.

A contratação integrada abrange a elaboração e o desenvolvimento dos projetos básico e executivo, a execução de obras e serviços de engenharia, a montagem, a realização de testes, a pré-operação e todas as demais operações necessárias e suficientes para a entrega final do objeto. Ou seja, contrata-se tudo, inclusive a elaboração dos projetos básico e executivo.

Na especificação do objeto, caberá à Administração apresentar um anteprojeto de engenharia a ser executado, que seja claro o suficiente e apto à elaboração da proposta, aos moldes do que se impõe o inc. I, § 2º do art. 9º, a saber: a) a demonstração e a justificativa do programa de necessidades, a visão global dos investimentos e as definições quanto ao nível de serviço desejado; b) as condições de solidez, segurança, durabilidade e prazo de entrega; c) a estética do projeto arquitetônico; e d) os parâmetros de adequação ao interesse público, à economia na utilização, à facilidade na execução, aos impactos ambientais e à acessibilidade.

A Administração deve estimar o valor da contratação, calculado com base nos valores praticados pelo mercado, nos valores pagos em serviços e obras similares ou na avaliação do custo global da obra, aferida mediante orçamento sintético ou metodologia expedita ou paramétrica (art. 9º, § 2º, inc. II), além de adotar o critério de julgamento de técnica e preço (art. 9º, § 2º, inc. III). Este valor poderá ser mantido em sigilo, conforme aduzido no tópico 17.8.

A vedação contida no §4º do art. 9º, de que nas contratações realizadas no regime de execução integral não será permitido a realização de aditivos contratuais, não é por acaso. O anteprojeto deve servir de base para a elaboração da proposta, dando suporte para que esta seja completa, sem possibilidade de alterações, abrangendo todos os serviços a serem executados. O projeto somente poderá ser alterado nas hipóteses dos incisos I e II do § 4º do art. 9º, quais sejam: I – para a recomposição do equilíbrio econômico-financeiro do contrato, quando o pedido for decorrente de caso fortuito ou força maior e quando for necessário alterar o projeto ou suas especificações para a melhor adequação técnica, desde que não seja o pedido decorrente de erros ou omissões por parte do contatado, dependendo ainda de pedido da Administração Pública e limitado aos percentuais do § 1º do art. 65 da Lei 8.666/93. Não é fácil elaborar uma proposta integral para execução de obra de grande vulto sabendo que não se admitirá ajustes futuros. A questão, no entanto, não é a proibição de adequação do valor, eis que a ressalva do inciso I admite o reequilíbrio econômico-financeiro. Com isso, se houver erro na elaboração da proposta, restando comprovado que o erro inviabilizará a execução, será possível a correção de modo a manter o equilíbrio econômico financeiro do contrato. O que se veda são acréscimos a serviços não previstos no projeto.

17.11 Remuneração Variável

Lei 12.462/11
Art. 10. Na contratação das obras e serviços, inclusive de engenharia, poderá ser estabelecida remuneração variável vinculada ao desempenho da contratada, com base em metas, padrões de qualidade, critérios de sustentabilidade ambiental e prazo de entrega definidos no instrumento convocatório e no contrato.
Parágrafo único. A utilização da remuneração variável será motivada e respeitará o limite orçamentário fixado pela administração pública para a contratação.

Um dos objetivos da contratação pela modalidade RDC é a eficiência. Uma das fórmulas para aprimorar a eficiência é propor remuneração variável ao contratado, que receberá mais se atingir metas previamente definidas como padrões de qualidade, critérios de sustentabilidade ambiental e prazo de entrega.

Nos contratos de gestão, firmados pela Administração Pública com organizações sociais, que preveem o pagamento de taxa de administração, de regra a prática já é aplicada. Por exemplo, se a gestão alcançar o índice de satisfação do usuário definido como meta, perceberá 100% (cem por cento) da taxa referente a este índice; caso contrário, terá a remuneração reduzida. O problema da contratação selecionada pela modalidade nova não é de gestão, mas de execução de obra ou serviço, dificultando, desta forma, a remuneração variável.

A economia de insumos, o desenvolvimento de tecnologias ambientalmente corretas que proporcione vantagem econômica futura, o cumprimento do contrato no prazo ou a antecipação, são fatores que podem autorizar a remuneração variável.

17.12 Contratação Múltipla

Lei 12.462/11
Art. 11 A administração pública poderá, mediante justificativa expressa, contratar mais de uma empresa ou instituição para executar o mesmo serviço, desde que não implique perda de economia de escala, quando:
I – o objeto da contratação puder ser executado de forma concorrente e simultânea por mais de um contratado; ou
II – a múltipla execução for conveniente para atender à administração pública.
§ 1º. Nas hipóteses previstas no caput *deste artigo, a administração pública deverá manter o controle individualizado da execução do objeto contratual relativamente a cada uma das contratadas.*
§ 2º. O disposto no caput *deste artigo não se aplica aos serviços de engenharia.*

A possibilidade de contratação múltipla configura em inovação sonhada já há bastante tempo pela Administração Pública brasileira. Não é de hoje que as empresas têm se especializado cada vez mais e uma obra de grande envergadura pode ser executada por mais de uma pessoa.

A medida visa diminuir as subcontratações, muitas vezes maléficas à Administração que vê uma pessoa estranha executando os serviços assumidos por outros, daí a necessidade de previa autorização para que se admita, ao olhos da Lei 8.666/93.

Com a contratação múltipla, para obras que possam ser divididas, ou seja, executadas de forma concorrente e simultânea por mais de uma empresa, as possibilidades de subcontratação diminuem.

17.13 Do Procedimento Licitatório

Lei 12.462/11
Art. 12. O procedimento de licitação de que trata esta Lei observará as seguintes fases, nesta ordem:
I – preparatória;
II – publicação do instrumento convocatório;
III – apresentação de propostas ou lances;
IV – julgamento;

V – habilitação;
VI – recursal; e
VII – encerramento.

Parágrafo único. *A fase de que trata o inciso V do* **caput** *deste artigo poderá, mediante ato motivado, anteceder as referidas nos incisos III e IV do* **caput** *deste artigo, desde que expressamente previsto no instrumento convocatório.*

O "pulo do gato" dado pela Lei 10.520/02 com a inversão das fases de julgamento e habilitação foi repetido pela Lei 12.462/11. Não se trata de uma inovação legislativa, mas certamente é o caminho a ser seguido por qualquer certame licitatório.

A Lei 12.462/11 detalhou os procedimentos de forma pormenorizada, sendo autodidata, como também o é a Lei 8.666/93.

A licitação será processada nas formas dos artigos 12 a 33 da lei, que dá prioridade à forma eletrônica.

O procedimento se dará em sete fases: preparatória; publicação do instrumento convocatório; apresentação de propostas ou lances; julgamento; habilitação; recursal e encerramento.

17.13.1 Fase preparatória

A fase preparatória é interna, nela a Administração definirá sua intenção e elaborará os estudos necessários para a elicitação, inclusive as pesquisas e o orçamento detalhado que o manterá sob sigilo.

Na fase preparatória deve se estabelecer as condições de participação no certame, a nova lei apresenta uma série de vedações à participação de pessoas físicas ou jurídicas que desejam participar das licitações regidas pelo RDC.

O art. 36 da lei indica as seguintes vedações à participação na licitação: a) pessoa física ou jurídica que elaborar o projeto básico ou executivo correspondente; b) da pessoa jurídica que participar de consórcio responsável pela elaboração do projeto básico ou executivo correspondente; c) da pessoa jurídica da qual o autor do projeto básico ou executivo seja administrador, sócio com mais de 5% (cinco por cento) do capital votante, controlador, gerente, responsável técnico ou subcontratado; ou d) do servidor, empregado ou ocupante de cargo em comissão do órgão ou entidade contratante ou responsável pela licitação.

As três primeiras vedações não se aplicam ao regime de contratação integrada. A razão é óbvia, nesta forma de execução a realização do projeto básico e executivo também são encargos do contratado.

Na fase preparatória, no caso de contratação pelo regime integral, será elaborado o anteprojeto com os elementos suficientes para a elaboração da proposta.

17.13.2 Publicação do instrumento convocatório

Com a publicação do instrumento convocatório tem início a fase externa do certame. A publicidade deve ser ampla, ressalvado o conteúdo protegido pelo sigilo. Os prazos e local das publicações foram estabelecidos no art. 15 da Lei 12.462/11.

A novidade foi a diminuição dos prazos, de modo a tornar o procedimento mais célere. Com isso, para aquisição de bens o prazo será de 5 (cinco) dias úteis para as licitações do tipo menor preço ou maior oferta; e de 10 (dez) dias úteis quando o julgamento não se der pelo menor preço ou maior oferta.

Para contratação de serviços e obras os prazos sobem para 15 (quinze) e 30 (trinta) dias úteis, respectivamente.

Quando a licitação se der pelo tipo maior oferta, o prazo será de 10 (dez) dias úteis, ao passo que se o critério de julgamento for pela melhor combinação técnica e preço, o prazo será de 30 (trinta) dias úteis.

A lei faculta a publicação ou divulgação direta aos fornecedores, porém exige que a publicação do extrato se dê no Diário Oficial da União, do Estado, do Distrito Federal ou do Município, ou, no caso de consórcio público, do ente de maior nível entre eles, sem prejuízo da possibilidade de publicação de extrato em jornal diário de grande circulação.

É obrigatório, ainda, que se dê publicidade pelo meio eletrônico em sítio eletrônico oficial centralizado de licitações ou mantido pelo ente encarregado do procedimento licitatório na rede mundial de computares.

A publicação no Diário Oficial é dispensada no caso de licitações cujo valor não ultrapasse R$ 150.000,00 (cento e cinquenta mil reais) para obras ou R$ 80.000,00 (oitenta mil reais) para bens e serviços, inclusive de engenharia.

Se houver modificação no instrumento convocatório suficiente para influenciar na elaboração da proposta, deve-se repetir a publicação pelo mesmo prazo definido para cada tipo de licitação.

Eis o teor do art. 15 da lei.

Lei 12.462/11
Art. 15. Será dada ampla publicidade aos procedimentos licitatórios e de pré-qualificação disciplinados por esta Lei, ressalvadas as hipóte-

ses de informações cujo sigilo seja imprescindível à segurança da sociedade e do Estado, devendo ser adotados os seguintes prazos mínimos para apresentação de propostas, contados a partir da data de publicação do instrumento convocatório:
I – para aquisição de bens:
a) 5 (cinco) dias úteis, quando adotados os critérios de julgamento pelo menor preço ou pelo maior desconto; e
b) 10 (dez) dias úteis, nas hipóteses não abrangidas pela alínea a deste inciso;
II – para a contratação de serviços e obras:
a) 15 (quinze) dias úteis, quando adotados os critérios de julgamento pelo menor preço ou pelo maior desconto; e
b) 30 (trinta) dias úteis, nas hipóteses não abrangidas pela alínea a deste inciso;
III – para licitações em que se adote o critério de julgamento pela maior oferta: 10 (dez) dias úteis; e
IV – para licitações em que se adote o critério de julgamento pela melhor combinação de técnica e preço, pela melhor técnica ou em razão do conteúdo artístico: 30 (trinta) dias úteis.
§ 1º. A publicidade a que se refere o caput deste artigo, sem prejuízo da faculdade de divulgação direta aos fornecedores, cadastrados ou não, será realizada mediante:
I – publicação de extrato do edital no Diário Oficial da União, do Estado, do Distrito Federal ou do Município, ou, no caso de consórcio público, do ente de maior nível entre eles, sem prejuízo da possibilidade de publicação de extrato em jornal diário de grande circulação; e
II – divulgação em sítio eletrônico oficial centralizado de divulgação de licitações ou mantido pelo ente encarregado do procedimento licitatório na rede mundial de computadores.
§ 2º. No caso de licitações cujo valor não ultrapasse R$ 150.000,00 (cento e cinquenta mil reais) para obras ou R$ 80.000,00 (oitenta mil reais) para bens e serviços, inclusive de engenharia, é dispensada a publicação prevista no inciso I do § 1º deste artigo.
§ 3º. No caso de parcelamento do objeto, deverá ser considerado, para fins da aplicação do disposto no § 2º deste artigo, o valor total da contratação.
§ 4º. As eventuais modificações no instrumento convocatório serão divulgadas nos mesmos prazos dos atos e procedimentos originais, exceto quando a alteração não comprometer a formulação das propostas.

As regras aplicáveis aos atos de publicidade nas licitações pelo RDC são as mesmas que se aplicam ao procedimento de pré-qualificação.

17.13.3 Inversão de fases

A lei traz expressa previsão de que o julgamento das propostas ocorre antes da habilitação e que os documentos relativos a esta somente serão exigidos do licitante vencedor.

A sistemática é a mesma do pregão e torna o certame mais célere e eficiente, no entanto, admite-se a inversão das fases, ou seja, a critério da Administração ele poderá promover primeiramente a habilitação, desde que previamente estabelecido no instrumento convocatório. Em que pese entender ser um retrocesso, às vezes é necessário saber se o vencedor terá condições técnicas e financeiras para executar os serviços. Com efeito, o parágrafo único do art. 12 autoriza a inversão de fases, se promovendo em primeiro lugar a habilitação.

17.13.4 Julgamento

O julgamento das propostas segue os critérios estabelecidos em cada tipo de licitação. Diferentemente da Lei 8.666/93, pela modalidade RDC a lei admite a adoção de cinco tipos de licitação, a saber: menor preço ou maior desconto; técnica e preço; melhor técnica ou conteúdo artístico; maior oferta de preço ou maior retorno econômico.

Para todos os tipos, a regra básica de julgamento das propostas consiste no dever de se pautar em parâmetros objetivos e definidos previamente no instrumento convocatório. Regra que não se dissocia da prevista para todas as modalidades de licitação.

O julgamento das propostas pela nova modalidade pode se dar, então, pelos mesmos critérios de julgamento do art. 45 da Lei 8.666/93, além dos dois novos tipos: maior oferta de preço e maior retorno econômico.

A Lei 12.462/11 apresenta maior detalhamento do tipo de licitação *menor preço*; ao estipular que nesta forma se considera o menor dispêndio para a Administração Pública, atendo aos parâmetros mínimos de qualidade definidos no instrumento convocatório. Ou seja, parâmetros como custos de utilização, manutenção, reposição, depreciação e impacto ambiental, entre outros fatores, devem ser considerados para a definição do menor dispêndio, sempre que objetivamente mensuráveis.

Fixa também um critério adicional de julgamento chamado de "maior desconto", que seleciona o participante com base no maior desconto sobre o preço fixado, que deverá incidir linearmente sobre os orçamentos ou sobre o preço de referência dos bens. Neste caso os orçamentos devem ser divulgados, sendo exceção ao sigilo.

O tipo *melhor técnica e preço*, deve ser utilizada a objetos de natureza predominantemente intelectual ou de inovação tecnológica, ou ainda que possam ser executados com diferentes metodologias ou tecnologias de domínio restrito no mercado. Neste critério, o julgamento ocorre com a avaliação e a ponderação da qualidade técnica das propostas que superarem os requisitos mínimos estabelecidos no instrumento convocatório forem relevantes aos fins pretendidos pela Administração Pública.

A seleção pelo tipo *melhor técnica* ou *melhor conteúdo artístico* é destinada à contratação de projetos, inclusive arquitetônicos, e trabalhos de natureza técnica, científica ou artística, salvo projetos de engenharia. Os licitantes apresentam propostas técnicas ou artísticas apresentadas em busca de prêmio ou remuneração atribuída aos vencedores. O modelo é similar ao concurso, onde se seleciona o objeto e não a proposta.

O tipo de licitação denominado *maior oferta de preço* é utilizado para objetos cujo contrato gere receita para a Administração. O particular efetua uma oferta em dinheiro, calculada sobre o valor do montante estimado e recolhe, na fase de habilitação, cinco por cento do valor ofertado como garantia em favor da Administração Pública, valor este que será devolvido após a conclusão do objeto.

Vamos às inovações.

A lei inova ao prever o julgamento através do *maior retorno econômico* em contratos de prestação do serviço. Trata-se de mais uma ferramenta para se alcançar a eficiência. O maior retorno econômico pode se dar, inclusive, na forma de impostos. A lei é omissa quanto aos parâmetros para se definir a economia pretendida, referindo-se apenas que a redução deve ser sobre as despesas correntes.

Por este critério, a Administração firmará um contrato de risco para o contratado, eis que este apresenta sua proposta sendo remunerado com base na economia efetivamente gerada para a Administração Pública. Trata-se do conhecido contrato *ad exito*, sendo que, não sobrevindo o êxito almejado, o contratado assumirá o prejuízo.

A nova lei preferiu adotar a nomenclatura de *critérios de julgamento*, ao contrário da Lei 8.666/93 que utiliza *tipo de licitação*.

Os tipos, ou critérios de julgamento, acima expostos são tratados pelos artigos 18 a 23, a seguir transcritos:

Lei 12.462/11
Art. 18. Poderão ser utilizados os seguintes critérios de julgamento:
I – menor preço ou maior desconto;
II – técnica e preço;

III – melhor técnica ou conteúdo artístico;
IV – maior oferta de preço; ou
V – maior retorno econômico.

§ 1º. *O critério de julgamento será identificado no instrumento convocatório, observado o disposto nesta Lei.*

§ 2º. *O julgamento das propostas será efetivado pelo emprego de parâmetros objetivos definidos no instrumento convocatório.*

§ 3º. *Não serão consideradas vantagens não previstas no instrumento convocatório, inclusive financiamentos subsidiados ou a fundo perdido.*

Art. 19. *O julgamento pelo menor preço ou maior desconto considerará o menor dispêndio para a administração pública, atendidos os parâmetros mínimos de qualidade definidos no instrumento convocatório.*

§ 1º. *Os custos indiretos, relacionados com as despesas de manutenção, utilização, reposição, depreciação e impacto ambiental, entre outros fatores, poderão ser considerados para a definição do menor dispêndio, sempre que objetivamente mensuráveis, conforme dispuser o regulamento.*

§ 2º. *O julgamento por maior desconto terá como referência o preço global fixado no instrumento convocatório, sendo o desconto estendido aos eventuais termos aditivos.*

§ 3º. *No caso de obras ou serviços de engenharia, o percentual de desconto apresentado pelos licitantes deverá incidir linearmente sobre os preços de todos os itens do orçamento estimado constante do instrumento convocatório.*

Art. 20. *No julgamento pela melhor combinação de técnica e preço, deverão ser avaliadas e ponderadas as propostas técnicas e de preço apresentadas pelos licitantes, mediante a utilização de parâmetros objetivos obrigatoriamente inseridos no instrumento convocatório.*

§ 1º. *O critério de julgamento a que se refere o caput deste artigo será utilizado quando a avaliação e a ponderação da qualidade técnica das propostas que superarem os requisitos mínimos estabelecidos no instrumento convocatório forem relevantes aos fins pretendidos pela administração pública, e destinar-se-á exclusivamente a objetos:*

I – de natureza predominantemente intelectual e de inovação tecnológica ou técnica; ou

II – que possam ser executados com diferentes metodologias ou tecnologias de domínio restrito no mercado, pontuando-se as vantagens e qualidades que eventualmente forem oferecidas para cada produto ou solução.

§ 2º. *É permitida a atribuição de fatores de ponderação distintos para valorar as propostas técnicas e de preço, sendo o percentual de ponderação mais relevante limitado a 70% (setenta por cento).*

Art. 21. *O julgamento pela melhor técnica ou pelo melhor conteúdo artístico considerará exclusivamente as propostas técnicas ou artísticas apresentadas pelos licitantes com base em critérios objetivos previamente estabelecidos no instrumento convocatório, no qual será definido o prêmio ou a remuneração que será atribuída aos vencedores.*

Parágrafo único. *O critério de julgamento referido no **caput** deste artigo poderá ser utilizado para a contratação de projetos, inclusive arquitetônicos, e trabalhos de natureza técnica, científica ou artística, excluindo-se os projetos de engenharia.*

Art. 22. *O julgamento pela maior oferta de preço será utilizado no caso de contratos que resultem em receita para a administração pública.*

§ 1º. Quando utilizado o critério de julgamento pela maior oferta de preço, os requisitos de qualificação técnica e econômico-financeira poderão ser dispensados, conforme dispuser o regulamento.

§ 2º. No julgamento pela maior oferta de preço, poderá ser exigida a comprovação do recolhimento de quantia a título de garantia, como requisito de habilitação, limitada a 5% (cinco por cento) do valor ofertado.

§ 3º. Na hipótese do § 2º deste artigo, o licitante vencedor perderá o valor da entrada em favor da administração pública caso não efetive o pagamento devido no prazo estipulado.

Art. 23. *No julgamento pelo maior retorno econômico, utilizado exclusivamente para a celebração de contratos de eficiência, as propostas serão consideradas de forma a selecionar a que proporcionará a maior economia para a administração pública decorrente da execução do contrato.*

§ 1º. O contrato de eficiência terá por objeto a prestação de serviços, que pode incluir a realização de obras e o fornecimento de bens, com o objetivo de proporcionar economia ao contratante, na forma de redução de despesas correntes, sendo o contratado remunerado com base em percentual da economia gerada.

*§ 2º. Na hipótese prevista no **caput** deste artigo, os licitantes apresentarão propostas de trabalho e de preço, conforme dispuser o regulamento.*

§ 3º. Nos casos em que não for gerada a economia prevista no contrato de eficiência:

I – a diferença entre a economia contratada e a efetivamente obtida será descontada da remuneração da contratada;

II – se a diferença entre a economia contratada e a efetivamente obtida for superior à remuneração da contratada, será aplicada multa por inexecução contratual no valor da diferença; e

III – a contratada sujeitar-se-á, ainda, a outras sanções cabíveis caso a diferença entre a economia contratada e a efetivamente obtida seja superior ao limite máximo estabelecido no contrato.

17.13.5 Habilitação

Com a inversão das fases a habilitação é feita somente do vencedor e aos moldes da habilitação tradicional das demais modalidades, pois a lei remete esta fase aos artigos 27 a 33 da Lei 8.666/93.

Na habilitação a Administração verifica a regularidade do vencedor quanto a sua formação, suas habilidades, sua saúde financeira e regularidade fiscal. Por ser posterior, salutar que se exija dos participantes declaração de que se encontram em condições de habilitação, conforme autoriza o inciso I do art. 14 da lei.

Na hipótese de inversão de fases, ao contrário da forma estabelecida na Lei 8.666/93, os proponentes somente entregarão as propostas após a fase de habilitação, o que geralmente ocorrerá em data diferente, tendo em vista que, ao se inverter as fases, abre-se prazos para recurso.

Outra novidade é quanto a regularidade fiscal que pode ser comprovada após o julgamento, exigindo-se, então, somente do vencedor.

A lei faculta, ainda, que se exija requisitos de sustentabilidade ambiental na forma da legislação aplicável.

Quanto a este aspecto dúvidas poderão surgir. A exigência refere-se à proposta ou ao proponente? Entendo ser aplicável aos dois. O proponente deve ser ambientalmente responsável, não só na execução dos serviços objeto da licitação, mas no seu dia a dia, o que pode ser aferível de acordo com a legislação aplicável ao caso. Já quanto à proposta, a responsabilidade ambiental é um dos objetivos estabelecidos pela nova modalidade, dispensando comentários a respeito.

O art. 14 da lei é o que trata da fase de habilitação.

Lei 12.462/11
Art. 14. Na fase de habilitação das licitações realizadas em conformidade com esta Lei, aplicar-se-á, no que couber, o disposto nos arts. 27 a 33 da Lei 8.666, de 21.06.1993, observado o seguinte:
I – poderá ser exigida dos licitantes a declaração de que atendem aos requisitos de habilitação;
II – será exigida a apresentação dos documentos de habilitação apenas pelo licitante vencedor, exceto no caso de inversão de fases;
III – no caso de inversão de fases, só serão recebidas as propostas dos licitantes previamente habilitados; e
IV – em qualquer caso, os documentos relativos à regularidade fiscal poderão ser exigidos em momento posterior ao julgamento das propostas, apenas em relação ao licitante mais bem classificado.
Parágrafo único. Nas licitações disciplinadas pelo RDC:
I – será admitida a participação de licitantes sob a forma de consórcio, conforme estabelecido em regulamento; e
II – poderão ser exigidos requisitos de sustentabilidade ambiental, na forma da legislação aplicável.

17.13.6 Fase recursal

Concluída a fase de julgamento das propostas e habilitação, tem início a fase recursal, que será única, salvo se houver inversão de fases de habilitação e julgamento.

Os recursos só serão admitidos se referentes ao julgamento das propostas ou lances e habilitação do vencedor. Outras matérias, como impugnação do instrumento convocatório, já se encontram exauridas a esta altura.

O prazo para interposição do recurso é de 5 (cinco) dias úteis a termos do art. 45, II da Lei 12.462/11.

Em decorrência do contraditório, a lei assegura o direito de vista do processo quando aos elementos indispensáveis à defesa dos seus interesses, bem como o de apresentação de contrarrazões para os licitantes interessados no resultado do recurso.

Processado o recurso perante a autoridade que praticou o ato recorrido, com pedido de encaminhamento dirigido à autoridade superior, esta poderá reconsiderar sua decisão no prazo de 5 (cinco) dias úteis ou, nesse prazo, fazê-lo subir à autoridade superior para decisão. A decisão do recurso pela autoridade superior deve ser proferida dentro do prazo de 5 (cinco) dias úteis, contados do seu recebimento, sob pena de apuração de responsabilidade.

Lei 12.462/11
Art. 27. Salvo no caso de inversão de fases, o procedimento licitatório terá uma fase recursal única, que se seguirá à habilitação do vencedor.
***Parágrafo único.** Na fase recursal, serão analisados os recursos referentes ao julgamento das propostas ou lances e à habilitação do vencedor.*

17.13.7 Encerramento

A fase de encerramento é de competência da autoridade superior do órgão ou entidade licitante, que deve chamar para si a responsabilidade da regularidade do certame.

Nesta fase, devem ser saneados os vícios encontrados ou, não sendo sanáveis, anular o procedimento por ato devidamente motivado ou revogá-lo por questões de interesse público superveniente devidamente justificado.

Não havendo vício e mantido o interesse da administração, caberá à autoridade homologar o certame e adjudicar o objeto em favor do vencedor.

Em relação à Lei Federal 8.666/93 há dois apontamentos a serem feitos: inova-se com a possibilidade do encaminhamento à comissão de licitações para corrigir irregularidades e a possibilidade de anulação parcial do certame.

Lei 12.462/11
Art. 28. Exauridos os recursos administrativos, o procedimento licitatório será encerrado e encaminhado à autoridade superior, que poderá:
I – determinar o retorno dos autos para saneamento de irregularidades que forem supríveis;
II – anular o procedimento, no todo ou em parte, por vício insanável;
III – revogar o procedimento por motivo de conveniência e oportunidade; ou
IV – adjudicar o objeto e homologar a licitação.

17.14 Preferência pelo Procedimento Eletrônico

Lei 12.462/11
Art. 13. As licitações deverão ser realizadas preferencialmente sob a forma eletrônica, admitida a presencial.
Parágrafo único. Nos procedimentos realizados por meio eletrônico, a administração pública poderá determinar, como condição de validade e eficácia, que os licitantes pratiquem seus atos em formato eletrônico.

Indiscutível que desde a adoção do pregão a legislação vem incentivando a adoção da tecnologia nas compras governamentais. De fato, o meio eletrônico tem se mostrado mais eficiente e proporcionado o aumento da competitividade e, sem dúvidas, proporcionado a realização de melhores contratações.

Não é inovação a preferência da lei pelo meio eletrônico.

17.15 Modos de Disputa

Lei 12.462/11
Art. 16. Nas licitações, poderão ser adotados os modos de disputa aberto e fechado, que poderão ser combinados na forma do regulamento.
Art. 17. O regulamento disporá sobre as regras e procedimentos de apresentação de propostas ou lances, observado o seguinte:
I – no modo de disputa aberto, os licitantes apresentarão suas ofertas por meio de lances públicos e sucessivos, crescentes ou decrescentes, conforme o critério de julgamento adotado;

II – no modo de disputa fechado, as propostas apresentadas pelos licitantes serão sigilosas até a data e hora designadas para que sejam divulgadas; e

III – nas licitações de obras ou serviços de engenharia, após o julgamento das propostas, o licitante vencedor deverá reelaborar e apresentar à administração pública, por meio eletrônico, as planilhas com indicação dos quantitativos e dos custos unitários, bem como do detalhamento das Bonificações e Despesas Indiretas (BDI) e dos Encargos Sociais (ES), com os respectivos valores adequados ao lance vencedor.

§ 1º. Poderão ser admitidos, nas condições estabelecidas em regulamento:

I – a apresentação de lances intermediários, durante a disputa aberta; e

II – o reinício da disputa aberta, após a definição da melhor proposta e para a definição das demais colocações, sempre que existir uma diferença de pelo menos 10% (dez por cento) entre o melhor lance e o do licitante subsequente.

§ 2º. Consideram-se intermediários os lances:

I – iguais ou inferiores ao maior já ofertado, quando adotado o julgamento pelo critério da maior oferta; ou

II – iguais ou superiores ao menor já ofertado, quando adotados os demais critérios de julgamento.

A lei introduziu uma relevante novidade ao criar diferentes modos de disputa, inexistentes na legislação pretérita.

Ao regulamentar a lei, a Administração deve dispor sobre o modo de disputa, tendo em vista que a Lei 12.462/11 fala em "combinar" o modo de disputa. Ou seja, o regulamento deve dispor sobre a combinação a ser feita entre os licitantes e a Administração na ora da apresentação das propostas.

A lei admite os modos de disputa aberto e fechado. No modo de disputa aberto, os licitantes apresentarão suas ofertas por meio de lances públicos e sucessivos, crescentes ou decrescentes, conforme o critério de julgamento adotado; no modo de disputa fechado, as propostas apresentadas pelos licitantes serão sigilosas até a data e hora designadas para que sejam divulgadas.

No modo aberto, na fase de apresentação de lances, poderá ocorrer a divulgação dos lances ofertados pelos participantes, pública e sucessivamente. Ao final, o dono do lance melhor classificado e os demais participantes com ofertas até dez por cento acima daquele, reabrindo-se a disputa até se obter um vencedor.

No modo de disputa fechado, trabalha-se com outra forma de estímulo à competitividade; o sigilo quanto aos lances dos concorrentes e uma única oportunidade de fazer a oferta.

Em ambas formas de disputa, quando se tratar de obras e serviços de engenharia, o licitante vencedor deverá reelaborar as planilhas indicativas de custos unitários, das bonificações por despesas indiretas e encargos sociais, devidamente adequadas ao valor do lance vencedor.

17.16 Desclassificação

Lei 12.462/11
Art. 24. Serão desclassificadas as propostas que:
I – contenham vícios insanáveis;
II – não obedeçam às especificações técnicas pormenorizadas no instrumento convocatório;
III – apresentem preços manifestamente inexequíveis ou permaneçam acima do orçamento estimado para a contratação, inclusive nas hipóteses previstas no art. 6º desta Lei;
IV – não tenham sua exequibilidade demonstrada, quando exigido pela administração pública; ou
V – apresentem desconformidade com quaisquer outras exigências do instrumento convocatório, desde que insanáveis.
§ 1º. A verificação da conformidade das propostas poderá ser feita exclusivamente em relação à proposta mais bem classificada.
§ 2º. A administração pública poderá realizar diligências para aferir a exequibilidade das propostas ou exigir dos licitantes que ela seja demonstrada, na forma do inciso IV do caput deste artigo.
§ 3º. No caso de obras e serviços de engenharia, para efeito de avaliação da exequibilidade e de sobrepreço, serão considerados o preço global, os quantitativos e os preços unitários considerados relevantes, conforme dispuser o regulamento.

A Lei 12.462/11 descreve as hipóteses de desclassificação já elencadas na Lei 8.666/93.

Serão desclassificadas as propostas que contêm vícios insanáveis; desobedecem a regras técnicas específicas do edital; possuem preços inexequíveis ou acima do orçamento estimado e aquelas que quando contestadas, não demonstram sua exequibilidade.

A exequibilidade das propostas deve basear-se nos parâmetros do art. 48, § 1º da Lei 8.666/93. A lei nova se limita a estabelecer que o parâmetro da exequibilidade é a proposta melhor classificada, e que no caso de obras e serviços de engenharia deverão ser considerados o preço global, os quantitativos e os preços unitários considerados relevantes.

17.17 Empate e Preferências

Lei 12.462/11
Art. 25. Em caso de empate entre 2 (duas) ou mais propostas, serão utilizados os seguintes critérios de desempate, nesta ordem:
I – disputa final, em que os licitantes empatados poderão apresentar nova proposta fechada em ato contínuo à classificação;
II – a avaliação do desempenho contratual prévio dos licitantes, desde que exista sistema objetivo de avaliação instituído;
III – os critérios estabelecidos no art. 3º da Lei 8.248, de 23.10.1991, e no § 2º do art. 3º da Lei 8.666, de 21.06.1993; e
IV – sorteio.
Parágrafo único. As regras previstas no *caput* deste artigo não prejudicam a aplicação do disposto no art. 44 da Lei Complementar 123, de 14.12.2006.

De forma didática a lei traz os critérios de desempate. A novidade é a possibilidade de reabertura da disputa pelo modo fechado entre os empatados.

Outra possibilidade, não menos inovadora, é a avaliação do desempenho contratual prévio dos licitantes, desde que exista sistema objetivo para tanto, como por exemplo, produtos produzidos no Brasil, transferência de tecnologia, retorno financeiro mediante impostos, dentre outros critérios objetivos.

Finalmente, o sorteio.

Ressalte-se que a lei assegurou a preferência a ser dada às microempresas e às empresas de pequeno porte, conforme estatui a Lei Complementar 123/05.

Lei 12.462/11
Art. 38. Nos processos de contratação abrangidos por esta Lei, aplicam-se as preferências para fornecedores ou tipos de bens, serviços e obras previstos na legislação, em especial as referidas:
I – no art. 3º da Lei 8.248, de 23.10.1991;
II – no art. 3º da Lei 8.666, de 21.06.1993; e
III – nos arts. 42 a 49 da Lei Complementar 123, de 14.12.2006.

17.18 Fase Extra, Negociação

Lei 12.462/11
Art. 26. Definido o resultado do julgamento, a administração pública poderá negociar condições mais vantajosas com o primeiro colocado.

Parágrafo único. *A negociação poderá ser feita com os demais licitantes, segundo a ordem de classificação inicialmente estabelecida, quando o preço do primeiro colocado, mesmo após a negociação, for desclassificado por sua proposta permanecer acima do orçamento estimado.*

Embora a negociação não esteja no rol das fases do procedimento, indiscutivelmente esta etapa o integra e deve ocorrer antes da fase de encerramento.

Neste momento, após definidas as propostas e conhecido o primeiro colocado, a Administração mostrará o orçamento por ela elaborado e que se manteve em sigilo. Em certas circunstâncias, poderá desclassificar a proposta vencedora se esta estiver acima dos orçamentos apresentados.

A princípio a negociação se dará com o primeiro colocado e, após, com os demais, segundo a ordem de classificação, se as propostas melhores forem sendo desclassificadas.

17.19 Dos Procedimentos Auxiliares das Licitações no Âmbito do RDC

Lei 12.462/11
Art. 29. São procedimentos auxiliares das licitações regidas pelo disposto nesta Lei:
I – pré-qualificação permanente;
II – cadastramento;
III – sistema de registro de preços; e
IV – catálogo eletrônico de padronização.
Parágrafo único. Os procedimentos de que trata o **caput** *deste artigo obedecerão a critérios claros e objetivos definidos em regulamento.*

17.19.1 Pré-qualificação permanente

Lei 12.462/11
Art. 30. Considera-se pré-qualificação permanente o procedimento anterior à licitação destinado a identificar:
I – fornecedores que reúnam condições de habilitação exigidas para o fornecimento de bem ou a execução de serviço ou obra nos prazos, locais e condições previamente estabelecidos; e
II – bens que atendam às exigências técnicas e de qualidade da administração pública.
§ 1º. O procedimento de pré-qualificação ficará permanentemente aberto para a inscrição dos eventuais interessados.

§ 2º. A administração pública poderá realizar licitação restrita aos pré-qualificados, nas condições estabelecidas em regulamento.

§ 3º. A pré-qualificação poderá ser efetuada nos grupos ou segmentos, segundo as especialidades dos fornecedores.

§ 4º. A pré-qualificação poderá ser parcial ou total, contendo alguns ou todos os requisitos de habilitação ou técnicos necessários à contratação, assegurada, em qualquer hipótese, a igualdade de condições entre os concorrentes.

§ 5º. A pré-qualificação terá validade de 1 (um) ano, no máximo, podendo ser atualizada a qualquer tempo.

O primeiro procedimento auxiliar descrito no art. 29 da lei é o procedimento da pré-qualificação permanente, destinado a identificar fornecedores que reúnam condições de habilitação ou bens de interesse da Administração. Trata-se de uma espécie de habilitação prévia e permanente, instaurada independentemente de abertura de certame licitatório, pelo qual a Administração declara conhecer as condições daqueles que ali figuram.

A vantagem de um cadastro de fornecedores aptos a contratar com a Administração Pública é o aumento da competitividade, eis que a publicidade pode ser direta, enviada aos previamente cadastrados.

A pré-qualificação dos interessados pode ser total ou parcial, sempre em relação aos requisitos para habilitação, ou seja, a Administração pode elaborar cadastros pré-qualificados de habilitação jurídica, técnica, regularidade fiscal etc. Pode ainda ser de fornecedores e de bens.

A pré-qualificação terá validade de um ano, podendo ser renovada a qualquer tempo.

Ainda não se chegou a este estágio, mas a legislação caminha para a reintrodução da licitação permanente, através de uma modalidade específica para fornecimento de bens de grande consumo ou duráveis, onde o fornecedor atualiza seu preço diariamente e o torna público em um amplo cadastro de fornecedores, acessível por qualquer órgão ou entidade pública.

17.19.2 Cadastramento

Lei 12.462/11
Art. 31. Os registros cadastrais poderão ser mantidos para efeito de habilitação dos inscritos em procedimentos licitatórios e serão válidos por 1 (um) ano, no máximo, podendo ser atualizados a qualquer tempo.

§ 1º *Os registros cadastrais serão amplamente divulgados e ficarão permanentemente abertos para a inscrição de interessados.*
§ 2º. *Os inscritos serão admitidos segundo requisitos previstos em regulamento.*
§ 3º. *A atuação do licitante no cumprimento de obrigações assumidas será anotada no respectivo registro cadastral.*
§ 4º. *A qualquer tempo poderá ser alterado, suspenso ou cancelado o registro do inscrito que deixar de satisfazer as exigências de habilitação ou as estabelecidas para admissão cadastral.*

O cadastramento ou registro cadastral é outro procedimento auxiliar. Difere da pré-qualificação pelo fato de que o cadastrado assume obrigações (art. 31, § 3º) regulamentadas pelo Poder Executivo.

No geral, a pré-qualificação e o cadastramento se completam e ao final se unirão em um único procedimento diante de suas similitudes e finalidades.

17.19.3 Sistema de registro de preços

Lei 12.462/2011
Art. 32. *O Sistema de Registro de Preços, especificamente destinado às licitações de que trata esta Lei, reger-se-á pelo disposto em regulamento.*
§ 1º. *Poderá aderir ao sistema referido no* **caput** *deste artigo qualquer órgão ou entidade responsável pela execução das atividades contempladas no art. 1º desta Lei.*
§ 2º. *O registro de preços observará, entre outras, as seguintes condições:*
I – efetivação prévia de ampla pesquisa de mercado;
II – seleção de acordo com os procedimentos previstos em regulamento;
III – desenvolvimento obrigatório de rotina de controle e atualização periódicos dos preços registrados;
IV – definição da validade do registro; e
V – inclusão, na respectiva ata, do registro dos licitantes que aceitarem cotar os bens ou serviços com preços iguais ao do licitante vencedor na sequência da classificação do certame, assim como dos licitantes que mantiverem suas propostas originais.
§ 3º. *A existência de preços registrados não obriga a administração pública a firmar os contratos que deles poderão advir, sendo facultada a realização de licitação específica, assegurada ao licitante registrado preferência em igualdade de condições.*

O Sistema de Registro de Preços não é novidade, eis que é amplamente utilizado pela Administração, inclusive com diversos questionamentos dos órgãos de controle quanto às chamadas "caronas".

A nova lei traz, contudo, algumas novidades. A primeira refere-se ao prazo de validade que, ao contrário da Lei 8.666/93 que o estipula em um ano, no registro de preços pela novel modalidade cada procedimento disporá sobre o prazo de validade, o quê, certamente, aumentará o descontentamento dos órgãos de controle externo da Administração.

Outra novidade é a possibilidade de inclusão na ata dos licitantes "perdedores" que aceitarem fornecer o bem ou prestar os serviços pelo preço do vencedor.

Alfim, repete a regra da não obrigatoriedade de contratação pelo registro de preços, gozando estes apenas do direito de preferência em uma futura licitação.

17.19.4 Catálogo eletrônico de padronização

Lei 12.462/2011
Art. 33. O catálogo eletrônico de padronização de compras, serviços e obras consiste em sistema informatizado, de gerenciamento centralizado, destinado a permitir a padronização dos itens a serem adquiridos pela administração pública que estarão disponíveis para a realização de licitação.
Parágrafo único. O catálogo referido no caput deste artigo poderá ser utilizado em licitações cujo critério de julgamento seja a oferta de menor preço ou de maior desconto e conterá toda a documentação e procedimentos da fase interna da licitação, assim como as especificações dos respectivos objetos, conforme disposto em regulamento.

Em que pese a padronização depender de um procedimento complexo e pouco utilizado pela Administração, a nova modalidade tratou pelo termo de padronização uma espécie de cadastro de fornecedores gerenciados eletronicamente.

Novamente vejo que a centenária licitação permanente foi reintroduzida, mesmo que timidamente, ao sistema de compras governamentais.

Como a nova modalidade pode ser aplicada para atender as necessidades do Sistema Único de Saúde, enxergo um grande passo para a solução do insanável problema de compra de medicamentos, insumos e próteses, eis que a Administração pode se valer do catálogo eletrônico de padronização para tanto.

Já existem vários sistemas que reúnem fornecedores de bens e em diversas áreas de interesse da Administração Pública, onde a competição se dá em tempo real e por fornecedores aptos ao fornecimento.

A partir deste modelo de compras, não se justifica mais a falta de medicamentos, de merenda escolar ou similares, basta que seja efetivada a norma.

17.20 Da Comissão de Licitação

Lei 12.462/11
Art. 34. As licitações promovidas consoante o RDC serão processadas e julgadas por comissão permanente ou especial de licitações, composta majoritariamente por servidores ou empregados públicos pertencentes aos quadros permanentes dos órgãos ou entidades da administração pública responsáveis pela licitação.
§ 1º. As regras relativas ao funcionamento das comissões de licitação e da comissão de cadastramento de que trata esta Lei serão estabelecidas em regulamento.
§ 2º. Os membros da comissão de licitação responderão solidariamente por todos os atos praticados pela comissão, salvo se posição individual divergente estiver registrada na ata da reunião em que houver sido adotada a respectiva decisão.

A lei não trouxe inovações às comissões de licitação para a modalidade RDC. No entanto, a realização do certame pela mesma comissão que já realiza os demais certames pode levar ao fracasso, ante aos vícios e cacoetes já existentes.

O ideal é preparar novas equipes especializadas na novel modalidade, de modo a não cometer erros comuns nos outros procedimentos. No entanto, não há vedação alguma de que as atuais comissões ou equipes possam manejar um certame pela nova modalidade licitatória.

A lei admitiu que as regras de funcionamento da comissão sejam ditadas pelo regulamento, cabendo, então, ao chefe do Poder Executivo baixá-las.

Como a lei trata de procedimentos auxiliares e permanentes, reforça a tese da necessidade de se adequar os órgãos administrativos ou entidades que possam se valer do RDC, estruturando-os para melhor aproveitamento das inovações trazidas.

Assim, um setor específico de pré-qualificação, cadastramento e formação do catálogo eletrônico é essencial.

17.21 Da Dispensa e Inexigibilidade de Licitação

Lei 12.462/11
Art. 35. *As hipóteses de dispensa e inexigibilidade de licitação estabelecidas nos arts. 24 e 25 da Lei 8.666, de 21.06.1993, aplicam-se, no que couber, às contratações realizadas com base no RDC.*
Parágrafo único. *O processo de contratação por dispensa ou inexigibilidade de licitação deverá seguir o procedimento previsto no art. 26 da Lei 8.666, de 21.06.1993.*

Quanto à dispensa e inexigibilidade de licitação a lei remeteu, integralmente, à Lei 8.666/93.

17.22 Vedações para a Participação nas Licitações e para a Contratação no RDC

Lei 12.462/11
Art. 36. *É vedada a participação direta ou indireta nas licitações de que trata esta Lei:*
I – da pessoa física ou jurídica que elaborar o projeto básico ou executivo correspondente;
II – da pessoa jurídica que participar de consórcio responsável pela elaboração do projeto básico ou executivo correspondente;
III – da pessoa jurídica da qual o autor do projeto básico ou executivo seja administrador, sócio com mais de 5% (cinco por cento) do capital votante, controlador, gerente, responsável técnico ou subcontratado; ou
IV – do servidor, empregado ou ocupante de cargo em comissão do órgão ou entidade contratante ou responsável pela licitação.
§ 1º. Não se aplica o disposto nos incisos I, II e III do **caput** *deste artigo no caso das contratações integradas.*
§ 2º. O disposto no caput deste artigo não impede, nas licitações para a contratação de obras ou serviços, a previsão de que a elaboração de projeto executivo constitua encargo do contratado, consoante preço previamente fixado pela administração pública.
§ 3º. É permitida a participação das pessoas físicas ou jurídicas de que tratam os incisos II e III do **caput** *deste artigo em licitação ou na execução do contrato, como consultor ou técnico, nas funções de fiscalização, supervisão ou gerenciamento, exclusivamente a serviço do órgão ou entidade pública interessados.*
§ 4º. Para fins do disposto neste artigo, considera-se participação indireta a existência de qualquer vínculo de natureza técnica, comercial, econômica, financeira ou trabalhista entre o autor do projeto, pes-

soa física ou jurídica, e o licitante ou responsável pelos serviços, fornecimentos e obras, incluindo-se os fornecimentos de bens e serviços a estes necessários.

§ 5º. *O disposto no § 4º deste artigo aplica-se aos membros da comissão de licitação.*

Art. 37. *É vedada a contratação direta, sem licitação, de pessoa jurídica na qual haja administrador ou sócio com poder de direção que mantenha relação de parentesco, inclusive por afinidade, até o terceiro grau civil com:*

I – detentor de cargo em comissão ou função de confiança que atue na área responsável pela demanda ou contratação; e

II – autoridade hierarquicamente superior no âmbito de cada órgão ou entidade da administração pública.

A nova modalidade não inovou quanto aos impedimentos e vedações de participação. Vedou-se a participação, direta ou indireta, dos autores do projeto básico ou executivo, salvo se se tratar de casos de Contratação Integrada, tendo em vista que neste regime o contratado deve elaborar os projetos básico e executivo. A participação dos autores dos projetos, na licitação ou na execução do contrato, será admitida se for a serviço do órgão/entidade pública interessado, na condição de consultor ou técnico, para funções de fiscalização, supervisão e gerenciamento, seguindo a orientação da lei geral de licitações.

Com relação ao parentesco, resta vedada a contratação direta, sem licitação, de pessoa jurídica na qual haja administrador ou sócio com poder de direção que mantenha relação de parentesco, inclusive por afinidade, até o 3º grau civil com (i) detentor de cargo em comissão ou função de confiança que atue na área responsável pela demanda ou contratação ou (ii) autoridade hierarquicamente superior no âmbito de cada órgão ou entidade.

17.23 Dos Contratos

Lei 12.462/11
Art. 39. *Os contratos administrativos celebrados com base no RDC reger-se-ão pelas normas da Lei 8.666, de 21.06.1993, com exceção das regras específicas previstas nesta Lei.*

Após o certame, o contrato será regido pelas normas da Lei 8.666/93, não tendo o que se comentar neste aspecto. Ressalvou, no entanto, as exceções das regras específicas contidas na lei.

As exceções dizem respeito aos prazos contratuais, que diferem das regras estabelecidas pela Lei 8.666/93 e estão disciplinadas e a possibilidade de contratação com os demais classificados, segundo a ordem de classificação, na hipótese do vencedor não assinar o contrato no prazo definido. A novidade é que, nesta hipótese, a contratação se dará pela proposta do contratado, desde que igual ou inferior aos orçamentos elaborados pela Administração.

A regra da Lei 8.666/93 é a convocação dos remanescentes do certame, segundo a ordem de classificação, mas pela proposta do vencedor. O quê, não havia sentido de ser.

Mesma regra serve para a contratação direta nos termos do art. 24, XI da Lei 8.666/93, com vista à conclusão de obra, serviço ou fornecimento de bens em consequência de rescisão contratual.

As exceções estão disciplinadas nos artigos 41 a 43 da lei.

Lei 12.462/11
Art. 41. Na hipótese do inciso XI do art. 24 da Lei 8.666, de 21.06.1993, a contratação de remanescente de obra, serviço ou fornecimento de bens em consequência de rescisão contratual observará a ordem de classificação dos licitantes remanescentes e as condições por estes ofertadas, desde que não seja ultrapassado o orçamento estimado para a contratação.
*Art. 42. Os contratos para a execução das obras previstas no plano plurianual poderão ser firmados pelo período nele compreendido, observado o disposto no **caput** do art. 57 da Lei 8.666, de 21.06.1993.*
Art. 43. Na hipótese do inciso II do art. 57 da Lei 8.666, de 21.06.1993, os contratos celebrados pelos entes públicos responsáveis pelas atividades descritas nos incisos I a III do art. 1º desta Lei poderão ter sua vigência estabelecida até a data da extinção da APO.

17.24 Convocação Licitante Remanescente

Lei 12.462/11
Art. 40. É facultado à administração pública, quando o convocado não assinar o termo de contrato ou não aceitar ou retirar o instrumento equivalente no prazo e condições estabelecidos:
I – revogar a licitação, sem prejuízo da aplicação das cominações previstas na Lei 8.666, de 21.06.1993, e nesta Lei; ou
II – convocar os licitantes remanescentes, na ordem de classificação, para a celebração do contrato nas condições ofertadas pelo licitante vencedor.

Parágrafo único. *Na hipótese de nenhum dos licitantes aceitar a contratação nos termos do inciso II do **caput** deste artigo, a administração pública poderá convocar os licitantes remanescentes, na ordem de classificação, para a celebração do contrato nas condições ofertadas por estes, desde que o respectivo valor seja igual ou inferior ao orçamento estimado para a contratação, inclusive quanto aos preços atualizados nos termos do instrumento convocatório.*

Mesma regra serve para a contratação direta nos termos do art. 24, XI da Lei 8.666/93, com vista à conclusão de obra, serviço ou fornecimento de bens em consequência de rescisão contratual.

17.25 Anulação e Revogação

Lei 12.462/11
Art. 44. *As normas referentes à anulação e revogação das licitações previstas no art. 49 da Lei 8.666, de 21.06.1993, aplicar-se-ão às contratações realizadas com base no disposto nesta Lei.*

Outra remissão à Lei 8.666/93 refere-se às hipóteses de anulação e revogação da licitação. Apenas para ficar registrado, relembro que o procedimento deve ser anulado em caso de vício insanável, no entanto, vimos que na nova modalidade pode-se corrigir vícios sanáveis e também admite-se a anulação parcial, de modo ao aproveitamento do certame naquilo que for possível.

A revogação se dá por conveniência e oportunidade da administração pública, em decorrência de fato superveniente devidamente justificado.

Ainda há a hipótese da desistência da licitação, que se dá antes de se conhecer o vencedor, pelas mesmas razões da revogação.

17.26 Dos Pedidos de Esclarecimentos, Impugnações e Recursos

Lei 12.462/11
Art. 45. *Dos atos da administração pública decorrentes da aplicação do RDC caberão:*
I – pedidos de esclarecimento e impugnações ao instrumento convocatório no prazo mínimo de:

a) até 2 (dois) dias úteis antes da data de abertura das propostas, no caso de licitação para aquisição ou alienação de bens; ou
b) até 5 (cinco) dias úteis antes da data de abertura das propostas, no caso de licitação para contratação de obras ou serviços;
II – recursos, no prazo de 5 (cinco) dias úteis contados a partir da data da intimação ou da lavratura da ata, em face:
a) do ato que defira ou indefira pedido de pré-qualificação de interessados;
b) do ato de habilitação ou inabilitação de licitante;
c) do julgamento das propostas;
d) da anulação ou revogação da licitação;
e) do indeferimento do pedido de inscrição em registro cadastral, sua alteração ou cancelamento;
f) da rescisão do contrato, nas hipóteses previstas no inciso I do art. 79 da Lei 8.666, de 21.06.1993;
g) da aplicação das penas de advertência, multa, declaração de inidoneidade, suspensão temporária de participação em licitação e impedimento de contratar com a administração pública; e
III – representações, no prazo de 5 (cinco) dias úteis contados a partir da data da intimação, relativamente a atos de que não caiba recurso hierárquico.
§ 1º. Os licitantes que desejarem apresentar os recursos de que tratam as alíneas a, b e c do inciso II do **caput** *deste artigo deverão manifestar imediatamente a sua intenção de recorrer, sob pena de preclusão.*
§ 2º. O prazo para apresentação de contrarrazões será o mesmo do recurso e começará imediatamente após o encerramento do prazo recursal.
§ 3º. É assegurado aos licitantes vista dos elementos indispensáveis à defesa de seus interesses.
§ 4º. Na contagem dos prazos estabelecidos nesta Lei, excluir-se-á o dia do início e incluir-se-á o do vencimento.
§ 5º. Os prazos previstos nesta Lei iniciam e expiram exclusivamente em dia de expediente no âmbito do órgão ou entidade.
§ 6º. O recurso será dirigido à autoridade superior, por intermédio da autoridade que praticou o ato recorrido, cabendo a esta reconsiderar sua decisão no prazo de 5 (cinco) dias úteis ou, nesse mesmo prazo, fazê-lo subir, devidamente informado, devendo, neste caso, a decisão do recurso ser proferida dentro do prazo de 5 (cinco) dias úteis, contados do seu recebimento, sob pena de apuração de responsabilidade.
Art. 46. *Aplica-se ao RDC o disposto no art. 113 da Lei 8.666, de 21.06.1993.*

Para assegurar a transparência e a ampla defesa, a lei traz as matérias, os prazos e os procedimentos para esclarecimentos, impugnações e recursos administrativos.

A carência de um código de processo administrativo na legislação brasileira acaba por exigir que diversas normas disponham sobre o sistema recursal dos atos administrativos.

As regras aplicáveis à nova modalidade não se distanciam das já conhecidas, inclusive, a lei remeteu ao procedimento do art. 113 da Lei 8.666/93.

Pela primeira vez, contudo, a lei traz o direito de vista dos autos para a análise dos elementos de interesse. Entendo que o interessado em recorrer tem, além de vista dos autos, o direito a carga, mesmo que por prazo curto. A dificuldade é que os órgãos administrativos não dispõem de estrutura cartorária para controlar o fluxo de idas e vindas dos autos.

17.27 Sanções Administrativas

Lei 12.462/11
Art. 47. Ficará impedido de licitar e contratar com a União, Estados, Distrito Federal ou Municípios, pelo prazo de até 5 (cinco) anos, sem prejuízo das multas previstas no instrumento convocatório e no contrato, bem como das demais cominações legais, o licitante que:

I – convocado dentro do prazo de validade da sua proposta não celebrar o contrato, inclusive nas hipóteses previstas no parágrafo único do art. 40 e no art. 41 desta Lei;

II – deixar de entregar a documentação exigida para o certame ou apresentar documento falso;

III – ensejar o retardamento da execução ou da entrega do objeto da licitação sem motivo justificado;

IV – não mantiver a proposta, salvo se em decorrência de fato superveniente, devidamente justificado;

V – fraudar a licitação ou praticar atos fraudulentos na execução do contrato;

VI – comportar-se de modo inidôneo ou cometer fraude fiscal; ou
VII – der causa à inexecução total ou parcial do contrato.

§ 1º. A aplicação da sanção de que trata o caput deste artigo implicará ainda o descredenciamento do licitante, pelo prazo estabelecido no caput deste artigo, dos sistemas de cadastramento dos entes federativos que compõem a Autoridade Pública Olímpica.

§ 2º. As sanções administrativas, criminais e demais regras previstas no Capítulo IV da Lei 8.666, de 21.06.1993, aplicam-se às licitações e aos contratos regidos por esta Lei.

A lei também não deixou de estabelecer as sanções aplicáveis àqueles que descumprirem suas obrigações. Saliento, contudo, que as sanções não são autoaplicáveis, merecem o devido processo legal e a garantia de ampla defesa.

Novamente a falta de um código de processo administrativo dificulta as aplicações das sanções e, quando são aplicadas, geralmente são derrubadas em juízo em razão de falhas ocorridas no processo.

As penas administrativas consistirão em multas pecuniárias previstas em edital e no contrato e, principalmente, em pena de impedimento de licitar e contratar com todos os entes federativos (União, Estados, Municípios e Distrito Federal) pelo prazo de até cinco anos.

Além desta conduta, também são penalizados os seguintes atos: deixar de entregar a documentação exigida para o certame ou apresentar documento falso; ensejar o retardamento da execução ou da entrega do objeto da licitação sem motivo justificado; não manter a proposta, salvo se em decorrência de fato superveniente, devidamente justificado; fraudar a licitação ou praticar atos fraudulentos na execução do contrato; comportar-se de modo inidôneo ou cometer fraude fiscal; ou der causa à inexecução total ou parcial do contrato.

Quando as condutas descritas na lei caracterizarem crime serão objeto também de apuração na seara penal.

18 CONTRATAÇÃO DIRETA

Em algumas situações a Administração Pública se depara com situações que a impede de realizar o procedimento licitatório e se vê obrigada a promover contratação direta. As situações, contudo, configuram exceções à regra, estabelecida pelo inciso XXI do art. 37 da Constituição Federal, de que as obras, serviços, compras e alienações serão contratados mediante processo de licitação.

A contratação direta é, às vezes, um ato discricionário. Uma faculdade atribuída pela lei e conferida ao administrador em optar por esta via de contratação. Outras vezes, se dará pela impossibilidade de realizar o certame, seja pela total falta de competição ou pela ausência de tempo em realizá-lo sem causar prejuízo administrativo ou financeiro.

Nos itens 4.8.3.2 e 4.8.4, para onde remeto o leitor, estudamos os casos em que a licitação é dispensada para a alienação de bens imóveis ou móveis. Vimos que, embora a lei tenha utilizado a expressão *licitação dispensada*, são situações em que a competição é inexistente e o procedimento não tem como ser realizado. Agora estudaremos as hipóteses de contratação direta para aquisição ou contratação de serviços.

A lei licitatória trata das hipóteses de contratação direta em três momentos. O primeiro já foi objeto de estudo no art. 17. Os outros dois estão previstos no art. 24 e 25.

No art. 24 a lei traz as situações em que a licitação é *dispensável*, ou seja, embora possa ser realizada a licitação, a Administração Pública terá a faculdade de promover a contratação direta. O rol é taxativo, como tal, a opção pela contratação direta se vincula à comprovação de alguma das situações descritas na lei.

A terceira hipótese de contratação direta ocorre quando a licitação não puder ser exigida face a inexistência de competição. Não se exige o impossível. **Licitação sem competição** são palavras que não se separam, assim como ampla defesa e contraditório, seno e cosseno, côncavo e convexo etc; ao pronunciar uma palavra a outra surge naturalmente. Sem competição não há licitação e a Administração promoverá a contratação direta, por inexigibilidade, nos termos do art. 25 da Lei 8.666/93.

Licitação dispensável e inexigível levam à contratação direta, mas são institutos distintos e que não se confundem. Na dispensa, existe uma *faculdade* do administrador em realizar ou não o procedimento e somente ocorre nas situações expressas na lei (rol taxativo); por sua vez, na inexigibilidade o procedimento não pode ser realizado em face da *ausência* de competição.

Veja as principais diferenças:

	DISPENSA	INEXIGIBILIDADE
Ato	Discricionário: é uma faculdade. A licitação é apenas dispensável. Se a Administração desejar, poderá licitar.	Vinculado: mesmo que queira, não poderá realizar o procedimento.
Casos	Vinculado ao rol taxativo do art. 24 da Lei 8.666/93.	Em qualquer situação, desde que inviável a competição.

18.1 Licitação Dispensável

É a permissão conferida pela lei para se promover contratação direta mesmo sendo viável a competição.

As situações estão enumeradas no art. 24 da Lei 8.666/93. São hipóteses meramente de direito ou de direito e de fato, que levam a licitação a ser dispensável em razão do valor, de circunstâncias especiais, do objeto e da pessoa a ser contratada.

O rol para os casos de dispensa é taxativo. Não se admite a contratação direta, por dispensa, quando a situação não se enquadrar nas hipóteses previstas no art. 24 da Lei 8.666/93.

A propósito, apenas para esclarecer, *situação de direito* é aquela posta pela lei, criada pelo direito, que ocorre independentemente de um fato social, ou seja, a lei estabelece uma situação e cria uma norma aplicável sempre que aquela situação ocorrer. Por tal razão, é desnecessário justificar a aplicação da lei. Já *situação de direito e de fato* é aquela em que o direito percebe a relevância de um fato social e cria uma norma (direito) para acudi-la, no entanto, sempre existirá uma dependência entre o fato e o direito. São situações em que o fato deve estar comprovado e justificado para poder aplicar o direito.

18.1.1 Em razão do valor

Lei 8.666/93
Art. 24. É dispensável a licitação:
I – para obras e serviços de engenharia de valor até 10% (dez por cento) do limite previsto na alínea "a", do inciso I do artigo anterior, desde que não se refiram a parcelas de uma mesma obra ou serviço ou ainda para obras e serviços da mesma natureza e no mesmo local que possam ser realizadas conjunta e concomitantemente; (Redação dada pela Lei 9.648/98).
II – para outros serviços e compras de valor até 10% (dez por cento) do limite previsto na alínea "a", do inciso II do artigo anterior e para alienações, nos casos previstos nesta Lei, desde que não se refiram a parcelas de um mesmo serviço, compra ou alienação de maior vulto que possa ser realizada de uma só vez; (Redação dada pela Lei 9.648/98).
Parágrafo único. Os percentuais referidos nos incisos I e II do **caput** *deste artigo serão 20% (vinte por cento) para compras, obras e serviços contratados por consórcios públicos, sociedade de economia mista, empresa pública e por autarquia ou fundação qualificadas, na forma da lei, como Agências Executivas.*

A licitação tem como objetivo a economia de recursos com a aceitação da melhor proposta para a Administração. O procedimento, contudo, tem um custo elevado, além de ser extremamente formal, o que demanda tempo para a sua realização. Com efeito, se o benefício auferido pela realização do procedimento for superado por prejuízos administrativos ou financeiros, não é razoável exigi-lo.

Sabiamente a lei admite a dispensa da licitação para contratações de valores não superiores a R$ 8.000,00 para compras e R$ 15.000,00 para obras ou serviços de engenharia. Trata-se de uma situação meramente de direito em que o legislador levou em conta fatores econômicos para estabelecer os limites em que a licitação é dispensável em razão do valor.

Em síntese, a dispensa em razão do valor é utilizada para aquisição de produtos ou contratação de serviços de pequeno valor, assim considerados pela lei, casos em que a realização da licitação se tornaria mais onerosa para a Administração.

As regras contidas nos incisos I e II do art. 24 da Lei 8.666/93 levam o administrador a optar pela contratação direta sempre que constatar que o valor da despesa não superará os limites ali estabelecidos. Contudo, deve se ater à vedação expressa de fracionamento.

Fracionamento ou fragmentação da despesa ocorrerá sempre que a Administração adquirir produtos ou contratar serviços da mesma natureza, mesmo que de marcas, modelos ou serviços com nomenclaturas diferentes, em intervalos de tempo que não justificam a utilização de processos distintos. Para obras de engenharia o fracionamento ocorrerá nas contratações para a mesma obra.

O fracionamento não se confunde com o parcelamento do objeto, o que é, às vezes, obrigatório. Não haverá fragmentação da despesa se a Administração em uma obra realizar, por exemplo, dez concorrências em processos distintos com vistas a aumentar a competitividade e a economicidade. Contudo, estará caracterizado se, para a mesma obra, realizar quinze tomadas de preços quando a totalidade da despesa exigia concorrência.

Não há regra que defina qual intervalo de tempo é necessário para que não ocorra a fragmentação da despesa, deve-se aplicar o bom-senso e a razoabilidade. Uma compra com dispensa de licitação realizada em janeiro e outra em dezembro do mesmo ano podem caracterizar a fragmentação; assim como podem não caracterizar se realizadas em um intervalo de tempo menor. A Administração trabalha mediante planejamento e através dele estabelece, previamente, o quê, quando e quanto comprar e quais serviços contratar. O planejamento inadequado pode conduzir a erros e à fragmentação da despesa. Por outro lado, muitas vezes mesmo planejando, ocorre situações que exigem a renovação da contratação em intervalo de tempo considerado pequeno, porém lícito. O interesse público, devidamente justificado nos autos, é o limite entre o legal e o ilegal.

Embora a lei não estabeleça um prazo para se considerar fragmentação da despesa para o caso de contratação direta, a regra do art. 39

– que define o prazo para se considerar licitações *simultâneas*, como aquelas realizadas em intervalo de tempo não superiores a trinta dias e tendo objeto similares, e licitações *sucessivas*, aquelas em que o edital subsequente tenha uma data anterior a cento e vinte dias após o término do contrato resultante da licitação antecedente, ambas com objetos similares – pode, de acordo com o caso, ser aplicada por analogia à contratação direta.

Os percentuais dos incisos I e II serão de 20% (vinte por cento) para as compras, obras e serviços contratados por consórcios públicos, sociedade de economia mista, empresa pública e por autarquia ou fundação qualificadas como Agências Executivas.

18.1.2 Em razão de situações excepcionais

Situação excepcional é toda aquela que foge da normalidade e que deve ser atendida de imediato sob pena de tornar a atuação estatal ineficaz. Decorrem de um fato social que o direito admite um tratamento diferenciado. Trata-se então de questões de *direito e de fato* e não *meramente de direito*. Como tal, devem estar comprovadas e justificadas no processo que leva à contratação direta.

As hipóteses descritas nos incisos III, IV, V, VI, VII, IX, XI e XXIX do art. 24 da Lei 8.666/93, se enquadram como permissivo legal para a contratação direta.

18.1.2.1 Nos casos de guerra ou grave perturbação da ordem

Lei 8.666/93
Art. 24. É dispensável a licitação:
III – nos casos de guerra ou grave perturbação da ordem;

O inciso III do art. 24 da Lei 8.666/93 prevê duas situações de fato que autorizam a contratação direta face a necessidade de agilidade da Administração em resolvê-las. Trata-se da hipótese de guerra ou grave perturbação da ordem.

Guerra e *grave perturbação da ordem* são situações distintas. A autorização para contração direta é dada pela lei na ocorrência de uma **ou** da outra.

Nos termos do art. 21 da Constituição Federal, compete à União manter relações com Estados estrangeiros, declarar guerra e celebrar a paz e assegurar a defesa nacional.

CF/88
Art. 21. Compete à União:
I – manter relações com Estados estrangeiros e participar de organizações internacionais;
II – declarar a guerra e celebrar a paz;
III – assegurar a defesa nacional;

Indiscutivelmente que somente a União mantém relações diplomáticas com Estado estrangeiro e, em tal condição, pode se envolver em conflito ou sair dele.

O conteúdo do art. 24, III da Lei 8.666/93, no que tange à guerra, configura uma norma especial dirigida somente à União. Poder-se-á ecoar vozes no sentido de admitir a sua aplicação pelos Estados quando, em razão de problemas internos, Estados brasileiros entrarem em conflito entre si ou entre eles e a União. Entretanto, se chegarmos a uma situação de conflito interno não persistirá a própria Constituição Federal, quiçá o Estado de Direito. Desta forma, a regra da primeira parte do inciso III da Lei 8.666/93 só é aplicável à União e depende da anterior declaração de guerra.

Grave perturbação da ordem, por sua vez, pode ocorrer em qualquer nível da federação, até mesmo em âmbito municipal, e, uma vez constatada, a Administração estará autorizada a promover a contratação direta.

Não existe um conceito concreto que possa separar a ordem da desordem. Qualquer situação que possa provocar, abstratamente, desordem no seio social, deve ser enfrentada pela Administração como excepcional. Porém, a contratação direta só será admitida se a perturbação for *grave*, assim entendida aquelas suficientes para comprometer a ordem pública.

Nos dois casos, de guerra ou de grave perturbação da ordem, a licitação será dispensável somente para a aquisição de bens ou contratação de serviços, indispensáveis e suficientes para levar à normalidade.

18.1.2.2 Emergência ou calamidade pública

Lei 8.666/93
Art. 24. É dispensável a licitação:
IV – nos casos de emergência ou de calamidade pública, quando caracterizada urgência de atendimento de situação que possa ocasionar prejuízo ou comprometer a segurança de pessoas, obras, serviços, equipamentos e outros bens, públicos ou particulares, e somente para os bens necessários ao atendimento da situação emergencial ou ca-

lamitosa e para as parcelas de obras e serviços que possam ser concluídas no prazo máximo de 180 (cento e oitenta) dias consecutivos e ininterruptos, contados da ocorrência da emergência ou calamidade, vedada a prorrogação dos respectivos contratos;

Emergência é a situação de fato caracterizada pela necessidade de atuação imediata do Poder Público, sob pena de se colocar em risco valores tutelados pelo direito como a vida, a saúde, a integridade física da pessoa humana, o patrimônio público ou privado.

Nos termos da lei, a emergência é caracterizada pela urgência de atendimento de situação que possa ocasionar prejuízo ou comprometer a segurança de pessoas, obras, serviços, equipamentos e outros bens, públicos ou particulares.

A contratação direta deve recair somente sobre os bens suficientes para socorrer a emergência e em parcelas ou obras que possam ser concluídas no prazo máximo de 180 (cento e oitenta) dias, consecutivos e ininterruptos, contados da ocorrência da emergência ou calamidade. Eventual prorrogação de contrato firmado diretamente com fundamento em emergência só é cabível se dentro do prazo máximo estabelecido.

A urgência da Administração em se firmar a contratação decorrente de sua própria inércia não justifica a dispensa do procedimento licitatório sob a alegação de emergência. Pode, entretanto, surgir uma situação de emergência provocada pelo não planejamento ou pela própria inércia da Administração Pública, forçando a necessidade de contratação direta. É o que se denomina *emergência ficta* que, se caracterizada a licitação, será dispensável sem prejuízo da apuração e responsabilidade de quem lhe deu causa.

18.1.2.3 Licitação deserta

Lei 8.666/93
Art. 24. É dispensável a licitação:
V – quando não acudirem interessados à licitação anterior e esta, justificadamente, não puder ser repetida sem prejuízo para a Administração, mantidas, neste caso, todas as condições preestabelecidas;

Outro exemplo de situação de direito e de fato que, quando comprovada, autoriza a contratação direta é a hipótese do inciso V do art. 24 da Lei 8.666/93. A lei admite a dispensa da licitação quando não acudirem interessados à licitação anterior e esta, justificadamente, não puder ser repetida sem prejuízo para a Administração. É o que se denomina por *licitação deserta*.

Para a aplicação da regra se faz necessário a ocorrência de dois fatos, distintos, porém interligados. O primeiro é a realização de licitação em que não houve interessado; o segundo fato, independente do primeiro (ausência de interessados em licitação anterior), é a impossibilidade de repetir o certame sem prejuízo para a Administração.

Se a lei autorizasse a contratação direta somente pela ausência de interessados em licitação anterior, teríamos uma situação *meramente de direito*, ou seja, aquela criada pela lei (entenda legislador) como suficiente para justificar a dispensa da licitação, hipótese que, constatado o desinteresse em licitação anterior, levaria à opção pela dispensa de novo procedimento que qualquer necessidade de justificar o ato.

A ocorrência das duas situações é que torna a licitação dispensável. Trata-se, então, de situação *de direito e de fato* que deve estar plenamente justificado e comprovado no processo.

A contratação direta somente será admitida se a realização de um novo procedimento trouxer prejuízo para a Administração. O prejuízo pode ser econômico ou administrativo. O primeiro ocorrerá quando estiver caracterizado, por sinais da economia, que o preço sofrerá acréscimo significativo que possa inviabilizar o novo certame. Administrativo é o prejuízo decorrente da demora em se realizar nova licitação.

18.1.2.4 Intervenção no domínio econômico

Lei 8.666/93
Art. 24. É dispensável a licitação:
VI – quando a União tiver que intervir no domínio econômico para regular preços ou normalizar o abastecimento;

A Constituição Federal estabelece que a ordem econômica brasileira será fundada na valorização do trabalho humano e na livre iniciativa. No entanto, admite a exploração direta de atividade econômica pelo Estado se necessária aos imperativos da segurança nacional ou a relevante interesse coletivo:

CF/88
Art. 170. A ordem econômica, fundada na valorização do trabalho humano e na livre iniciativa, tem por fim assegurar a todos existência

digna, conforme os ditames da justiça social, observados os seguintes princípios:
Art. 173. *Ressalvados os casos previstos nesta Constituição, a exploração direta de atividade econômica pelo Estado só será permitida quando necessária aos imperativos da segurança nacional ou a relevante interesse coletivo, conforme definidos em lei.*

Um exemplo de uma dessas ressalvas constitucionais está consubstanciado na exploração de atividades por monopólio, em que somente o Estado pode atuar na área econômica reservada. Salvo as situações enumeradas na Constituição, como o monopólio, a atuação do Estado se resume como agente regulador do setor produtivo. Para tanto, atua como órgão fiscalizador e promotor de incentivos visando o desenvolvimento setorial, mediante coordenado planejamento, pelo que diz a Constituição:

CF/88
Art. 174. *Como agente normativo e regulador da atividade econômica, o Estado exercerá, na forma da lei, as funções de fiscalização, incentivo e planejamento, sendo este determinante para o setor público e indicativo para o setor privado.*

A leitura das disposições constitucionais leva a concluir que o Estado *atua* indiretamente e não *exerce* atividade econômica, salvo nos casos especificados na Constituição ou por questões de segurança nacional ou quando houver relevante interesse coletivo.

A Lei 8.666/93 utiliza a expressão *intervir no domínio econômico* que, para o saudoso Professor Diógenes Gasparini[25] *"(...) consiste então, na adoção pelo Estado de medida legal, que restrinja, condicione ou suprima a iniciativa privada em área econômica, em benefício do desenvolvimento nacional e da justiça social, assegurados os direitos e garantias individuais".*

Hely Lopes Meirelles[26] entende que só é admissível a *atuação* supletiva do Estado na atividade econômica e não mais direta, como era praticada antes da Constituição Federal de 1988, ressalvados os casos

---
[25] GASPARINI, Diógenes. **Direito Administrativo**. 5. ed., São Paulo: Saraiva, 2000. p. 596.
[26] MEIRELLES, Hely Lopes. **Direito Administrativo brasileiro**. 19. ed., atual. por Eurico de Andrade Azevedo, Délcio Balestero Aleixo e José Emmanuel Burle Filho. São Paulo: Malheiros, 1994. p. 547.

previstos na própria Carta, quando necessário aos imperativos da segurança nacional.

A atuação interventiva somente é admissível em situações extremas como no confisco para a regulação de mercado. Na normalidade econômica só se admite que o Estado *atue* como órgão fiscalizador e regulador, para o controle da conduta da iniciativa privada ou pública, exploradoras de atividade econômica, de modo a prevenir e combater abusos contrários à dignidade humana.

Em resumo, o Estado *atua* indiretamente no domínio econômico através de políticas que visem permitir a concorrência leal de mercado, a livre iniciativa, mediante a normatização setorial, fiscalização, incentivo e planejamento, tendente a orientar a exploração de atividade econômica do setor privado ou do setor público. Por sua vez, exerce diretamente atividade econômica, sujeita às mesmas regras aplicáveis à iniciativa privada, nos casos estabelecidos pela Constituição Federal e nos termos de lei, quando necessário à segurança nacional ou para atender a questões de interesse coletivo.

O grau de atuação estatal na economia pode variar do mais elevado nível ao mais brando. Quanto maior for a intervenção mais estatizada será a economia.

A Constituição Federal ao estabelecer os princípios da livre iniciativa e somente permitir a atuação direta do Estado brasileiro em situações extremas, privilegiou a atuação branda, de modo a tornar a economia brasileira aberta ao capital estrangeiro, embora ainda com um elevado grau de protecionismo do mercado interno.

Diversos são os meios de atuação do Estado no domínio econômico. Variam desde a fixação de taxas de juros à atuação direta mediante a criação de empresa pública ou sociedade de economia mista.

Uma das formas comumente usadas pela União, Estados, Distrito Federal e Municípios é a utilização de tributos com finalidade extrafiscal.

Vimos recentemente, mais precisamente no ano de 2008, a economia global entrar em uma crise financeira de grandes proporções e de impacto quase imediato na economia brasileira. Como forma de incentivar o consumo, principalmente da indústria automobilística, o Governo Federal promoveu redução significativa do Imposto sobre Produtos Industrializados – IPI – incidente sobre veículos novos. A medida serviu para aquecer as vendas e diminuir o risco de demissão em massa no setor.

Pois bem. O art. 24, VI da Lei 8.666/93 coloca à disposição da União uma ferramenta para intervir no domínio econômico que é a contratação direta de bens e serviços.

Trata-se de uma norma de caráter especial e não geral, somente aplicável à União e que deve estar plenamente comprovada a necessidade de sua utilização no processo administrativo.

18.1.2.5 Licitação fracassada

Lei 8.666/93
Art. 24. É dispensável a licitação:
VII – quando as propostas apresentadas consignarem preços manifestamente superiores aos praticados no mercado nacional, ou forem incompatíveis com os fixados pelos órgãos oficiais competentes, casos em que, observado o parágrafo único do art. 48 desta Lei e, persistindo a situação, será admitida a adjudicação direta dos bens ou serviços, por valor não superior ao constante do registro de preços, ou dos serviços;

No decorrer do procedimento pode acontecer de todas as propostas serem desclassificadas por consignarem preços manifestamente superiores aos praticados no mercado nacional, ou forem incompatíveis com os fixados pelos órgãos oficiais competentes, tendo as propostas sido consideradas inexequíveis.

Se após a abertura das propostas a Administração não lograr êxito na seleção, o certame será considerado *fracassado*.

Pode ocorrer o fracasso da licitação antes mesmo da fase de julgamento, quando todos os interessados forem desclassificados na fase de habilitação. Assim, licitação fracassada ocorre quando não houver habilitados ou, havendo habilitados, suas propostas forem desclassificadas.

Assim como na licitação deserta (item 4.14.1.2.3) a Administração promoveu o certame que restou infrutífero pela inabilitação dos participantes ou a desclassificação das propostas.

A Lei 8.666/93 apresenta solução diferente para o caso de licitação fracassada. Na licitação deserta exige a sua repetição ou, na impossibilidade, a contratação direta. Na licitação fracassada ou interessados, com isso a lei faculta a Administração a conceder o prazo de oito dias úteis para a apresentação de novos documentos e novas propostas escoimadas das causas que levaram à inabilitação ou à desclassificação da proposta, inteligência do § 3º do art. 48 da Lei 8.666/93. Trata-se de uma faculdade, o administrador fará opção entre: 1 – repetir a licitação (que é a regra); 2 – conceder o prazo legal para a apresentação de novos documentos escoimados dos vícios que levaram a inabilitação ou a desclassificação; e, 3 – persistindo os vícios, promover a contratação direta com fornecedor encontrado no mercado que ofereça o bem preste os serviços por preço não superior ao fixado pela Administração ou ao constante em registro de preços.

18.1.2.6 Comprometimento da segurança nacional

Lei 8.666/93
Art. 24. É dispensável a licitação:
IX – quando houver possibilidade de comprometimento da segurança nacional, nos casos estabelecidos em decreto do Presidente da República, ouvido o Conselho de Defesa Nacional;

A regra do inciso IX é de caráter especial aplicável somente à União. O princípio é o mesmo do inciso III e sua aplicação requer a ocorrência de situação que possa comprometer a segurança nacional. Não é necessário que a situação de comprometimento esteja instalada, basta a existência de uma *possibilidade,* no entanto, é necessário que haja decreto presidencial expedido após consulta ao Conselho de Defesa Nacional, estabelecendo as condições e atos necessários para a proteção da segurança nacional.

18.1.2.7 Contratação remanescente de obra, serviço ou fornecimento

Lei 8.666/93
Art. 24. É dispensável a licitação:
XI – na contratação de remanescente de obra, serviço ou fornecimento, em consequência de rescisão contratual, desde que atendida a ordem de classificação da licitação anterior e aceitas as mesmas condições oferecidas pelo licitante vencedor, inclusive quanto ao preço, devidamente corrigido;

A regra do inciso XI prevê hipótese de licitação dispensável para a contratação de remanescente de obra, serviço ou fornecimento, em consequência de rescisão contratual, desde que atendida a ordem de classificação da licitação anterior e aceitas as mesmas condições oferecidas pelo licitante vencedor.

Na verdade a regra estabelecida é uma contratação direta especial, haja vista que a Administração, na hipótese de rescisão do contrato firmado com o vencedor e somente para o término da obra, do serviço ou do fornecimento, fica condicionada à contratação dos "perdedores" da licitação anterior, obedecendo a ordem de classificação e desde que se contrate nas mesmas condições do vencedor.

Não deixa de ser uma contratação direta, sem licitação, pois na licitação vigora o princípio da adjudicação compulsória com o vencedor; findo o procedimento e firmado o contrato com o vencedor, a licitação não gera mais efeitos, salvo para o vencedor.

O princípio é o mesmo do previsto no § 2º do art. 64 da Lei 8.666/93 que faculta à Administração convocar os licitantes remanescentes, na ordem de classificação, quando o convocado (vencedor) não assinar o contrato ou não aceitar ou retirar o instrumento equivalente. O que muda é o momento da convocação.

A norma só autoriza a contratação direta ou, tecnicamente, a utilização de certame já concluído, para a *conclusão* de obra iniciada. Se por qualquer motivo não se puder aproveitar o que tiver sido realizado – seja pelo decurso do tempo de paralisação ou por falhas e imperfeições na execução – e necessitar reparar, mesmo que parcialmente, novo procedimento licitatório se imporá.

18.1.2.8 Atendimento a contingentes militares em missão de paz no exterior

Lei 8.666/93
Art. 24. É dispensável a licitação:
XXIX – na aquisição de bens e contratação de serviços para atender aos contingentes militares das Forças Singulares brasileiras empregadas em operações de paz no exterior, necessariamente justificadas quanto ao preço e à escolha do fornecedor ou executante e ratificadas pelo Comandante da Força.

A última hipótese de licitação dispensável é a prevista no inciso XXIX, aplicável somente à União por ser norma de caráter especial. Trata-se da aquisição de bens ou contratação de serviços para atender aos contingentes militares das Forças Singulares brasileiras empregadas em operações de paz no exterior. A missão de paz no exterior em que forças brasileiras estiverem envolvidas é o que caracteriza a circunstância excepcional.

Veremos adiante que em toda contratação direta o ordenador da despesa deve justificar o preço e a escolha do fornecedor. A regra do inciso XXIX, além das justificativas, exige que a escolha do fornecedor ou executante seja ratificada pelo Comandante da Força. Trata-se de uma cautela que visa a segurança dos militares em atividade no exterior.

18.1.3 Em razão do objeto

O objeto pretendido pode ensejar a contratação direta facultada pela lei. Veremos que algumas das hipóteses descritas no art. 24 da Lei 8.666/93, que autorizam a contratação direita em razão do objeto, se aproximam da falta de competição e, como tal, a licitação seria inexigível.

A lei descreve os casos de licitação dispensável em razão do objeto nos incisos X, XII, XIV, XV, XVI, XVII, XVIII, XIX, XXI, XXII, XXVIII do art. 24 da Lei 8.666/93 descrevem hipóteses que admitem a contratação direta em razão do objeto pretendido pela Administração.

18.1.3.1 Aquisição ou locação de imóvel

Lei 8.666/93
Art. 24. É dispensável a licitação:
X – para a compra ou locação de imóvel destinado ao atendimento das finalidades precípuas da administração, cujas necessidades de instalação e localização condicionem a sua escolha, desde que o preço seja compatível com o valor de mercado, segundo avaliação prévia;

A aquisição ou locação de um imóvel *certo* e *determinado* só se justifica em razão das características peculiares do bem como sua localização, acesso, dimensão e a funcionalidade, a ponto de o especificá-lo em relação aos outros imóveis, se existentes, e que poderiam atender às necessidades da Administração.

As características do imóvel é que levam à faculdade de contratação direta, porém, se houver mais de um imóvel disponível e que possa atender às necessidades da Administração, o procedimento licitatório será obrigatório, não havendo margem discricionária para a dispensa.

No exemplo acima, se houver apenas um imóvel que atenda às necessidades da Administração, a contratação direta, seja por dispensa ou por inexigibilidade, leva ao mesmo objetivo. Indiscutível que a hipótese do art. 24, X da Lei 8.666/93, trata-se de inexigibilidade de licitação tratada como dispensa e que, a dispensa, somente poderá ocorrer se não houver competição. O que leva à contratação direta são as características do imóvel (o objeto) assim entendido aquele que *atenda às finalidades precípuas da administração,* o que deve estar devidamente justificado e desde que esse objeto seja o único que atenda às necessidades da Administração Pública.

18.1.3.2 Aquisição de gêneros perecíveis

Lei 8.666/93
Art. 24. É dispensável a licitação:
XII – nas compras de hortifrutigranjeiros, pão e outros gêneros perecíveis, no tempo necessário para a realização dos processos licitatórios correspondentes, realizadas diretamente com base no preço do dia;

A lei admite a aquisição direta de hortifrutigranjeiros, pão e outros gêneros perecíveis, no período em que o procedimento licitatório estiver em andamento e pelo preço de comercialização do dia. Trata-se de permissão limitada, a Administração deve promover a licitação para fornecimento futuro de bens perecíveis, sendo-lhe facultada a aquisição direta somente enquanto o procedimento se conclua. Na verdade a hipótese de dispensa é em razão da necessidade urgente em atender o interesse público, muito próximo da emergência e não em razão do objeto em si.

O Decreto-Lei 2.300/86 admitia a aquisição de gêneros alimentícios perecíveis pelo preço do dia, mediante nota fiscal, diretamente nos centros de abastecimento. Tratava-se de uma forma especial de contratação direta e admitida pela norma atual pelo período em que o procedimento licitatório estiver em andamento.

18.1.3.3 Aquisição de bens ou serviços nos termos de acordo internacional

Lei 8.666/93
Art. 24. É dispensável a licitação:
XIV – para a aquisição de bens ou serviços nos termos de acordo internacional específico aprovado pelo Congresso Nacional, quando as condições ofertadas forem manifestamente vantajosas para o Poder Público;

A regra contida no inciso XIV é de caráter especial aplicável somente à União. Trata-se da possibilidade de contratação direta para aquisição de bens ou de serviços definidos em acordo internacional específico aprovado pelo Congresso Nacional.

A contratação direta pode ser necessária em razão do objeto ou das circunstâncias. O acordo internacional pode exigir que o Brasil pratique ou desenvolva programas que necessitam a aquisição de bens e/ou a contratação de serviços. Os bens ou os serviços podem ser especiais de modo que torne inexigível a licitação, ou serem adquiridos ou contratados em tempo insuficiente para realizar o certame. Daí a permissão para que a União contrate diretamente quando tiver que honrar compromissos assumidos em acordos internacionais específicos, aprovados pelo Congresso Nacional.

18.1.3.4 Aquisição ou restauração de obras de arte e objetos históricos

Lei 8.666/93
Art. 24. É dispensável a licitação:
XV – para a aquisição ou restauração de obras de arte e objetos históricos, de autenticidade certificada, desde que compatíveis ou inerentes às finalidades do órgão ou entidade.

Para aquisição ou restauração de obras de arte e objetos históricos, de autenticidade certificada e compatíveis ou inerentes às finalidades do órgão ou entidade, também se admite a contratação direta por dispensa.

A aquisição de obra de arte autêntica é uma situação que se aproxima da inviabilidade de competição e não uma faculdade de não licitar. Se a Administração possuir interesse, levando em consideração a finalidade do órgão ou entidade em adquirir uma obra de Vincent Van Gogh, não há que se falar em competição. A justificativa da aquisição conduzirá à inexigibilidade.

18.1.3.5 Impressão de diários oficiais

Lei 8.666/93
Art. 24. É dispensável a licitação:
XVI – para a impressão dos diários oficiais, de formulários padronizados de uso da administração, e de edições técnicas oficiais, bem como para prestação de serviços de informática a pessoa jurídica de direito público interno, por órgãos ou entidades que integrem a Administração Pública, criados para esse fim específico;

O inciso XVI autoriza a contratação direta de diversos objetos e, também, traz uma hipótese de dispensa em razão da pessoa.

Embora a tecnologia venha substituindo a impressão, até pouco tempo a Administração, de todas as esferas públicas, elaborava e imprimia formulários diversos como bloco de nota de empenho, de ordem de serviço e outros, até mesmo bloco de recados e cartão de visita. Hoje em dia, os sistemas de informática substituíram essa prática, quase que exterminando-a. Até mesmo o diário oficial não precisa ser impresso, basta a versão virtual ou *on-line*.

A licitação para a impressão dos diários oficiais, de formulários padronizados de uso da Administração, de edições técnicas oficiais, bem como a prestação de serviços de informática à pessoa jurídica de direito público interno, só é dispensável se o contratado for órgãos ou entidades que integrem a Administração Pública. Trata-se de mais um caso de inexigibilidade tratado como dispensa.

18.1.3.6 Aquisição de componentes e peças necessários à manutenção de equipamentos durante período de garantia

Lei 8.666/93
Art. 24. É dispensável a licitação:
XVII – para a aquisição de componentes ou peças de origem nacional ou estrangeira, necessários à manutenção de equipamentos durante o período de garantia técnica, junto ao fornecedor original desses equipamentos, quando tal condição de exclusividade for indispensável para a vigência da garantia;

A hipótese mais evidente de inexigibilidade tratada como dispensa é a prevista no inciso XVII, que trata da aquisição de componentes ou peças de origem nacional ou estrangeira, necessários à manutenção de equipamentos durante o período de garantia técnica, junto ao fornecedor original desses equipamentos, quando tal condição de exclusividade for indispensável para a vigência da garantia. A condição ímpar para a contratação direta nesta hipótese é a exclusividade do fornecimento que leva a inviabilidade de competição.

18.1.3.7 Compras ou contratações para abastecimento de tropas

Lei 8.666/93
Art. 24. É dispensável a licitação:
XVIII – nas compras ou contratações de serviços para o abastecimento de navios, embarcações, unidades aéreas ou tropas e seus meios de deslocamento quando em estada eventual de curta duração em portos, aeroportos ou localidades diferentes de suas sedes, por motivo de movimentação operacional ou de adestramento, quando a exiguidade

dos prazos legais puder comprometer a normalidade e os propósitos das operações e desde que seu valor não exceda ao limite previsto na alínea "a" do inciso II do art. 23 desta Lei:

O inciso XVIII traz uma regra especial aplicável somente à União. Trata-se da autorização para compras ou contratações de serviços para o abastecimento de navios, embarcações, unidades aéreas ou tropas e seus meios de deslocamento quando em estada eventual de curta duração em portos, aeroportos ou localidades diferentes de suas sedes, por motivo de movimentação operacional ou de adestramento. Ocorre que a lei impõe duas condições: a primeira é comprometimento da normalidade pela demora do procedimento de licitação, exigência que poderia justificar situação de emergência; a outra é a de que o valor não exceda ao limite previsto na alínea *a* do inc. II do art. 23 da Lei 8.666/93. Ou seja, a contratação direta somente é admitida se o valor não superar a R$ 80.000,00 (oitenta mil reais).

18.1.3.8 Compra de material de uso pelas Forças Armadas

Lei 8.666/93
Art. 24. É dispensável a licitação:
XIX – para as compras de material de uso pelas Forças Armadas, com exceção de materiais de uso pessoal e administrativo, quando houver necessidade de manter a padronização requerida pela estrutura de apoio logístico dos meios navais, aéreos e terrestres, mediante parecer de comissão instituída por decreto;

Outra situação em que a lei faculta à Administração a contratação direta em razão do objeto é a hipótese do inciso XIX, regra de natureza especial aplicável somente à União.

Para as compras de material de uso pelas Forças Armadas, com exceção de material de uso pessoal e administrativo, quando houver necessidade de manter a padronização requerida pela estrutura de apoio logístico dos meios navais, aéreos e terrestres.

A norma permite a aquisição de equipamento de defesa ou segurança de uso coletivo, como alimentação, munições, serviços de transporte, visando manter a padronização requerida pela estrutura de apoio logístico dos meios navais, aéreos e terrestres, mediante parecer de comissão instituída por decreto.

18.1.3.9 Bens destinados exclusivamente a pesquisa científica e tecnológica

Lei 8.666/93
Art. 24. É dispensável a licitação:
XXI – Para a aquisição de bens destinados exclusivamente a pesquisa científica e tecnológica com recursos concedidos pela CAPES, FINEP, CNPq ou outras instituições de fomento a pesquisa credenciadas pelo CNPq para esse fim específico.

A aquisição de bens destinados a pesquisa científica e tecnológica por dispensa de licitação somente encontra respaldo legal em razão do objeto. As entidades que realizam pesquisa científica e tecnológica adquirem bens de toda espécie e natureza, os comuns, não utilizados exclusivamente na pesquisa científica e tecnológica, mesmo que inseridos em projetos de pesquisa, só podem ser adquiridos mediante licitação.

18.1.3.10 Contratação de fornecimento de energia elétrica e gás natural

Lei 8.666/93
Art. 24. É dispensável a licitação:
XXII – na contratação de fornecimento ou suprimento de energia elétrica e gás natural com concessionário, permissionário ou autorizado, segundo as normas da legislação específica;

O fornecimento de energia elétrica e gás natural, assim como água, esgoto ou qualquer suprimento semelhante, é feito, geralmente, por um único fornecedor; a regra do inciso XXII, sem dúvidas trata-se inviabilidade de licitação tratado como dispensa.

18.1.3.11 Serviços e bens de alta complexidade tecnológica e defesa nacional

Lei 8.666/93
Art. 24. É dispensável a licitação:
XXVIII – para o fornecimento de bens e serviços, produzidos ou prestados no País, que envolvam, cumulativamente, alta complexidade tecnológica e defesa nacional, mediante parecer de comissão especialmente designada pela autoridade máxima do órgão.

A regra contida no inciso XXVIII é mais um exemplo de norma de caráter especial aplicável somente à União, trata-se do fornecimento de bens e serviços de alta complexidade tecnológica mas necessário para à defesa nacional. Para tanto, deverá o processo ser instruído com parecer de comissão especialmente designado pela autoridade máxima do órgão licitante e os bens ou os serviços serem produzidos ou prestados no País.

18.1.4 Em razão da pessoa

A lei faculta à Administração a contratação direta em razão da pessoa a ser contratada ou da que está contratando. Os casos se afeiçoam à inexigibilidade de licitação pela inexistência de competição embora tenham recebido tratamento de dispensa pela lei.

Há situações em que o Poder Público deve incentivar determinada categoria ou ramo de atividade por questões de política social, daí permite que a Administração Pública contrate diretamente determinada pessoa como forma de promover o incentivo. É o que ocorre nas hipóteses dos incisos XIII, XX e XXVII. Em outras situações o órgão contratante possui a prerrogativa de contratação direta tendo em vista a natureza de seus serviços ou a necessidade de dar-lhe maior agilidade na execução de suas atividades. É o que se verifica nas hipóteses dos incisos VIII, XXI, XXIII, XXIV, XXV e XXVI.

18.1.4.1 Bens ou serviços prestados por órgão da Administração Pública

Lei 8.666/93
Art. 24. É dispensável a licitação:
VIII – para a aquisição, por pessoa jurídica de direito público interno, de bens produzidos ou serviços prestados por órgão ou entidade que integre a Administração Pública e que tenha sido criado para esse fim específico em data anterior à vigência desta Lei, desde que o preço contratado seja compatível com o praticado no mercado;

A hipótese do inciso VIII trata de autorização especial e somente aplicável se a pessoa a ser contratada for criada com o fim específico de fornecimento de bens ou prestação de serviços antes da entrada em vigor da Lei 8.883/94. Em nada adianta criar uma entidade prestadora de serviços para contratá-la com dispensa de licitação com base na regra do inciso VIII. Da mesma forma não adianta alterar o fim de uma entidade já existente.

18.1.4.2 Instituição de pesquisa, ensino ou desenvolvimento institucional

Lei 8.666/93
Art. 24. É dispensável a licitação:
XIII – na contratação de instituição brasileira incumbida regimental ou estatutariamente da pesquisa, do ensino ou do desenvolvimento institucional, ou de instituição dedicada à recuperação social do preso, desde que a contratada detenha inquestionável reputação ético--profissional e não tenha fins lucrativos;

A regra do inciso XIII admite a contratação de dois tipos de instituições ou de duas "pessoas" diferentes, a saber: 1. instituição brasileira incumbida regimental ou estatutariamente da pesquisa, do ensino ou do desenvolvimento institucional; e, 2. instituição dedicada à recuperação social do preso. A contratação de uma ou de outra dependerá do objeto pretendido pela Administração e somente será admitida se a instituição contratada detiver inquestionável reputação ético-profissional e não tiver fins lucrativos.

No primeiro tipo, a instituição deve ter sido criada para desenvolver uma das três atividades, isoladamente ou em conjunto: *pesquisa, ensino* ou *desenvolvimento institucional*.

Instituição dedicada à *pesquisa* é aquela voltada a estudos especializados na área científica ou tecnológica, tendo por finalidade a descoberta e o desenvolvimento de novas técnicas para o aprimoramento da sociedade, ou aquelas que desenvolvem trabalhos de levantamento de dados e diagnóstico de situações existentes.

Instituição dedicada ao *ensino* é aquela que atua na área da educação e formação profissional.

Finalmente, desenvolvimento institucional é um conceito aberto, mas pode ser entendido, em linhas gerais como aquela instituição incumbida em diagnosticar problemas de outra instituição e promover projetos com o fim de aprimorá-la.

No segundo tipo compreende as instituições incumbidas regimental ou estatutariamente à recuperação social do preso.

Em qualquer caso, a contratação direta somente estará autorizada se houver nexo entre o objeto pretendido pela Administração Pública com a finalidade da instituição, assim como a verificação de que a mesma detenha inquestionável reputação ético-profissional e não tenha fins lucrativos.

Além do nexo entre o objeto e a finalidade da instituição, se faz necessário a verificação dos requisitos para que a instituição possa ser contratada diretamente. O primeiro, de cunho subjetivo, é possuir *inquestionável reputação ético-profissional*. Inquestionável reputação é ter boa fama na sociedade, não ter nada que a desabone. Esta boa fama deve estar vinculada à atuação *ético-profissional* algo que pode e deve ser atestado por trabalhos já desenvolvidos. Com efeito, embora seja um atrito pessoal, deve ser comprovado.

O segundo requisito, este de natureza objetiva, é não ter a instituição fins lucrativos. Não ter fins lucrativos significa não dividir eventual lucro decorrente da atividade entre seus diretores ou fundadores.

18.1.4.3 Associação de portadores de deficiência física sem fins lucrativos

Lei 8.666/93
Art. 24. É dispensável a licitação:
XX – na contratação de associação de portadores de deficiência física, sem fins lucrativos e de comprovada idoneidade, por órgãos ou entidades da Administração Pública, para a prestação de serviços ou fornecimento de mão de obra, desde que o preço contratado seja compatível com o praticado no mercado.

A regra do inciso XX admite a contratação de associação de portadores de deficiência física por órgãos ou entidades da Administração Pública e para a prestação de serviços ou fornecimento de mão de obra.

Trata-se de um caso de contratação especial que possui o objetivo de privilegiar uma categoria social marginalizada pelo setor econômico e produtivo, de modo a integrar seus membros em tal setor.

Para que a contratação possa se dar diretamente faz-se necessário conjugar os requisitos de ordem pessoal da instituição com o objeto da contratação.

Os requisitos de ordem pessoal são os seguintes: 1. ser associação de portadores de deficiência física; 2. não ter fins lucrativos; e, 3. possuir comprovada idoneidade. Já o objeto da contratação deve ser a prestação de serviços ou o fornecimento de mão de obra.

Os requisitos 1 e 2 são de natureza objetiva e se comprovam com o ato de instituição da pessoa jurídica ou seu estatuto. O requisito constante no item 3, possuir comprovada idoneidade, se traduz na boa fama no seio social, não ter nada que a desabone. Embora o conceito de idoneidade seja aberto e abstrato, a lei exige sua *comprovação*, com isso, os autos devem ser instruídos com certidões, declarações e atestados, firmados por pessoa idônea, física ou jurídica, que comprove a idoneidade da associação a ser contratada.

Com relação ao objeto, a regra do concurso público para a seleção de mão de obra e deve ser utilizada com cautela e de forma razoável para não comprometer a sua constitucionalidade.

A contratação de qualquer pessoa com o fim exclusivo de fornecimento de mão de obra para a Administração Pública pode ser caracterizada uma burla ao disposto no art. 37, II da Constituição Federal, que exige concurso público para o investimento em cargo ou emprego público. A única justificativa para a contratação direta não é atender a necessidade da Administração mas, sim, como forma de incentivo e de integração social de pessoas que possuam limitações físicas e, por tal razão, estão à margem do mercado de trabalho.

18.1.4.4 Contratação realizada por empresa pública ou sociedade de economia mista com suas subsidiárias e controladas

Lei 8.666/93
Art. 24. É dispensável a licitação:
XXIII – na contratação realizada por empresa pública ou sociedade de economia mista com suas subsidiárias e controladas, para a aquisição ou alienação de bens, prestação ou obtenção de serviços, desde que o preço contratado seja compatível com o praticado no mercado.

A hipótese do inciso XXIII é destinada para as empresas públicas e sociedades de economia mista com suas subsidiárias e controladas. Assim, de um lado deve estar uma entidade da Administração Indireta que atue na economia e de outro lado uma empresa subsidiária e controlada.

O objeto da contratação é a aquisição ou alienação de bens e prestação ou obtenção de serviços, desde que o preço contratado seja compatível com o praticado no mercado.

18.1.4.5 Contratação de organizações sociais

Lei 8.666/93
Art. 24. É dispensável a licitação:
XXIV – para a celebração de contratos de prestação de serviços com as organizações sociais, qualificadas no âmbito das respectivas esferas de governo, para atividades contempladas no contrato de gestão.

A sociedade moderna está organizada em três setores básicos. Primeiro Setor: o Estado como Governo; segundo Setor: a economia; terceiro Setor: as organizações sociais qualificadas pelo Estado como colaboradoras na prestação de serviços de interesse público e social, sem fins lucrativos.

A Lei 9.637/98 estabeleceu os requisitos para que o Poder Executivo qualifique uma pessoa de direito privado, sem fins lucrativos como organização social. Para tanto, as atividades da organização devem ser dirigidas ao ensino, à pesquisa científica, ao desenvolvimento tecnológico, à proteção e preservação do meio ambiente, à cultura e à saúde.

A mesma norma admite a celebração de contrato de gestão entre o Poder Público e a entidade qualificada como organização social, com vistas à formação de parceria entre as partes para o fomento e execução de atividades próprias da organização social.

Firmada a parceria mediante o contrato de gestão, a Administração estará autorizada a contratar os serviços da organização social para o fim estabelecido na parceria, no entanto tendo o objeto limitado à atividade de ensino, à pesquisa científica, ao desenvolvimento tecnológico, à proteção e preservação do meio ambiente, à cultura e à saúde.

Com o advento da Lei 9.790/99 surgiu uma nova denominação para as organizações sociais que passarem a ser qualificadas como "Organização Sociedade Civil de Interesse Público – OSCIP, cuja qualificação possibilita a instituição de *termo de parceria* entre o Poder Público e a OSCIP, destinado à formação de vínculo de cooperação entre as partes, para o fomento e a execução das atividades de interesse público, previstas no art. 3º da lei que são:

Lei 9.790/99
Art. 3º. A qualificação instituída por esta Lei, observado em qualquer caso, o princípio da universalização dos serviços, no respectivo âmbito de atuação das Organizações, somente será conferida às pessoas jurídicas de direito privado, sem fins lucrativos, cujos objetivos sociais tenham pelo menos uma das seguintes finalidades:
I – promoção da assistência social;
II – promoção da cultura, defesa e conservação do patrimônio histórico e artístico;
III – promoção gratuita da educação, observando-se a forma complementar de participação das organizações de que trata esta Lei;
IV – promoção gratuita da saúde, observando-se a forma complementar de participação das organizações de que trata esta Lei;
V – promoção da segurança alimentar e nutricional;

VI – defesa, preservação e conservação do meio ambiente e promoção do desenvolvimento sustentável;
VII – promoção do voluntariado;
VIII – promoção do desenvolvimento econômico e social e combate à pobreza;
IX – experimentação, não lucrativa, de novos modelos sócio produtivos e de sistemas alternativos de produção, comércio, emprego e crédito;
X – promoção de direitos estabelecidos, construção de novos direitos e assessoria jurídica gratuita de interesse suplementar;
XI – promoção da ética, da paz, da cidadania, dos direitos humanos, da democracia e de outros valores universais;
XII – estudos e pesquisas, desenvolvimento de tecnologias alternativas, produção e divulgação de informações e conhecimentos técnicos e científicos que digam respeito às atividades mencionadas neste artigo.

Nota-se que houve sensível ampliação das atividades que podem ser objeto de parceria. A lei, de igual forma, admite que as entidades qualificadas como organizações sociais por outros diplomas legais se qualifiquem como OSCIP.

18.1.4.6 Contratação realizada por Instituição Científica e Tecnológica – ICT ou por agência de fomento

Lei 8.666/93
Art. 24. É dispensável a licitação:
XXV – na contratação realizada por Instituição Científica e Tecnológica – ICT ou por agência de fomento para a transferência de tecnologia e para o licenciamento de direito de uso ou de exploração de criação protegida.

A Lei 10.973/04 estabeleceu medidas de incentivo à inovação científica e tecnológica no ambiente produtivo com vistas à capitação e ao alcance da autonomia tecnológica e ao desenvolvimento industrial do País, nos termos dos arts. 218 e 219 da Constituição Federal.

A lei definiu agência de fomento como órgão ou instituição de natureza pública ou privada que tenha entre os seus objetivos o financiamento de ações que visem estimular e promover o desenvolvimento da ciência, da tecnologia e da inovação; e Instituição Científica e Tecnológica – ICT, órgão ou entidade da Administração Pública que tenha por missão institucional, dentre outras, executar atividades de pesquisa básica ou aplicada de caráter científico ou tecnológico.

Dentre as medidas de incentivo a norma inseriu o inciso XXV ao art. 24 da Lei 8.666/93, admitindo a contratação direta realizada por Instituição Científica e Tecnológica ou por agência de fomento para a transferência de tecnologia e para o licenciamento de direito de uso ou de exploração de criação protegida.

18.1.4.7 Contratação de consórcio público

Lei 8.666/93
Art. 24. É dispensável a licitação:
XXVI – na celebração de contrato de programa com ente da Federação ou com entidade de sua administração indireta, para a prestação de serviços públicos de forma associada nos termos do autorizado em contrato de consórcio público ou em convênio de cooperação.

Com o advento da Lei 11.107/05, os entes públicos federados passaram a contar com um marco legal regulatório que permite a associação entre si, formando outra pessoa com personalidade jurídica própria, de direito público ou privado, com o fim de se promover a execução de serviços públicos de interesse comum.

Nos termos do art. 3º da Lei Federal 11.107/05, o consórcio público será constituído por contrato cuja celebração dependerá de prévia subscrição de protocolo de intenções, documento indispensável para celebrar o contrato de consórcio e que deve conter seus objetivos, suas metas e o regime jurídico a ser adotado.

Fixado o protocolo de intenções, os entes podem celebrar o contrato constituindo o consórcio. Firmado o contrato de consórcio, surge um ente com personalidade distinta de seus consorciados, porém, de natureza jurídica contratual.

A constituição do consórcio público faz surgir uma pessoa jurídica distinta dos seus membros com personalidade jurídica de direito público ou privado. A pessoa jurídica resultante da associação pública integrará a Administração indireta de todos os entes consorciados, independentemente de seu regime jurídico.

Os entes federados estão autorizados a criar consórcios visando a prestação de serviços em quaisquer áreas, desde que públicos. Assim, podem atuar, por exemplo, na saúde, através da criação de hospitais interestaduais ou intermunicipais; na educação, também com a criação de escolas ou redes de escolas interestaduais ou intermunicipais, ou simplesmente para a confecção de material didático de forma integrada; serviços de coleta e reciclagem de lixo ou quaisquer resíduos etc.

A formação dos consórcios públicos otimiza recursos públicos através da união das forças dos entes federados; outra vantagem é a contratação, pelo ente consorciado, por dispensa de licitação. Não seria razoável os entes criarem um consórcio e o submeterem à competição de mercado. Os consórcios são criados para o fim específico, sua contratação pelo ente consorciado deve ser tida por obrigatória.

18.1.4.8 Contratação de cooperativas formadas por pessoas físicas para coleta, processamento e comercialização de resíduos sólidos

Lei 8.666/93
Art. 24. É dispensável a licitação:
XXVII – na contratação da coleta, processamento e comercialização de resíduos sólidos urbanos recicláveis ou reutilizáveis, em áreas com sistema de coleta seletiva de lixo, efetuados por associações ou cooperativas formadas exclusivamente por pessoas físicas de baixa renda reconhecidas pelo poder público como catadores de materiais recicláveis, com o uso de equipamentos compatíveis com as normas técnicas, ambientais e de saúde pública.

Com o advento da Lei 11.445/07, que estabelece as diretrizes nacionais para o saneamento básico e para a política federal de saneamento básico, a Administração Pública passou a poder contratar diretamente associações ou cooperativas formadas exclusivamente por pessoas físicas de baixa renda, reconhecidas pelo Poder Público como catadores de materiais recicláveis, para a coleta, processamento e comercialização de resíduos sólidos urbanos recicláveis ou reutilizáveis, onde há o sistema de coleta seletiva de lixo.

Trata-se de norma de cunho social e visa priorizar associações ou cooperativas formadas por pessoas físicas de baixa renda, com o fim de tornar a atividade de coleta seletiva uma regra nos núcleos urbanos e um fator de distribuição de renda.

A hipótese configura uma contratação especial com objeto fixo, definido e com pessoa determinada.

18.2 Licitação Inexigível

Lei 8.666/93
Art. 25. É inexigível a licitação quando houver inviabilidade de competição, em especial:

I – para aquisição de materiais, equipamentos, ou gêneros que só possam ser fornecidos por produtor, empresa ou representante comercial exclusivo, vedada a preferência de marca, devendo a comprovação de exclusividade ser feita através de atestado fornecido pelo órgão de registro do comércio do local em que se realizaria a licitação ou a obra ou o serviço, pelo Sindicato, Federação ou Confederação Patronal, ou, ainda, pelas entidades equivalentes;

II – para a contratação de serviços técnicos enumerados no art. 13 desta Lei, de natureza singular, com profissionais ou empresas de notória especialização, vedada a inexigibilidade para serviços de publicidade e divulgação;

III – para contratação de profissional de qualquer setor artístico, diretamente ou através de empresário exclusivo, desde que consagrado pela crítica especializada ou pela opinião pública.

§ 1º. Considera-se de notória especialização o profissional ou empresa cujo conceito no campo de sua especialidade, decorrente de desempenho anterior, estudos, experiências, publicações, organização, aparelhamento, equipe técnica, ou de outros requisitos relacionados com suas atividades, permita inferir que o seu trabalho é essencial e indiscutivelmente o mais adequado à plena satisfação do objeto do contrato.

§ 2º. Na hipótese deste artigo e em qualquer dos casos de dispensa, se comprovado superfaturamento, respondem solidariamente pelo dano causado à Fazenda Pública o fornecedor ou o prestador de serviços e o agente público responsável, sem prejuízo de outras sanções legais cabíveis.

Só se justifica a realização de licitação se houver competição de mercado de modo a permitir a seleção da melhor proposta para a Administração Pública. A inviabilidade de competição conduz a contratação direta, tendo em vista que a Administração não terá condições de realizar o certame pela impossibilidade de fazê-lo.

A situação é bem distinta dos casos de dispensa. Como visto, a licitação é dispensável somente nas hipóteses expressas no art. 24 da Lei 8.666/93 e, em qualquer caso – exceto naqueles em que a lei tratou como dispensa casos de inexigibilidade –, há possibilidade de competição, tornando a aquisição direta uma faculdade. O que caracteriza a inexigibilidade é a ocorrência de uma situação fática e não uma autorização legal como ocorre na licitação dispensável.

O art. 25 da Lei 8.666/93 não traz, de forma taxativa, os casos de inexigibilidade, nem poderia fazê-lo. A locução *"em especial"*, que aparece no *caput* do art. 25, indica que os casos dos incisos I e II são exemplificativos.

A aquisição de combustível será licitável onde houver mais de um posto de abastecimento, e não, onde só exista um ponto de venda. *"Não há necessidade de realizar licitação para a aquisição de combustível quando houver no Território do Município somente um ponto de revenda"* (TCSP – Parecer TC – 25966/026/89)[27].

18.2.1 Credenciamento

A inviabilidade de competição pode decorrer do fato de haver fornecedor ou prestador único, ou ainda na hipótese da Administração desejar contratar com todos os prestadores de serviços disponíveis, mediante preço fixado por ela, o que se dá mediante credenciamento.

O credenciamento se dará quando a Administração Pública desejar que o objeto seja prestado pelo maior número possível de prestadores. Com efeito, só será compatível para o caso de serviços públicos de natureza continuada que, face a sua natureza, admita a prestação simultânea e em locais distintos, sem que a prestação de um elimine, exclua ou condicione a de outros, como, por exemplo, serviços laboratoriais.

No sistema de credenciamento não haverá seleção de proposta, a Administração, mediante regulamento, estabelecerá as regras e critérios para a aceitação do prestador, sem excluir ou eliminar propenso pretendente que também venha a preencher os requisitos para ser credenciado.

Podemos conceituar o credenciamento como sendo um sistema de contratação de serviços, de natureza continuada, que possam ser exercidos simultaneamente por vários prestadores, sem que o exercício de um elimine, exclua ou condicione o do outro, realizado mediante regulamento específico, com regras e critérios para a aceitação do prestador, sua manutenção e exclusão, onde não há seleção de proposta mas aceitação, pelo credenciado, das condições de prestação, preço e pagamento previamente fixados pela Administração Pública.

O que inviabiliza a competição é a universalidade de prestador. A finalidade do credenciamento é justamente possibilitar à Administração Pública a obtenção do maior número possível de contratados, que aceitem as condições de prestação, preços e pagamentos fixadas previamente no regulamento ou edital.

O credenciado é um sistema de contratação permanente; mesmo que contenha um prazo razoável para a aceitação de propensos interessados, deve aceitar e admitir, a qualquer tempo, o ingresso e a saída voluntária do prestador. Esta, aliás, é uma característica imprescindível para

---

[27] *Apud* GASPARINI, Diógenes. **Direito Administrativo**. 5. ed., rev., atual. e aum. São Paulo: Saraiva, 2000. p. 434.

que se fale em inexistência de competição. Se houver condição de tempo, lugar e quantidade que limite de alguma forma o ingresso, admitindo que, uma vez verificada a condição, alguém feche as portas para algum potencial prestador, a licitação será obrigatória.

19 RATIFICAÇÃO PELA AUTORIDADE SUPERIOR

Lei 8.666/93
Art. 26. As dispensas previstas nos §§ 2º e 4º do art. 17 e no inciso III e seguintes do art. 24, as situações de inexigibilidade referidas no art. 25, necessariamente justificadas, e o retardamento previsto no final do parágrafo único do art. 8º desta Lei deverão ser comunicados, dentro de 3 (três) dias, à autoridade superior, para ratificação e publicação na imprensa oficial, no prazo de 5 (cinco) dias, como condição para a eficácia dos atos.

A redação do art. 26 da Lei 8.666/93 prestigia os princípios da publicidade e da transparência ao exigir que a ratificação pela autoridade superior e publicação na imprensa oficial como condição de eficácia dos atos nas seguintes situações:

- Na concessão de título de propriedade ou de direito real de uso de imóveis;
- A doação com encargo;
- Nos casos de dispensa de licitação, exceto as hipóteses dos incisos I e II;
- Em caso de inexigibilidade de licitação;
- Retardamento da execução de obras ou serviço.

O texto merece algumas reflexões.

A primeira é a expressão *"as situações de inexigibilidade referidas no art. 25"*. O art. 25 refere-se à inexigibilidade de licitação, fato que ocorre sempre que for inviável a competição. As *situações* mencionadas no artigo são meramente exemplificativas, com isso em qualquer situação de inexigibilidade a autoridade superior deverá ratificar e se publicar na imprensa oficial como condição de eficácia.

Embora a inclusão do retardamento esteja após a expressão *"devidamente justificadas"*, dando a ideia da necessidade de justificar apenas as situações anteriores, a lei veda o retardamento *injustificado* da execução de obra ou serviço. Assim, só pode ocorrer se *justificado*.

Finalmente, deve-se entender por "*autoridade superior*" o ordenador da despesa. Ou seja, a autoridade que deve autorizar a contratação direta e não a autoridade máxima administrativa do ente público.

19.1 Elementos Necessários no Processo de Contratação Direta

Lei 8.666/93
Art. 26. (...)
Parágrafo único. O processo de dispensa, de inexigibilidade ou de retardamento, previsto neste artigo, será instruído, no que couber, com os seguintes elementos:
I – caracterização da situação emergencial ou calamitosa que justifique a dispensa, quando for o caso;
II – razão da escolha do fornecedor ou executante;
III – justificativa do preço.
IV – documento de aprovação dos projetos de pesquisa aos quais os bens serão alocados.

O processo que leva à contratação direta é extremamente formal. Veremos adiante os passos necessários na sua formalização.

O parágrafo único do art. 26 impõe, no que couber, que os processos de dispensa, de inexigibilidade ou de retardamento sejam instruídos com os elementos que descrevem nos incisos I a IV.

No caso de dispensa face a situação de emergência ou calamidade, as situações devem estar plenamente caracterizadas de modo a justificar a contratação direta. Se houver meio de acudir a situação sem o recurso previsto no inciso IV do art. 24, este deve ser o caminho a ser trilhado pela Administração.

Em qualquer caso de contratação direta, mesmo as hipóteses dos incisos I e II do art. 24, a Administração deve mostrar a razão da escolha do fornecedor ou executante, mesmo que a escolha tenha recaído naquele que, após pesquisa de mercado, apresentou o menor preço, que, de igual forma, deve estar justificado.

Em caso de contratação para atender a projeto de pesquisa, o processo deve estar instruído com o documento de aprovação do projeto.

* Perspectiva de alteração da lei

O Projeto de Lei 7.709/07, se aprovado e convertido em lei, alterará a redação do *caput* do art. 26 da Lei 8.666/93, alterando a exigência de publicação na imprensa oficial para os meios de divulgação previstos no art. 21.

Conheça a redação proposta:

Art. 26. As dispensas previstas nos §§ 2º e 4º do art. 17 e nos incisos III e seguintes do art. 24, as situações de inexigibilidade referidas no art. 25, necessariamente justificadas, e o retardamento previsto no final do parágrafo único do art. 8º, deverão ser comunicadas dentro de 3 (três) dias à autoridade superior, para ratificação e publicidade através dos meios de divulgação oficial previstos no art. 21, no prazo de 5 (cinco) dias, como condição de eficácia dos atos.

20 HABILITAÇÃO

Lei 8.666/93

Art. 27. Para a habilitação nas licitações exigir-se-á dos interessados, exclusivamente, documentação relativa a:

I – habilitação jurídica;

II – qualificação técnica;

III – qualificação econômico-financeira;

IV – regularidade fiscal.

V – cumprimento do disposto no inciso XXXIII do art. 7º da Constituição Federal.

O procedimento de licitação se desenvolve, em regra, segundo as seguintes fases:

1) Fase interna e preparatória;
2) Fase externa que compreende:
   - Publicação do instrumento convocatório ou expedição da carta-convite;
   - Habilitação;
   - Julgamento.

Cumprido o prazo legal após a publicação do instrumento convocatório procede-se a *abertura* do certame iniciando as fases de habilitação e julgamento das propostas.

Na fase de habilitação a Administração Pública aferirá quais proponentes encontram-se em condições de executar o objeto licitado. A análise verifica aspectos formais, como a "existência" da pessoa no mundo jurídico e sua regularidade fiscal, e aspectos técnicos – sua capacidade financeira e habilidades profissionais.

A lei licitatória enumera os documentos que podem ser exigidos em cada etapa da fase de habilitação, o que torna os atos desta fase vinculados ao cumprimento irrestrito da lei, não podendo se exigir a mais sob pena de frustrar a competitividade e caracterizar abuso de poder por parte do órgão ou entidade licitante.

Em síntese, nesta fase a Administração possui dois objetivos básicos: 1. verificar se o pretenso fornecedor possui condições de prestar o serviço ou lhe entregar o bem nas condições definidas pelo edital ou na carta-convite, o que se dá com a exigência de documentos que comprovem a capacidade técnica (qualificação técnica), bem como a "saúde" financeira (qualificação econômico-financeira); e, 2. saber se o futuro contratado encontra-se em adimplência tributária (regularidade fiscal).

Além dos objetivos acima mencionados, vale lembrar que, nas modalidades de licitação constantes na Lei 8.666/93, o licitante particular deve habilitar-se como condição de participar do certame, tanto que na tomada de preços somente dela participam os previamente habilitados (cadastrados). No pregão, como a fase de habilitação acontece após o julgamento das propostas, sua finalidade é tão somente verificar a capacidade de fornecimento ou prestação dos serviços e a regularidade fiscal.

Nas modalidades previstas na Lei 8.666/93, os licitantes apresentam dois envelopes lacrados e identificados de acordo com a exigência contida no instrumento convocatório, um deles contendo os documentos exigidos para a habilitação e o outro contendo a proposta. Na fase de habilitação apenas o envelope contendo os documentos exigidos será aberto para a aferição.

A habilitação molda-se conforme o art. 27 da Lei 8.666/93, ou seja, verifica documentos que comprovem: I – habilitação jurídica; II – qualificação técnica; III – qualificação econômico-financeira; IV – regularidade fiscal e V – cumprimento do disposto no inciso XXXIII do art. 7º da Constituição Federal.

20.1 Habilitação Jurídica

Lei 8.666/93
Art. 28. A documentação relativa à habilitação jurídica, conforme o caso, consistirá em:
I – cédula de identidade;
II – registro comercial, no caso de empresa individual;

III – ato constitutivo, estatuto ou contrato social em vigor, devidamente registrado, em se tratando de sociedades comerciais, e, no caso de sociedades por ações, acompanhado de documentos de eleição de seus administradores;

IV – inscrição do ato constitutivo, no caso de sociedades civis, acompanhada de prova de diretoria em exercício;

V – decreto de autorização, em se tratando de empresa ou sociedade estrangeira em funcionamento no País, e ato de registro ou autorização para funcionamento expedido pelo órgão competente, quando a atividade assim o exigir.

É a qualidade natural da pessoa proponente. Os documentos a serem apresentados para a habilitação jurídica provam a capacidade da pessoa, além de sua existência no mundo jurídico.

* Perspectiva de alteração da lei

O Projeto de Lei 7.709/07, se aprovado e convertido em lei, alterará a redação do art. 28 da Lei 8.666/93, acrescentando o inciso VI e parágrafos, aumento o rigor na participação de licitações.

Conheça a redação proposta:

Art. 28. (...)

VI – declaração do licitante, por si e por seus proprietários e diretores de que não está incurso nas sanções previstas nos incisos III e IV do art. 87 desta Lei.

§ 1º. Não poderá licitar nem contratar com a Administração Pública pessoa jurídica cujos proprietários e diretores, inclusive quando provenientes de outra pessoa jurídica, tenham sido punidos na forma do § 4º. do art. 87 desta Lei, nos limites das sanções dos incisos III e IV do mesmo artigo, enquanto perdurar a sanção.

§ 2º. O impedimento de que trata o § 1º será também aplicado ao licitante que esteja manifestamente atuando em substituição a outra pessoa jurídica, com o intuito de burlar a efetividade das sanções previstas no art. 87, III e IV, assegurado o direito ao contraditório e à ampla defesa

20.2 Regularidade Fiscal

Lei 8.666/93

Art. 29. A documentação relativa à regularidade fiscal, conforme o caso, consistirá em:

*I – prova de inscrição no Cadastro de Pessoas Físicas (CPF) ou no Cadastro Geral de Contribuintes (CGC);
II – prova de inscrição no cadastro de contribuintes estadual ou municipal, se houver, relativo ao domicílio ou sede do licitante, pertinente ao seu ramo de atividade e compatível com o objeto contratual;
III – prova de regularidade para com a Fazenda Federal, Estadual e Municipal do domicílio ou sede do licitante, ou outra equivalente, na forma da lei;
IV – prova de regularidade relativa à Seguridade Social e ao Fundo de Garantia por Tempo de Serviço (FGTS), demonstrando situação regular no cumprimento dos encargos sociais instituídos por lei.*

Além dos documentos exigidos para a qualificação jurídica, técnica e financeira, a Lei 8.666/93 exige a comprovação da regularidade fiscal. O objetivo é evitar que a Administração Pública contrate com particular que não cumpre suas obrigações fiscais ou que estejam, mesmo que temporariamente, em situação de inadimplência com a previdência e com o fisco.

A regra visa forçar os fornecedores públicos a manterem-se em situação de regularidade fiscal como condição de participação em certame licitatório, ser contratado diretamente e recebimento do preço, mesmo após a execução.

ATENÇÃO: *Nas licitações em que haja participação de microempresas ou empresa de pequeno porte a comprovação de regularidade fiscal somente poderá ser exigida para efeito de assinatura do contrato. Ou seja, não é condição de habilitação, inteligência do art. 42 da Lei Complementar 23/06:*

LC 123/06
Art. 42. *Nas licitações públicas, a comprovação de regularidade fiscal das microempresas e empresas de pequeno porte somente será exigida para efeito de assinatura do contrato.*

Os documentos que comprovem a regularidade fiscal somente serão exigidos quando da assinatura do contrato, embora o art. 43 da LC 123/06 tenha utilizado a expressão *"por ocasião da participação em certames licitatórios"*. Aparentemente há um conflito de regra. O disposto no art. 43 deve ser interpretado conforme o art. 42. Caso a microempresa ou a empresa de pequeno porte participem do certame licitatório, não necessitará, no processo de licitação, apresentarem os documentos que comprovem sua regularidade fiscal para fins de habilitação, mas sim de contratação.

Se houver alguma restrição, será assegurado o prazo de 2 (dois) dias úteis, cujo termo inicial corresponderá ao momento em que o proponente for declarado vencedor do certame, prorrogáveis por igual período, a critério da Administração, para a regularização da documentação, que consiste no pagamento ou parcelamento do débito e emissão de eventuais certidões negativa ou positiva com efeitos negativos.

A não regularização no prazo concedido implicará em decadência do direito à contratação, sendo facultado à Administração convocar os licitantes remanescentes, na ordem de classificação, para assinatura do contrato, ou revogar a licitação. Veja as disposições legais a respeito:

LC 123/06
Art. 43. As microempresas e empresas de pequeno porte, por ocasião da participação em certames licitatórios, deverão apresentar toda a documentação exigida para efeito de comprovação de regularidade fiscal, mesmo que esta apresente alguma restrição.
§ 1º. Havendo alguma restrição na comprovação da regularidade fiscal, será assegurado o prazo de 2 (dois) dias úteis, cujo termo inicial corresponderá ao momento em que o proponente for declarado o vencedor do certame, prorrogáveis por igual período, a critério da Administração Pública, para a regularização da documentação, pagamento ou parcelamento do débito, e emissão de eventuais certidões negativas ou positivas com efeito de certidão negativa.
§ 2º. A não-regularização da documentação, no prazo previsto no § 1º deste artigo, implicará decadência do direito à contratação, sem prejuízo das sanções previstas no art. 81 da Lei 8.666, de 21.06.1993, sendo facultado à Administração convocar os licitantes remanescentes, na ordem de classificação, para a assinatura do contrato, ou revogar a licitação.

20.3 Qualificação Técnica

Lei 8.666/93
Art. 30. A documentação relativa à qualificação técnica limitar-se-á a:
I – registro ou inscrição na entidade profissional competente;
II – comprovação de aptidão para desempenho de atividade pertinente e compatível em características, quantidades e prazos com o objeto da licitação, e indicação das instalações e do aparelhamento e do pessoal técnico adequados e disponíveis para a realização do objeto da licitação, bem como da qualificação de cada um dos membros da equipe técnica que se responsabilizará pelos trabalhos;

III - comprovação, fornecida pelo órgão licitante, de que recebeu os documentos, e, quando exigido, de que tomou conhecimento de todas as informações e das condições locais para o cumprimento das obrigações objeto da licitação;

IV - prova de atendimento de requisitos previstos em lei especial, quando for o caso.

*§ 1º. A comprovação de aptidão referida no inciso II do "**caput**" deste artigo, no caso das licitações pertinentes a obras e serviços, será feita por atestados fornecidos por pessoas jurídicas de direito público ou privado, devidamente registrados nas entidades profissionais competentes, limitadas as exigências a:*

I - capacitação técnico-profissional: comprovação do licitante de possuir em seu quadro permanente, na data prevista para entrega da proposta, profissional de nível superior ou outro devidamente reconhecido pela entidade competente, detentor de atestado de responsabilidade técnica por execução de obra ou serviço de características semelhantes, limitadas estas exclusivamente às parcelas de maior relevância e valor significativo do objeto da licitação, vedadas as exigências de quantidades mínimas ou prazos máximos;

§ 2º. As parcelas de maior relevância técnica e de valor significativo, mencionadas no parágrafo anterior, serão definidas no instrumento convocatório.

§ 3º. Será sempre admitida a comprovação de aptidão através de certidões ou atestados de obras ou serviços similares de complexidade tecnológica e operacional equivalente ou superior.

§ 4º. Nas licitações para fornecimento de bens, a comprovação de aptidão, quando for o caso, será feita através de atestados fornecidos por pessoa jurídica de direito público ou privado.

§ 5º. É vedada a exigência de comprovação de atividade ou de aptidão com limitações de tempo ou de época ou ainda em locais específicos, ou quaisquer outras não previstas nesta Lei, que inibam a participação na licitação.

§ 6º. As exigências mínimas relativas a instalações de canteiros, máquinas, equipamentos e pessoal técnico especializado, considerados essenciais para o cumprimento do objeto da licitação, serão atendidas mediante a apresentação de relação explícita e da declaração formal da sua disponibilidade, sob as penas cabíveis, vedada as exigências de propriedade e de localização prévia.

§ 7º. (Vetado).

§ 8º. No caso de obras, serviços e compras de grande vulto, de alta complexidade técnica, poderá a Administração exigir dos licitantes a metodologia de execução, cuja avaliação, para efeito de sua aceitação ou não, antecederá sempre à análise dos preços e será efetuada exclusivamente por critérios objetivos.

§ 9º. Entende-se por licitação de alta complexidade técnica aquela que envolva alta especialização, como fator de extrema relevância para garantir a execução do objeto a ser contratado, ou que possa comprometer a continuidade da prestação de serviços públicos essenciais.
§ 10. Os profissionais indicados pelo licitante para fins de comprovação da capacitação técnico-profissional de que trata o inciso I do § 1º deste artigo deverão participar da obra ou serviço objeto da licitação, admitindo-se a substituição por profissionais de experiência equivalente ou superior, desde que aprovada pela administração.

Na qualificação técnica a Administração Pública aferirá a aptidão do proponente para a execução do objeto. A aptidão pode ser genérica, específica ou operativa.

A capacidade técnica *genérica* é a aptidão reconhecida por órgãos de fiscalização ou profissionais em favor de alguém para executar alguma atividade, como, por exemplo, o Conselho Regional de Engenharia e Arquitetura – CREA, a Ordem dos Advogados do Brasil – OAB, o Conselho Regional de Medicina – CRM etc.

A capacidade técnica *específica* é a aptidão especial reconhecida em favor de alguém para a execução de certa atividade. Pode ser atestada através de certidões emitidas por outro órgão perante o qual o proponente tenha prestado serviços ou entregue objeto semelhante com sucesso.

Por fim, a capacidade técnica *operativa* é a prova de que o proponente possui maquinário ou condições operacionais suficientes para a execução do objeto licitado.

20.4 Qualificação Econômico-financeira

Lei 8.666/93
Art. 31. *A documentação relativa à qualificação econômico-financeira limitar-se-á a:*
I – balanço patrimonial e demonstrações contábeis do último exercício social, já exigíveis e apresentados na forma da lei, que comprovem a boa situação financeira da empresa, vedada a sua substituição por balancetes ou balanços provisórios, podendo ser atualizados por índices oficiais quando encerrado há mais de 3 (três) meses da data de apresentação da proposta;
II – certidão negativa de falência ou concordata expedida pelo distribuidor da sede da pessoa jurídica, ou de execução patrimonial, expedida no domicílio da pessoa física;

III – garantia, nas mesmas modalidades e critérios previstos no "caput" e § 1º do art. 56 desta Lei, limitada a 1% (um por cento) do valor estimado do objeto da contratação.

§ 1º. A exigência de índices limitar-se-á à demonstração da capacidade financeira do licitante com vistas aos compromissos que terá que assumir caso lhe seja adjudicado o contrato, vedada a exigência de valores mínimos de faturamento anterior, índices de rentabilidade ou lucratividade.

§ 2º. A Administração, nas compras para entrega futura e na execução de obras e serviços, poderá estabelecer, no instrumento convocatório da licitação, a exigência de capital mínimo ou de patrimônio líquido mínimo, ou ainda as garantias previstas no § 1º do art. 56 desta Lei, como dado objetivo de comprovação da qualificação econômico-financeira dos licitantes e para efeito de garantia ao adimplemento do contrato a ser ulteriormente celebrado.

§ 3º. O capital mínimo ou o valor do patrimônio líquido a que se refere o parágrafo anterior não poderá exceder a 10% (dez por cento) do valor estimado da contratação, devendo a comprovação ser feita relativamente à data da apresentação da proposta, na forma da lei, admitida a atualização para esta data através de índices oficiais.

§ 4º. Poderá ser exigida, ainda, a relação dos compromissos assumidos pelo licitante que importem diminuição da capacidade operativa ou absorção de disponibilidade financeira, calculada esta em função do patrimônio líquido atualizado e sua capacidade de rotação.

§ 5º. A comprovação de boa situação financeira da empresa será feita de forma objetiva, através do cálculo de índices contábeis previstos no edital e devidamente justificados no processo administrativo da licitação que tenha dado início ao certame licitatório, vedada a exigência de índices e valores não usualmente adotados para correta avaliação de situação financeira suficiente ao cumprimento das obrigações decorrentes da licitação.

Na qualificação econômico-financeira a Administração Pública visa certificar se o proponente terá condições de executar o objeto com suas forças, haja vista que o pagamento somente acontecerá após a execução ou, em caso de obras, após cada medição.

A Administração Pública não pode antecipar pagamento, com efeito, cabe ao fornecedor ou executante atender ao objeto para somente receber a contraprestação do Poder Público, daí a necessidade de comprovação da situação econômica e financeira.

20.5 Forma de Apresentação dos Documentos

Lei 8.666/93
Art. 32. Os documentos necessários à habilitação poderão ser apresentados em original, por qualquer processo de cópia autenticada por cartório competente ou por servidor da administração ou publicação em órgão da imprensa oficial.

  A apresentação dos documentos deve seguir a didática orientação do art. 32. Caso o particular apresente documentos originais e os mesmos não puderem ser retidos pala Administração, deve-se providenciar cópia, autenticando-a por servidor competente, e devolver os originais ao licitante.

20.6 Dispensa da Documentação

Lei 8.666/93
Art. 32. (...)
§ 1º. A documentação de que tratam os artigos 28 a 31 desta Lei poderá ser dispensada, no todo ou em parte, nos casos de convite, concurso, fornecimento de bens para pronta entrega e leilão.

  A lei admite a dispensa da apresentação dos documentos de habilitação nos casos de convite, concurso, fornecimento de bens para pronta entrega e leilão. Trata-se de uma faculdade que deve ser adotada pelo instrumento convocatório.

  Embora a lei faculte a liberação da apresentação dos documentos de que tratam os artigos 28 a 31, o que compreende todas as etapas de habilitação, sem dúvidas os relativos à regularidade fiscal, constantes no art. 29, não podem ser dispensados.

  Nos casos de concurso e leilão, por serem modalidades especiais, a liberação na apresentação dos documentos de habilitação possui uma lógica razoável. Nessas modalidades vigora o princípio da universalidade, pelo qual todo aquele que cumpra as exigências de participação podem oferecer propostas. No caso do concurso, o próprio objeto.

  No leilão mais ainda. Por esta modalidade a Administração Pública visa alienar bens e, como tal, todo aquele que possua condições de adquirir os bens, de regra, poderá ofertar lances. No entanto, pode a Administração exigir a prestação de caução e, conforme o caso, a comprovação da origem do dinheiro.

Para o fornecimento de bens de pronta entrega não se faz necessário a qualificação econômico-financeira.

20.7 Certificado de Registro Cadastral

Lei 8.666/93
Art. 32. (...)
§ 2º. O certificado de registro cadastral a que se refere o § 1º do art. 36 substitui os documentos enumerados nos artigos 28 a 31, quanto às informações disponibilizadas em sistema informatizado de consulta direta indicado no edital, obrigando-se a parte a declarar, sob as penalidades legais, a superveniência de fato impeditivo da habilitação.

§ 3º. A documentação referida neste artigo poderá ser substituída por registro cadastral emitido por órgão ou entidade pública, desde que previsto no edital e o registro tenha sido feito em obediência ao disposto nesta Lei.

O art. 34 da Lei 8.666/93 determina que os órgãos e entidades que realizam licitações frequentemente mantenham registros cadastrais para fins de habilitação pelo período de no máximo um ano.

O procedimento de registro não se fecha, a qualquer momento a Administração Pública poderá registrar interessado ainda sem cadastro.

O registro cadastral encerra assentamentos de potenciais fornecedores ou prestadores de serviços, mantidos pelo órgão ou entidade da Administração Pública e atualizados anualmente.

Os cadastrados recebem o Certificado de Registro Cadastral – CRC, que substitui os documentos exigidos para habilitação.

O cadastramento prévio é requisito de participação em licitação processada na modalidade tomada de preço.

20.8 Exigência para Empresas Estrangeiras nas Licitações Internacionais

Lei 8.666/93
Art. 32. (...)
§ 4º. As empresas estrangeiras que não funcionem no País, tanto quanto possível, atenderão, nas licitações internacionais, às exigências dos parágrafos anteriores mediante documentos equivalentes, autenticados

pelos respectivos consulados e traduzidos por tradutor juramentado, devendo ter representação legal no Brasil com poderes expressos para receber citação e responder administrativa ou judicialmente.
(...)
§ 6º. O disposto no § 4º deste artigo, no § 1º do art. 33 e no § 2º do art. 55, não se aplica às licitações internacionais para a aquisição de bens e serviços cujo pagamento seja feito com o produto de financiamento concedido por organismo financeiro internacional de que o Brasil faça parte, ou por agência estrangeira de cooperação, nem nos casos de contratação com empresa estrangeira, para a compra de equipamentos fabricados e entregues no exterior, desde que para este caso tenha havido prévia autorização do Chefe do Poder Executivo, nem nos casos de aquisição de bens e serviços realizada por unidades administrativas com sede no exterior.

20.9 Gratuidade

Lei 8.666/93
Art. 32. (...)
§ 5º. Não se exigirá, para a habilitação de que trata este artigo, prévio recolhimento de taxas ou emolumentos, salvo os referentes a fornecimento do edital, quando solicitado, com os seus elementos constitutivos, limitados ao valor do custo efetivo de reprodução gráfica da documentação fornecida.

A única taxa admitida para a participação no certame licitatório é a referente ao fornecimento do edital cujo valor limita-se ao custo efetivo de reprodução gráfica da documentação fornecida.

* Perspectiva de alteração da lei

O Projeto de Lei 7.709/07, se aprovado e convertido em lei, alterará a redação do art. 32 da Lei 8.666/93, adaptando a lei ao uso da tecnologia.

Conheça a redação proposta:

Art. 32. Os documentos necessários à habilitação poderão ser apresentados em original, por qualquer processo de cópia autenticada por cartório competente ou por servidor da Administração, credenciado para tal, ou publicação em órgão da imprensa oficial ou impresso de sítios oficiais do órgão emissor.
(...)

§ 7° As consultas a documentos diretamente realizadas pela administração em sítios oficiais dos órgãos emissores substituirão quaisquer outros meios de prova para fins de procedimento licitatório.

§ 8° A autenticidade e validade do documento disponibilizado por meio eletrônico deverá ser certificada por membro da Comissão de Licitação, servidor público ou pregoeiro.

21 PARTICIPAÇÃO DE CONSÓRCIO

Lei 8.666/93
Art. 33. Quando permitida na licitação a participação de empresas em consórcio, observar-se-ão as seguintes normas:
I – comprovação do compromisso público ou particular de constituição de consórcio, subscrito pelos consorciados;
II – indicação da empresa responsável pelo consórcio que deverá atender às condições de liderança, obrigatoriamente fixadas no edital;
III – apresentação dos documentos exigidos nos arts. 28 a 31 desta Lei por parte de cada consorciado, admitindo-se, para efeito de qualificação técnica, o somatório dos quantitativos de cada consorciado, e, para efeito de qualificação econômico-financeira, o somatório dos valores de cada consorciado, na proporção de sua respectiva participação, podendo a Administração estabelecer, para o consórcio, um acréscimo de até 30% (trinta por cento) dos valores exigidos para licitante individual, inexigível este acréscimo para os consórcios compostos, em sua totalidade, por micro e pequenas empresas assim definidas em lei;
IV – impedimento de participação de empresa consorciada, na mesma licitação, através de mais de um consórcio ou isoladamente;
V – responsabilidade solidária dos integrantes pelos atos praticados em consórcio, tanto na fase de licitação quanto na de execução do contrato.
§ 1°. No consórcio de empresas brasileiras e estrangeiras a liderança caberá, obrigatoriamente, à empresa brasileira, observado o disposto no inciso II deste artigo.
§ 2°. O licitante vencedor fica obrigado a promover, antes da celebração do contrato, a constituição e o registro do consórcio, nos termos do compromisso referido no inciso I deste artigo.

Com intenção de aumentar a competitividade e, em determinadas situações, viabilizar a execução do objeto, a lei admite a participação de empresas reunidas em consórcio.

A reunião em consórcio de empresas tem por objetivo único a participação no certame e a execução, mediante a soma dos esforços técnicos e habilidades profissionais, do objeto pretendido pela Administração Pública.

Após a execução do objeto o consórcio deixa de existir para o fim que foi constituído.

A formação de consórcio somente será admitida se prevista no instrumento convocatório, conforme se constata na expressão *"Quando permitida na licitação"* que deve ser interpretada *"quando admitida pela Administração Pública"*.

Os consórcios devem observar as normas estabelecidas nos incisos do art. 33, sendo:

I. comprovação do compromisso público ou particular de constituição de consórcio, subscrito pelos consorciados;

A constituição do consórcio só será obrigatória na hipótese da proposta se tornar vencedora e houver a contratação, com isso as empresas apenas apresentam à Comissão *compromisso* de constituição de consórcio.

II. indicação da empresa responsável pelo consórcio que deverá atender às condições de liderança, obrigatoriamente fixadas no edital;

A Administração não pode ficar tratando, na fase de execução, com diversas empresas, com isso o instrumento convocatório estabelecerá as condições para que uma das empresas consorciadas assuma a liderança e a exerça durante a execução.

Se na licitação houver a participação de empresa estrangeira, a empresa líder deverá ser brasileira.

III. apresentação dos documentos exigidos nos arts. 28 a 31 desta lei por parte de cada consorciado, admitindo-se, para efeito de qualificação técnica, o somatório dos quantitativos de cada consorciado, e, para efeito de qualificação econômico-financeira, o somatório dos valores de cada consorciado, na proporção de sua respectiva participação, podendo a Administração estabelecer, para o consórcio, um acréscimo de até 30% (trinta por cento) dos valores exigidos para licitante individual, inexigível este acréscimo para os consórcios compostos, em sua totalidade, por micro e pequenas empresas assim definidas em lei;

Embora a Administração vá lidar com o consórcio constituído ou somente com a empresa líder, todas as empresas participantes da reunião devem ser habilitadas, isoladamente, a participar do certame licitatório. A lei admite, contudo, que a qualificação técnica seja aferida em conjunto.

Importante frisar que as empresas, isoladamente, devam manter durante a execução as condições de habilitação, mesmo que o pagamento seja feito ao consórcio e não a cada empresa em particular.

IV. impedimento de participação de empresa consorciada, na mesma licitação, através de mais de um consórcio ou isoladamente; A mesma empresa pode participar isoladamente ou se juntar a um consórcio.

V. responsabilidade solidária dos integrantes pelos atos praticados em consórcio, tanto na fase de licitação quanto na de execução do contrato.

A responsabilidade de cada empresa é solidária até a execução do objeto em sua integralidade. Uma empresa pode cumprir sua parte na execução e outra se tornar inadimplente, a Administração deverá, em tal hipótese, acionar todas as empresas solidariamente visando o cumprimento do objeto.

22 REGISTRO CADASTRAL

Lei 8.666/93
Art. 34. Para os fins desta Lei, os órgãos e entidades da Administração Pública que realizem frequentemente licitações manterão registros cadastrais para efeito de habilitação, na forma regulamentar, válidos por, no máximo, um ano.

§ 1º. O registro cadastral deverá ser amplamente divulgado e deverá estar permanentemente aberto aos interessados, obrigando-se a unidade por ele responsável a proceder, no mínimo anualmente, através da imprensa oficial e de jornal diário, a chamamento público para a atualização dos registros existentes e para o ingresso de novos interessados.

§ 2º. É facultado às unidades administrativas utilizarem-se de registros cadastrais de outros órgãos ou entidades da Administração Pública.

Art. 35. Ao requerer inscrição no cadastro, ou atualização deste, a qualquer tempo, o interessado fornecerá os elementos necessários à satisfação das exigências do art. 27 desta Lei.

Art. 36. Os inscritos serão classificados por categorias, tendo-se em vista sua especialização, subdivididas em grupos, segundo a qualificação técnica e econômica avaliada pelos elementos constantes da documentação relacionada nos artigos 30 e 31 desta Lei.

§ 1º. Aos inscritos será fornecido certificado, renovável sempre que atualizarem o registro.

§ 2º. A atuação do licitante no cumprimento de obrigações assumidas será anotada no respectivo registro cadastral.

Art. 37. A qualquer tempo poderá ser alterado, suspenso ou cancelado o registro do inscrito que deixar de satisfazer as exigências do art. 27 desta Lei, ou as estabelecidas para classificação cadastral.

O art. 34 da Lei 8.666/93 determina que os órgãos e entidades que realizam licitações frequentemente mantenham registros cadastrais para fins de habilitação pelo período de no máximo um ano. Embora pareça existir uma obrigação da manutenção do registro cadastral, sabe-se que os órgãos podem utilizar o cadastro pertencente a outro órgão ou entidade da Administração Pública, conforme estabelecido no § 2º da norma.

O procedimento de registro não se fecha, a qualquer momento a Administração Pública poderá registrar interessado ainda sem cadastro, ou promover a atualização dos dados, suspender ou cancelar o registro do inscrito que deixar de satisfazer as exigências de habilitação.

O registro cadastral encerra assentamentos de potenciais fornecedores ou prestadores de serviços, mantidos pelo órgão ou entidade da Administração Pública e atualizados anualmente, classificados em categorias tendo em vista sua especialização e subdivididos em grupos, segundo a qualificação técnica e econômica.

Os cadastrados recebem o Certificado de Registro Cadastral – CRC, que substitui os documentos exigidos para habilitação.

O cadastramento prévio é requisito de participação em licitação processada na modalidade tomada de preço.

*** Perspectiva de alteração da lei**

O Projeto de Lei 7.709/07, se aprovado e convertido em lei, alterará a redação dos artigos 34 e 36 da Lei 8.666/93, adaptando a lei ao uso da tecnologia e disponibiliza, expressamente, o Sistema de Cadastramento Unificado de Fornecedores – SICAF, instituído e sob responsabilidade da União, aos demais órgãos da Administração.

Conheça a redação proposta:

Art. 34. (...)

§ 1º. O registro cadastral deverá ser amplamente divulgado e deverá estar permanentemente aberto aos interessados, obrigando-se a unidade por ele responsável a proceder, no mínimo anualmente, através dos meios de divulgação oficial previstos no art. 21, a chamamento público para a atualização dos registros existentes e para o ingresso de novos interessados.

(...)

§ 3º. O Sistema de Cadastramento Unificado de Fornecedores - SICAF, instituído e sob responsabilidade da União, fica disponibilizado aos demais órgãos da Administração Pública.

Art.36. (...)

§ 3º. Nas licitações para compras de grande vulto os inscritos estarão obrigados à comprovação de qualificação econômico-financeira e, quando o objeto for de maior complexidade técnica, à comprovação de qualificação técnica específica.

23 PROCESSAMENTO E JULGAMENTO

Lei 8.666/93
Art. 38. O procedimento da licitação será iniciado com a abertura de processo administrativo, devidamente autuado, protocolado e numerado, contendo a autorização respectiva, a indicação sucinta de seu objeto e do recurso próprio para a despesa, e ao qual serão juntados oportunamente:

I – edital ou convite e respectivos anexos, quando for o caso;

II – comprovante das publicações do edital resumido, na forma do art. 21 desta Lei, ou da entrega do convite;

III – ato de designação da comissão de licitação, do leiloeiro administrativo ou oficial, ou do responsável pelo convite;

IV – original das propostas e dos documentos que as instruírem;

V – atas, relatórios e deliberações da Comissão Julgadora;

VI – pareceres técnicos ou jurídicos emitidos sobre a licitação, dispensa ou inexigibilidade;

VII – atos de adjudicação do objeto da licitação e da sua homologação;

VIII – recursos eventualmente apresentados pelos licitantes e respectivas manifestações e decisões;

IX – despacho de anulação ou de revogação da licitação, quando for o caso, fundamentado circunstanciadamente;

X – termo de contrato ou instrumento equivalente, conforme o caso;

XI – outros comprovantes de publicações;

XII – demais documentos relativos à licitação.

Parágrafo único. *As minutas de editais de licitação, bem como as dos contratos, acordos, convênios ou ajustes devem ser previamente examinadas e aprovadas por assessoria jurídica da Administração.*

O art. 38 da Lei 8.666/93 estabelece os passos que devem ser adotados desde a solicitação até a conclusão do certame.

De início o órgão ou entidade licitante instaura um processo administrativo tendo por objeto a contratação de serviços ou aquisição de bens. O primeiro documento, geralmente, é a solicitação dirigida ao ordenador da despesa demonstrando a necessidade de sua realização. O pedido pode estar acompanhado de planilhas orçamentárias ou cotações – no mínimo de três –, assim como da informação de que o órgão possui orçamento específico para a sua realização. Quando da análise, o ordenador já terá condições de autorizar a abertura do procedimento de licitação, não sendo o caso de optar pela contratação direta.

De acordo com o valor estimado da despesa, o ordenador escolhe a modalidade e determina a abertura do processo de licitação, encaminhando os documentos à Comissão que instaurará o processo – autuação, protocolo e numeração – e elaborará o instrumento convocatório (edital ou carta-convite).

O instrumento convocatório é uma peça técnica e constitui na *lei interna* do procedimento licitatório, ficando as partes a ele vinculadas até a execução do objeto.

Embora a redação do inciso I conste *"edital e convite"* sabe-se que o instrumento convocatório utilizado na modalidade *convite* é chamado de *carta-convite*.

O art. 40 da Lei 8.666/93 enumera os elementos obrigatórios ao edital, o que será estudado oportunamente.

23.1 Procedimentos para Contratação Direta

A contratação direta segue o procedimento normal até a constatação do preço estimado ou da circunstância que levará à dispensa ou à inexigibilidade de licitação.

Em qualquer caso, o ordenador optará pela contração direta com base em parecer técnico ou jurídico emitido sobre a dispensa ou a inexigibilidade.

O parecer técnico ou jurídico, principalmente este, deve indicar o fundamento legal para a contratação direta.

Após a aprovação pelo ordenador da despesa, deve-se atender ao disposto no art. 26 da Lei 8.666/93 (ver item 4.16).

23.2 Parecer Técnico e Parecer Jurídico

Um problema é saber em que momento o parecer deve ser elaborado por técnico da área inerente ao objeto ou por profissional do direito, ou mesmo pelos dois profissionais.

O processo de licitação nos casos de dispensa e inexigibilidade devem estar instruídos com pareceres, para que o ordenador da despesa possa, com base neles, deliberar com segurança.

Os pareceres são peças técnicas que vinculam o ato a ser praticado pelo ordenador da despesa. No processo de licitação o parecer é parte integrante da cadeia itinerária dos procedimentos, sua presença é obrigatória.

O objeto pretendido pela Administração pode ensejar a elaboração de parecer técnico, o que se dará quando necessitar de conhecimentos específicos da área afim, como, por exemplo, nas obras de engenharia; não há como dispensar a opinião técnica do engenheiro antes da aprovação do projeto básico ou executivo.

O profissional do direito, no caso, não terá condições de dar segurança ao ordenador para aprovar um certame cujo objeto seja a execução de obra de engenharia sem a opinião de técnico específico sobre as propostas.

Ao estudarmos as hipóteses de licitação dispensável – art. 24 – vimos que em sua maioria os casos são situações jurídicas, criadas pelo direito, ou comprovadas por fatos jurídicos como a emergência, o preço, a pessoa, o objeto. Com efeito, geralmente os processos de dispensa de licitação merecem um *parecer jurídico*, pois o profissional do direito tem formação para identificar se a situação fática corresponde com o direito positivo.

Por outro lado, se a contratação direta se der em razão da falta de competição, muitas vezes a situação requererá um *parecer técnico* e não *jurídico*. Suponha que a Administração pretenda contratar serviços especializados em imagem de satélite, para tanto, os técnicos apontam a existência de duas empresas, contudo, afirmam que apenas uma delas possui equipamento que atenda ao interesse pretendido, o que torna a competição inviável. A manifestação técnica será suficiente para que o ordenador opte pela contratação direta, não havendo, no caso, a necessidade de manifestação jurídica.

O profissional do direito, no exemplo hipotético acima, não poderia afirmar e recomendar uma contratação direta face a inviabilidade de competição, sem o conhecimento específico que o caso requer.

23.3 Licitação Passo a Passo

1º PASSO:

Solicitação para a realização da despesa, pelo setor que pretende adquirir o bem, descrevendo-o de forma sucinta e clara, acompanhada de cotação de preços e reserva orçamentária, e, se tratando de obras ou contratação de serviços, planilhas orçamentárias, projeto básico, projeto executivo (se for o caso), minutas prévias de edital e do contrato e demais documentos pertinentes.

Ao autorizar a despesa, o ordenador escolherá a modalidade e determinará a abertura do processo administrativo, que será devidamente autuado, protocolado e numerado, contendo a autorização respectiva, a indicação sucinta do objeto e do recurso próprio para a despesa, conforme consta no *caput* do art. 38 da lei licitatória.

2º PASSO:

Encaminhamento à Comissão de Licitação ou órgão interno responsável pelas compras e contratações para a elaboração do instrumento convocatório de acordo com a modalidade escolhida, com todos os elementos obrigatórios de acordo com o art. 40 da Lei 8.666/93.

3º PASSO:

Juntar cópia do ato de designação da comissão de licitação, do leiloeiro administrativo ou oficial, ou do responsável pelo convite. Em se tratando de pregão, juntar o ato de nomeação do pregoeiro.

4º PASSO:

Juntar as minutas do edital ou da carta-convite e respectivos anexos, quando for o caso.

5º PASSO:

Encaminhar o processo ao órgão jurídico para análise das minutas do instrumento convocatório (edital ou carta-convite), dos contratos, acordos, convênios ou ajustes, para manifestação sobre sua regularidade até este momento, aprovando o seguimento do certame, conforme estabelece o parágrafo único do art. 38 da lei licitatória, com redação dada pela Lei 8.883/94.

6º PASSO:

Publicar minuta do edital, na forma do art. 21, ou da entrega da carta-convite.

7º PASSO:

Juntar o comprovante das publicações do edital resumido e da entrega da carta-convite e certificar a fixação da carta-convite no átrio da repartição.

8º PASSO:

Aguardar a data da abertura e recepcionar os envelopes dos licitantes particulares.

9º PASSO:

Juntar originais das propostas e dos documentos que as acompanham.

10º PASSO:
Não sendo pregão, proceder-se-á a habilitação de acordo com a modalidade e exigências constantes no instrumento convocatório. A regra é abrir o envelope nº 01 e aferir os documentos apresentados.

Aos inabilitados serão devolvidos os envelopes contendo as propostas.

11º PASSO:
Aguardar prazo recursal ou, decidido eventual recurso, proceder ao julgamento das propostas dos habilitados de acordo com o tipo da licitação (menor preço, melhor técnica e técnica e preço).

Os procedimentos dessa etapa obedecerão à sequência estabelecida no art. 43 da Lei 8.666/93.

Nas licitações em que haja participação de microempresa ou empresa de pequeno porte, antes de adjudicar o objeto em favor da vencedora, a comissão ou pregoeiro deverá verificar se houve empate entre a proposta vencedora com as apresentadas por microempresas ou empresas de pequeno porte.

Será considerado empate se a proposta da microempresa ou empresa de pequeno porte não superar 10% (dez por cento) da considerada vencedora ou, em caso de pregão, 5% (cinco por cento).

Se houver empate, a microempresa ou empresa de pequeno porte terá a oportunidade de oferecer melhor proposta, hipótese em que lhe será adjudicado o objeto. Se a microempresa ou empresa de pequeno porte melhor classificada não apresentar melhor proposta, o mesmo direito será conferido às remanescentes, obedecida a ordem de classificação.

Na hipótese de empate real (equivalência de valores) entre propostas apresentadas por microempresas ou empresas de pequeno porte, deve ser promovido sorteio para que se identifique aquela que primeiro poderá apresentar melhor oferta.

12º PASSO:
Juntar atas, relatórios e deliberações da comissão julgadora.

13º PASSO:
Juntar os recursos eventualmente apresentados pelos licitantes e respectivas manifestações e decisões.

14º PASSO:
Juntar parecer técnico ou jurídico sobre a licitação

15º PASSO:
Despacho de anulação ou de revogação da licitação, quando for o caso, fundamentado e circunstanciado.

Ocorrendo tal hipótese, arquiva-se o processo. Caso contrário, homologa-se a licitação e é adjudicado o objeto ao vencedor.

16º PASSO:
Juntar atos de adjudicação do objeto da licitação e da sua homologação devidamente publicados.

17º PASSO:
Juntar cópia do termo de contrato ou instrumento equivalente, conforme o caso.

18º PASSO:
Juntar outros comprovantes de publicação e demais documentos da licitação.

* Perspectiva de alteração da lei
O Projeto de Lei 7.709/07 pretende alterar a redação do art. 38 da Lei 8.666/93, acrescentando a obrigatoriedade de se juntar ao processo os atos de homologação e adjudicação da licitação.
Conheça a redação proposta:

Art.38. (...)
VII – atos de homologação e de adjudicação do objeto da licitação.

24 NECESSIDADE DE AUDIÊNCIA PÚBLICA

Lei 8.666/93
Art. 39. Sempre que o valor estimado para uma licitação ou para um conjunto de licitações simultâneas ou sucessivas for superior a 100 (cem) vezes o limite previsto no art. 23, inciso I, alínea "c" desta Lei, o processo licitatório será iniciado, obrigatoriamente, com uma audiência pública concedida pela autoridade responsável com antecedência mínima de 15 (quinze) dias úteis da data prevista para a publicação do edital, e divulgada, com a antecedência mínima de 10 (dez) dias úteis de sua realização, pelos mesmos meios previstos para a publicidade da licitação, à qual terão acesso e direito a todas as informações pertinentes e a se manifestar todos os interessados.
Parágrafo único. Para os fins deste artigo, consideram-se licitações simultâneas aquelas com objetos similares e com realização prevista para intervalos não superiores a trinta dias e licitações sucessivas aquelas em que, também com objetos similares, o edital subsequente tenha uma data anterior a cento e vinte dias após o término do contrato resultante da licitação antecedente.

Será obrigatória a realização de audiência pública de acordo com valor estimado da despesa ou do conjunto da despesa, mesmo que contratada por licitações *simultâneas*, assim consideradas aquelas com objetos similares e com intervalos de tempo não superiores a trinta dias, ou *sucessivas*, que são aquelas com objetos similares cujo edital subsequente tenha data anterior a cento e vinte dias após o término do contrato da licitação antecedente.

O valor estimado da despesa que requer a obrigatoriedade da realização de audiência pública é o que superar cem vezes o limite estabelecido no art. 23, I, *c* que atualmente está em R$ 1.500.000,00. Com isso se a estimativa da despesa superar a 150.000.000,00 (cento e cinquenta milhões de reais) a licitação será iniciada por consulta pública.

A audiência pública deve ser realizada antes da publicação do edital da licitação, e servirá para discutir com a comunidade diretamente envolvida com a obra ou o serviço.

25 INSTRUMENTO CONVOCATÓRIO

Lei 8.666/93
Art. 40. O edital conterá no preâmbulo o número de ordem em série anual, o nome da repartição interessada e de seu setor, a modalidade, o regime de execução e o tipo da licitação, a menção de que será regida por esta Lei, o local, dia e hora para recebimento da documentação e proposta, bem como para início da abertura dos envelopes, e indicará, obrigatoriamente, o seguinte:
I – objeto da licitação, em descrição sucinta e clara;
II – prazo e condições para assinatura do contrato ou retirada dos instrumentos, como previsto no art. 64 desta Lei, para execução do contrato e para entrega do objeto da licitação;
III – sanções para o caso de inadimplemento;
IV – local onde poderá ser examinado e adquirido o projeto básico;
V – se há projeto executivo disponível na data da publicação do edital de licitação e o local onde possa ser examinado e adquirido;
VI – condições para participação na licitação, em conformidade com os artigos 27 a 31 desta Lei, e forma de apresentação das propostas;
VII – critério para julgamento, com disposições claras e parâmetros objetivos;
VIII – locais, horários e códigos de acesso dos meios de comunicação à distância em que serão fornecidos elementos, informações e esclarecimentos relativos à licitação e às condições para atendimento das obrigações necessárias ao cumprimento de seu objeto;

IX – condições equivalentes de pagamento entre empresas brasileiras e estrangeiras, no caso de licitações internacionais;

X – o critério de aceitabilidade dos preços unitário e global, conforme o caso, permitida a fixação de preços máximos e vedados a fixação de preços mínimos, critérios estatísticos ou faixas de variação em relação a preços de referência, ressalvado o disposto nos parágrafos 1º e 2º do art. 48;

XI – critério de reajuste, que deverá retratar a variação efetiva do custo de produção, admitida a adoção de índices específicos ou setoriais, desde a data prevista para apresentação da proposta, ou do orçamento a que essa proposta se referir, até a data do adimplemento de cada parcela;

XII – (Vetado).

XIII – limites para pagamento de instalação e mobilização para execução de obras ou serviços que serão obrigatoriamente previstos em separado das demais parcelas, etapas ou tarefas;

XIV – condições de pagamento, prevendo:

a) prazo de pagamento não superior a trinta dias, contado a partir da data final do período de adimplemento de cada parcela;

b) cronograma de desembolso máximo por período, em conformidade com a disponibilidade de recursos financeiros;

c) critério de atualização financeira dos valores a serem pagos, desde a data final do período de adimplemento de cada parcela até a data do efetivo pagamento;

d) compensações financeiras e penalizações, por eventuais atrasos, e descontos, por eventuais antecipações de pagamentos;

e) exigência de seguros, quando for o caso;

XV – instruções e normas para os recursos previstos nesta Lei;

XVI – condições de recebimento do objeto da licitação;

XVII – outras indicações específicas ou peculiares da licitação.

§ 1º. O original do edital deverá ser datado, rubricado em todas as folhas e assinado pela autoridade que o expedir, permanecendo no processo de licitação, e dele extraindo-se cópias integrais ou resumidas, para sua divulgação e fornecimento aos interessados.

§ 2º. Constituem anexos do edital, dele fazendo parte integrante:

I – o projeto básico e/ou executivo, com todas as suas partes, desenhos, especificações e outros complementos;

II – orçamento estimado em planilhas de quantitativos e preços unitários;

III – a minuta do contrato a ser firmado entre a Administração e o licitante vencedor;

IV – as especificações complementares e as normas de execução pertinentes à licitação.

§ 3º. Para efeito do disposto nesta Lei, considera-se como adimplemento da obrigação contratual a prestação do serviço, a realização da obra, a entrega do bem ou de parcela destes, bem como qualquer outro evento contratual a cuja ocorrência esteja vinculada a emissão de documento de cobrança.

§ 4º. Nas compras para entrega imediata, assim entendidas aquelas com prazo de entrega até trinta dias da data prevista para apresentação da proposta, poderão ser dispensadas:

I – o disposto no inciso XI deste artigo;

II – a atualização financeira a que se refere a alínea "c" do inciso XIV deste artigo, correspondente ao período compreendido entre as datas do adimplemento e a prevista para o pagamento, desde que não superior a quinze dias.

O instrumento convocatório é uma peça técnica e deve ser elaborada de forma vinculada. A sua elaboração deve seguir as exigências do art. 40 da lei licitatória que, de forma didática, traz todos os requisitos necessários a serem seguidos.

As partes estão vinculadas ao instrumento convocatório, as demais etapas, até o contrato, seguirão as diretrizes definidas neste documento que popularizou-se como "a lei interna do processo de licitação".

O instrumento convocatório é composto de três partes: o *preâmbulo,* o *"corpo"* e *anexos.*

O preâmbulo deve trazer informações dirigidas ao público externo, principalmente ao interessado em formular proposta. De acordo com a lei o instrumento convocatório (edital e carta-convite) conterá no preâmbulo o número de ordem em série anual, o nome da repartição interessada e de seu setor, a modalidade, o regime de execução e o tipo da licitação, a menção de que será regida pela Lei 8.666/93, o local, dia e hora para recebimento da documentação e proposta, bem como para início da abertura dos envelopes.

O *"corpo"* do instrumento convocatório conterá as regras e todas as condições de participação do certame de acordo com os incisos I a XVII do art. 40.

Os *anexos* constituem documentos complementares, indispensáveis para a elaboração da proposta e conterá: o projeto básico e/ou o projeto executivo, com suas partes, desenhos, especificações e outros complementos; orçamento estimado em planilhas de quantitativos e preços unitários; a minuta do contrato a ser firmado entre a Administração e o licitante vencedor; as especificações complementares e as normas de execução pertinentes à licitação.

* Perspectiva de alteração da lei

O Projeto de Lei 7.709/07 pretende alterar a redação do *caput* do art. 40 da Lei 8.666/93, adaptando-o à possibilidade de licitação presencial e eletrônica a qualquer modalidade e acrescentando o parágrafo XV.

Conheça a redação proposta:

> *Art. 40. O edital conterá no preâmbulo o número de ordem em série anual, o nome da repartição interessada e de seu setor, a modalidade, a forma de realização da licitação – presencial ou eletrônica, o regime de execução e o tipo da licitação, a menção de que será regida por esta Lei, o local, dia e hora para recebimento da documentação e proposta, bem como para início de sua abertura, e indicará, obrigatoriamente, o seguinte:*
>
> *(...)*
>
> *XV – instruções, prazos e normas para os recursos previstos nesta Lei;*

26 VINCULAÇÃO AO INSTRUMENTO CONVOCATÓRIO E SUA IMPUGNAÇÃO

Lei 8.666/93

Art. 41. A Administração não pode descumprir as normas e condições do edital, ao qual se acha estritamente vinculada.

§ 1º. Qualquer cidadão é parte legítima para impugnar edital de licitação por irregularidade na aplicação desta Lei, devendo protocolar o pedido até 5 (cinco) dias úteis antes da data fixada para a abertura dos envelopes de habilitação, devendo a Administração julgar e responder à impugnação em até 3 (três) dias úteis, sem prejuízo da faculdade prevista no § 1º do art. 113.

§ 2º. Decairá do direito de impugnar os termos do edital de licitação perante a administração o licitante que não o fizer até o segundo dia útil que anteceder a abertura dos envelopes de habilitação em concorrência, a abertura dos envelopes com as propostas em convite, tomada de preços ou concurso, ou a realização de leilão, as falhas ou irregularidades que viciariam esse edital, hipótese em que tal comunicação não terá efeito de recurso.

§ 3º. A impugnação feita tempestivamente pelo licitante não o impedirá de participar do processo licitatório até o trânsito em julgado da decisão a ela pertinente.

§ 4º. A inabilitação do licitante importa preclusão do seu direito de participar das fases subsequentes

O princípio da vinculação ao instrumento convocatório foi estudado no item 4.3.6, para onde remeto o leitor.

Além do princípio da vinculação ao instrumento convocatório, o art. 41 traz regras a respeito da impugnação do edital ou da carta-convite e ainda trata, impropriamente, da regra de exclusão do licitante inabilitado.

26.1 Impugnação do Instrumento Convocatório

A publicidade obrigatória que dá ao instrumento convocatório tem por objetivo atrair interessados em participar do certame, mas, também, visa dar conhecimento ao cidadão para que, dele tomando conhecimento, possa exercer seu direito de controle através da impugnação.

A lei confere legitimidade ao cidadão para impugnar os termos do instrumento convocatório (o termo *edital* deve ser lido como *instrumento convocatório*). Para tanto deve protocolar a impugnação, apontando a irregularidade, no prazo de até 5 (cinco) dias úteis antes da data fixada para a abertura dos envelopes de habilitação, devendo a Administração julgar e responder à impugnação em até 3 (três) dias úteis.

A redação do § 1º do art. 41 afirma que o cidadão *formulará pedido* perante a Administração. A impugnação não precisa, necessariamente, ser acompanhada de um *pedido*. O cidadão agirá na proteção da licitude do procedimento; seu interesse não é pessoal. Através da impugnação ele leva ao conhecimento da Administração uma possível irregularidade; a Administração, por sua vez, ao julgar a impugnação, se reconhecer sua procedência, promoverá as correções necessárias, o que poderá importar na alteração da data designada para a abertura e a republicação do instrumento convocatório.

Para o licitante, que também possui legitimidade para impugnar o instrumento convocatório, o prazo é especial e diferenciado para cada modalidade. Com efeito o licitante, assim considerado aquele que adquiriu o edital, foi convidado ou, expressamente, demonstrou o interesse na participação do certame, poderá impugnar o instrumento convocatório até dois dias úteis antes da abertura dos envelopes de habilitação em concorrência e no mesmo prazo mas na abertura dos envelopes com as propostas em caso de convite, tomada de preços, concurso ou da realização do leilão.

A impugnação feita pelo licitante não terá efeito de recurso e, com isso, não prejudicará o andamento do certame, salvo se as falhas ou irregularidades apontadas viciarem o instrumento convocatório.

O § 3º dispõe que a *"impugnação feita tempestivamente pelo licitante não o impedirá de participar do processo licitatório até o trânsito em julgado da decisão a ela pertinente"*.

A regra traz algumas contradições. Trata a norma da *tempestividade* da impugnação. A impugnação só será conhecida se tempestiva. Se intempestiva, a Administração poderá conhecer os elementos como informação e adotar providências para sanar irregularidades que reconhecer. Por outro lado, impugnação não é motivo para afastar o licitante do certame. A previsão de manter o impugnante até o trânsito em julgado da decisão é desnecessária, o que pode dar ao texto uma interpretação condicionada à existência de processo judicial que impugna a participação de algum licitante, hipótese em que a Administração deverá manter o impugnado até o trânsito em julgado da decisão.

Ocorre que a Lei 8.666/93 e a regra do art. 41 são voltadas para a Administração Pública. Ademais, uma ação judicial, a ponto de se ter uma decisão transitada em julgado, demanda um tempo superior ao necessário para o início e término de um certame licitatório, por tais razões, se exclui a possibilidade de interpretação.

A contradição repousa no fato de que o impugnante nada sofrerá por ter apresentado a impugnação, não tem sentido uma regra que o proteja até a decisão da impugnação.

Finalmente a expressão *"até o trânsito em julgado da decisão a ela pertinente"* institui um instituto ao processo administrativo próprio do processo judicial. Trânsito em julgado é o fenômeno de tornar uma decisão imutável, ocorre que a Administração pode rever os atos que se tornaram inconvenientes ou inoportunos e deve revê-los por ilegalidade. Tecnicamente, não existe *trânsito em julgado* na esfera administrativa.

27 CONCORRÊNCIAS INTERNACIONAIS

Lei 8.666/93
Art. 42. Nas concorrências de âmbito internacional, o edital deverá ajustar-se às diretrizes da política monetária e do comércio exterior e atender às exigências dos órgãos competentes.
§ 1º. Quando for permitido ao licitante estrangeiro cotar preço em moeda estrangeira, igualmente o poderá fazer o licitante brasileiro.
§ 2º. O pagamento feito ao licitante brasileiro eventualmente contratado em virtude da licitação de que trata o parágrafo anterior será efetuado em moeda brasileira, à taxa de câmbio vigente no dia útil imediatamente anterior à data do efetivo pagamento.

§ 3º. As garantias de pagamento ao licitante brasileiro serão equivalentes àquelas oferecidas ao licitante estrangeiro.

§ 4º. Para fins de julgamento da licitação, as propostas apresentadas por licitantes estrangeiros serão acrescidas dos gravames consequentes dos mesmos tributos que oneram exclusivamente os licitantes brasileiros quanto à operação final de venda.

§ 5º. Para a realização de obras, prestação de serviços ou aquisição de bens com recursos provenientes de financiamento ou doação oriundos de agência oficial de cooperação estrangeira ou organismo financeiro multilateral de que o Brasil seja parte, poderão ser admitidas, na respectiva licitação, as condições decorrentes de acordos, protocolos, convenções ou tratados internacionais aprovados pelo Congresso Nacional, bem como as normas e procedimentos daquelas entidades, inclusive quanto ao critério de seleção da proposta mais vantajosa para a administração, o qual poderá contemplar, além do preço, outros fatores de avaliação, desde que por elas exigidos para a obtenção do financiamento ou da doação, e que também não conflitem com o princípio do julgamento objetivo e sejam objeto de despacho motivado do órgão executor do contrato, despacho esse ratificado pela autoridade imediatamente superior.

§ 6º. As cotações de todos os licitantes serão para entrega no mesmo local de destino.

Concorrência internacional é aquela realizada no Brasil e que admite a participação de empresas estrangeiras.

O art. 42 disciplina as regras a serem observadas nesta espécie de licitação, especialmente quando envolver competição entre empresas brasileiras com estrangeiras. O princípio basilar contido na lei é o da isonomia, pelo qual o edital deverá prever mecanismos que igualem as forças entre os competidores, independentemente de sua pátria; dentre os mecanismos é gravar a proposta dos licitantes estrangeiros com os mesmos tributos que oneram exclusivamente os licitantes brasileiros.

Na licitação de âmbito internacional se admite proposta cotada em moeda internacional, hipótese tida como exceção, mas permitida em casos definidos pela Administração no edital[28], inclusive quanto à responsabilidade da Administração em efetuar o pagamento do preço de acordo com a cotação do dia imediatamente anterior.

O § 5º do art. 42 estabelece uma especificação do certame em consideração à origem do recurso que financiará a obra, o serviço ou bens que serão adquiridos.

---

[28] O termo *edital* está empregado corretamente, pois em licitações de âmbito internacional somente se admite a modalidade concorrência.

Com efeito, se a despesa for financiada por doação de agência oficial de cooperação estrangeira ou organismo financeiro multilateral de que o Brasil seja parte, o procedimento de licitação poderá adotar as condições decorrentes de acordos, protocolos, convenções ou tratados internacionais aprovados pelo Congresso Nacional, bem como as normas e procedimentos daquelas entidades. Trata-se, então, da possibilidade de realização de licitação com o emprego de normas alienígenas, desde que decorrentes de acordo aprovado pelo Congresso Nacional e a despesa financiada por recursos externos mediante doação.

* **Perspectiva de alteração da lei**

O Projeto de Lei 7.709/2007 pretende alterar a redação do *caput* do art. 42 da Lei 8.666/93, para correção gramatical.

Conheça a redação proposta:

Art. 42. Nas licitações de âmbito internacional o edital deverá ajustar-se às diretrizes da política monetária e do comércio exterior e atender às exigências dos órgãos competentes.

28 DIA DA ABERTURA

Lei 8.666/93
Art. 43. A licitação será processada e julgada com observância dos seguintes procedimentos:

I – abertura dos envelopes contendo a documentação relativa à habilitação dos concorrentes, e sua apreciação;

II – devolução dos envelopes fechados aos concorrentes inabilitados, contendo as respectivas propostas, desde que não tenha havido recurso ou após sua denegação;

III – abertura dos envelopes contendo as propostas dos concorrentes habilitados, desde que transcorrido o prazo sem interposição de recurso, ou tenha havido desistência expressa, ou após o julgamento dos recursos interpostos;

IV – verificação da conformidade de cada proposta com os requisitos do edital e, conforme o caso, com os preços correntes no mercado ou fixados por órgão oficial competente, ou ainda com os constantes do sistema de registro de preços, os quais deverão ser devidamente registrados na ata de julgamento, promovendo-se a desclassificação das propostas desconformes ou incompatíveis;

V – julgamento e classificação das propostas de acordo com os critérios de avaliação constantes do edital;

VI – *deliberação da autoridade competente quanto à homologação e adjudicação do objeto da licitação.*

§ 1º. A abertura dos envelopes contendo a documentação para habilitação e as propostas será realizada sempre em ato público previamente designado, do qual se lavrará ata circunstanciada, assinada pelos licitantes presentes e pela Comissão.

§ 2º. Todos os documentos e propostas serão rubricados pelos licitantes presentes e pela Comissão.

§ 3º. É facultada à Comissão ou autoridade superior, em qualquer fase da licitação, a promoção de diligência destinada a esclarecer ou a complementar a instrução do processo, vedada a inclusão posterior de documento ou informação que deveria constar originariamente da proposta.

§ 4º. O disposto neste artigo aplica-se à concorrência e, no que couber, ao concurso, ao leilão, à tomada de preços e ao convite.

§ 5º. Ultrapassada a fase de habilitação dos concorrentes (incisos I e II) e abertas as propostas (inciso III), não cabe desclassificá-los por motivo relacionado com a habilitação, salvo em razão de fatos supervenientes ou só conhecidos após o julgamento.

§ 6º. Após a fase de habilitação, não cabe desistência de proposta, salvo por motivo justo decorrente de fato superveniente e aceito pela Comissão.

Chegado o dia da abertura os procedimentos serão processados de acordo com o art. 43 da lei licitatória. Em síntese, nas licitações do tipo menor preço, seguirá a seguinte sequência:

a) recepção dos envelopes contendo os documentos de habilitação e propostas;

b) início da fase de habilitação com a abertura dos respectivos envelopes;

c) processamento da habilitação com a análise criteriosa de toda a documentação de cada licitante, rubricando todos os documentos;

d) devolução dos envelopes contendo as propostas aos licitantes que forem inabilitados, salvo se for interposto recurso;

e) na hipótese de recurso com efeito suspensivo, processa-se o recurso para após dar seguimento ao certame;

f) início da fase de julgamento com a abertura dos envelopes contendo as propostas dos licitantes habilitados;

g) verificação de cada proposta com os requisitos do instrumento convocatório e aferição se os preços são compatíveis com os praticados no mercado ou se inferiores ao do registro de preços (se houver) e se as propostas são exequíveis;

h) julgamento das propostas de acordo com os critérios estabelecidos no edital;
i) se houver participação de microempresa ou empresa de pequeno porte, observar as determinações da Lei Complementar 123/06. O art. 44 da Lei Complementar 123/06 considera empate se a proposta da microempresa ou da empresa de pequeno porte for igual ou superior a 10% (dez por cento) ao menor preço; na modalidade pregão o percentual para se considerar empate será de até 5% (cinco por cento) superior ao menor preço. Verificado o empate, a Comissão dará à microempresa ou à empresa de pequeno porte a oportunidade de apresentar proposta de preço inferior àquela considerada vencedora do certame, situação em que será adjudicado em seu favor o objeto licitado. Se não houver a contratação da microempresa ou empresa de pequeno porte mais bem classificada, mesma oportunidade será ofertada às remanescentes cujo preço esteja no limite de "empate" definido pela lei. Se o empate for real, equivalência de valores entre propostas apresentadas por microempresa ou empresa de pequeno porte, haverá sorteio para definir aquela que primeiro poderá apresentar melhor oferta. Tudo isso ocorre após se declarar o vencedor, que deverá aguardar a preferência das microempresas ou das empresas de pequeno porte (vide item 4.3.1).
j) Declarar a proposta vencedora e lavrar todas as ocorrências em ata;
k) encaminhar o processo à autoridade competente para deliberação quanto à homologação e adjudicação do objeto;

* Perspectiva de alteração da lei

O Projeto de Lei 7.709/07 pretende alterar a redação do art. 43 da Lei 8.666/93, alterando alguns procedimentos, inclusive a inversão das fases.

Conheça o texto da proposta:

Art. 43. (...)

II – devolução dos envelopes fechados aos concorrentes inabilitados, contendo as respectivas propostas, desde que não tenha havido recurso;

III – abertura dos envelopes contendo as propostas dos concorrentes habilitados, bem como dos concorrentes inabilitados que tenham apresentado recurso;

(...)

VI – deliberação da autoridade competente quanto aos recursos interpostos;

VII – deliberação da autoridade competente quanto à homologação e adjudicação do objeto da licitação.

§ 1º. *A Administração poderá inverter as fases de habilitação e propostas, observando sequencialmente os seguintes procedimentos, não aplicáveis às licitações destinadas à contratação de obra de valor superior ao previsto no art. 23, I, "c", desta Lei, ou de serviços e compras de grande vulto, conforme definição do art. 6º, V, desta Lei:*

I – abertura dos envelopes contendo as propostas de todos os participantes, verificando sua conformidade na forma do inciso IV do **caput***, desclassificando as propostas desconformes ou incompatíveis;*

II – julgamento e classificação das propostas de acordo com critérios de avaliação constantes do ato convocatório;

III – abertura do envelope e verificação da documentação relativa à habilitação exclusivamente do primeiro classificado;

IV – inabilitado o primeiro classificado, a Administração analisará a documentação relativa à habilitação do segundo classificado, e assim sucessivamente, na ordem da classificação, até que um licitante classificado atenda às condições fixadas no ato convocatório;

V – deliberação da autoridade competente quanto aos recursos interpostos;

VI – devolução dos envelopes aos licitantes inabilitados que não interpuseram recurso; e VII - deliberação da autoridade competente quanto à homologação e adjudicação do objeto da licitação.

§ 2º. *A abertura dos envelopes contendo a documentação para habilitação e as propostas será realizada sempre em ato público previamente designado, do qual se lavrará ata circunstanciada, assinada pelos licitantes presentes e pela Comissão.*

§ 3º. *Todos os documentos e propostas serão rubricados pelos licitantes presentes e pela Comissão.*

§ 4º. *As licitações processadas por meio de sistema eletrônico observarão procedimento próprio quanto ao recebimento de documentação e propostas, sessões de apreciação e julgamento e arquivamento dos documentos, nos termos dos §§ 2º a 6º do art. 20.*

§ 5º. *É facultada à Comissão ou autoridade superior, em qualquer fase da licitação, a promoção de diligência destinada a esclarecer ou a complementar a instrução do processo, vedada a inclusão posterior de documento ou informação que deveria constar originariamente da proposta.*

§ 6º. *O disposto neste artigo aplica-se à concorrência e, no que couber, às demais modalidades de licitação.*

§ 7º. *Ultrapassada a fase de habilitação dos concorrentes e abertas as propostas, não cabe desclassificá-los por motivo relacionado com a habilitação, salvo em razão de fatos supervenientes ou só conhecidos após o julgamento.*

§ 8º. Não cabe desistência de proposta durante o processo licitatório, salvo por motivo justo decorrente de fato superveniente e aceito pela Comissão ou pelo pregoeiro.

§ 9º. Quando a Administração adotar a inversão de fases deverá exigir do representante legal do licitante, na abertura da sessão pública, declaração, sob as penas da lei, de que reúne as condições de habilitação exigidas no edital.

§ 10. Na hipótese referida no § 9º deste artigo, se o licitante vencedor não reunir os requisitos de habilitação necessários a sua contratação, será aplicada a sanção de suspensão temporária de participação em licitação e impedimento de contratar com a Administração, nos termos do inciso III do art. 87 desta Lei.

§ 11. Nas licitações para obras ou serviços de engenharia, quando a Administração adotar inversão de fases, será obrigatória a especificação, no ato convocatório da licitação, do valor orçado pela Administração, para efeito de identificação de propostas manifestamente inexequíveis, de acordo com o disposto no art. 48, II, e § 1º, desta Lei.

29 FASE DE CLASSIFICAÇÃO E JULGAMENTO

Lei 8.666/93
Art. 44. No julgamento das propostas, a Comissão levará em consideração os critérios objetivos definidos no edital ou convite, os quais não devem contrariar as normas e princípios estabelecidos por esta Lei.

§ 1º. É vedada a utilização de qualquer elemento, critério ou fator sigiloso, secreto, subjetivo ou reservado que possa ainda que indiretamente elidir o princípio da igualdade entre os licitantes.

§ 2º. Não se considerará qualquer oferta de vantagem não prevista no edital ou no convite, inclusive financiamentos subsidiados ou a fundo perdido, nem preço ou vantagem baseada nas ofertas dos demais licitantes.

§ 3º. Não se admitirá proposta que apresente preços global ou unitários simbólicos, irrisórios ou de valor zero, incompatíveis com os preços dos insumos e salários de mercado, acrescidos dos respectivos encargos, ainda que o ato convocatório da licitação não tenha estabelecido limites mínimos, exceto quando se referirem a materiais e instalações de propriedade do próprio licitante, para os quais ele renuncie a parcela ou à totalidade da remuneração.

§ 4º. O disposto no parágrafo anterior aplica-se também às propostas que incluam mão de obra estrangeira ou importações de qualquer natureza.

Ultrapassada a fase de habilitação e abertas as propostas não cabe desclassificá-los por motivo relacionado com a habilitação, salvo em razão de fatos supervenientes ou só conhecidos após o julgamento. De igual forma, após a fase de habilitação não suporta mais a desistência de proposta, salvo por motivo justo decorrente de fato superveniente e aceito pela Comissão.

Após a fase da habilitação os envelopes com as propostas dos licitantes habilitados são abertos e se inicia o julgamento das propostas de acordo com os requisitos estabelecidos no instrumento convocatório.

Em síntese, a fase de classificação nada mais é do que a abertura do envelope nº 02 (de preço ou técnica), que possibilita a análise, julgamento, classificação e seleção da proposta mais vantajosa para a Administração, mediante o julgamento das propostas de acordo com os critérios objetivos e as condições estabelecidas no instrumento convocatório, levando-se em conta o tipo da licitação que se realiza.

A fase de classificação é una e indivisível, dela pode ser declarada vencedora uma proposta ou várias, hipótese admitida quando o objeto for divisível (licitação por itens) ou quando a licitação for realizada em lotes parcelados.

29.1 Julgamento Objetivo

Lei 8.666/93
Art. 45. O julgamento das propostas será objetivo, devendo a Comissão de licitação ou o responsável pelo convite realizá-lo em conformidade com os tipos de licitação, os critérios previamente estabelecidos no ato convocatório e de acordo com os fatores exclusivamente nele referidos, de maneira a possibilitar sua aferição pelos licitantes e pelos órgãos de controle.

O julgamento objeto é um princípio inerente ao procedimento de licitação, que se consolida mediante regras e critérios estabelecidos no instrumento convocatório, em que retira da comissão julgadora os elementos subjetivos, secretos ou sigilosos na aferição das propostas.

O instrumento convocatório trará todos os critérios para a seleção da proposta, inclusive parâmetros para definir se a proposta é exequível ou não.

A única modalidade que admite subjetividade da comissão no julgamento é o concurso, no entanto, nesta modalidade não há seleção de proposta mas, sim, do objeto pretendido pela Administração Pública, e os licitantes disputam prêmio ou remuneração previamente fixada. A subjetividade existe em razão da natureza do trabalho técnico-profissional e científico.

30 TIPOS DE LICITAÇÃO

Lei 8.666/93
Art. 45. (...)
§ 1º. Para os efeitos deste artigo, constituem tipos de licitação, exceto na modalidade concurso:
I – a de menor preço – quando o critério de seleção da proposta mais vantajosa para a Administração determinar que será vencedor o licitante que apresentar a proposta de acordo com as especificações do edital ou convite e ofertar o menor preço;
II – a de melhor técnica;
III – a de técnica e preço.
IV – a de maior lance ou oferta – nos casos de alienação de bens ou concessão de direito real de uso.
§ 2º. No caso de empate entre duas ou mais propostas, e após obedecido o disposto no § 2º do art. 3º desta Lei, a classificação se fará, obrigatoriamente, por sorteio, em ato público, para o qual todos os licitantes serão convocados, vedado qualquer outro processo.
§ 3º. No caso da licitação do tipo "menor preço", entre os licitantes considerados qualificados a classificação se dará pela ordem crescente dos preços propostos, prevalecendo, no caso de empate, exclusivamente o critério previsto no parágrafo anterior.
§ 4º. Para contratação de bens e serviços de informática, a administração observará o disposto no art. 3º da Lei 8.248, de 23 de outubro de 1991, levando em conta os fatores especificados em seu parágrafo 2º e adotando obrigatoriamente o tipo de licitação "técnica e preço", permitido o emprego de outro tipo de licitação nos casos indicados em decreto do Poder Executivo.
§ 5º. É vedada a utilização de outros tipos de licitação não previstos neste artigo.
§ 6º. Na hipótese prevista no art. 23, § 7º, serão selecionadas tantas propostas quantas necessárias até que se atinja a quantidade demandada na licitação.

Os tipos de licitação servem para estabelecer a forma de julgamento das. A Lei 8.666/93 estabelece quais são os tipos de licitação aplicáveis a qualquer modalidade, exceto em concurso, haja vista que nesta modalidade a comissão especializada escolhe, através de critérios específicos e até subjetivos, o melhor trabalho técnico, científico ou artístico. Os participantes não disputam a oportunidade de executar o objeto, apresentam este e o vendedor fará jus a um prêmio ou a uma remuneração previamente estabelecidos no edital.

Os tipos de licitação são: *menor preço, melhor técnica, técnica e preço, maior lance ou oferta,* como se verá a seguir.

30.1 Menor Preço

Aplicável para a seleção da proposta mais vantajosa para a Administração no aspecto meramente econômico, desde que obedeça as especificações do edital. Com isso, não basta oferecer o menor preço, as exigências constantes no edital, como qualidade, durabilidade e outros elementos necessários e específicos de cada objeto, devem ser comprovadas pelo licitante e aferidas pela Administração.

Neste tipo de licitação as propostas serão classificadas na ordem crescente dos preços, sendo vencedora a que apresentar o menor preço e atender às condições exigidas. Em caso de empate o vencedor será conhecido após sorteio, em ato público, em que os licitantes tenham sido convocados a participar.

O § 3º do art. 44 da Lei 8.666/93 (redação dada pela Lei 8.884/93) atribui à Administração o poder de não admitir propostas que apresentem preços globais ou unitários simbólicos, irrisórios ou de valor zero, incompatíveis com os praticados no mercado.

30.2 Melhor Técnica

Lei 8.666/93
Art. 46. Os tipos de licitação "melhor técnica" ou "técnica e preço" serão utilizados exclusivamente para serviços de natureza predominantemente intelectual, em especial na elaboração de projetos, cálculos, fiscalização, supervisão e gerenciamento e de engenharia consultiva em geral e, em particular, para a elaboração de estudos técnicos preliminares e projetos básicos e executivos, ressalvado o disposto no § 4º do artigo anterior.

§ 1º. Nas licitações do tipo "melhor técnica" será adotado o seguinte procedimento claramente explicitado no instrumento convocatório, o qual fixará o preço máximo que a Administração se propõe a pagar:
I – serão abertos os envelopes contendo as propostas técnicas exclusivamente dos licitantes previamente qualificados e feita então a avaliação e classificação destas propostas de acordo com os critérios pertinentes e adequados ao objeto licitado, definidos com clareza e objetividade no instrumento convocatório e que considerem a capacitação e a experiência do proponente, a qualidade técnica da proposta, compreendendo metodologia, organização, tecnologias e recursos

materiais a serem utilizados nos trabalhos, e a qualificação das equipes técnicas a serem mobilizadas para a sua execução;

II – uma vez classificadas as propostas técnicas, proceder-se-á à abertura das propostas de preço dos licitantes que tenham atingido a valorização mínima estabelecida no instrumento convocatório e à negociação das condições propostas, com a proponente melhor classificada, com base nos orçamentos detalhados apresentados e respectivos preços unitários e tendo como referência o limite representado pela proposta de menor preço entre os licitantes que obtiveram a valorização mínima;

III – no caso de impasse na negociação anterior, procedimento idêntico será adotado, sucessivamente, com os demais proponentes, pela ordem de classificação, até a consecução de acordo para a contratação;

IV – as propostas de preços serão devolvidas intactas aos licitantes que não forem preliminarmente habilitados ou que não obtiverem a valorização mínima estabelecida para a proposta técnica.

§ 2º. Nas licitações do tipo "técnica e preço" será adotado, adicionalmente ao inciso I do parágrafo anterior, o seguinte procedimento claramente explicitado no instrumento convocatório:

I – será feita a avaliação e a valorização das propostas de preços, de acordo com critérios objetivos preestabelecidos no instrumento convocatório;

II – a classificação dos proponentes far-se-á de acordo com a média ponderada das valorizações das propostas técnicas e de preço, de acordo com os pesos preestabelecidos no instrumento convocatório.

§ 3º. Excepcionalmente, os tipos de licitação previstos neste artigo poderão ser adotados, por autorização expressa e mediante justificativa circunstanciada da maior autoridade da Administração promotora constante do ato convocatório, para fornecimento de bens e execução de obras ou prestação de serviços de grande vulto majoritariamente dependentes de tecnologia nitidamente sofisticada e de domínio restrito, atestado por autoridades técnicas de reconhecida qualificação, nos casos em que o objeto pretendido admitir soluções alternativas e variações de execução, com repercussões significativas sobre sua qualidade, produtividade, rendimento e durabilidade concretamente mensuráveis, e estas puderem ser adotadas à livre escolha dos licitantes, na conformidade dos critérios objetivamente fixados no ato convocatório.

    Por este tipo de licitação a Administração pretende selecionar a proposta que apresente a melhor técnica, dentre aquelas que atingirem a valoração mínima, com parâmetro na proposta de menor preço.

    Para fins de classificação, a Administração fixará, no instrumento convocatório, o preço máximo que se propõe a pagar, limitando desta forma o valor da contratação.

Com base no preço máximo fixado, os licitantes devem apresentar dois envelopes distintos para a proposta: um com a proposta *"técnica"* e o outro com a proposta do *"preço"*. Note que o licitante deverá, então, apresentar três envelopes identificados de acordo com as instruções contidas no edital. O primeiro para a fase de habilitação e os dois seguintes, com as propostas da técnica e do preço separados, para a fase de julgamento.

No dia da abertura processa-se a habilitação e superada esta fase, inclusive decididos eventuais recursos, abrem-se os envelopes contendo as propostas técnicas exclusivamente dos licitantes habilitados, ou, se houver uma qualificação prévia, dos qualificados.

Como se vê, a fase de julgamento será dividida em duas, na primeira procede-se a avaliação e classificação das propostas *"técnicas"* de acordo com os critérios pertinentes e adequados ao objeto licitado, que deve levar em conta: a capacitação, a experiência do proponente e a qualidade técnica da proposta, compreendendo esta a metodologia, organização, tecnologias e recursos materiais a serem utilizados nos trabalhos, bem assim, a qualificação das equipes técnicas a serem mobilizadas para a execução.

Classificam-se as propostas *"técnicas"* em ordem decrescente, desclassificando os proponentes cuja técnica não tenha atingido a valoração mínima exigida no instrumento convocatório, devolvendo, lacrados, o envelope contendo a proposta de preço ao desclassificado, salvo recurso.

Decididos eventuais recursos, proceder-se-á a abertura das propostas de preço dos licitantes que tenham atingido a valoração mínima estabelecida no instrumento convocatório.

Após a aferição das propostas de preço, teremos um quadro com duas colunas, uma para a valoração da técnica e outra para o preço de cada licitante, elaborada de acordo com a classificação da proposta técnica.

Lembre-se que a Administração pretende contratar com a *"melhor técnica"*, mas todos os proponentes que chegarem até este momento podem executar o objeto, com isso, inicia-se a fase de negociação com o autor da melhor proposta técnica, com base nos orçamentos detalhados apresentados com seus respectivos preços unitários, tendo como referência o limite representado pela proposta de menor preço.

Em caso de impasse na negociação procedimento idêntico será adotado, sucessivamente, com os demais proponentes, pela ordem de classificação da proposta técnica, até se chegar a um acordo para a contratação.

Para melhor entendimento, veja-se a seguinte simulação:

a) a Administração promove uma licitação na modalidade concorrência do tipo melhor técnica, fixa o valor máximo que pretende pagar em R$ 100.000,00 (cem mil reais) e, para fins de classificação da proposta técnica, a valoração mínima de 80 pontos. Ou seja, o edital fixou a pontuação máxima para valorar as propostas técnicas em 100 pontos e considerou classificadas as propostas que atingirem o mínimo de 80 pontos;
b) comparecem ao certame seis proponentes: A, B, C, D, E e F;
c) supondo-se que o proponente B foi inabilitado, não houve recurso, foi-lhe devolvido os envelopes contendo as propostas técnica e preço;
d) abertas as propostas técnicas dos habilitados, obteve-se o seguinte resultado, após a apuração pela comissão:

PROPONENTE	PONTUAÇÃO	SITUAÇÃO
A	89	Classificado
C	87	Classificado
D	78	Desclassificado
E	91	Classificado
F	93	Classificado

e) a proposta apresentada pelo licitante D não obteve a valoração mínima; ao seu autor será devolvido o envelope contendo a proposta-preço, salvo recurso;
f) classificam-se os proponentes restantes em ordem decrescente:

POSIÇÃO	PROPONENTE	PONTUAÇÃO
1º	F	93
2º	E	91
3º	A	89
4º	C	87

A essa altura, a Administração passa a priorizar a proposta de F, pois visa contratar com o proponente da *"melhor técnica"*;
g) abrem-se os envelopes contendo as propostas com os preços e obtém-se o seguinte resultado:

PROPONENTE	PREÇO (R$)
F	99.800,00
E	100.000,00
A	98.350,25
C	98.500,00

h) inicia-se a fase de negociação com o autor da proposta F, com base nos orçamentos detalhados apresentados e respectivos preços unitários, tendo-se como referência o limite representado pela proposta de menor preço. Caso F aceite contratar pelo preço apresentado por A, o mesmo será declarado vencedor. Se F não aceitar, a Administração passa a negociar com o proponente E (2ª melhor técnica); se este aceitar contratar pelo preço apresentado por A, será declarado vencedor. Se não houver acordo com o proponente E, a Administração declarará a proposta de A como vencedora.

30.3 Técnica e Preço

Por este tipo de licitação a classificação se dará através de um ajuste matemático entre as propostas da técnica e do preço.

Ao usar a licitação do tipo *melhor técnica,* a Administração visa contratar com o licitante que tiver obtido a maior valoração na proposta técnica. Para tanto, após a classificação, promove negociação com o seu autor visando contratá-lo pelo menor preço entre todas as propostas. Já no tipo *técnica e preço* não haverá negociação. A Administração não terá a prerrogativa de preferir a melhor técnica apresentada, o vencedor sairá mediante cálculos entre a valorização da proposta técnica com a valorização da proposta de preço.

A legislação anterior, o Decreto Federal 30/91, estabelecia que fossem julgadas as propostas técnicas, classificando-se as que atingissem a qualificação mínima, sendo vencedora aquela que apresentasse o menor preço[29]. Assim, se fossem classificadas, por exemplo, três propostas de técnica, seria vencedora aquela com o menor preço, mesmo que estivesse na terceira colocação no quesito "técnica".

O procedimento não é mais assim. Apuram-se as propostas técnicas da mesma forma como na licitação do tipo melhor técnica. Após, promove-se a "valorização" (entenda-se: valoração) das propostas de preços, de acordo com os critérios objetivos preestabelecidos no instrumento convocatório.

A classificação dos proponentes se fará de acordo com a média ponderada das valorações das propostas técnicas e de preço, de acordo com os pesos preestabelecidos no instrumento convocatório.

---

[29] BRASIL. **Decreto federal 30/91, art. 6º**. *"Nas licitações de técnica e preço, são julgadas preliminarmente as propostas técnicas, pré-classificando-se as que atendam aos requisitos técnicos necessários à execução do objeto licitado, dentre as quais será vencedora aquela que houver cotado o menor preço".*

O método proposto anteriormente pelo Decreto Federal 30/91 possuía uma lógica mais razoável. No sistema atual, utilizando a média ponderada, o método proporciona questionamentos como: 1. O edital pode estabelecer pesos iguais para fatores iguais? 2. O preço proposto é utilizado na apuração da média? Se afirmativas as indagações, será favorecido o licitante que ofertar o maior preço, porque a média ponderada é alcançada multiplicando-se cada fator pelo respectivo peso e dividindo-se pelo somatório dos pesos.

Outra questão a ser discutida é a possibilidade de estabelecer pesos distintos para fatores iguais. Se afirmativo, a melhor técnica selecionada terá maior peso e, consequentemente, o fator de divisão ficará em desvantagem.

Para evitar os problemas acima apontados deve-se proceder com uma valoração para as propostas de preços e estabelecer pesos iguais para fatores iguais, não podendo os preços, na sua forma monetária, fazer parte da apuração da média.

30.3.1 Simulações

As simulações seguintes pretendem demonstrar as diversas formas de julgamento para comprovar que os preços não podem fazer parte do cômputo da média. Frise-se que o exemplo não leva em consideração critério real, apenas matemático.

ATENÇÃO: Nas duas primeiras simulações serão utilizados os preços com suas unidades monetárias no cômputo das médias, **o que é incorreto**. A exposição desta forma possui apenas o propósito didático de modo a facilitar o entendimento do **método correto** apresentado na 3ª simulação.

1ª. SIMULAÇÃO – (Pesos diferentes para fatores iguais):

Suponha-se que o edital estabeleça pesos diferentes para fatores iguais e de acordo com o número de licitantes que obtenham valoração mínima, no caso, quatro. Assim, o peso para técnica será de 1 a 4, decrescente a partir da melhor técnica, e de 1 a 4 para os preços, decrescentes a partir do menor preço.

PROPONENTE	VAL. TÉCNICA	PESO	PREÇO (R$)	PESO
F	93	4	99.800,00	2
E	91	3	100.000,00	1
A	89	2	98.350,25	4
C	87	1	98.500,00	3

Calcule-se a média ponderada de cada licitante, sendo vencedor o proponente que obtiver a maior média.

MÉDIAS PONDERADAS

$$MF = \frac{93 \times 4 + 99.800 \times 2}{4+2} = \frac{372 + 199600}{6} = \frac{199972}{6} = 33.32$$

$$ME = \frac{91 \times 3 + 100.000 \times 1}{3+1} = \frac{273 + 100000}{4} = \frac{100273}{4} = 25.06$$

$$MA = \frac{89 \times 2 + 98.350,25 \times 4}{2+4} = \frac{178 + 393401}{6} = \frac{393579}{6} = 65.59$$

$$MC = \frac{87 \times 1 + 98.500 \times 3}{1+3} = \frac{87 + 295500}{4} = \frac{295587}{4} = 73.89$$

Observe a incoerência: o vencedor seria o autor da proposta C, cuja técnica é inferior à proposta A e mais onerosa.

2ª. SIMULAÇÃO – (Pesos iguais para fatores iguais):

Se os pesos forem iguais, por exemplo: técnica 3 e preço 2, teremos a seguinte situação:

PROPONENTE	VAL. TÉCNICA	PESO	PREÇO (R$)	PESO
F	93	3	99.800,00	2
E	91	3	100.000,00	2
A	89	3	98.350,25	2
C	87	3	98.500,00	2

Eis os cálculos:
MÉDIAS PONDERADAS

$$MF = \frac{93 \times 3 + 99.800 \times 2}{3+2} = \frac{279 + 199600}{5} = \frac{199879}{5} = 39.97$$

$$ME = \frac{91 \times 3 + 100.000 \times 2}{3+2} = \frac{273 + 200000}{5} = \frac{200273}{5} = 39.97$$

$$MA = \frac{89 \times 3 + 98.350,25 \times 2}{3+2} = \frac{267 + 19700,50}{5} = \frac{196967,5}{5} = 39.97$$

$$MC = \frac{87 \times 3 + 98.500 \times 2}{3+2} = \frac{261 + 197000}{5} = \frac{197261}{5} = 39.97$$

Outra incoerência: o vencedor seria a proposta E cuja técnica é inferior e preço superior ao da proposta F.

Como se nota, a expressão monetária do preço não pode ser utilizada para fins de cálculo da média.

A única interpretação possível é valorar as propostas de preços atribuindo-lhes notas, de modo que o preço, na expressão monetária, não seja utilizado no cômputo da média. Para tanto, o edital deverá trazer, de forma clara e precisa, as regras, evitando-se ao máximo a subjetividade da Comissão.

A valoração dos preços deve levar em conta a relação custo--benefício e considerar aspectos como segurança, operacionalidade, custos de utilização, como: consumo de energia, ventilação, eficiência do projeto, manutenção etc.; pois, o menor preço, pode significar custo mais elevado. Tais critérios devem estar definidos no edital.

3ª. SIMULAÇÃO:

No exemplo abaixo se for considerada para a proposta técnica peso 3 e para a proposta de preço peso 2, após a valoração da proposta-preço ter-se-á:

Licitante	Técnica	Peso	Preço	Valor*	Peso	Média
F	93	3	99.800	9	2	59,4
E	91	3	100.000	8	2	57,8
A	89	3	98.350	9.1	2	57,04
C	87	3	98.500	9	2	55,8

*Valoração do preço julgada pela comissão de acordo com critérios definidos no edital.

$$MC = \frac{93 \times 3 + 9 \times 2}{3 + 2} = \frac{279 + 18}{5} = \frac{297}{5} = 59,4$$

$$MC = \frac{91 \times 3 + 8 \times 2}{3 + 2} = \frac{273 + 16}{5} = \frac{289}{5} = 57,8$$

$$MC = \frac{89 \times 3 + 9,1 \times 2}{3 + 2} = \frac{267 + 18,2}{5} = \frac{285,2}{5} = 57,04$$

$$MC = \frac{87 \times 3 + 9 \times 2}{3 + 2} = \frac{261 + 18}{5} = \frac{279}{5} = 55,8$$

Nesta simulação, seria declarada vencedora a proposta F.

O edital deverá trazer todas as regras necessárias à aferição da pontuação para a proposta técnica e a valoração a ser dada na proposta-preço.

O que se extrai dos exemplos é que não pode ser considerado, para fins de apuração da média, o preço monetário da proposta sob pena de prevalecer a proposta de maior preço, o que vai contrariar o princípio da economicidade.

A lei vincula a utilização deste tipo de licitação quando se pretende adquirir bens ou contratar serviços de informática, cabendo outro tipo para os casos indicados em decreto do Poder Executivo (LLC, art. 45, § 4º). A exigência, contudo, deve ser interpretada de forma evolutiva, pois, quando da edição da lei, os bens e serviços de informática eram escassos no mercado (ver item 6.7.1).

30.4 Maior Lance ou Oferta

Maior lance ou oferta são tipos de licitação para classificação de propostas para alienação de bens. O tipo de licitação *maior lance* é utilizado na modalidade leilão, enquanto a *maior oferta* é empregada para alienação de bens quando for utilizada a concorrência.

No leilão, os lances são orais, dados e sucessivos, proclamados em hasta pública; na concorrência, utilizada para alienar bens, o licitante oferece sua proposta em envelope lacrado e a Administração classifica a maior oferta.

31 ELABORAÇÃO DA PROPOSTA

Lei 8.666/93
Art. 47. Nas licitações para a execução de obras e serviços, quando for adotada a modalidade de execução de empreitada por preço global, a Administração deverá fornecer obrigatoriamente, junto com o edital, todos os elementos e informações necessários para que os licitantes possam elaborar suas propostas de preços com total e completo conhecimento do objeto da licitação.

A proposta é de ato exclusivo do licitante particular, a Administração não pode interferir, tampouco ajudar os licitantes nesta etapa. A função da Administração é elaborar o instrumento convocatório de forma clara e que especifique todos os requisitos para que o particular possa elaborar a proposta.

O instrumento convocatório indicará, inclusive, o local da obra ou da execução do serviço, disponibilizando a todos os licitantes a oportunidade de realizar as vistorias necessárias para a formulação da proposta.

Junto com o edital, a Administração deve fornecer todos os elementos, informações que possam contribuir para a elaboração da proposta.

32 DESCLASSIFICAÇÃO DA PROPOSTA

Lei 8.666/93
Art. 48. Serão desclassificadas:
I – as propostas que não atendam às exigências do ato convocatório da licitação;
II – propostas com valor global superior ao limite estabelecido ou com preços manifestamente inexequíveis, assim considerados aqueles que não venham a ter demonstrada sua viabilidade através de documentação que comprove que os custos dos insumos são coerentes com os de mercado e que os coeficientes de produtividade são compatíveis com a execução do objeto do contrato, condições estas necessariamente especificadas no ato convocatório da licitação.
§ 1º. Para os efeitos do disposto no inciso II deste artigo consideram-se manifestamente inexequíveis, no caso de licitações de menor preço para obras e serviços de engenharia, as propostas cujos valores sejam inferiores a 70% (setenta por cento) do menor dos seguintes valores:
a) média aritmética dos valores das propostas superiores a 50% (cinquenta por cento) do valor orçado pela administração, ou
b) valor orçado pela administração.
§ 2º. Dos licitantes classificados na forma do parágrafo anterior cujo valor global da proposta for inferior a 80% (oitenta por cento) do menor valor a que se referem as alíneas "a" e "b", será exigida, para a assinatura do contrato, prestação de garantia adicional, dentre as modalidades previstas no § 1º do art. 56, igual a diferença entre o valor resultante do parágrafo anterior e o valor da correspondente proposta.
§ 3º. Quando todos os licitantes forem inabilitados ou todas as propostas forem desclassificadas, a administração poderá fixar aos licitantes o prazo de oito dias úteis para a apresentação de nova documentação ou de outras propostas escoimadas das causas referidas neste artigo, facultada, no caso de convite, a redução deste prazo para três dias úteis.

A proposta será desclassificada em duas situações: quando não atender às exigências do instrumento convocatório e apresentar valor global superior ao limite estabelecido (preços superfaturados) ou estiver com preços manifestamente inexequíveis.

A primeira situação é objetiva e direta. A proposta em desacordo com as exigências contidas no ato convocatório será desclassificada de plano. De igual modo, o preço superfaturado ofende ao princípio da economicidade e impõe sua desclassificação. Contudo, considerar uma proposta para a execução de serviços inexequíveis não é tarefa tão simples e objetiva, se faz necessário a comprovação da inexequibilidade.

A proposta deve ser apresentada com documentos que comprovem sua exequibilidade, mediante a apresentação dos custos dos insumos coerentes com os de mercado, e que os coeficientes de produtividade sejam compatíveis com a execução do objeto licitado.

O ônus da prova da exequibilidade é do proponente, não sendo provada, presume-se comprovada a inexequibilidade.

No caso de obras e serviços de engenharia a lei licitatória considera inexequível a proposta cujos valores sejam inferiores a 70% (setenta por cento) do que a média aritmética dos valores das propostas superiores a 50% (cinquenta por cento) do valor orçado pela Administração; ou do valor orçado pela Administração.

Veja o quadro hipotético e exemplificativo, considerando o valor orçado pela Administração em R$ 1.000.000,00 (um milhão de reais)

PROPONENTE	PROPOSTA (R$)	PERCENTUAIS	SITUAÇÃO
A	996.500,00	99,65%	Exequível
B	987.000,00	98,70%	Exequível
C	799.000,00	79,90%	Exequível
D	699.500,00	69,95%	Inexequível

No exemplo, a proposta C será declarada vencedora, no entanto, como o índice em relação ao valor orçado pela Administração ficou abaixo dos 80% (oitenta por cento), a assinatura do contrato fica condicionada à prestação de garantia que cubra o valor entre a proposta e o orçamento da Administração, no caso R$ 210.000,00 (duzentos e dez mil reais).

33 LICITAÇÃO FRACASSADA

Pode acontecer que alguns licitantes sejam inabilitados e outros tenham suas propostas desclassificadas, acarretando o fenômeno conhecido por *licitação fracassada*.

O § 3º do art. 48 traz a solução *se todos os licitantes forem inabilitados ou todas as propostas forem desclassificadas*.

A interpretação literal da lei faz crer que a licitação somente será fracassada se acontecer uma ou outra coisa, ou seja, *todos* forem inabilitados ou *todas* as propostas forem desclassificadas. Mas se houver a conjunção das duas situações, parte dos licitantes inabilitados e os habilitados, com propostas desclassificadas?

Até a seleção da proposta a Administração deve almejar o aumento da competitividade. Caso alguns sejam inabilitados e os outros desclassificados, a concessão do prazo para a apresentação de nova proposta deve alcançar os licitantes inabilitados, mediante a convocação para retornarem ao certame. O que permite tal medida é o fato de que, mesmo tendo devolvido os envelopes contendo as propostas, aquele que foi habilitado formulará nova proposta, não haverá ofensa ao sigilo. Ademais, a lei oportuniza o prazo para a apresentação de nova proposta ou novos documentos. A desclassificação da proposta implica o desligamento do proponente do certame, assim como foi desligado o não habilitado. Admitir somente a apresentação de nova proposta sem conferir o mesmo direito ao inabilitado ofenderia ao princípio isonomia.

O prazo para a apresentação de novos documentos ou novas propostas será de oito dias úteis, sendo facultado à Administração reduzir este prazo para três dias úteis em caso de convite.

Na ocorrência de concessão do prazo para os anteriormente inabilitados, o certame reabrirá na fase de habilitação.

34 HOMOLOGAÇÃO E ADJUDICAÇÃO

Concluída a classificação das propostas e apurado o vencedor, o processo será remetido à autoridade superior para deliberar pela homologação ou não do certame.

Caso a autoridade aprove os atos da licitação, chamará para si as respectivas responsabilidades e promoverá a homologação. Após a homologação, o ordenador da despesa adjudica o objeto ao vencedor, nascendo, para este, uma perspectiva de direito de contratação. Se houver a contratação, esta somente poderá recair na pessoa do vencedor.

A homologação e adjudicação devem ser publicadas na imprensa oficial.

35 REVOGAÇÃO, INVALIDAÇÃO E DESISTÊNCIA DA LICITAÇÃO

Lei 8.666/93
Art. 49. A autoridade competente para a aprovação do procedimento somente poderá revogar a licitação por razões de interesse público decorrente de fato superveniente devidamente comprovado, pertinente e suficiente para justificar tal conduta, devendo anulá-la por ilegalidade, de ofício ou por provocação de terceiros, mediante parecer escrito e devidamente fundamentado.

§ 1º. A anulação do procedimento licitatório por motivo de ilegalidade não gera obrigação de indenizar, ressalvado o disposto no parágrafo único do art. 59 desta Lei.

§ 2º. A nulidade do procedimento licitatório induz à do contrato, ressalvado o disposto no parágrafo único do art. 59 desta Lei.

§ 3º. No caso de desfazimento do processo licitatório, fica assegurado o contraditório e a ampla defesa.

§ 4º. O disposto neste artigo e seus parágrafos aplica-se aos atos do procedimento de dispensa e de inexigibilidade de licitação.

35.1 Revogação

A revogação é o instituto pelo qual a Administração desfaz o processo licitatório já concluído por razões de interesse público e resultante de fato superveniente à abertura, devidamente comprovado, pertinente e suficiente para justificar a conduta.

Considera-se concluído o processo de licitação quando o vencedor é conhecido, após este momento a Administração não pode desistir do certame, somente cabe a revogação ou a anulação.

A revogação gera efeitos *ex nunc* e deve ser processada antes de se contratar ou emitir a nota de empenho. Um dos motivos da revogação é impedir que se celebre o contrato.

A revogação é ato da autoridade do órgão licitante. Não decorre de controle externo, ou seja, carrega consigo a discricionariedade do administrador que, na ocorrência de fato superveniente relevante e que justifique a medida em nome do interesse público, promove a revogação, indenizando o licitante vencedor[30] pelos custos despendidos no procedimento licitatório.

Embora anterior à edição da Lei 8.666/93, a posição do Supremo Tribunal Federal, transcrita em nota de rodapé, permanece inalterada quanto à necessidade de se indenizar nos casos de revogação do procedimento licitatório por motivos de interesse público.

Quanto ao valor da indenização, segundo Diógenes Gasparini[31], deve ser igual ao montante das despesas efetivamente realizadas e comprovadas (projeto, desenhos, memoriais, digitação, taxas, cópias, viagens,

---

[30] "Concorrência pública. Aprovação. Revogação. Indenização. A administração, uma vez aprovada a concorrência pública não pode revogá-la, salvo indenizando os direitos adquiridos do concorrente vencedor." (STF – RE 79.802 – Min. Rodrigues Alckmin – 18.02.75 – RDA, v. 127, jan./mar. 1977.

[31] GASPARINI, Diógenes. **Direito Administrativo**. 12. ed., ver. e atual. São Paulo: Saraiva, 2007, p. 628.

certidões) que o vencedor realizou para participar da licitação revogada. A indenização recairá somente sobre as despesas realizadas em decorrência da participação no procedimento. Não há que se falar em indenização por danos morais, salvo se houver condenação judicial neste sentido, bem como por lucros cessantes, sob o argumento de lucros não alcançados pela frustração do negócio jurídico.

A revogação, embora envolva análise de conveniência e oportunidade (mérito do ato administrativo) configura ato vinculado aos motivos que a enseja, haja vista que somente ocorrerá face a fatos supervenientes e suficientes para que ocorra.

35.2 Invalidação ou Anulação

A licitação será invalidada pela Administração em caso de ilegalidade. É dever do Poder Público zelar pela legalidade de seus atos e deve desfazer todo aquele que foi praticado sem a estrita observância ao que determina a lei – ilegalidade formal – ou, mesmo praticado conforme a lei, apresentar vício em seu conteúdo – ilegalidade material.

A não observância de qualquer dos prazos vicia, formalmente, o ato praticado; por sua vez, o envio da carta-convite a duas pessoas que sabidamente não teriam condições de habilitação com o fim de favorecer terceiros, exemplifica um vício material. O vício material requer o dolo, a intenção de macular ou fraudar o certame em benefício próprio ou de terceiros. Já o vício formal admite a culpa.

A invalidação pode ser de ofício ou por provocação de terceiros. O ato deve estar vinculado aos fatos devidamente comprovados e justificados, não gera direito à indenização (RT, 415:187), salvo o pagamento pelos serviços já prestados.

Se o contrato já tiver sido firmado perderá a eficácia, cabendo ao contratado a percepção do que executou (LLC, art. 49, § 1º, c/c art. 59, parágrafo único).

Durante o procedimento pode acontecer a prática de ato contrário a lei, viciando formalmente o certame. Em sendo detectado o vício antes do término do certame, a Administração invalidará o ato e todos aqueles praticados posteriormente e que estiverem "contaminados". O procedimento volta ao ponto em que ocorreu o vício, repetindo os atos posteriores.

35.3 Ampla Defesa e Contraditório

Nos casos de revogação ou invalidação da licitação, a Administração deve assegurar o contraditório e a ampla defesa ao particular vencedor do certame. Vimos que revogação e invalidação somente ocorrem em processo findo, estágio em que somente interessa o prosseguimento ao vencedor, sendo este a pessoa que ainda possui interesse de agir no processo administrativo.

Com efeito, a revogação ou a invalidação alcançará direitos do vencedor, embora que ainda no campo da formação desse direito, haja vista que ainda não se formou o vínculo contratual, subsiste o direito de ver homologado o certame e adjudicado o objeto em seu favor, daí ser assegurado a defesa do certame ao vencedor.

A decisão de revogação ou invalidade pode ser questionada administrativamente via recurso hierárquico, como se verá adiante.

35.4 Desistência

Desistência é o ato pelo qual a Administração, por razões de interesse público, não pretende continuar com o procedimento licitatório e, antes de terminá-lo, interrompe o seu prosseguimento.

Diferentemente como acontece na revogação e na invalidação, a desistência ocorre antes de se conhecer o vencedor, após, a Administração fará uso da revogação por questões de mérito – oportunidade e conveniência.

Embora seja um ato de mérito, praticado após análise da conveniência e oportunidade administrativa, a desistência de um certame licitatório deve estar plenamente justificada em razão do interesse público, tendo em vista que a desistência pode gerar indenização pelas despesas materiais já empreendidas pelos licitantes particulares ainda na disputa.

36 ADJUDICAÇÃO COMPULSÓRIA

Lei 8.666/93
Art. 50. A Administração não poderá celebrar o contrato com preterição da ordem de classificação das propostas ou com terceiros estranhos ao procedimento licitatório, sob pena de nulidade.

Um dos princípios inerentes ao procedimento de licitação é o da adjudicação compulsória.

Adjudicar o objeto em favor do vencedor significa que a Administração Pública somente poderá firmar vínculo contratual, independente da forma de contratação, com o vencedor da licitação ou ao menos seguir a ordem de classificação, na hipótese de ter que convocar face a não contratação do vencedor, o que somente ocorrerá em circunstâncias excepcionais, quando o vencedor rejeitar o vínculo ou não puder mais ser contratado por motivo superveniente e devidamente justificado.

37   COMISSÃO PROCESSANTE

Lei 8.666/93
Art. 51. A habilitação preliminar, a inscrição em registro cadastral, a sua alteração ou cancelamento, e as propostas serão processadas e julgadas por comissão permanente ou especial de, no mínimo, 3 (três) membros, sendo pelo menos 2 (dois) deles servidores qualificados pertencentes aos quadros permanentes dos órgãos da Administração responsáveis pela licitação.

§ 1º. No caso de convite, a Comissão de licitação, excepcionalmente, nas pequenas unidades administrativas e em face da exiguidade de pessoal disponível, poderá ser substituída por servidor formalmente designado pela autoridade competente.

§ 2º. A Comissão para julgamento dos pedidos de inscrição em registro cadastral, sua alteração ou cancelamento, será integrada por profissionais legalmente habilitados no caso de obras, serviços ou aquisição de equipamentos.

§ 3º. Os membros das Comissões de licitação responderão solidariamente por todos os atos praticados pela Comissão, salvo se posição individual divergente estiver devidamente fundamentada e registrada em ata lavrada na reunião em que tiver sido tomada a decisão.

§ 4º. A investidura dos membros das Comissões permanentes não excederá a 1 (um) ano, vedada a recondução da totalidade de seus membros para a mesma comissão no período subsequente

§ 5º. No caso de concurso, o julgamento será feito por uma comissão especial integrada por pessoas de reputação ilibada e reconhecido conhecimento da matéria em exame, servidores públicos ou não.

Uma vez instaurado o processo de licitação e a realização dos atos necessários para o registro cadastral, ficará a cargo de comissão, permanente ou especial, designada para este fim.

37.1   Quem Pode Integrar a Comissão

As comissões permanentes de licitação devem ser compostas de três membros, sendo pelo menos dois deles obrigatoriamente pertencentes ao quadro permanente de servidor do órgão ou da entidade licitante.

Servidor permanente é aquele que ocupa cargo efetivo, não demissível *ad nutum*.

A lei licitatória exige o mínimo de três membros na composição da comissão e que, pelo menos, dois deles sejam do quadro permanente. Pois bem, sabe-se que a comissão de licitação possui competência deliberativa e que as decisões são tomadas de forma coletiva pela maioria. Com a exigência de que dois membros, de uma comissão de três, sejam de servidores do quadro permanente do órgão licitante, conclui-se que a intenção da lei é que a maioria dos membros da comissão seja formada por servidores do quadro efetivo. Com isso, é de se entender que, em qualquer comissão permanente de licitação, 2/3 (dois terços) dos membros deve ser composta por servidores de carreira, mantendo, desta forma, a maioria pretendida pela lei.

No caso específico do convite e somente nos órgãos de pequeno porte e que tenham deficiência de pessoal, a comissão poderá ser substituída por servidor designado pela autoridade competente. Este servidor, contudo, deve pertencer ao quadro efetivo do órgão licitante.

Duas situações se exigem que a comissão se forme com membros que possuam habilitação profissional específica da área correspondente ao objeto a ser licitado: a primeira é para o julgamento dos pedidos de inscrição em registro cadastral, sua alteração ou cancelamento, no caso de obras, serviços ou aquisição de equipamentos; e no caso de concurso, em que a comissão será composta por pessoas de reputação ilibada e reconhecido conhecimento da matéria em exame, servidores públicos ou não.

Finalmente, a investidura dos membros das Comissões permanentes não excederá a 1 (um) ano, vedada a recondução da totalidade de seus membros para a mesma comissão no período subsequente.

37.2 Responsabilidade Solidária

Os membros das Comissões de licitação responderão solidariamente por todos os atos praticados pela Comissão, salvo se posição individual divergente estiver devidamente fundamentada e registrada em ata lavrada na reunião em que tiver sido tomada a decisão.

Responsabilidade solidária é aquela em que todos respondem no mesmo grau e ao mesmo tempo. Diferentemente da responsabilidade subsidiária que é aquela que recai sobre o responsável direto e, esgotadas suas forças, atinge o indireto.

38 PROCESSAMENTO DO CONCURSO E DO LEILÃO

Lei 8.666/93
Art. 52. *O concurso a que se refere o § 4º do art. 22 desta Lei deve ser precedido de regulamento próprio, a ser obtido pelos interessados no local indicado no edital.*
§ 1º. O regulamento deverá indicar:
I – a qualificação exigida dos participantes;
II – as diretrizes e a forma de apresentação do trabalho;
III – as condições de realização do concurso e os prêmios a serem concedidos.
§ 2º. Em se tratando de projeto, o vencedor deverá autorizar a Administração a executá-lo quando julgar conveniente.
Art. 53. *O leilão pode ser cometido a leiloeiro oficial ou a servidor designado pela Administração, procedendo-se na forma da legislação pertinente.*
§ 1º. Todo bem a ser leiloado será previamente avaliado pela Administração para fixação do preço mínimo de arrematação.
§ 2º. Os bens arrematados serão pagos à vista ou no percentual estabelecido no edital, não inferior a 5% (cinco por cento) e, após a assinatura da respectiva ata lavrada no local do leilão, imediatamente entregues ao arrematante, o qual se obrigará ao pagamento do restante no prazo estipulado no edital de convocação, sob pena de perder em favor da Administração o valor já recolhido.
§ 3º. Nos leilões internacionais, o pagamento da parcela à vista poderá ser feito em até vinte e quatro horas.
§ 4º. O edital de leilão deve ser amplamente divulgado, principalmente no município em que se realizará.

O concurso e o leilão são modalidades *especiais* em que a Administração Pública seleciona trabalho técnico-profissional ou científico especializado e aliena bens, respectivamente.

Os comentários a respeito do concurso e do leilão foram feitos nos itens 14.4 e 14.5, para onde remeto o leitor.

Capítulo II

CONTRATOS ADMINISTRATIVOS

1 CONSIDERAÇÕES INICIAIS

Entende-se por contrato o *acordo de vontades que tem por fim criar, modificar ou extinguir direitos e obrigações*. Etimologicamente a palavra contrato deriva do latim *contractus* e do particípio *contrahere* (contratar) de *com* (junto) e *trahere* (trazer).

Tratar alguma coisa é firmar um acordo, acertar algo *com* alguém – *com* quem se *trata*.

Para o mundo do dever ser o contrato é uma garantia do cumprimento de uma obrigação mediante a descrição da responsabilidade de cada parte, com força de título executivo em favor do adimplente em detrimento do inadimplente.

Sendo o contrato um "acordo" entre duas ou mais pessoas, não restam dúvidas de que este acordo decorre da manifestação da vontade das partes envolvidas; com efeito, a *teoria geral dos contratos* baseia-se no princípio da autonomia da vontade, um dos pilares de sustentação dos direitos das obrigações.

A obrigação, por sua vez, pode decorrer da vontade das partes (contratual), independentemente da exteriorização da vontade (extracontratual) ou da vontade de uma das partes (atos unilaterais), mas sempre vincula duas ou mais pessoais.

Interessa ao direito administrativo o contrato firmado por ente público com o particular. Este contrato é regido por princípios próprios que o diferencia dos contratos eminentemente privados, aqueles regidos pelo direito civil ou trabalhista. Da mesma forma não interessa, a este estudo, acordo, termo de ajustamento de conduta ou qualquer outra relação envolvendo ente ou órgão público e firmado com particular mas decorrente de qualquer relação que não seja aquela em que a Administração Pública deseje adquirir ou contratar serviços, como, por exemplo, acordos firmados face a questões tributária, ambiental, eleitoral e mesmo penal.

Ao definir contrato na esfera privada, César Fiuza[32] destaca que aquele contrato não se confunde com o regido pelo Direito Administrativo, pois os princípios que os norteiam são distintos, assim expondo seu pensamento:

Para que seja regulado pelo Direito Privado, o contrato há de ser celebrado por pessoas naturais ou por pessoas jurídicas de Direito Privado; caso contrário, sairia da esfera do Direito Civil e Empresarial, entrando nos domínios do Direito Administrativo, que rege os contratos celebrados pelo Estado, contratos estes submetidos a princípios um pouco diferentes dos contratos de Direito Privado.

O contrato administrativo possui natureza de contrato de adesão e, como tal, distancia-se ainda mais do princípio da autonomia da vontade. Embora ninguém seja obrigado a contratar com entidade pública, aquele que participar do certame licitatório jamais, em tese, poderá discutir as cláusulas do futuro contrato, pois sua minuta é parte integrante do instrumento convocatório, elaborado antes mesmo do certame licitatório e sem a participação do futuro contratado. A autonomia da vontade do particular só surge em sua decisão de participar do procedimento licitatório.

O contrato administrativo já "nasce" diferente e somente ele comporta certo desequilíbrio entre as partes, o que se dá diante das prerrogativas da Administração Pública, fundadas no interesse público que, por tal razão, admite a elaboração unilateral do contrato e a existência de cláusulas exorbitantes em seu favor, o que eleva-o a uma categoria especial de regime, diferente do contrato eminentemente privado.

2 CONCEITO

Diógenes Gasparini[33] conceitua o contrato administrativo como ato plurilateral ajustado pela Administração Pública ou por quem lhe faça as vezes com certo particular, cuja vigência e condições de execução a cargo do particular podem ser instabilizadas pela Administração Pública, ressalvados os interesses patrimoniais do contratante particular.

A instabilidade proposta pelo saudoso doutrinador nada mais é do que a possibilidade de alteração, fiscalização, acompanhamento da

---

[32] FIUZA, Cesar. **Direito Civil**: curso completo. 9. ed., Ver, Atual. e ampl. Belo Horizonte: Del Rey, 2006. p. 389.
[33] GASPARINI, Diógenes. **Direito Administrativo**. 5. ed., São Paulo: Saraiva, 2000, p. 507.

execução e aplicação de penalidades, dentre outras prerrogativas que só se verificam em favor da Administração Pública e que, se presentes em um contrato de direito privado, configurariam cláusulas nulas.

O art. 2º da Lei 8.666/93 apresenta uma definição genérica ao afirmar ser um contrato *"(...) todo e qualquer ajuste entre órgãos ou entidades da Administração Pública e particulares, em que haja um acordo de vontades para a formação de vínculo e a estipulação de obrigações recíprocas, seja qual for a denominação usada"*.

A lei não utilizou o termo *"contrato administrativo"*, optou por conceituar *contrato* como todo ajuste entre órgãos ou entidades da Administração Pública e particulares. Sem dúvidas a opção legal conduz ao equívoco entendimento de que *contrato administrativo* só é especial por ter um órgão ou entidade pública envolvida. De fato, não existe contrato administrativo sem que um órgão ou entidade pública esteja na qualidade de contratante, mas não é a presença deste ente público que especializa o contrato a ponto de distingui-lo dos contratos firmados com base no direito privado. Com efeito, o termo *contrato* presente na redação do parágrafo único do art. 2º, da Lei 8.666/93, deve ser interpretado como *contrato administrativo*.

O contrato administrativo não se resume no instrumento contratual propriamente dito, mas se refere a qualquer ajuste que gere obrigações recíprocas, firmado entre a Administração com particular, mediante acordo de vontades, mas decorrente de processo administrativo instaurado pela Administração Pública tendo por objeto adquirir ou contratar serviços com a colaboração do setor privado.

Diferentemente das relações privadas, o contrato administrativo tem por fim a fixação de responsabilidades das partes com ênfase na necessidade da Administração Pública, de garantir a execução de seu objeto. O contrato privado é elaborado primordialmente como garantia de pagamento e não de execução. Com efeito, se o objeto pretendido pelo Poder Público for executado de imediato ou de maneira que não dispense esforço por parte do fornecedor ou prestador, e se não obrigatório pela lei, pode ser substituído por outro instrumento legal como a nota de empenho.

3 REGIME JURÍDICO

Lei 8.666/93
Art. 54. Os contratos administrativos de que trata esta Lei regulam-se pelas suas cláusulas e pelos preceitos de direito público, aplican-

do-se-lhes, supletivamente, os princípios da teoria geral dos contratos e as disposições de direito privado.

O Regime jurídico do aplicável ao contrato administrativo é o direito público em que o regime de direito privado é aplicado supletivamente. Como tal, o contrato administrativo é híbrido, ou seja, é regulado por princípios de direito público, em nome do interesse público, ao mesmo tempo que admite, supletivamente, os princípios da teoria geral dos contratos e as disposições de direito privado.

O que torna o contrato administrativo especial, em relação aos regidos pelo direito privado, é o caráter público de seu objeto. Caráter este não existente em razão de órgão ou entidade pública aparecer em um dos polos da relação contratual, mas, sim, em função do interesse público.

O interesse público é a satisfação da coletividade, valendo dizer que, ao firmar o contrato, a Administração quer realizar o seu objetivo e o faz com a *colaboração* do particular contratado. Daí haver prevalência do interesse público, ou seja, da coletividade, sobre o interesse privado.

Por ser um *colaborador*, o contratado suporta a existência de cláusulas exorbitantes, que, em primeira vista, são as que caracterizam o contrato administrativo. Contudo, não é a existência de cláusula exorbitante em favor da Administração Pública que o especializa, elas são a consequência e não a causa; tampouco é a presença da Administração Pública no polo ativo, isto é decorrência do fato de que é ela, a Administração Pública, que tem a incumbência de satisfazer o interesse público, diretamente ou mediante a colaboração do particular.

Em resumo, o contrato administrativo possui tal denominação pela presença da Administração Pública no polo ativo, mas o que o torna especial é o seu regime jurídico determinado em razão do seu objeto que é a satisfação do interesse público, daí ser este regime o de Direito Público.

4 CLASSIFICAÇÃO

Os contratos administrativos são ajustes plurilaterais (mais de uma parte), formais (escritos), consensuais (firmados pela vontade das partes), onerosos (de regra, mas podem ser gratuitos), comutativos (compensação para as partes), *intuitu personae*[34] e têm natureza de contratos de adesão.

---

[34] *Intuitu personae* – A pessoa física ou jurídica não pode transferir o contrato firmado, no todo ou em parte a terceiros, a não ser em casos previstos em lei e no contrato, e mediante prévia autorização expressa do contratante. Esta característica atinge inclusive o direi-

5 OBJETO DO CONTRATO

Em qualquer contrato, por imposição da lei civil, o objeto há de ser possível, lícito e ter valor econômico.

Impossível ou indeterminada é a prestação que não pode ser adimplida por fatores físicos ou jurídicos. A impossibilidade física decorre da própria natureza humana como, por exemplo, retirar todo o sal do Oceano Atlântico. Impossibilidade jurídica acontece quando o contrato é firmado contra a imposição da lei, como firmar contrato para o fornecimento de substância psicotrópica. A impossibilidade jurídica se traduz, no Direito Administrativo, em ilicitude. O objeto lícito é aquele que não atenta contra bons costumes, a moral e a lei.

Estabelecemos, no início do capítulo, que o interesse deste estudo era o contrato firmado pela Administração Pública tendo por objeto a aquisição de bens ou a contratação de serviços. Com isso, qualquer ajuste firmado por órgão público ou entidade com objeto distinto, como os que visem resolver situações decorrentes do direito tributário, ambiental e mesmo penal, não serão alcançados pelo trabalho. Pois bem. Dentro deste limite, se o Poder Público contrata com o particular, seu interesse é a satisfação do interesse público ao passo que o contratado terá interesse econômico.

Ajuste firmado pela Administração Pública com particular que não possua interesse econômico deste, embora regido pela Lei 8.666/93, não é contrato administrativo propriamente dito.

O contrato administrativo mantém o princípio presente em qualquer relação contratual econômica, que é o da existência de interesses antagônicos. Quando os interesses são comuns, o que existe é a união de forças entre o Poder Público e pessoa dos demais setores da sociedade – privado e social – segundo e terceiro setor social respectivamente, e isto se traduz em *convênio* e não contrato.

O objeto do contrato administrativo será o de interesse da Administração e coincidirá com o objeto da licitação e com as alterações admitidas. Se não houver licitação, o que se verifica na contratação direta, o objeto será o interesse da Administração e deverá ser definido nos termos da lei licitatória, ou seja, ter adequada caracterização, descrição clara e sucinta.

---

to de sucessão hereditária. Se a Administração firma um contrato com pessoa física e esta vem a falecer, as obrigações e direitos gerados não passam imediatamente para os herdeiros, devendo ser celebrado novo contrato, se estes puderem cumprir seu objeto. Esta característica não significa que o objeto do contrato deve ser executado diretamente pelo contratado (contrato personalíssimo), mas sob sua responsabilidade.

6 PARTES

O contrato administrativo possui, obrigatoriamente, a Administração Pública na qualidade de contratante; embora esta característica não seja o que especializa o contrato administrativo, sem ela, a relação deixa de ser regida pelo direito público e passa para a esfera eminentemente privada.

A presença da Administração Pública no polo ativo (qualidade de contratante) se extrai do art. 2º da Lei 8.666/93, que considera contrato "*administrativo*" qualquer ajuste entre órgãos ou entidades da Administração Pública com particular.

Não é comum, mas o ente público pode figurar no polo passivo, – como contratado – e, neste caso, não terá as prerrogativas próprias da Administração Pública, equiparando-se à pessoa privada para todos os efeitos. Hipótese que geralmente ocorre quando um órgão ou entidade contrata outro, também pertencente à Administração Pública. Um exemplo que pode ser citado é uma universidade pública contratar outra para a realização de seu vestibular. O ente contratante terá a prerrogativa do Poder Público e qualificará o contrato como administrativo.

7 INTERPRETAÇÃO

Lei 8.666/93
Art. 54. (...)
§ 1º. Os contratos devem estabelecer com clareza e precisão as condições para sua execução, expressas em cláusulas que definam os direitos, obrigações e responsabilidades das partes, em conformidade com os termos da licitação e da proposta a que se vinculam.
§ 2º. Os contratos decorrentes de dispensa ou de inexigibilidade de licitação devem atender aos termos do ato que os autorizou e da respectiva proposta.

Em nome do interesse público as cláusulas contratuais, não suficientemente claras, devem ser interpretadas em favor da Administração Pública. Como vimos, o contrato administrativo visa a execução de serviço público e é firmado com a colaboração do particular, que também será beneficiado pela obra pública.

A lei licitatória exige que o contrato estabeleça com clareza e precisão as condições de sua execução, o que deve ser feito com cláusulas que definam os direitos, obrigações e responsabilidades das partes. No entanto, muitas vezes a redação não é suficientemente clara e gera interpretações diferentes, o que pode causar confusão entre as partes. Um exemplo, já citado anteriormente, ocorreu na aquisição, pela Secretaria de Estado da Educação de Rondônia, de carteiras escolares. O objeto da licitação foi para a confecção das carteiras em madeira de lei tipo garapeira. O fabricante interpretou que a Administração queria que as carteiras fossem fabricadas em madeira de lei, e que o *"tipo garapeira"* seria apenas um exemplo de uma madeira daquela qualidade. Fabricou, então, as carteiras com madeira de lei, entretanto, diferente da garapeira. O objeto foi recebido mediante a compensação do valor, o que se deu após perícia, mas a interpretação final do objeto foi dada pela Administração e, como tal, em seu favor.

Como o contrato encontra-se vinculado ao instrumento convocatório da licitação que o originou, uma forma de buscar a melhor interpretação é recorrer àquela peça e aos demais elementos constantes no processo licitatório. O princípio da vinculação ao instrumento convocatório impõe ao intérprete que busque sanar as divergências de acordo com as regras nele estabelecidas. Se o edital ou a carta-convite não solucionarem o conflito, a lei e os princípios devem nortear a busca do interesse público.

Na hipótese de contratação direta, o contrato deve atender aos termos do ato que a autorizou, assim como aos da proposta. Com efeito, em caso de dúvidas interpretativas, deve-se, no primeiro momento, o intérprete se socorrer ao processo administrativo que originou o contrato.

8 CLÁUSULAS NECESSÁRIAS

Lei 8.666/93
Art. 55. São cláusulas necessárias em todo contrato as que estabeleçam:
I – o objeto e seus elementos característicos;
II – o regime de execução ou a forma de fornecimento;
III – o preço e as condições de pagamento, os critérios, data-base e periodicidade do reajustamento de preços, os critérios de atualização monetária entre a data do adimplemento das obrigações e a do efetivo pagamento;
IV – os prazos de início de etapas de execução, de conclusão, de entrega, de observação e de recebimento definitivo, conforme o caso;
V – o crédito pelo qual correrá a despesa, com a indicação da classificação funcional programática e da categoria econômica;
VI – as garantias oferecidas para assegurar sua plena execução, quando exigidas;

VII – os direitos e as responsabilidades das partes, as penalidades cabíveis e os valores das multas;
VIII – os casos de rescisão;
IX – o reconhecimento dos direitos da Administração, em caso de rescisão administrativa prevista no art. 77 desta Lei;
X – as condições de importação, a data e a taxa de câmbio para conversão, quando for o caso;
XI – a vinculação ao edital de licitação ou ao termo que a dispensou ou a inexigiu, ao convite e à proposta do licitante vencedor;
XII – a legislação aplicável à execução do contrato e especialmente aos casos omissos;
XIII – a obrigação do contratado de manter, durante toda a execução do contrato, em compatibilidade com as obrigações por ele assumidas, todas as condições de habilitação e qualificação exigidas na licitação.
§ 1º. (Vetado).
§ 2º. Nos contratos celebrados pela Administração Pública com pessoas físicas ou jurídicas, inclusive aquelas domiciliadas no estrangeiro, deverá constar necessariamente cláusula que declare competente o foro da sede da Administração para dirimir qualquer questão contratual, salvo o disposto no § 6º do art. 32 desta Lei.
§ 3º. No ato da liquidação da despesa, os serviços de contabilidade comunicarão, aos órgãos incumbidos da arrecadação e fiscalização de tributos da União, Estado ou Município, as características e os valores pagos, segundo o disposto no art. 63 da Lei 4.320, de 17.03.1964.

O contrato administrativo está vinculado ao instrumento convocatório da licitação e à lei. Suas cláusulas não são elaboradas pelas partes, o contratado ao participar do certame licitatório já toma conhecimento da minuta que será firmada futuramente, daí a característica presente ao contrato administrativo que o assemelha a um contrato de adesão.

A vinculação ao instrumento convocatório, de igual modo, limita a atuação da Administração Pública depois de sua publicação, ao mesmo tempo que o contratado não participa da elaboração das cláusulas contratuais; a vinculação ao instrumento convocatório serve-lhe como garantia de saber, previamente, as regras do jogo caso se torne vencedor do certame.

O instrumento convocatório, entretanto, pode omitir cláusula necessária e prevista em lei, hipótese que admite a sua inclusão em obediência ao princípio da legalidade. Ademais, aquele que se propuser a fornecer bens ou serviços para a Administração Pública não pode alegar desconhecimento da lei para, com o argumento da vinculação ao instrumento convocatório, resistir a inclusão de cláusula necessária por imposição legal.

Reverte-se de suma importância o trabalho técnico ou jurídico da análise das minutas dos instrumentos convocatórios, oportunidade para verificar se estão de acordo com as disposições legais e se não há omissão de cláusula necessária. A omissão, contudo, não leva à nulidade da licitação ou do contrato, trata-se de erro formal sanável através de inclusão da cláusula no ato do contrato ou, se posterior à lavratura, mediante aditivo, especialmente se houver prejuízo para a Administração.

8.1 Objeto

O objeto é o conteúdo desejado pela Administração Pública, aquilo que se pretende adquirir ou contratar. Deve ser descrito de forma clara e sucinta até a seleção da proposta.

Uma vez licitado, o objeto deve ser descrito no contrato com especificações inexistentes no instrumento convocatório como marca, modelo etc. Por exemplo, a Administração Pública instaura processo de licitação para a aquisição de veículo leve de passageiros. No instrumento convocatório descreve o objeto de forma clara e sucinta – *aquisição de dois veículos leves de passeio, para cinco passageiros, movido a gasolina ou álcool, cinco portas e potência mínima de 100 cavalos*. Aberto o certame licitatório compareçam três proponentes oferecendo veículo das marcas A, B e C. Vencida a marca C, o objeto do contrato terá as especificações necessárias da marca, modelo, potência, cor, ou seja, todas as especificações necessárias para identificar o objeto.

8.2 Regime de Execução ou a Forma de Fornecimento

As obras ou serviços são executados nos regimes de empreitada por preço global, por preço unitário, por tarefa ou por empreitada integral, conforme comentários constantes no item 8.7 do Capítulo I, para onde remeto o leitor.

Quanto a aquisição de bens, o objeto pode ser prestado de uma só vez – se imediato, a elaboração do contrato é dispensada – ou em parcelas.

No contrato deve estar especificado o regime de execução e a forma de fornecimento, regra que deve ser reproduzida à constante no instrumento convocatório ou no processo administrativo de dispensa ou inexigibilidade.

8.3 O Preço e as Condições de Pagamento e Critérios de Reajustamento e Correção Monetária

O preço é o elemento que representa a contraprestação pelo fornecimento de bens ou serviços à Administração Pública. É elemento essencial em qualquer contrato. Da mesma forma são as condições de pagamento, estas decorrentes do instrumento convocatório ou do processo administrativo de dispensa ou inexigibilidade de licitação.

Durante a execução do objeto, algumas circunstâncias podem levar à necessidade de reajuste do preço e atualização monetária.

O que autoriza a revisão do preço é a garantia constitucional de manutenção do equilíbrio econômico-financeiro, estabelecido quando da aceitação da proposta.

Por ser uma garantia constitucional assegurada às partes, especialmente ao contratado, mesmo que o contrato omita a possibilidade de reajuste uma vez implementado os requisitos legais, não há como negar o direito quando solicitado.

O reajuste deve retratar a variação efetiva do custo de produção, aferíveis da data designada para a apresentação da proposta até a data do adimplemento de cada parcela, inteligência do art.40, XI da Lei 8.666/93.

Correção monetária é a atualização do valor da prestação face a desvalorização nominal da moeda, decorrente do inadimplemento da Administração Pública ou nos contratos cujo prazo ultrapasse a doze meses.

A Lei 10.192/01, que dispõe sobre medidas complementares ao Plano Real, admite, expressamente, a estipulação de correção monetária ou de reajuste por índices de preços gerais, setoriais ou que reflitam a variação dos custos de produção ou dos insumos nos contratos de prazo de duração igual ou superior a um ano, sendo nula a cláusula que estabeleça reajuste ou correção monetária de periodicidade inferior.

Lei 10.192/01
Art. 2º. É admitida estipulação de correção monetária ou de reajuste por índices de preços gerais, setoriais ou que reflitam a variação dos custos de produção ou dos insumos utilizados nos contratos de prazo de duração igual ou superior a um ano.
§ 1º. É nula de pleno direito qualquer estipulação de reajuste ou correção monetária de periodicidade inferior a um ano.

§ 2º. *Em caso de revisão contratual, o termo inicial do período de correção monetária ou reajuste, ou de nova revisão, será a data em que a anterior revisão tiver ocorrido.*

§ 3º. Ressalvado o disposto no § 7º do art. 28 da Lei 9.069, de 29.06.1995, e no parágrafo seguinte, são nulos de pleno direito quaisquer expedientes que, na apuração do índice de reajuste, produzam efeitos financeiros equivalentes aos de reajuste de periodicidade inferior à anual.

8.4 Prazos de Início de Etapas de Execução, de Conclusão, de Entrega, de Observação e de Recebimento Definitivo

O contrato administrativo deve conter não só a referência de seu prazo de validade, mas também cláusula que regule os prazos de início de etapas de execução, de conclusão, de entrega, de observação e de recebimento definitivo, principalmente aqueles cujo objeto seja a execução de obras de engenharia.

O contrato pode fazer referência ao projeto executivo se este estabelecer as condições exigidas pela Lei 8.666/93.

8.5 Crédito Pelo Qual Correrá a Despesa, com Indicação da Classificação Funcional Programática e da Categoria Econômica

A realização de despesa pública só é admitida se houver contrapartida de receita própria para sua cobertura. A compatibilidade com a receita, embora o incremento financeiro ocorra após a autorização da despesa, é verificada através da lei orçamentária anual – LOA.

A LOA é a lei que estima a receita e fixa a despesa a ser realizada no exercício. Ela impede que o órgão ou entidade autorize a realização de despesa sem que haja rubrica própria, que a lei licitatória denominou de *classificação funcional programática.*

O contrato deve indicar além da classificação funcional programática a categoria funcional que pode ser, no caso, *despesa de custeio* ou *despesa de capital.*

Despesa de custeio é aquela realizada para cobrir os gastos que não implicam no aumento patrimonial do órgão ou entidade, mas necessário à manutenção do serviço ou atividade administrativa. Pode ser, dentre outras, gastos com material de consumo, serviços de manutenção de prédios públicos, serviços de terceiros, despesas contínuas como energia, gás, água, telefone.

Despesa de capital, ao contrário, implica no aumento patrimonial do órgão ou entidade como a aquisição de imóveis, material permanente, equipamentos, dentre outros.

Segundo a Lei 4.320/64, a realização da despesa se processa nas seguintes fases: empenho, liquidação e pagamento. Após o empenho, contudo, se faz necessário, nos casos especificados pela lei, firmar o termo de contrato que estabeleça as obrigações e responsabilidades das partes. Há situações que o contrato se consolida no empenho, este sim é uma peça obrigatória em toda despesa, pois, é nele que materializa a responsabilidade da Administração de efetuar o pagamento.

8.6 As Garantias Oferecidas para Assegurar sua Plena Execução, Quando Exigidas

A garantia no contrato administrativo tem função inversa daquela prestada nas relações privadas. No contrato privado se exige garantia de pagamento; no administrativo, de execução (ver Capítulo II, item 9).

Quando o instrumento convocatório exigir a prestação de garantia para assegurar a plena execução do objeto, vincula a obrigatoriedade da presença de cláusula neste sentido.

8.7 Os Direitos e as Responsabilidades das Partes, as Penalidades Cabíveis e os Valores das Multas

A essência do contrato é fixar os direitos e obrigações das partes e as penalidades cabíveis em caso de inadimplemento. Com efeito, não teria sentido a exigência de um instrumento contratual que não fixasse em suas cláusulas exatamente o que se deve ter em qualquer contrato.

8.8 Os Casos de Rescisão

A lei estabelece os casos de rescisão do contrato administrativo, no entanto, o contrato deve reproduzir o texto legal ou fazer referência da sua aplicação e especificar os casos particulares, face a especificação do objeto, se houver necessidade.

8.9 O Reconhecimento dos Direitos da Administração, em Caso de Rescisão Administrativa Prevista no Art. 77 Desta Lei

A rescisão administrativa é uma prerrogativa da Administração Pública. O contrato administrativo é o único que admite a rescisão unilateral. No entanto, se faz necessário ter cláusula que reconheça os direitos da Administração em tal hipótese.

8.10 As Condições de Importação, a Data e a Taxa de Câmbio para Conversão, Quando for o Caso

Na licitação em que se admitiu a cotação em moeda internacional, o preço a ser fixado no contrato também estará na moeda utilizada. O pagamento, contudo, será na moeda nacional, o que faz a necessidade de cláusula que estabeleça a data e a taxa de câmbio para a conversão. Igual medida deve ser adotada para os casos de importação, quando realizada pela Administração Pública.

8.11 A Vinculação ao Edital de Licitação ou ao Termo que a Dispensou ou a Inexigiu, ao Convite e à Proposta do Licitante Vencedor

Os termos do contrato decorrem de atos anteriores e a eles encontram-se vinculados, não podendo a Administração inovar ou alterar o que for disposto no instrumento convocatório e na proposta. Mesmo que não haja licitação, o processo administrativo em que houve a contratação direta, seja por dispensa ou inexigibilidade, deve conter os elementos necessários à elaboração do contrato ou mesmo a minuta, para conhecimento prévio do futuro dos interessados.

Com efeito, o contrato administrativo deverá conter cláusula expressa que reporte a vinculação ao instrumento convocatório, ou ao termo que dispensou ou inexigiu o certame licitatório e a proposta. Tal imposição se faz necessária para se buscar a melhor interpretação das cláusulas dúbias ou redigidas de forma contrária ao disposto nas peças vinculantes.

8.12 A Legislação Aplicável à Execução do Contrato e Especialmente aos Casos Omissos

O contrato administrativo é executado por regime de direito público, assim, os casos omissos são solucionados pela aplicação de regras de direito público e, supletivamente, a teoria geral dos contratos. Embora a ninguém seja conferido o direito de alegar o desconhecimento da lei, deve o contrato conter cláusula que adote a legislação aplicável em caso de omissão.

8.13 A Obrigação do Contratado de Manter, Durante Toda a Execução do Contrato, em Compatibilidade com as Obrigações por Ele Assumidas, Todas as Condições de Habilitação e Qualificação Exigidas na Licitação

A Administração Pública não pode contratar com quem não esteja apto a fornecer ou prestar o serviço, valendo dizer que no procedimento de licitação, ou mesmo nos casos de contratação direta, é imprescindível a fase de habilitação que afere aspectos jurídicos e fáticos da pessoa que firmará o vínculo.

Os requisitos exigidos na habilitação devem ser mantidos durante toda a execução do objeto. Na verdade a pessoa não se habilita para participar de certame licitatório, mas sim para fornecer bens ou prestar serviços ao Poder Público.

Durante a execução do contrato a Administração deve exigir que o contratado apresente as condições que o levaram a ser declarado apto na fase de habilitação, geralmente a exigência acontece antes da efetivação do pagamento. Na hipótese de descumprimento outro caminho não resta senão a rescisão do contrato, caso em que a Administração deve promover o pagamento da parte executada sob pena de enriquecimento indevido do serviço alheio.

8.14 Eleição do Foro

O foro legal para dirimir qualquer questão contratual é o da sede da Administração Pública contratante, o que deve ser declinado em cláusula específica.

9 GARANTIA

Lei 8.666/93
Art. 56. A critério da autoridade competente, em cada caso, e desde que prevista no instrumento convocatório, poderá ser exigida prestação de garantia nas contratações de obras, serviços e compras.
§ 1º. Caberá ao contratado optar por uma das seguintes modalidades de garantia:
I – caução em dinheiro ou em títulos da dívida pública, devendo estes ter sido emitidos sob a forma escritural, mediante registro em sistema centralizado de liquidação e de custódia autorizado pelo Banco Central do Brasil e avaliados pelos seus valores econômicos, conforme definido pelo Ministério da Fazenda;
II – seguro-garantia;

III – fiança bancária.

*§ 2º. A garantia a que se refere o **caput** deste artigo não excederá a cinco por cento do valor do contrato e terá seu valor atualizado nas mesmas condições daquele, ressalvado o previsto no parágrafo 3º deste artigo.*

§ 3º. Para obras, serviços e fornecimentos de grande vulto envolvendo alta complexidade técnica e riscos financeiros consideráveis, demonstrados através de parecer tecnicamente aprovado pela autoridade competente, o limite de garantia previsto no parágrafo anterior poderá ser elevado para até dez por cento do valor do contrato.

§ 4º. A garantia prestada pelo contratado será liberada ou restituída após a execução do contrato e, quando em dinheiro, atualizada monetariamente.

§ 5º. Nos casos de contratos que importem na entrega de bens pela Administração, dos quais o contratado ficará depositário, ao valor da garantia deverá ser acrescido o valor desses bens.

A Administração Pública possui a prerrogativa de exigir garantia de execução do objeto.

A garantia para a Administração Pública difere daquela prestada nas relações contratuais privadas. No contrato privado, quem exige garantia é, de regra, o credor ou o prestador dos serviços, e serve para a certeza de pagamento pelo contratante. No contrato administrativo, o garantidor é quem presta o serviço ou o fornecedor do bem adquirido e não a Administração contratante. Há, então, uma visível inversão de posições. Quando se contrata, por exemplo, uma escola particular para a prestação de serviços educacionais, o aluno (contratante) é quem presta a garantia; contudo, a escola é que prestará garantia se for contratada pela Administração (contratante) para prestar os mesmos serviços.

A exigência de garantia é ato discricionário que deverá constar no instrumento convocatório e, se exigida, não poderá ser dispensada no contrato. A recíproca também é verdadeira, se não for exigida no instrumento convocatório não poderá constar no contrato.

Uma vez exigida, a garantia pode ser prestada nas modalidades previstas no § 1º do art. 56 da Lei 8.666/93, a saber: caução em dinheiro, títulos de dívida pública, seguro-garantia ou fiança bancária. A Administração exige a prestação de garantia e o particular escolhe uma das modalidades previstas na lei. Se em dinheiro, não excederá a 5% (cinco por cento) do valor do contrato, podendo chegar até 10% (dez por cento), quando se tratar de contratos para a execução de obras de grande vulto e que envolvam alta complexidade técnica e riscos financeiros consideráveis.

A garantia será liberada ou restituída, devidamente corrigida, quando prestada em dinheiro e após a execução do contrato.

Em caso de inexecução ou execução parcial, o contratado perderá a garantia em favor da Administração.

10 VIGÊNCIA

Lei 8.666/93
Art. 57. A duração dos contratos regidos por esta Lei ficará adstrita à vigência dos respectivos créditos orçamentários, exceto quanto aos relativos:

I – aos projetos cujos produtos estejam contemplados nas metas estabelecidas no Plano Plurianual, os quais poderão ser prorrogados se houver interesse da Administração e desde que isso tenha sido previsto no ato convocatório;

II – à prestação de serviços a serem executados de forma contínua, que poderão ter a sua duração prorrogada por iguais e sucessivos períodos com vistas à obtenção de preços e condições mais vantajosas para a administração, limitada a sessenta meses;

III – (Vetado).

IV – ao aluguel de equipamentos e à utilização de programas de informática, podendo a duração estender-se pelo prazo de até 48 (quarenta e oito) meses após o início da vigência do contrato.

§ 1º. Os prazos de início de etapas de execução, de conclusão e de entrega admitem prorrogação, mantidas as demais cláusulas do contrato e assegurada a manutenção de seu equilíbrio econômico-financeiro, desde que ocorra algum dos seguintes motivos, devidamente autuados em processo:

I – alteração do projeto ou especificações, pela Administração;

II – superveniência de fato excepcional ou imprevisível, estranho à vontade das partes, que altere fundamentalmente as condições de execução do contrato;

III – interrupção da execução do contrato ou diminuição do ritmo de trabalho por ordem e no interesse da Administração;

IV – aumento das quantidades inicialmente previstas no contrato, nos limites permitidos por esta Lei;

V – impedimento de execução do contrato por fato ou ato de terceiro reconhecido pela Administração em documento contemporâneo à sua ocorrência;

VI – omissão ou atraso de providências a cargo da Administração, inclusive quanto aos pagamentos previstos de que resulte, diretamente, impedimento ou retardamento na execução do contrato, sem prejuízo das sanções legais aplicáveis aos responsáveis.

§ 2º. Toda prorrogação de prazo deverá ser justificada por escrito e previamente autorizada pela autoridade competente para celebrar o contrato.

§ 3º. É vedado o contrato com prazo de vigência indeterminado.

§ 4º. Em caráter excepcional, devidamente justificado e mediante autorização da autoridade superior, o prazo de que trata o inciso II do caput deste artigo poderá ser prorrogado por até doze meses.

O contrato administrativo terá duração com vigência adstrita aos respectivos créditos orçamentários, com isso, não poderá ultrapassar ao término do exercício financeiro, que será no último dia útil do exercício financeiro correspondente. Se firmado no mês de janeiro poderá ter duração por onze meses e dias, assim sucessivamente, até os firmados em dezembro que poderão vigorar pelo número de dias restantes até o término do exercício financeiro.

Na hipótese da execução necessitar ultrapassar o exercício, o contrato terá que prever a necessidade de adequação orçamentária para o exercício seguinte que se dá com a emissão de nota de empenho, fundada a lei orçamentária em vigor.

10.1 Duração Excepcional

A Administração Pública tem por princípio o planejamento de suas ações, para tanto dispõe de três instrumentos legais: o plano plurianual, a lei de diretrizes orçamentárias e a lei orçamentária anual.

O *plano plurianual* – PPA é a lei elaborada para vigorar por quatro anos e deve prever, de modo geral e macro, as metas e projetos a serem executados no período.

A *lei de diretrizes orçamentárias* – LDO é a lei que estabelece os critérios para a elaboração da lei orçamentária anual e dita regras de transição a serem aplicadas até a abertura do orçamento do exercício seguinte.

A *lei orçamentária anual* – LOA é a lei que estima a receita e fixa a despesa, de forma especificada, a vigorar no exercício.

Com efeito, as leis interagem entre si, de modo que os programas e projetos estabelecidos no plano plurianual são detalhados na lei orçamentária anual.

A execução das metas planejadas, muitas vezes, requer a contratação de serviços de terceiros. Se o programa ou projeto estiver contemplado no PPA e houver previsão no instrumento convocatório, o contrato para sua execução poderá ter duração equivalente à previsão.

Outra hipótese de duração excepcional são os contratos tendo por objeto a prestação de serviços de natureza contínua. A duração inicial ficará adstrita ao crédito orçamentário, porém, admite-se a prorrogação por períodos sucessivos, limitada a sessenta meses.

Uma prática administrativa utilizada quase de forma genérica é a fixação de prazo de doze meses para os contratos de prestação de serviços de natureza contínua e, com isso, a realização de prorrogações, por doze meses, até o limite de sessenta meses. Tal solução decorre unicamente por questão matemática, já que 60 compreende cinco períodos de 12.

A lei não diz que o período inicial deve ser de doze meses. Por outro lado, não é razoável, tampouco econômico, firmar um contrato para a prestação de serviços continuados pelo período restante ao término do exercício financeiro, que pode ser de dias (se firmado dentro do mês de dezembro) e exigir sucessivas prorrogações até se completar sessenta meses. Se a lei admite que um contrato vigore até sessenta meses, o primeiro termo poderá ter duração de doze meses, ou superior, com a ressalva da necessidade de adequação orçamentária a cada exercício.

Em caráter excepcional, devidamente justificado e mediante autorização da autoridade superior, o prazo do contrato cujo objeto seja a prestação de serviços de natureza contínua poderá ser prorrogado, após o período de sessenta meses, por até doze meses, perfazendo, com a excepcionalidade de setenta e dois meses de duração.

Outra exceção é a prevista no inciso IV do art. 57, que admite a duração do contrato cujo objeto seja a locação de equipamentos e à utilização de programas de informática, pelo prazo de até 48 (quarenta e oito) meses após o início da vigência do contrato. Ou seja, um contrato com este objeto poderá ter duração inferior e ser prorrogado até 48 meses, ou já ser firmado com a duração máxima.

10.2 Prorrogação Legal

Casos supervenientes podem ensejar a modificação dos prazos de início de etapas de execução, de conclusão e de entrega, admitindo a prorrogação, desde que mantido o equilíbrio econômico-financeiro. Os casos que admitem a prorrogação estão descritos, em rol taxativo, nos incisos do § 1º do art. 57 da lei licitatória que são: alteração do projeto ou especificações, pela Administração; superveniência de fato excepcional ou imprevisível, estranho à vontade das partes, que altere fundamentalmente as condições de execução do contrato; interrupção da execução do contrato ou diminuição do ritmo de trabalho por ordem e no interesse da Administração; aumento das quantidades inicialmente previstas no contrato, nos limites permitidos por esta lei; impedimento de execução do contrato por fato ou ato de terceiro reconhecido pela Administração em documento contemporâneo à sua ocorrência; omissão ou atraso de providências a cargo da Administração, inclusive quanto aos pagamentos previstos de que resulte, diretamente, impedimento ou retardamento na execução do contrato, sem prejuízo das sanções legais aplicáveis aos responsáveis.

A prorrogação legal independe de formalização de termo aditivo, basta que haja a autorização por parte da autoridade competente para celebrar o contrato.

11 PRERROGATIVAS DA ADMINISTRAÇÃO

Lei 8.666/93
Art. 58. O regime jurídico dos contratos administrativos instituído por esta Lei confere à Administração, em relação a eles, a prerrogativa de:
I – modificá-los, unilateralmente, para melhor adequação às finalidades de interesse público, respeitados os direitos do contratado;
II – rescindi-los, unilateralmente, nos casos especificados no inciso I do art. 79 desta Lei;
III – fiscalizar-lhes a execução;
IV – aplicar sanções motivadas pela inexecução total ou parcial do ajuste;
V – nos casos de serviços essenciais, ocupar provisoriamente bens móveis, imóveis, pessoal e serviços vinculados ao objeto do contrato, na hipótese da necessidade de acautelar apuração administrativa de faltas contratuais pelo contratado, bem como na hipótese de rescisão do contrato administrativo.
§ 1º. As cláusulas econômico-financeiras e monetárias dos contratos administrativos não poderão ser alteradas sem prévia concordância do contratado.
§ 2º. Na hipótese do inciso I deste artigo, as cláusulas econômico-financeiras do contrato deverão ser revistas para que se mantenha o equilíbrio contratual.

A lei reconhece em favor da Administração prerrogativas que impõem deveres e obrigações aos contratados. Tais prerrogativas são conhecidas por *cláusulas exorbitantes* e se justificam em razão do interesse público envolvido na contratação.

O contratado atua, não obstante a seus interesses, como colaborador na consecução das atividades administrativas. Nessa qualidade, se submete, face ao interesse coletivo, à prerrogativas próprias da Administração Pública.

Dentre as chamadas *cláusulas exorbitantes* destacam-se as que permitem à Administração modificar a execução do contrato e aquelas que lhe autorizam a fiscalizar a execução, aplicar sanções estipuladas no instrumento e rescindir unilateralmente o contrato.

O fundamento para a existência de prerrogativas unilaterais é a predominância do interesse público sobre o privado. O particular contratado deve admitir a possibilidade de alteração unilateral do objeto, a paralisação temporária e até mesmo a rescisão unilateral, quando o interesse público assim o determinar. O motivo dessa submissão é o fato de ser ele mero colaborador da Administração Pública na prestação de serviço à coletividade. A propósito, o serviço público beneficia o próprio contratado que dele participa, inclusive na distribuição do bônus.

12 EFEITOS DA DECLARAÇÃO DE NULIDADE

Lei 8.666/93
Art. 59. A declaração de nulidade do contrato administrativo opera retroativamente impedindo os efeitos jurídicos que ele, ordinariamente, deveria produzir, além de desconstituir os já produzidos.
Parágrafo único. A nulidade não exonera a Administração do dever de indenizar o contratado pelo que este houver executado até a data em que ela for declarada e por outros prejuízos regularmente comprovados, contanto que não lhe seja imputável, promovendo-se a responsabilidade de quem lhe deu causa.

A nulidade de um ato administrativo se opera quando o mesmo for praticado sem a observância dos preceitos legais. A declaração de nulidade significa o desfazimento de ato e, por arrastamento, todos os atos praticados posteriormente.

O contrato administrativo é um ato vinculado ao instrumento convocatório, à proposta ou ao termo do processo que dispensou ou inexigiu o procedimento licitatório. A Administração Pública não possui margem discricionária para alterar aquilo que foi estabelecido anteriormente.

Na maioria das vezes a nulidade é reflexa. Ele é alcançado pela nulidade ocorrida anteriormente. Com efeito, o ato praticado por autoridade incompetente (competência); com desvio de finalidade ou abuso de poder, sem atender ao interesse público (finalidade); por meio diverso daquele previsto em lei (vício de forma); quando recair em objeto ilegítimo, ilícito ou vedado por lei (objeto); e, quando o motivo for inexistente, falso ou forjado (motivo), será ilegal.

O contrato em si será ilegal se não contiver os elementos necessários previstos em lei.

A Administração pode, de ofício (*sponte propria*), ou por provocação de terceiros, anular seus atos. Tal faculdade decorre do atributo da autoexecutoriedade que possui. A propósito, trata-se de um **poder-dever** da Administração de rever seus atos quando eivados de ilegalidade.

O ato administrativo pode ser anulado pelo Poder Judiciário no exercício do controle externo da Administração Pública, o que se dá mediante provocação.

A anulação, seja administrativa ou judicial, retroage (*ex tunc*) e atinge o ato ilegal em sua origem. Caso o ato faça parte do itinerário de um procedimento, a anulação atingirá os atos posteriores, mesmo que legais.

A nulidade pode ser declarada antes, durante ou depois da execução. Se anterior à execução não provocará grandes consequências, apenas impede o início. Se durante, não exonera a Administração do dever de indenizar o contratado pelo que este houver executado até a data em que ela for declarada. A lei reporta-se à *indenização* e não ao *pagamento* pelo que foi realizado. A indenização deve ser aferida mediante laudo técnico que apure o valor do material ou insumos utilizados durante o período de execução, assim como as despesas com mão de obra e encargos decorrentes do ajuste. Não inclui eventual lucro computado no preço, salvo prejuízos regularmente comprovados, desde que a causa da nulidade não seja atribuída ao contratado.

13 FORMALIZAÇÃO

Lei 8.666/93
Art. 60. Os contratos e seus aditamentos serão lavrados nas repartições interessadas, as quais manterão arquivo cronológico dos seus autógrafos e registro sistemático do seu extrato, salvo os relativos a direitos reais sobre imóveis, que se formalizam por instrumento lavrado em cartório de notas, de tudo juntando-se cópia no processo que lhe deu origem.

Parágrafo único. É nulo e de nenhum efeito o contrato verbal com a Administração, salvo o de pequenas compras de pronto pagamento, assim entendidas aquelas de valor não superior a 5% (cinco por cento) do limite estabelecido no art. 23, inciso II, alínea "a" desta Lei, feitas em regime de adiantamento.

Os contratos administrativos e seus aditivos serão lavrados na repartição interessada que manterá arquivo cronológico dos autógrafos e registro sistemático dos extratos. A única exceção são para os contratos relativos a direitos reais sobre imóveis, que são formalizados em cartórios de notas.

A confecção do contrato não requer ato solene ou formal, pode ser entregue a servidor com qualificação e habilidades suficientes para sua preparação, sob o controle de profissional do direito ou pelo próprio gestor. No entanto, a Administração deverá manter uma ordem cronológica, estabelecida pelos autógrafos, ou seja, após a assinatura receberá um número e se fará um registro de seu extrato.

O extrato, por sua vez, deve conter os dados das partes, o objeto, o preço, o prazo de execução, o elemento orçamentário por onde correrá a despesa e aqueles que a Administração entender necessários. É um resumo sistematizado que deve ser publicado para que opere os efeitos jurídicos desejados.

14   O QUE DEVE CONTER

Lei 8.666/93
Art. 61. Todo contrato deve mencionar os nomes das partes e os de seus representantes, a finalidade, o ato que autorizou a sua lavratura, o número do processo da licitação, da dispensa ou da inexigibilidade, a sujeição dos contratantes às normas desta Lei e às cláusulas contratuais.

O instrumento de contrato deve conter duas partes: o preâmbulo e as cláusulas.

O preâmbulo é a parte que traz informações gerais, mas suficientes para que se saiba quem está contratando, quem será contratado, qual a finalidade do contrato, referências a respeito do processo administrativo que decorre da contratação e a sujeição aos termos da lei licitatória.

Nas cláusulas constarão os elementos essenciais do contrato como a descrição do objeto e suas especificações, o prazo de execução, o preço, as responsabilidades das partes, a garantia a ser prestada, as penalidades aplicáveis, os casos de rescisão etc.

Formalmente um contrato administrativo não se difere dos firmados com base na lei civil. A diferença essencial é a de que, em razão do regime jurídico, o administrativo admite cláusulas que provocam certa instabilidade e desequilíbrio entre as partes, o que é decorrente das prerrogativas da Administração Pública existentes pelo fato de que seu interesse é coletivo.

15 PUBLICAÇÃO

Lei 8.666/93
Art. 61. (...)
Parágrafo único. *A publicação resumida do instrumento de contrato ou de seus aditamentos na imprensa oficial, que é condição indispensável para sua eficácia, será providenciada pela Administração até o quinto dia útil do mês seguinte ao de sua assinatura, para ocorrer no prazo de vinte dias daquela data, qualquer que seja o seu valor, ainda que sem ônus, ressalvado o disposto no art. 26 desta Lei.*

A Administração Pública atua em nome de terceiros. Característica que define o regime jurídico diferenciado, mas que impõe condições de eficácia dos atos. Umas das quais, é a publicação de seus atos.

O contrato administrativo é um ato de efeitos concretos, através dele o Poder Público transfere a responsabilidade de execução de serviços públicos a pessoa particular. Em razão dessa transferência se faz necessário, não apenas para cumprimento de princípios, dar uma satisfação à sociedade de que o serviço, embora público, será prestado indiretamente mediante a colaboração de pessoa privada.

O que deve ser publicado é o extrato do contrato, o mesmo que se leva a registro, desde que contenha as informações básicas, como as partes, o objeto, o preço e o prazo de execução.

A publicação do extrato é condição de eficácia. Eficaz é aquilo que produz efeitos jurídicos válidos. O contrato, como qualquer ato administrativo, tem o condão de produzir efeitos jurídicos e fáticos.

Os efeitos jurídicos são os que criam, modificam, extinguem direitos e obrigações; os fáticos, são os materializados de forma concreta. O efeito fático é a realização da obra e independe da publicação. Se a Administração não providenciar a publicação no prazo legal – até o quinto dia útil do mês seguinte ao de sua assinatura, para ocorrer no prazo de vinte dias daquela data – e der a ordem de serviço, o contratado iniciará a execução e até concluirá o serviço. O contrato produzirá, então, efeitos concretos. Por sua vez, em qualquer problema decorrente do contrato e que tenha a necessidade de busca da tutela jurisdicional, por exemplo, o contratado esbarrará na falta dos efeitos jurídicos, pois o contrato sem publicação não os produzirá.

* Perspectiva de alteração da lei

O Projeto de Lei 7.709/07 pretende alterar a redação do parágrafo único do art. 61 da Lei 8.666/93, adequando o texto à alteração que

se dará no art. 21, substituindo a obrigatoriedade de publicação *na imprensa oficial,* para que ocorra através *dos meios de divulgação oficial previstos no art. 21.*
Conheça o texto da proposta:

Art. 61. (...)
Parágrafo único. A publicidade dos resumos dos instrumentos de contrato ou de seus aditamentos, através dos meios de divulgação oficial previstos no art. 21, que é condição indispensável para sua eficácia, será providenciada pela Administração até o quinto dia útil do mês seguinte ao de sua assinatura, para ocorrer até o final desse mês, qualquer que seja o seu valor, ainda que sem ônus, ressalvado o disposto no art. 26 desta Lei.

16 OBRIGATORIEDADE

Lei 8.666/93
Art. 62. O instrumento de contrato é obrigatório nos casos de concorrência e de tomada de preços, bem como nas dispensas e inexigibilidades cujos preços estejam compreendidos nos limites destas duas modalidades de licitação, e facultativo nos demais em que a Administração puder substituí-lo por outros instrumentos hábeis, tais como carta-contrato, nota de empenho de despesa, autorização de compra ou ordem de execução de serviço.
§ 1º. A minuta do futuro contrato integrará sempre o edital ou ato convocatório da licitação.
§ 2º. Em "carta contrato", "nota de empenho de despesa", "autorização de compra", "ordem de execução de serviço" ou outros instrumentos hábeis aplica-se, no que couber, o disposto no art. 55 desta Lei.
§ 3º. Aplica-se o disposto nos artigos 55 e 58 a 61 desta Lei e demais normas gerais, no que couber:
I – aos contratos de seguro, de financiamento, de locação em que o Poder Público seja locatário, e aos demais cujo conteúdo seja regido, predominantemente, por norma de direito privado;
II – aos contratos em que a Administração for parte como usuária de serviço público.
§ 4º. É dispensável o "termo de contrato" e facultada a substituição prevista neste artigo, a critério da Administração e independentemente de seu valor, nos casos de compra com entrega imediata e integral dos bens adquiridos, dos quais não resultem obrigações futuras, inclusive assistência técnica.

O contrato é uma peça que assegura à Administração Pública certa garantia de execução do objeto pretendido, pois é ele que fixa as responsabilidades das partes, assegura as prerrogativas próprias do Poder Público e estabelece as sanções em caso de inadimplemento.

A obrigatoriedade de sua formalização decorre da lei, mas o caso concreto imporá a necessidade ou não de firmá-la. Por certo, nas hipóteses de concorrência ou tomada de preços, bem como nos casos de dispensa e inexigibilidades cujos preços estiverem compreendidos nos limites daquelas modalidades, será, de regra, obrigatório. Contudo, mesmo nestas hipóteses, se o objeto for prestado de forma que não reste nenhuma ação a ser adimplida pelo contratado para a execução, não faz sentido exigir a formalização do contrato. Por exemplo, com a entrega do objeto, no caso de compras, não há necessidade de formalizar o instrumento de contrato, tendo em vista que o fornecedor já cumpriu sua obrigação, mesmo que a seleção tenha se valido de licitação na modalidade concorrência ou tomada de preços, bem assim nos casos de dispensa ou inexigibilidade com preços nos limites daquelas modalidades.

O contrato é apenas um instrumento que retrata um vínculo jurídico. O vínculo existe no momento da expedição da nota de empenho, esta peça faz surgir um compromisso para a Administração em liquidar o valor empenhado, tanto que o empenho reduz o orçamento do órgão ou da entidade pública ao mesmo tempo que cria a responsabilidade de atendimento do objeto descrito. O contrato, contudo, serve fundamentalmente para assegurar a execução, pois é ele que possui força executiva, nele que estão expressas as cláusulas coercitivas.

Se o objeto já foi adimplido pelo fornecedor ou prestador dos serviços e recebido legalmente, só resta responsabilidade de pagamento à Administração, não tendo sentido se exigir a formalização de contrato. Daí ser impossível contrato que opere efeitos retroativos.

16.1 Instrumentos que Substituem o Contrato

A faculdade conferida pela lei de não formalizar o instrumento de contrato não a exime da expedição de instrumentos que possam substituí-lo. A substituição por instrumento legal importa na **contratação**, mesmo que não haja um *contrato* propriamente dito.

Como visto, a nota de empenho, por si só, cria direitos e obrigações para as partes se a obrigação do beneficiário for adimplida de imediato, restando pendente obrigação apenas para a Administração Pública, este instrumento é suficiente para substituir o termo de contrato. Importante saber que, em qualquer caso, mesmo que se formalize contrato, a nota de empenho é imprescindível.

Outro instrumento legal é a carta-contrato. Trata-se de um "contrato" simplificado, expedido pela Administração e firmado pelo contratado, que contém os elementos essenciais, observado, o que couber, as cláusulas necessárias descritas no art. 55 da lei licitatória.

Após empenhada a despesa e sendo facultativo o contrato, pode a Administração apenas expedir *ordem de serviço* ou *autorização de compra* como forma de determinar o início da execução do objeto.

17 CONHECIMENTO PRÉVIO

Lei 8.666/93
Art. 63. É permitido a qualquer licitante o conhecimento dos termos do contrato e do respectivo processo licitatório e, a qualquer interessado, a obtenção de cópia autenticada, mediante o pagamento dos emolumentos devidos.

O art. 63 da lei licitatória estabelece uma regra a ser observada no processo de licitação e não na fase de execução ou formalização do contrato. Trata-se da permissão a qualquer licitante que conheça os termos do contrato e do respectivo processo licitatório e, a qualquer interessado, a obtenção da cópia autenticada, mediante o pagamento dos emolumentos devidos. A regra é um corolário do princípio da transparência que deveria estar contida na primeira parte da lei.

18 CONVOCAÇÃO

Lei 8.666/93
Art. 64. A Administração convocará regularmente o interessado para assinar o termo de contrato, aceitar ou retirar o instrumento equivalente, dentro do prazo e condições estabelecidos, sob pena de decair o direito à contratação, sem prejuízo das sanções previstas no art. 81 desta Lei.
§ 1º. O prazo de convocação poderá ser prorrogado uma vez, por igual período, quando solicitado pela parte durante o seu transcurso e desde que ocorra motivo justificado aceito pela Administração.
§ 2º. É facultado à Administração, quando o convocado não assinar o termo de contrato ou não aceitar ou retirar o instrumento equivalente no prazo e condições estabelecidos, convocar os licitantes remanescentes, na ordem de classificação, para fazê-lo em igual prazo e nas mesmas condições propostas pelo primeiro classificado, inclusive quanto aos preços atualizados de conformidade com o ato convocatório, ou revogar a licitação independentemente da cominação prevista no art. 81 desta Lei.

§ 3º. *Decorridos 60 (sessenta) dias da data da entrega das propostas, sem convocação para a contratação, ficam os licitantes liberados dos compromissos assumidos.*

A Administração convocará o particular para a assinatura do contrato ou a retirada do instrumento equivalente, estabelecendo um prazo e as condições para tanto. O convocado, mediante motivo justificado, poderá, dentro do prazo estabelecido no ato convocatório, solicitar a sua prorrogação uma vez e por igual período.

A convocação é uma que não requer formalidades específicas, basta uma correspondência endereçada ao particular para que este compareça em local, horário e prazo determinados para a assinatura do contrato ou a retirada do instrumento equivalente, sob pena de decair o direito à contratação surgido com a adjudicação do objeto em seu favor.

Ocorrendo a decadência do direito à contratação a Administração poderá convocar, obedecida a ordem de classificação, o segundo colocado, conferindo o mesmo prazo desde que este aceite as mesmas condições, inclusive com relação ao preço, ou revogue a licitação.

A convocação deve ser realizada no prazo máximo de 60 (sessenta) dias, computados a partir da entrega da proposta (data designada para a abertura do certame). Ultrapassado este período o adjudicatário fica liberado do compromisso, não podendo mais sofrer as sanções cabíveis na hipótese de renúncia à convocação, se realizada dentro deste período.

A redação do § 3º possui uma impropriedade, pois libera *os licitantes dos compromissos assumidos*. Ocorre que somente o vencedor (ou os vencedores), aquele que em seu favor teve o objeto adjudicado, é que assume compromisso perante a Administração.

Pela oportunidade e para assegurar o entendimento sistemático do conteúdo estudado, antecipo a transcrição e comentários do art. 81 da lei licitatória.

Lei 8.666/93
Art. 81. *A recusa injustificada do adjudicatário em assinar o contrato, aceitar ou retirar o instrumento equivalente, dentro do prazo estabelecido pela Administração, caracteriza o descumprimento total da obrigação assumida, sujeitando-o às penalidades legalmente estabelecidas.*
Parágrafo único. *O disposto neste artigo não se aplica aos licitantes convocados nos termos do art. 64, § 2º desta Lei, que não aceitarem a contratação, nas mesmas condições propostas pelo primeiro adjudicatário, inclusive quanto ao prazo e preço.*

A lei estabelece sanções administrativas ao adjudicatário que recusar a assinatura do contrato ou retirar o instrumento equivalente no prazo estabelecido pela Administração Pública no ato de convocação. A recusa importa em descumprimento total da obrigação assumida quando da participação do certame licitatório.

A aplicação das sanções administrativas depende da abertura de procedimento específico que garanta ampla defesa do adjudicatário. A lei somente o sujeitará às penas na hipótese de recusa injustificada. Havendo justificativa aceita pela Administração Pública, o adjudicatório poderá ser absolvido.

Da mesma forma que o contrato pode ser alterado ou mesmo resolvido na superveniência de circunstâncias imprevistas, decorrentes de fato do príncipe, fato da administração, força maior ou caso fortuito, poderá não vir a ser formalizado se provada a existência de alguma causa impeditiva.

Na recusa por parte do adjudicatário, a Administração poderá convocar licitantes remanescentes, desde que obedecida a ordem de classificação. A contratação é condicionada à aceitação das condições do vencedor, inclusive quanto ao preço. Não havendo acordo, não há como se imputar ao segundo colocado as sanções, mesmo que a desistência ocorra após ajustes prévios que levem elaboração do instrumento de contrato.

19 ALTERAÇÃO DO CONTRATO

Art. 65. Os contratos regidos por esta Lei poderão ser alterados, com as devidas justificativas, nos seguintes casos:
I – unilateralmente pela Administração:
a) quando houver modificação do projeto ou das especificações, para melhor adequação técnica aos seus objetivos;
b) quando necessária a modificação do valor contratual em decorrência de acréscimo ou diminuição quantitativa de seu objeto, nos limites permitidos por esta Lei;
II – por acordo das partes:
a) quando conveniente a substituição da garantia de execução;
b) quando necessária a modificação do regime de execução da obra ou serviço, bem como do modo de fornecimento, em face de verificação técnica da inaplicabilidade dos termos contratuais originários;
c) quando necessária a modificação da forma de pagamento, por imposição de circunstâncias supervenientes, mantido o valor inicial atualizado, vedada a antecipação do pagamento, com relação ao crono-

grama financeiro fixado, sem a correspondente contraprestação de fornecimento de bens ou execução de obra ou serviço;

d) para restabelecer a relação que as partes pactuaram inicialmente entre os encargos do contratado e a retribuição da administração para a justa remuneração da obra, serviço ou fornecimento, objetivando a manutenção do equilíbrio econômico-financeiro inicial do contrato, na hipótese de sobrevirem fatos imprevisíveis, ou previsíveis porém de consequências incalculáveis, retardadores ou impeditivos da execução do ajustado, ou, ainda, em caso de força maior, caso fortuito ou fato do príncipe, configurando área econômica extraordinária e extracontratual.

§ 1º. O contratado fica obrigado a aceitar, nas mesmas condições contratuais, os acréscimos ou supressões que se fizerem nas obras, serviços ou compras, até 25% (vinte e cinco por cento) do valor inicial atualizado do contrato, e, no caso particular de reforma de edifício ou de equipamento, até o limite de 50% (cinquenta por cento) para os seus acréscimos.

§ 2º. Nenhum acréscimo ou supressão poderá exceder os limites estabelecidos no parágrafo anterior, salvo:

I – (VETADO)

II – as supressões resultantes de acordo celebrado entre os contratantes.

§ 3º. Se no contrato não houverem sido contemplados preços unitários para obras ou serviços, esses serão fixados mediante acordo entre as partes, respeitados os limites estabelecidos no § 1º deste artigo.

§ 4º. No caso de supressão de obras, bens ou serviços, se o contratado já houver adquirido os materiais e posto no local dos trabalhos, estes deverão ser pagos pela Administração pelos custos de aquisição regularmente comprovados e monetariamente corrigidos, podendo caber indenização por outros danos eventualmente decorrentes da supressão, desde que regularmente comprovados.

§ 5º. Quaisquer tributos ou encargos legais criados, alterados ou extintos, bem como a superveniência de disposições legais, quando ocorridas após a data da apresentação da proposta, de comprovada repercussão nos preços contratados, implicarão a revisão destes para mais ou para menos, conforme o caso.

§ 6º. Em havendo alteração unilateral do contrato que aumente os encargos do contratado, a Administração deverá restabelecer, por aditamento, o equilíbrio econômico-financeiro inicial.

Os contratos regidos pela Lei 8.666/93 podem ser alterados unilateralmente pela Administração ou por acordo das partes. A alteração unilateral configura uma das prerrogativas da Administração Pública, que deve ser aplicada dentro dos limites da lei, sendo, portanto, um ato vinculado.

19.1 Alteração unilateral

O contrato administrativo admite alteração unilateral pela Administração Pública. Por ser uma medida extrema e que, de certa forma desestabiliza a relação contratual, é ato vinculado às hipóteses previstas nas alíneas *a* e *b* do inciso I, do art. 65 da Lei 8.666/93.

A alteração unilateral incide nas cláusulas regulamentares ou de serviços (de execução a cargo do contratado); bem como nas cláusulas disciplinadoras do prazo (extinção antecipada)[35]. Marçal Justen Filho[36] leciona que não se admite a modificação, ainda que por mútuo acordo entre as partes, que importe alteração radical ou acarrete frustração aos princípios da obrigatoriedade da licitação e isonomia. Haverá, portanto, desvio de poder, caso a modificação seja usada como forma de punir o contratado, agravando ou tornando mais onerosa as condições de execução. O fato somente se admitiria em benefício para o interesse público.

A primeira hipótese de alteração unilateral – quando houver modificação do projeto ou das especificações para melhor adequação técnica aos seus objetivos – afigura-se necessária quando se revelam circunstâncias, desconhecidas na data da contratação, constatando que a solução técnica anterior não era satisfatória para os objetivos da obra ou serviço. Pode decorrer do planejamento inadequado ou da necessidade de adequação à instruções técnicas supervenientes à contratação, mas feitas a tempo de suportar a alteração.

A modificação do projeto ou das especificações pode acarretar no aumento ou diminuição quantitativa do objeto, o que importaria na atenção aos limites estabelecidos no § 1º do art. 65. Entretanto o interesse público é o que determinará a necessidade de alteração e, estando devidamente justificado, poder-se-á superar aqueles limites.

A segunda hipótese de alteração unilateral – quando necessária a modificação do valor contratual em decorrência de acréscimo ou diminuição quantitativa de seu objeto, nos limites permitidos na lei de licitações – se dá pela necessidade de se alterar quantitativamente o objeto para mais ou para menos, dentro dos limites definidos pela lei que é de até 25% (vinte e cinco por cento) do valor atualizado do contrato para obras, serviços ou compras e, no caso particular de reforma de edifício ou equipamento, em até 50% (cinquenta por cento).

---

[35] GASPARINI, Diógenes. **Direito Administrativo**. 5. ed., São Paulo: Saraiva, 2000. p. 552.
[36] FILHO, Marçal Justen. **Curso de Direito Administrativo**. São Paulo: Saraiva, 2005. p. 364 e ss.

Nesta hipótese, haverá vinculação do ato aos limites definidos no § 1º e não na necessidade de alteração decorrente de adaptações técnicas, descritas na alínea *a*.

A alteração unilateral, embora seja uma prerrogativa da Administração Pública, só alcança as hipóteses previstas nas alíneas *a* e *b* do inciso I, do art. 65 da lei licitatória. Não pode a Administração alterar, unilateralmente, qualquer outra cláusula estranha às hipóteses da lei, como, por exemplo, a forma de pagamento ou o prazo de execução.

19.2 Alteração Consensual

Segundo Marçal Justen Filho[37] as hipóteses de alteração consensual são heterogêneas, comportam situações que admitem a rejeição por qualquer das partes ou situações em que a alteração é obrigatória.

São quatro as hipóteses de alteração consensual previstas na lei, a saber: 1. quando necessária a substituição da garantia; 2. quando necessária a modificação do regime de execução ou o modo de fornecimento; 3. quando necessária a alteração das condições de pagamento; e 4. para recompor o equilíbrio econômico-financeiro.

19.2.1 Substituição da garantia

Ao contratado é facultada a escolha da modalidade de garantia a ser prestada. Diante desta faculdade, poderá o contratado requerer que a mesma seja substituída. Na hipótese da aceitação por parte da Administração Pública importará na alteração consensual do contrato.

A Administração deve opor-se à substituição se a nova garantia se mostrar insuficiente.

19.2.2 Quando necessária a modificação do regime de execução da obra ou serviço, bem como do modo de fornecimento, em face de verificação técnica da inaplicabilidade dos termos contratuais originários do regime de execução ou o modo de fornecimento

A hipótese de alteração, prevista na alínea *b* do inciso II, não se confunde com a descrita na alínea *a* do art. 65, I, pois ali, a alteração deve versar sobre o conteúdo da prestação (objeto), ao passo que aqui, alteração técnica versará apenas sobre o regime de execução da prestação, o objeto (a prestação) continuará inalterado.

---

[37] *Idem*, p. 366.

Havendo contrato, conclui-se sem maiores dificuldades que se trata de *execução indireta*, que pode se dar nos seguintes regimes: empreitada por preço global, por preço unitário, por tarefa e empreitada integral, todos descritos no art. 6º, VIII da lei licitatória (ver item 8.7, Capítulo I).

Se por motivos técnicos se constatar a inaplicabilidade do regime de execução adotado ou o modo de fornecimento, poderão as partes acordar sobre a alteração. O acordo se faz necessário, pois o regime de execução deve ser estabelecido, no caso de obras ou serviços, nos projetos básico e executivo, partes integrantes do instrumento convocatório.

19.2.3 Quando necessária a modificação da forma de pagamento, por imposição de circunstâncias supervenientes, mantido o valor inicial atualizado, vedada a antecipação do pagamento, com relação ao cronograma financeiro fixado, sem a correspondente contraprestação de fornecimento de bens ou execução de obra ou serviço

As condições de pagamento só podem ser alteradas se sobrevierem situações capazes de dificultar a execução do contrato, se mantidas a forma e as condições de pagamento inicial.

As condições de pagamento podem inibir a participação no certame licitatório e afetam diretamente a proposta. Assim, uma pessoa pode deixar de participar do certame em razão das condições de pagamento previstas no instrumento convocatório, mas certamente participaria se fossem outras as condições. Assim, a Administração deve agir com cautela ao promover a alteração sob pena de infringir o princípio da vinculação ao instrumento convocatório e comprometer o certame realizado.

A lei veda expressamente a alteração para admitir a antecipação de pagamento sem a contraprestação de fornecimento de bens ou a execução de obra ou serviço. Com efeito, é vedado qualquer tipo de antecipação de pagamento, não se admitindo nem mesmo aquelas, anteriormente admitidas, pagas a título de mobilização.

19.2.4 Para manutenção do equilíbrio econômico-financeiro

A manutenção das condições ajustadas no ato da contratação é imposição constitucional[38]. Não se trata de garantia só do particular –

---

[38] BRASIL, **Constituição Federal**, art. 37, XXI: *"ressalvados os casos especificados na legislação, as obras, serviços, compras e alienações serão contratados mediante processo de licitação pública que assegure igualdade de condições a todos os concorrentes, com cláusulas que estabeleçam obrigações de pagamento, mantidas as*

embora seja utilizada com mais frequência pelo contratado para recompor preços defasados –, pode e deve ser utilizada pela Administração quando a remuneração se tornar excessiva em relação ao encargo.

A equação *encargo igual à remuneração* (E = R) deve ser mantida durante toda a execução do contrato em respeito ao patrimônio do contratado e ao patrimônio público.

Para o contratado o encargo em desequilíbrio com sua remuneração poderá levá-lo à inadimplência, o que causaria, para a Administração, prejuízo de ordem administrativa e financeira.

A manutenção do equilíbrio econômico-financeiro será, pois, garantia de remuneração para o contratado e de execução para a Administração. Assim, quando a Administração altera unilateralmente os termos do contrato, aumentando em quantidade ou em qualidade o objeto, ou, ainda, na superveniência de circunstâncias extraordinárias, imprevistas ou, se previstas, de consequências incalculáveis, mas suficientes para dificultar ou impedir a execução, deve assegurar a remuneração no patamar inicial.

Importante salientar que a manutenção do pactuado está diretamente ligada ao prazo de duração dos contratos, durante o qual a mudança de seu valor, sob o argumento de manter o equilíbrio econômico--financeiro, somente será possível na superveniência de fato imprevisível ou, se previsível, de consequências incalculáveis, seja por fato de terceiros admitidos pela Administração, seja por fato da Administração que interfira diretamente no contrato.

A necessidade de alteração do contrato diante de fatos supervenientes imprevistos é a admissão, pela lei, da teoria da imprevisão.

19.2.4.1 Teoria da imprevisão

De regra, o que foi pactuado deve ser cumprido. Vimos que o contrato é uma espécie de "lei entre as partes" e se traduz como uma das principais fontes de obrigações. Quem pactua deve honrar o pacto.

Entre os séculos XIV e XVI a revisão do contrato era admitida quando o mesmo se tornava extremamente gravoso para uma das partes. O agravamento, no entanto, deveria decorrer de situações supervenientes, externas ao contrato, imprevisíveis ou, se previsíveis, de consequências incalculáveis, que pudessem comprometer a sua execução. Tratava-se da aplicação da cláusula *rebus sic stantibus*, que permite a resolução do contrato ou sua alteração, para manter a equação financeira inicialmente

---

condições efetivas da proposta, nos termos da lei, o qual somente permitirá as exigências de qualificação técnica e econômica indispensáveis à garantia do cumprimento das obrigações".

pactuada, E = R (encargo igual remuneração), como forma de viabilizar sua execução.

Após o século XVI, a cláusula *rebus sic stantibus* foi praticamente abolida. A teoria da imutabilidade das cláusulas contratuais, segundo a qual o que for pactuado deve ser cumprido mesmo que exija sacrifício desproporcional às partes – *pacta sunt servanda* – ganhou força nas relações privadas, passando a ser melhor acolhida nos contratos administrativos.

O ressurgimento da teoria da imprevisão *(rebus sic stantibus)* se verificou após a Primeira Guerra Mundial. Por certo, com a destruição da economia europeia os contratantes tiveram sérios problemas para honrar o pactuado. Para se permitir a execução daquilo que havia sido firmado antes da guerra, deveria ser repartido o ônus entre as partes, o que se daria pela alteração contratual ou sua resolução, aplicando-se a teoria da imprevisão anteriormente abolida.

Atualmente, a revisão dos contratos é admitida com base na teoria da imprevisão, sempre que advier circunstância extraordinária, externa ao ajuste firmado, imprevisível ou, se previsível, de consequências incalculáveis, que comprometa o equilíbrio (E=R) firmado.

As circunstâncias que autorizam a aplicação da teoria da imprevisão decorrem de *fato do príncipe, fato da administração, caso fortuito* e de *força maior*.

O Código Civil brasileiro adotou a teoria da imprevisão para os contratos privados de execução continuada ou diferida, *verbis:*

Lei 10.406/02 – Código Civil
Art. 478. Nos contratos de execução continuada ou diferida, se a prestação de uma das partes se tornar excessivamente onerosa, com extrema vantagem para a outra, em virtude de acontecimentos extraordinários e imprevisíveis, poderá o devedor pedir a resolução do contrato. Os efeitos da sentença que a decretar retroagirão à data da citação.
Art. 479. A resolução poderá ser evitada, oferecendo-se ao réu a modificar equitativamente as condições do contrato.
Art. 480. Se no contrato as obrigações couberem a apenas uma das partes, poderá ela pleitear que a sua prestação seja reduzida, ou alterado o modo de executá-la, a fim de evitar a onerosidade excessiva.

19.2.4.1.1 Fato do príncipe

Fato do príncipe é todo ato ou fato emanado do Poder Público, de caráter geral e impessoal, que atinge o contrato indiretamente, imprevisível ou previsível, porém, de consequências incalculáveis, que venha a onerar extraordinariamente uma das partes.

O fato do príncipe, se provocado pela própria Administração contratante, resolve-se pelo reajustamento do preço. Se provocado por outro órgão ou ente público, a solução se dará pela aplicação da teoria da imprevisão.

A atuação estatal tanto pode onerar – fato do príncipe positivo – como desonerar (fato do príncipe negativo), permitindo a alteração contratual para mais ou para menos, conforme o caso.

Não é qualquer gravame que justifica a revisão do contrato pela teoria da imprevisão. A oneração ou desoneração devem ser de tanta monta que qualquer uma delas inviabilize a execução do contrato, caso contrário, o contratado ou a Administração devem suportar os riscos de sua própria atividade.

Um exemplo de fácil assimilação foi o Plano Collor, exemplo que se amolda ao disposto na lei licitatória.

19.2.4.1.2 Fato da Administração

É todo ato ou fato proveniente da própria Administração contratante, de caráter pessoal, imprevisível ou, se previsível, de consequências incalculáveis, que atinge o pacto diretamente e que venha a onerar extraordinariamente o contratado, ocasionando a impossibilidade de executar o contrato.

Diferencia-se do fato do príncipe por decorrer de ato ou fato da Administração contratante e atingir diretamente o contrato. A ordem de paralisação dos serviços e o retardamento no pagamento são exemplos de fatos da Administração.

19.2.4.1.3 Força maior

Força maior é todo ato humano imprevisto ou, se previsto, de consequências incalculáveis, capaz de influenciar na execução do contrato, tornando-o oneroso para uma das partes. Por exemplo, a greve de operários da construção civil que impeça a continuação da obra.

19.2.4.1.4 Caso fortuito

Caso fortuito é todo evento da natureza, imprevisível ou, se previsível, de consequências incalculáveis, capaz de interferir na execução do contrato.

20 DISPENSA DO ADITAMENTO

Lei 8.666/93
Art. 65. (...)
§ 8º. A variação do valor contratual para fazer face ao reajuste de preços previsto no próprio contrato, as atualizações, compensações ou penalizações financeiras decorrentes das condições de pagamento nele previstas, bem como o empenho de dotações orçamentárias suplementares até o limite do seu valor corrigido, não caracterizam alteração do mesmo, podendo ser registrados por simples apostila, dispensando a celebração de aditamento.

Termo aditivo é o instrumento adequado para promover as alterações em contratos administrativos. O instrumento deve observar as formalidades exigidas para o contrato, inclusive quanto à necessidade de publicação de seu extrato como requisito de eficácia.

O aditamento será dispensado nos casos previstos no § 8º do art. 65. São situações definidas no contrato e que não alteram a essência de suas cláusulas.

21 CLÁUSULA *PACTA SUNT SERVANDA*

Lei 8.666/93
Art. 66. O contrato deverá ser executado fielmente pelas partes, de acordo com as cláusulas avençadas e as normas desta Lei, respondendo cada uma pelas consequências de sua inexecução total ou parcial.

No art. 66 a lei licitatória reafirma a cláusula *pacta sunt servanda* pela qual os contratos são firmados para serem cumpridos integralmente. Princípio basilar da teoria geral dos contratos, a cláusula decorre da autonomia da vontade. Os acordos são firmados para a satisfação dos interesses das partes; mesmo que os interesses sejam contrapostos, ninguém assume responsabilidades contratuais sem exercer sua vontade nesse sentido.

A parte que não cumprir suas obrigações responde pelas consequências, sendo que no contrato administrativo o Poder Público tem a prerrogativa de aplicar sanções administrativas ao contratado, diante do atributo de autoexecutoriedade presente em seus atos. A Administração independe de tutela jurisdicional para tomar decisões que obriguem a execução do contrato pelo particular.

Por sua vez, a cláusula *pacta sunt servanda* é ratificada, nos contratos em geral, pelo Código de Processo Civil, que atribui ao mesmo força de título executivo extrajudicial, desde que esteja assinado pelo devedor e por duas testemunhas.

Lei 5.869/73 – Código de Processo Civil
Art. 585. São títulos executivos extrajudiciais:
I – (...)
II – a escritura pública ou outro documento público assinado pelo devedor; o documento particular assinado pelo devedor e por duas testemunhas; o instrumento de transação referendado pelo Ministério Público, pela Defensoria Pública ou pelos advogados dos transatores.

Vimos que a obrigatoriedade de cumprimento do contrato não é absoluta, como foi no século XVI. No advento de circunstâncias supervenientes imprevistas ou, se previstas, mas de consequências incalculáveis, admite-se a alteração do contrato para o restabelecimento do equilíbrio econômico-financeiro ou sua rescisão, o que somente ocorrerá quando a obrigação se tornar extremamente excessiva para uma das partes – *rebus sic stantibus*.

Todo contrato deve exercer uma função social, seria inadmissível exigir o cumprimento integral de um pacto, mesmo sob o argumento da supremacia do interesse público sobre o privado, se o sacrifício fosse desproporcional ao benefício. O princípio da obrigatoriedade de cumprimento da avença tem limites e sua relatividade é consolidada, inclusive pela lei licitatória (ver art. 65, II, alínea *d*, parte final).

22 FISCALIZAÇÃO

Lei 8.666/93
Art. 67. A execução do contrato deverá ser acompanhada e fiscalizada por um representante da Administração especialmente designado, permitida a contratação de terceiros para assisti-lo e subsidiá-lo de informações pertinentes a essa atribuição.
§ 1º. O representante da Administração anotará em registro próprio todas as ocorrências relacionadas com a execução do contrato, determinando o que for necessário à regularização das faltas ou defeitos observados.
§ 2º. As decisões e providências que ultrapassarem a competência do representante deverão ser solicitadas a seus superiores em tempo hábil para a adoção das medidas convenientes.

A execução do contrato se dará no local e nas condições estabelecidas no próprio instrumento, assim como no projeto executivo, em se tratando de obras ou serviços.

Uma das prerrogativas da Administração é o de exercer uma fiscalização contínua e integral durante a execução, mediante representante especialmente designado. Prerrogativa esta que se traduz em *dever* tendo em vista ser a Administração Pública mera gestora de negócios, atuando na defesa dos interesses da sociedade.

O representante da Administração tem o poder de determinar a regularização de falhas ou defeitos verificados na execução e a obrigação de comunicar a seus superiores a ocorrência de falha ou defeito cuja decisão ou providência ultrapasse sua competência.

As anotações decorrentes do acompanhamento da execução serão carreadas para o processo e servirão fundamentalmente para a certificação do recebimento do objeto para fins de pagamento.

Por fim, havendo necessidade, é permitida a contratação de terceiros para assistir e subsidiar o representante da Administração Pública com informações pertinentes à sua atribuição.

23 OBRIGAÇÕES ACESSÓRIAS DO CONTRATADO

Lei 8.666/93
Art. 68. O contratado deverá manter preposto, aceito pela Administração, no local da obra ou serviço, para representá-lo na execução do contrato.
Art. 69. O contratado é obrigado a reparar, corrigir, remover, reconstruir ou substituir, às suas expensas, no total ou em parte, o objeto do contrato em que se verificarem vícios, defeitos ou incorreções resultantes da execução ou de materiais empregados.

Obrigação, em linha geral, é sinônimo de dever. As pessoas constantemente assumem obrigações, às vezes de caráter não jurídico mas de cunho social ou pessoal, outras de caráter jurídico que, uma vez não cumpridas, as torna inadimplentes e devedoras da parte contrária.

Quando alguém é convidado para uma festa, assume uma obrigação de caráter não jurídico, porém de cunho social. Não ir a festa não gera inadimplência, tampouco torna o obrigado devedor. Da mesma forma é uma obrigação não jurídica de cunho pessoal, como tomar banho todos os dias.

As obrigações de caráter jurídico criam uma responsabilidade, *Haftung*, que, uma vez não cumprida, gera um débito, *Schuld*, exequível.

O contrato administrativo gera obrigações principais e acessórias para as partes, todas de caráter jurídico. Principal é a obrigação de fornecimento do bem ou a prestação de serviços por parte do contratado e, o pagamento, pela Administração Pública. Obrigação acessória é aquela cuja existência depende da principal, não existe isoladamente, só surge se houver uma obrigação principal a ser executada.

O dever de manter no local da execução um preposto, aceito pela Administração Pública, é uma obrigação acessória. Por sua vez, reparar, corrigir, remover, reconstruir ou substituir, às suas expensas, no total ou em parte, o objeto do contrato em que se verificarem vícios, defeitos ou incorreções resultantes da execução ou de materiais empregados, configura uma obrigação acessória que tem caráter de principal. Ela é acessória porque decorre da principal, que é a execução do objeto, contudo, trata-se de uma obrigação autônoma, independente da principal do contrato mesmo extinto aquele, a obrigação de reparar e corrigir o que foi executado indevidamente subsiste.

24 RESPONSABILIDADE SUBJETIVA DO CONTRATO

Lei 8.666/93
Art. 70. O contratado é responsável pelos danos causados diretamente à Administração ou a terceiros, decorrentes de sua culpa ou dolo na execução do contrato, não excluindo ou reduzindo essa responsabilidade a fiscalização ou o acompanhamento pelo órgão interessado.

Além das obrigações já estudadas, subsiste a responsabilidade do contratado por danos, decorrentes de atos ilícitos causados à Administração e a terceiros.

Ato ilícito decorre da atuação humana comissiva ou omissiva, contrária a lei e que cause danos reparáveis. A ilicitude pressupõe a existência de dolo ou culpa por parte do agente que cometeu o ato danoso.

A execução do contrato administrativo pode causar danos à Administração ou a terceiros, por ato lícito ou ilícito do contratado.

Se o dano causado a terceiro decorre de ato lícito do contrato, ou seja, para a execução do contrato, não havia alternativa senão causar o dano, a responsabilidade pela reparação recairá sobre a Administração que responderá com base na teoria objetiva, pela qual, a responsabilidade independe de dolo ou culpa.

O dolo e a culpa são elementos essenciais da ilicitude. Enquanto o dolo decorre de uma ação ou omissão voluntária e intencional, a culpa reside no campo da negligência, imprudência ou imperícia e decorre de uma ação ou omissão não intencional, mas que o agente teria ou deveria ter condições de evitar.

O conteúdo do art. 70 da lei licitatória afirma que o contratado é responsável pelos danos causados à Administração ou a terceiros, decorrentes de sua culpa ou dolo.

Dano é a diminuição ou eliminação de um bem jurídico, patrimonial ou pessoal, tutelado pelo Direito. Para fins de responsabilidade, o dano deve estar provado e haver um nexo de causa e efeito entre ele e a ação ou omissão do agente.

Dano patrimonial é aquele que causa diminuição ou eliminação do patrimônio, ou seja, aquele que causa prejuízos materiais.

Dano pessoal é aquele que causa restrições físicas, mesmo que temporárias, ou ainda morais, consistente no constrangimento experimentado por alguém em virtude da ação ou omissão de outrem.

A reparação do dano será feita mediante a prova do dano, da relação entre este e a ação ou omissão do contratado ou de seu preposto (nexo causal) e da culpa ou dolo do causador.

Por sua vez, o terceiro prejudicado pode preferir buscar a reparação da Administração Pública com base na teoria objetiva. Em tal hipótese deverá provar o dano e o nexo de causalidade, sendo desnecessária a prova da existência de dolo ou culpa, inteligência do art. 37, § 6º da Constituição Federal. A Administração, por sua vez, terá direito de regressão contra o contratado.

CF/88
Art. 37. (...)
§ 6º. As pessoas jurídicas de direito público e as de direito privado prestadoras de serviços públicos responderão pelos danos que seus agentes, nessa qualidade, causarem a terceiros, assegurado o direito de regresso contra o responsável nos casos de dolo ou culpa.

25 ENCARGOS TRABALHISTAS, PREVIDENCIÁRIOS, FISCAIS E COMERCIAIS

Lei 8.666/93
Art. 71. O contratado é responsável pelos encargos trabalhistas, previdenciários, fiscais e comerciais resultantes da execução do contrato.

§ 1º. A inadimplência do contratado, com referência aos encargos trabalhistas, fiscais e comerciais não transfere à Administração Pública a responsabilidade por seu pagamento, nem poderá onerar o objeto do contrato ou restringir a regularização e o uso das obras e edificações, inclusive perante o Registro de Imóveis.

§ 2º. A Administração Pública responde solidariamente com o contratado pelos encargos previdenciários resultantes da execução do contrato, nos termos do art. 31 da Lei 8.212, de 24.07.1991.

Outra responsabilidade decorrente do contrato administrativo e entregue ao contratado é a de suportar os encargos trabalhistas, previdenciários, fiscais e comerciais resultantes de sua execução.

Embora a lei atribua a responsabilidade pelo recolhimento de encargos trabalhistas, previdenciários, fiscais e comerciais ao contratado e, expressamente, afirme que a responsabilidade pelo pagamento desses encargos não se transfere à Administração Pública em caso de inadimplemento, não há como eximir tal responsabilidade solidária da Administração Pública com o contratado.

A Administração Pública é revestida de prerrogativas e o contrato administrativo, regido por regras de direito público, são ferramentas mais do que necessárias para que o Poder Público não perca o controle de qualquer situação advinda do contrato firmado com particular.

A propósito, o contratado está obrigado a manter, durante a execução, as condições de habilitação comprovadas na fase de seleção da proposta. A regularidade fiscal, que envolve as questões previdenciárias e fiscais, deve ser exigida pela Administração e comprovada a qualquer tempo. Restaria, então, a comprovação dos encargos trabalhistas e comerciais. Não há dificuldade alguma para a Administração Pública exigir tal comprovação.

A Lei 9.032/95 atribuiu responsabilidade solidária da Administração e do contratado pelos encargos previdenciários, restando isenta a responsabilidade da Administração pelos encargos trabalhistas, fiscais e comerciais. Situação que não encontrou acolhida nos tribunais pátrios que entendem ser a Administração Pública solidária perante os encargos trabalhistas, previdenciários, fiscais e comerciais.

O Tribunal de Justiça do Estado de Rondônia, vem consolidando este entendimento, conforme jurisprudência colhida do *site* <www.tjro.jus.br> em 23.10.2009:

Proc.: 10000120070131332
Processo Civil e Administrativo. Contratos públicos. Tomador. ENCARGOS TRABALHISTAS e previdenciários. Responsabilidade concorrente da Administração Pública. Ação civil pública. Suspensão de novos contratos de empresa devedor. Liminar. Requisitos. Existência. Legitimidade da decisão. *É legítima a decisão que suspende a entabulação de novos contratos de empresa que apresenta grande passivo econômico-obrigacional, revelando incapacidade de adimplir com o pagamento dos ENCARGOS TRABALHISTAS e previdenciários, já que, nestas hipóteses, incide a responsabilidade solidária da Administração Pública, fato que provocaria dano ao erário.*

A posição do Tribunal de Justiça do Estado de Rondônia vem ao encontro do Enunciado 331 do Tribunal Superior do Trabalho, que no item IV afirma textualmente possuir a Administração Pública responsabilidade subsidiária quanto às obrigações trabalhistas. Conheça o enunciado:

Tribunal Superior do Trabalho - TST
Enunciado 331 – Revisão da Súmula 256 – Res. 23/1993, DJ 21, 28.12.1993 e 04.01.1994 – Alterada (Inciso IV) – Res. 96/2000, DJ 18, 19 e 20.09.2000 – Mantida – Res. 121/2003, DJ 19, 20 e 21.11.2003
Contrato de Prestação de Serviços – Legalidade
I – A contratação de trabalhadores por empresa interposta é ilegal, formando-se o vínculo diretamente com o tomador dos serviços, salvo no caso de trabalho temporário (Lei 6.019, de 03.01.1974).
II – A contratação irregular de trabalhador, mediante empresa interposta, não gera vínculo de emprego com os órgãos da administração pública direta, indireta ou fundacional (art. 37, II, da CF/1988).
III – Não forma vínculo de emprego com o tomador a contratação de serviços de vigilância (Lei 7.102, de 20-06-1983), de conservação e limpeza, bem como a de serviços especializados ligados à atividade-meio do tomador, desde que inexistente a pessoalidade e a subordinação direta.
IV – O inadimplemento das obrigações trabalhistas, por parte do empregador, implica a responsabilidade subsidiária do tomador dos serviços, quanto àquelas obrigações, inclusive quanto aos órgãos da administração direta, das autarquias, das fundações públicas, das empresas públicas e das sociedades de economia mista, desde que hajam participado da relação processual e constem também do título executivo judicial (art. 71 da Lei 8.666, de 21.06.1993). (Alterado pela Res. 96/2000, DJ 18.09.2000)

Com relação a encargos fiscais, por sua vez, o teor do art. 71 esbarra nas regras contidas no Código Tributário Nacional – CTN que admite a possibilidade da lei atribuir a responsabilidade pelo pagamento a terceira pessoa diferente do contribuinte.

CTN
Art. 128. Sem prejuízo do disposto deste capítulo, a lei pode atribuir de modo expresso a responsabilidade pelo crédito tributário a terceira pessoa, vinculada ao fato gerador da respectiva obrigação, excluindo a responsabilidade do contribuinte ou atribuindo-a a este em caráter supletivo do cumprimento total ou parcial da referida obrigação.

No mesmo sentido, a Lei Complementar 116/03 dispõe que os municípios, mediante lei, atribuam de modo expresso a responsabilidade pelo crédito tributário a terceira pessoa, vinculada ao fato gerador da respectiva obrigação, excluindo a do contribuinte direto.

O terceiro vinculado ao fato gerador, sem dúvida, será o tomador do serviço, no caso do imposto sobre serviços de qualquer natureza – ISSQN – devido ao Município.

Se a lei municipal atribuir a responsabilidade ao terceiro tomador do serviço, a Administração Pública, em tal qualidade, não estará eximida. Para tanto, basta que se processe a retenção do valor do imposto, seja municipal, estadual ou federal.

De qualquer modo, não subsiste o teor do § 1º do art. 71 da Lei 8.666/93.

26 SUBCONTRATAÇÃO

Lei 8.666/93
Art. 72. O contratado, na execução do contrato, sem prejuízo das responsabilidades contratuais e legais, poderá subcontratar partes da obra, serviço ou fornecimento, até o limite admitido, em cada caso, pela Administração.

A regra de que o contrato deve ser executado pelo contratado não é absoluta, embora seja o contrato administrativo *intuitu personae* e a subcontratação não autorizada seja motivo de rescisão.

A competição de mercado, cada vez mais crescente, tem propiciado ao consumidor a seleção pela qualidade. Para não perder espaço, as empresas estão se especializando em serviços que eram executados por todos e com equipamentos improvisados. Até mesmo a Administração vem diminuindo sua atuação direta, o que se percebe com o aumento das terceirizações de serviços.

Atualmente, dificilmente se encontrará uma empresa que não terceirize algum tipo de serviço para outra especializada. Por exemplo, uma construtora ao executar uma obra de engenharia contrata empresa especializada em concretos e transfere a execução. Até para a coleta e destino do material descartado da obra existe empresa especializada e dificilmente essa tarefa será executada diretamente pela pessoa do contratado.

O art. 72 admite a subcontratação de partes da obra, serviço ou fornecimento, sem prejuízo das responsabilidades contratuais e legais que subsistirão ao contratado. A questão é se definir o alcance das expressões "*partes da obra, serviço ou fornecimento*" e "*até o limite admitido*".

A transferência de etapa de execução a uma empresa especializada pode não caracterizar, tecnicamente, uma subcontratação, o que dispensaria a autorização da Administração Pública. Ao transferir a execução de uma etapa a uma pessoa especializada, como a escavação, terraplanagem e preparo do terreno a uma empresa especializada em terraplanagem, que possua o maquinário adequado, a pessoa responsável perante a Administração continuará a frente dos serviços e responderá por tudo que for executado, sem dizer que celebrará com o executor direto um contrato de natureza privada. Ao término da execução talvez nem notará que houve subcontratação.

Por outro lado, é possível que os termos *partes* e *limites* contidos no art. 72 possam representar a totalidade do objeto, pois o inciso VI do citado artigo 78 enumera como motivo para rescisão do contrato a subcontratação do contrato total ou parcial do seu objeto, não admitida no edital e no contrato. Ora, se admitida, a subcontratação total será possível.

Como dito, atualmente será inviável exigir que a contratada execute, diretamente, todos os serviços que compreendem a execução do objeto, principalmente as obras de engenharia ou para serviços técnicos especializados. Da mesma forma, haverá o contrato que exigirá a execução direta pelo contratado, são os personalíssimos, como a contratação de um *show* musical de um determinado artista. Não há como admitir a substituição por outro, sob pena de mudar o próprio objeto.

26.1 Subcontratação Compulsória

O art. 48, II da Lei Complementar 123/06, permite que a Administração exija a subcontratação compulsória do objeto, para que seja realizado por microempresa ou empresa de pequeno porte, de até 30% (trinta por cento) do objeto. A regra visa incentivar o acesso dessas empresas ao mercado, especialmente às contratações públicas. Para tanto, a subcontratação compulsória deve ser exigida ainda na fase de licitação.

LC 123/06
Art. 48. Para o cumprimento do disposto no art. 47 desta Lei Complementar, a administração pública poderá realizar processo licitatório:
II – em que seja exigida dos licitantes a subcontratação de microempresa ou de empresa de pequeno porte, desde que o percentual máximo do objeto a ser subcontratado não exceda a 30% (trinta por cento) do total licitado;

27 RECEBIMENTO DO OBJETO

Lei 8.666/93
Art. 73. Executado o contrato, o seu objeto será recebido:
I – em se tratando de obras e serviços:
a) provisoriamente, pelo responsável por seu acompanhamento e fiscalização, mediante termo circunstanciado, assinado pelas partes em até 15 (quinze) dias da comunicação escrita do contratado;
b) definitivamente, por servidor ou comissão designada pela autoridade competente, mediante termo circunstanciado, assinado pelas partes, após o decurso do prazo de observação, ou vistoria que comprove a adequação do objeto aos termos contratuais, observado o disposto no art. 69 desta Lei;
II – em se tratando de compras ou de locação de equipamentos:
a) provisoriamente, para efeito de posterior verificação da conformidade do material com a especificação;
b) definitivamente, após a verificação da qualidade e quantidade do material e consequente aceitação.
§ 1º. Nos casos de aquisição de equipamentos de grande vulto, o recebimento far-se-á mediante termo circunstanciado e, nos demais, mediante recibo.
§ 2º. O recebimento provisório ou definitivo não exclui a responsabilidade civil pela solidez e segurança da obra ou do serviço, nem ético-profissional pela perfeita execução do contrato, dentro dos limites estabelecidos pela lei ou pelo contrato.
§ 3º. O prazo a que se refere a alínea "b" do inciso I deste artigo não poderá ser superior a 90 (noventa) dias, salvo em casos excepcionais, devidamente justificados e previstos no edital.
§ 4º. Na hipótese de o termo circunstanciado ou a verificação a que se refere este artigo não serem, respectivamente, lavrado ou procedida dentro dos prazos fixados, reputar-se-ão como realizados, desde que

comunicados à Administração nos 15 (quinze) dias anteriores à exaustão dos mesmos.
Art. 74. *Poderá ser dispensado o recebimento provisório nos seguintes casos:*
I – gêneros perecíveis e alimentação preparada;
II – serviços profissionais;
III – obras e serviços de valor até o previsto no art. 23, inciso II, alínea "a", desta Lei, desde que não se componham de aparelhos, equipamentos e instalações sujeitos à verificação de funcionamento e produtividade.
Parágrafo único. *Nos casos deste artigo, o recebimento será feito mediante recibo.*

O cumprimento do contrato ocorre com a entrega do objeto e o seu recebimento pela Administração Pública. Contudo, a entrega do objeto pura e simples não induz, necessariamente, a extinção das obrigações, principalmente quando se tratar de obras que necessitem de período de prova, ou de compra que requisitar verificação e conferência do objeto.

27.1 Recebimento de Obra ou Serviço

Em se tratando de obras ou serviços o recebimento será *provisório* e realizado pelo responsável pelo acompanhamento e fiscalização do contrato. Opera-se mediante termo circunstanciado assinado pelas partes em até 15 (quinze) dias da comunicação do contratado.

O recebimento se tornará *definitivo* após o decurso do prazo de observação, que não excederá a 90 (noventa) dias, salvo os casos excepcionais, previstos no edital ou após vistorias que comprovem a adequação do objeto aos termos contratuais na forma do art. 69 da Lei 8.666/93.

27.2 Recebimento de Compras e Locação de Equipamentos

Os bens adquiridos mediante compra ou locação não passam por período de prova mas necessitam de conferência quantitativa e qualitativa.

Dependendo da quantidade e não havendo nenhum aspecto técnico a ser aferido por pessoa especializada, a conferência se realiza na hora, importando no recebimento definitivo.

Poderá ser dispensado o recebimento provisório em se tratando de gêneros perecíveis e alimentação preparada, serviços profissionais, obras e serviços no valor de até R$ 80.000,00 (oitenta mil reais). No último caso, desde que não se trate de aparelhos, equipamentos e instalações sujeitos à verificação de funcionamento e produtividade.

28 TESTES E ENSAIOS

Lei 8.666/93
Art. 75. Salvo disposições em contrário constantes do edital, do convite ou de ato normativo, os ensaios, testes e demais provas exigidos por normas técnicas oficiais para a boa execução do objeto do contrato correm por conta do contratado.

Se o instrumento convocatório ou o ato normativo não dispuserem em contrário, os ensaios, testes e demais provas exigidos por normas técnicas oficiais para a boa execução do objeto correrão por conta do contratado.

Equipamentos e programas de informática necessitam de testes e ajustes para o regular funcionamento. Muitas vezes haverá necessidade do fornecedor manter pessoal qualificado para prestar assessoria técnica aos usuários diretos e, até mesmo, promover ajustes visando o bom funcionamento do equipamento ou do sistema, o que importará em despesas que, se não previstas na proposta, não poderão ser suportadas pela Administração Pública.

29 REJEIÇÃO DO OBJETO

Lei 8.666/93
Art. 76. A Administração rejeitará, no todo ou em parte, obra, serviço ou fornecimento executado em desacordo com o contrato.

Outra prerrogativa da Administração é a que lhe possibilita rejeitar, no todo ou em parte, obra, serviço ou fornecimento executado em desacordo com o contrato. Na verdade, a rejeição do objeto em desacordo com o contrato não é uma prerrogativa da Administração Pública, mas de todo consumidor. Ninguém é obrigado a receber algo em desacordo com o que contratou e, se receber, pode exigir a reparação, a substituição e até mesmo a rescisão do pacto.

Questão importante a ser discutida é sobre a possibilidade de a Administração receber o objeto com característica distinta da prevista no instrumento convocatório ou no contrato.

Embora a norma do art. 76 seja imperativa e não de, *a priori*, não deixa margem discricionária, o bom-senso, a razoabilidade e o interesse público podem determinar conduta diversa. O objeto em desacordo com o contrato, mas que mantenha as características essenciais e a sua finalidade, pode atender ao interesse da Administração Pública. A aceitação será, então, admissível mediante justificativa. Se o objeto novo for de maior valor ao que deveria ser entregue, não importará em complementação; se de menor valor, deve a diferença ser descontada ou de algum modo a Administração ser indenizada.

Um exemplo, já citado neste trabalho, foi o recebimento de carteiras escolares fabricadas em madeira distinta da que constava no instrumento convocatório e no contrato pela Secretaria de Estado da Educação do Estado de Rondônia. O contrato previa que as carteiras fossem confeccionadas *em madeira* de *lei, tipo garapeira*. O contratado interpretou que a exigência era de que a madeira deveria ser de *lei*, e o *tipo garapeira* seria apenas um exemplo desse material. Entregou carteiras escolares fabricadas com madeira de *lei*, porém, de tipo diverso da garapeira. Inicialmente a Comissão de recebimento rejeitou o objeto. A solução encontrada foi a realização de perícia e o reequilíbrio econômico-financeiro do contrato com a entrega de oitocentas carteiras a mais. O resultado agradou as partes e as carteiras ainda atendem a comunidade estudantil.

Outra situação é aquela em que o bem ou produto licitado deixa de ser fabricado, desaparece do mercado ou é substituído por outro mais moderno, fato que ocorre com frequência diante do avanço tecnológico. A aplicação da regra estabelecida no art. 76 da Lei 8.666/93 pode ser bastante prejudicial ao interesse público. Com isso, deve ser avaliado o caso concreto e a Administração decidir pelo recebimento de outro produto distinto do contratado. A substituição pode ser aceita se o objeto distinto for comprovadamente apto a atender a destinação própria do anterior, ou seja, respeitar o mesmo padrão de qualidade e durabilidade. Se algumas das características forem desatendidas ou o objeto tiver valor inferior, o recebimento só se dará com abatimento do preço ou outra forma de reparação. A aferição da qualidade, da eficiência e da durabilidade deve ser feita por peritos especializados na área através de laudo circunstanciado.

Jessé Torres Pereira Júnior[39] também aponta a possibilidade de substituição:

> *Diante dos termos imperativos da norma, tem sido indagado se a rejeição também seria incontornável caso o contratado se dispusesse a fornecer ou executar objeto que, conquanto diverso do previsto, atendesse ao especificado no edital e no contrato, e até o superasse.*
>
> *A hipótese que volta e meia ocorre é a do produto cotado na proposta ausentar-se do mercado no momento da entrega, levando a adjudicatária a propor a sua substituição por outro que cumpra as mesmas funções, sem alteração de preço.*
>
> *Tal proposta não colidirá com a regra do art. 76, podendo ser aceita, desde que o produto sucedâneo seja comprovadamente apto a realizar todas as funções do substituído, com padrão de qualidade equivalente ou superior e sem alteração de preço (pareceres nesse sentido, nos autos do respectivo processo). Nessas circunstâncias, o fornecimento ou a execução não se faria "em desacordo com o contrato".*

O recebimento definitivo libera o contratado de suas obrigações mas não o exclui da responsabilidade civil perante a solidez e segurança da obra ou do serviço, sequer por questões ético-profissional (plágio, usurpação e alteração do projeto), pela perfeita execução do contrato, dentro dos limites estabelecidos pela lei ou pelo contrato.

30 INEXECUÇÃO DO CONTRATO

Lei 8.666/93
Art. 77. A inexecução total ou parcial do contrato enseja a sua rescisão, com as consequências contratuais e as previstas em lei ou regulamento.

A Administração Pública realiza contratações transferindo a execução de serviços públicos a um colaborador. O contrato, como todo ato administrativo, prescinde de adequada motivação para se materializar.

O motivo que leva à contratação é o mesmo que conduz à necessidade de sua plena execução. Com isso, uma vez constatada a inexecução, *parcial* ou *total,* enseja a sua rescisão.

---

[39] PEREIRA JÚNIOR, Jessé Torres. **Comentários à Lei de Licitações e contratações da Administração Pública**. 5. ed., rev., atual. e ampl., de acordo com a E.C. 06/95 e 19/98, com a L.C. 101/00, com as Leis 9.648/98 e 9.845/99 e com a M.P. 2.108/01 e seus regulamentos. Rio de Janeiro: Renovar, 2002. p. 702.

Salvo nos casos de parceria público-privada em que a lei admite sanção aplicável à Administração inadimplente, o contratado não possui condições de impor à Administração qualquer tipo de sanção ou penalidade em caso de inadimplência, prerrogativa que pertence somente ao Poder Público.

30.1 A Cláusula *Exceptio non Adimpleti Contractus*

A inexecução do contrato ocorre pela inadimplência de quaisquer das partes. Em geral, a Administração somente cumpre sua parte na avença após o adimplemento da obrigação do contratado, eis que sua parte é quase sempre somente o pagamento que não pode ser antecipado. Vale dizer que o inadimplemento da Administração Pública só pode ocorrer depois do adimplemento do objeto por parte do contratado.

Dificilmente poderá ser aplicada, em desfavor da Administração, a teoria *exceptio non adimpleti contractus* ou "cláusula da exceção de contrato não cumprido", pela qual a parte que deixar de adimplir a própria obrigação não pode exigir que a outra execute a sua. A obrigação da Administração Pública, salvo exceções decorrentes de casos específicos – como o pagamento por medição – só surge com o adimplemento da obrigação do contratado.

A cláusula *exceptio non adimpleti contractus* encontra-se consolidada no art. 476 do Código Civil brasileiro. Trata-se de uma proteção àquele que cumpre com as suas obrigações em um pacto e, por isso, pode invocá-la para exigir a contraprestação da outra parte, suspendendo o cumprimento caso o inadimplente não se mostre com intenções de honrar o acordo.

Lei 10.406/2002 – Código Civil
Art. 476*. Nos contratos bilaterais, nenhum dos contratantes, antes de cumprida a sua obrigação, pode exigir o implemento da do outro.*
Art. 477*. Se, depois de concluído o contrato, sobrevier a uma das partes contratantes diminuição em seu patrimônio, pode a outra recusar--se à prestação que lhe incumbe, até que aquela satisfaça a que lhe compete ou dê garantia bastante de satisfazê-la.*

Embora, de regra, a cláusula não se aplique nas avenças públicas em face da Administração, a lei assegura ao contratado algumas situações assemelhadas à exceção de contrato não cumprido, a saber:

a) o contratado não pode ser compelido a cumprir sua prestação quando ela dependa de providência prévia a cargo da Administração (LLC, art. 78, XVI);
b) caso a Administração deixe de cumprir preceito legal, como, por exemplo, alterar unilateralmente o quantitativo da prestação sem manter o equilíbrio econômico-financeiro;
c) admissão da recusa do particular em dar prosseguimento à execução quando a Administração incorrer em atraso e pagamento superior a 90 (noventa) dias (LLC, art. 78, XV).

A inadimplência da Administração superior a noventa dias para realizar o pagamento autoriza a paralisação da prestação por parte do contratado se os serviços não forem essenciais. Nos serviços essenciais a suspensão deve ser precedida de aceite por parte da Administração e, em alguns casos, somente será possível após o trânsito em julgado de decisão judicial. Mesmo em se tratando de serviço não essencial, a suspensão do cumprimento por parte do contratado deve ser comunicado à Administração Pública.

Os serviços essenciais como transporte coletivo, fornecimento de merenda escolar, fornecimento de alimentação em presídios e em hospitais, dentre outros, não podem sofrer solução de continuidade, daí a impossibilidade do particular invocar a *exceptio non adimpleti contractus* e suspender a execução do contrato. Resta ao contratado pleitear em juízo a rescisão contratual e requerer perdas e danos. Na ação, para não ser obrigado a cumprir o contrato até o trânsito em julgado da decisão, deverá requerer a dispensa da obrigação, feito que somente pode ser deferido depois de ouvida a Administração[40].

31 EXTINÇÃO DO CONTRATO

Lei 8.666/93
Art. 78. Constituem motivo para rescisão do contrato:
I – o não cumprimento de cláusulas contratuais, especificações, projetos ou prazos;
II – o cumprimento irregular de cláusulas contratuais, especificações, projetos e prazos;
III – a lentidão do seu cumprimento, levando a Administração a comprovar a impossibilidade da conclusão da obra, do serviço ou do fornecimento, nos prazos estipulados;

---

[40] Este pedido não cabe para os casos de concessão ou permissão de serviço público, em face da Lei Federal 8.987/95, que impõe a continuidade dos serviços até o trânsito em julgado de decisão judicial.

IV – o atraso injustificado no início da obra, serviço ou fornecimento;

V – a paralisação da obra, do serviço ou do fornecimento, sem justa causa e prévia comunicação à Administração;

VI – a subcontratação total ou parcial do seu objeto, a associação do contratado com outrem, a cessão ou transferência, total ou parcial, bem como a fusão, cisão ou incorporação, não admitidas no edital e no contrato;

VII – o desatendimento das determinações regulares da autoridade designada para acompanhar e fiscalizar a sua execução, assim como as de seus superiores;

VIII – o cometimento reiterado de faltas na sua execução, anotadas na forma do § 1º do art. 67 desta Lei;

IX – a decretação de falência ou a instauração de insolvência civil;

X – a dissolução da sociedade ou o falecimento do contratado;

XI – a alteração social ou a modificação da finalidade ou da estrutura da empresa, que prejudique a execução do contrato;

XII – razões de interesse público, de alta relevância e amplo conhecimento, justificadas e determinadas pela máxima autoridade da esfera administrativa a que está subordinado o contratante e exaradas no processo administrativo a que se refere o contrato;

XIII – a supressão, por parte da Administração, de obras, serviços ou compras, acarretando modificação do valor inicial do contrato além do limite permitido no § 1º do art. 65 desta Lei;

XIV – a suspensão de sua execução, por ordem escrita da Administração, por prazo superior a 120 (cento e vinte) dias, salvo em caso de calamidade pública, grave perturbação da ordem interna ou guerra, ou ainda por repetidas suspensões que totalizem o mesmo prazo, independentemente do pagamento obrigatório de indenizações pelas sucessivas e contratualmente imprevistas desmobilizações e mobilizações e outras previstas, assegurado ao contratado, nesses casos, o direito de optar pela suspensão do cumprimento das obrigações assumidas até que seja normalizada a situação;

XV – o atraso superior a 90 (noventa) dias dos pagamentos devidos pela Administração decorrentes de obras, serviços ou fornecimento, ou parcelas destes, já recebidos ou executados, salvo em caso de calamidade pública, grave perturbação da ordem interna ou guerra, assegurado ao contratado o direito de optar pela suspensão do cumprimento de suas obrigações até que seja normalizada a situação;

XVI – a não liberação, por parte da Administração, de área, local ou objeto para execução de obra, serviço ou fornecimento, nos prazos contratuais, bem como das fontes de materiais naturais especificadas no projeto;

XVII – a ocorrência de caso fortuito ou de força maior, regularmente comprovada, impeditiva da execução do contrato.

Parágrafo único. *Os casos de rescisão contratual serão formalmente motivados nos autos do processo, assegurado o contraditório e a ampla defesa.*
XVIII – descumprimento do disposto no inciso V do art. 27, sem prejuízo das sanções penais cabíveis.

A Lei 8.666/93 não trata especificamente sobre a extinção do contrato. Preferiu o legislador tratar a matéria como rescisão. Os institutos, embora conduzam para o mesmo objetivo, não se confundem. A rescisão é espécie do gênero extinção, decorre de ato unilateral da Administração ou por acordo das partes. Já a extinção pode se dar em decorrência de um ato de vontade ou de fato jurídico, natural ou não, mas independentemente da vontade das partes. A extinção abrange a rescisão.

Os incisos IX e X do art. 78 são exemplos de fatos que provocam a extinção. O advento de um fato jurídico, como a morte do contratado ou o desaparecimento do objeto, põe fim ao contrato independentemente da manifestação das partes.

O termo *"rescisão"* constante no *caput* do art. 78 da Lei 8.666/93 deve ser lido *"extinção"*.

Verificado o fato extintivo a Administração deverá declará-lo, servindo a declaração apenas para materializar o fato de que não subsiste o vínculo firmado anteriormente. É salutar que o ato declaratório seja levado à publicação para que dele tome conhecimento a sociedade. No entanto, a ausência da declaração não faz ressurgir o vínculo. O fato extintivo elimina o contrato do mundo jurídico naturalmente.

A extinção por ato, rescisão propriamente dita, dar-se-á nas formas do art. 79 da Lei 8.666/93, ou seja, por decisão unilateral Administrativa Pública, por acordo ou por força judicial.

A rescisão administrativa unilateral se dá por imposição do interesse público, sem culpa do contratado, quando não for mais conveniente sua manutenção, hipótese que se dá mediante indenização, ou por culpa do contratado no caso de inadimplência parcial ou total, bem como pela execução irregular do contrato.

Ao contrário da extinção por fato jurídico que independe de manifestação prévia, mas apenas de reconhecimento posterior, a rescisão por ato, em qualquer caso, exige justificativa fundamentada.

Embora o parágrafo único do art. 78 exija motivação e garantia de ampla defesa e contraditório, tal exigência somente se impõe para os casos de rescisão por ato jurídico ou fato jurídico passivo de defesa, o que se verifica nos casos de rescisão previstos nos incisos I a IX e XVII do art. 78 da lei licitatória, que estabelece as situações em que o contratado pode sofrer as consequências previstas na lei ou regulamento. A aplicação de qualquer sanção, mesmo administrativa, é condicionada ao cumprimento do devido processo legal que conferiu a garantia de defesa àquele que a suportará.

A extinção do contrato atinge somente atos futuros, *ex nunc*, salvo se decorrer de ilegalidade, caso em que deve ser anulado com efeito *ex tunc*.

Os casos de extinção podem ser resumidos no seguinte quadro:

E X T I N Ç Ã O	F A T O	1. cumprimento do objeto; 2. exaurimento do prazo; 3. desaparecimento do contratado; 4. desaparecimento do objeto.
	A T O	1. rescisão administrativa unilateral; 2. rescisão administrativa consensual; 3. rescisão judicial.

31.1 Rescisão

Lei 8.666/93
Art. 79. A rescisão do contrato poderá ser:
I – determinada por ato unilateral e escrito da Administração, nos casos enumerados nos incisos I a XII e XVII do artigo anterior;
II – amigável, por acordo entre as partes, reduzida a termo no processo da licitação, desde que haja conveniência para a Administração;
III – judicial, nos termos da legislação;
IV – (Vetado).
§ 1º. A rescisão administrativa ou amigável deverá ser precedida de autorização escrita e fundamentada da autoridade competente.
§ 2º. Quando a rescisão ocorrer com base nos incisos XII a XVII do artigo anterior, sem que haja culpa do contratado, será este ressarcido dos prejuízos regularmente comprovados que houver sofrido, tendo ainda direito a:
I – devolução de garantia;
II – pagamentos devidos pela execução do contrato até a data da rescisão;
III – pagamento do custo da desmobilização.
§ 3º. (Vetado).
§ 4º. (Vetado).
§ 5º. Ocorrendo impedimento, paralisação ou sustação do contrato, o cronograma de execução será prorrogado automaticamente por igual tempo.

Nos interessa, neste manual, o estudo dos casos de rescisão. Já que a extinção natural decorrente de fato jurídico independe da manifestação da vontade das partes, basta a ocorrência do fato extintivo para o seu reconhecimento por parte da Administração Pública.

A rescisão do contrato administrativo pode ser unilateral, consensual ou judicial.

31.1.1 Rescisão unilateral por interesse público

A rescisão administrativa ou unilateral pode se dar por interesse público, por inadimplência ou por ilegalidade.

O interesse público sempre estará presente em qualquer ato emanado do Poder Público. Aqui, quando se fala em *interesse público*, quer se dizer dos casos em que a Administração, no reexame de sua conveniência e oportunidade, resolve pela interrupção do contrato sem que haja culpa do contratado.

A estabilidade das relações jurídicas é princípio aplicável nos contratos administrativos. O particular não pode ficar a mercê da Administração Pública sem garantia de seus direitos, não se admite a rescisão unilateral sob a alegação de atendimento do interesse público sem motivo de alta relevância. A rescisão unilateral por conveniência deve fundar-se em fato superveniente plenamente justificado e somente pode ser determinada pela autoridade máxima da esfera administrativa a que está subordinado o contratante.

O direito da Administração em rescindir unilateralmente o contrato sem culpa do contratado se funda no mesmo princípio aplicável no direito privado, com isso, deve ser indenizado o contratado inocente.

As causas que levam à rescisão por interesse público estão arroladas nos incisos XII e XIII do art. 78, a saber: razões de interesse público, de alta relevância e amplo conhecimento, justificadas e determinadas pela máxima autoridade da esfera administrativa a que está subordinado o contratante e exaradas no processo administrativo a que se refere o contrato; e a supressão por parte da Administração, de obras, serviços ou compras, acarretando modificação do valor inicial do contrato além do limite permitido pelo art. 65.

A segunda hipótese configura uma causa decorrente de outra, somente admissível em razão do interesse público, que é a supressão, por parte da Administração, do quantitativo do objeto em limites superiores ao estabelecido pela lei (25% para obras e compras e 50% para o caso de reforma).

31.1.2 Rescisão unilateral por culpa do contratado

A Administração possui a prerrogativa de rescindir unilateralmente o contrato quando se verificar a inexecução total ou parcial. Trata-se de rescisão administrativa fundada no interesse público mas decorrente de culpa do contratado.

As causas que levam a esta modalidade de rescisão estão previstas, em rol taxativo, nos incisos I a VIII e XI do art. 78 da Lei 8.666/93. São elas:

- descumprimento das cláusulas contratuais;
- cumprimento irregular;
- lentidão na execução, suficiente para que a Administração conclua que o objeto não será executado no prazo;
- atraso injustificado no início da execução;
- paralisação da execução sem justa causa e prévia comunicação à Administração;
- subcontratação total ou parcial, a associação do contratado com outrem, a cessão ou transferência total ou parcial, bem como a fusão, cisão ou incorporação, não admitidas no edital e no contrato;
- desatendimento das determinações regulares da autoridade designada para acompanhar e fiscalizar a sua execução;
- cometimento reiterado de faltas na sua execução;
- alteração social ou a modificação da finalidade ou da estrutura da empresa contratada suficiente para prejudicar a execução do contrato.

A rescisão administrativa por culpa do contratado não gera direito a indenização, devendo, contudo, a Administração Pública promover o pagamento do que foi executado, sob pena de enriquecimento sem causa.

31.2 Rescisão Consensual

O contrato pode ser extinto por consentimento das partes, o que se dá pelo destrato precedido de autorização da autoridade competente e de justificativa. Não tem finalidade punitiva e seus efeitos são *ex nunc*.

31.3 Rescisão Judicial

A rescisão judicial somente ocorrerá na hipótese de inadimplência por parte da Administração e se o contratado buscar a tutela jurisdicional para se livrar da obrigação. A Administração não necessita recorrer ao judiciário, pois possui a prerrogativa de rescindir unilateralmente o contrato, seja por inadimplência do contratado ou por interesse público.

Quando a Administração se tornar inadimplente, o contratado, nas hipóteses não excepcionadas pela lei, sobretudo quando se tratar de prestação de serviços públicos essenciais, somente por ordem judicial poderá livrar-se da obrigação do contrato, mesmo após a inadimplência superior a 90 (noventa) dias (LLC, art. 78, incisos XIII a XVI).

A ação será processada no rito ordinário e poderá ser cumulada com pedido de indenização, de retenção e de compensação.

A rescisão judicial não decorre do controle externo da Administração Pública, trata-se de solicitação de rescisão pelo contratado e não por ação que vise o reconhecimento e declaração de nulidade de ato praticado no processo administrativo que deu causa ao contrato.

31.4 Consequências da Rescisão

Lei 8.666/93
Art. 80. A rescisão de que trata o inciso I do artigo anterior acarreta as seguintes consequências, sem prejuízo das sanções previstas nesta Lei:
I – assunção imediata do objeto do contrato, no estado e local em que se encontrar, por ato próprio da Administração;
II – ocupação e utilização do local, instalações, equipamentos, material e pessoal empregados na execução do contrato, necessários à sua continuidade, na forma do inciso V do art. 58 desta Lei;
III – execução da garantia contratual, para ressarcimento da Administração, e dos valores das multas e indenizações a ela devidos;
IV – retenção dos créditos decorrentes do contrato até o limite dos prejuízos causados à Administração.
§ 1º. A aplicação das medidas previstas nos incisos I e II deste artigo fica a critério da Administração, que poderá dar continuidade à obra ou ao serviço por execução direta ou indireta.
§ 2º. É permitido à Administração, no caso de concordata do contratado, manter o contrato, podendo assumir o controle de determinadas atividades de serviços essenciais.
§ 3º. Na hipótese do inciso II deste artigo, o ato deverá ser precedido de autorização expressa do Ministro de Estado competente, ou Secretário Estadual ou Municipal, conforme o caso.
§ 4º. A rescisão de que trata o inciso IV do artigo anterior permite à Administração, a seu critério, aplicar a medida prevista no inciso I deste artigo.

Volta a lei a defender a execução do objeto do contrato ao descrever as consequências decorrentes da rescisão administrativa do contrato.

Vimos que a rescisão administrativa, por culpa do contratado, somente pode ocorrer no advento de alguma das hipóteses descritas nos incisos I a XII e XVII do art. 78 da lei licitatória.

Verificada a necessidade, pode a Administração adotar as providências descritas no art. 80, como forma de promover a execução forçada do objeto contratado.

Não se trata de uma conduta vinculada da Administração Pública que, se preferir, poderá resolver o problema promovendo outra contratação nos termos admitidos pela lei.

O inciso I prevê a possibilidade de assunção imediata do objeto do contrato, no estado e local em que se encontrar. A autorização legal decorre do princípio da continuidade dos serviços públicos e opera-se pela retomada do objeto para a execução direta.

Outra providência que a Administração pode adotar é a descrita no inciso II, que prevê a ocupação e utilização do local, instalações, equipamentos, material e pessoal empregados na execução do contrato, medida que se aproxima da *intervenção*, razão pela qual deve ser utilizada com cautela e somente nos casos extremos e depende de autorização expressa do Ministro de Estado competente, ou Secretário Estadual ou Municipal.

O inciso III prevê a possibilidade de retenção da garantia para fazer frente aos prejuízos causados à Administração. Trata-se de uma consequência natural, pois a garantia é prestada no contrato administrativo, exatamente para fins de forçar a execução do objeto.

Além da garantia, se a mesma se mostrar insuficiente para cobrir os prejuízos advindo da inexecução do contrato, a Administração deve reter créditos decorrentes do contrato para suportá-los.

Observe que a retenção de créditos, conforme estatui o inciso IV, só se admite se decorrente da execução do contrato rescindido. Não se admite a retenção de crédito decorrente de outro contrato que porventura o contratado mantenha com a Administração Pública. Tal conduta importaria em abuso de direito. As consequências mencionadas no art. 80 da lei licitatória só incidem em fatos decorrentes do contrato rescindido, não alcançam outro, mesmo que firmado pelas mesmas partes.

Capítulo III

DAS SANÇÕES E DO PROCESSO JUDICIAL

1 DISPOSIÇÕES GERAIS

A Lei 8.666/93 adota providências que extrapolam sua missão principal, que é estabelecer normas gerais sobre licitações e contratos administrativos. Além de editar as normas gerais com elevado grau de especialização, adentra na seara do direito penal e do direito de processo penal, tipificando condutas e adotando rito especial para seu processamento.

Ao ditar regras de direito penal e processual penal, a União, em uma mesma lei, faz uso da competência concorrente – ao ditar normas gerais sobre licitação e contratos administrativos – e privativa ao estabelecer tipos penais e o seu processo.

Por se tratar de competência privativa (art. 22, I da CF/88), os Estados, o Distrito Federal e os Municípios não podem modificar, tampouco ampliar, penas e sanções.

Direito penal é a parte do direito que se preocupa em regular a conduta humana, tipificando como crime aquelas que violem valores ou bens que a sociedade, através do Estado, exige proteção.

Dentre os princípios próprios do direito penal destaca-se na oportunidade o *princípio da reserva legal,* pelo qual não há pena e não há crime sem prévia cominação legal. A necessidade de lei para qualificar uma conduta como crime dá ao direito penal uma natureza dogmática.

O direito, por essência, é uma ciência dogmática, ele surge da experiência social e não o contrário. Do clamor social surge o direito positivo, necessário para disciplinar condutas e imputar sanções ao fato que considerar ofensivo a algum valor que o Estado se dispõe a defender.

O direito penal assume com maior evidência tal característica ao impedir a aplicação de pena sem que lei anterior defina uma conduta como criminosa e fixe a pena aplicável na ocorrência do fato antijurídico.

2 NORMAS DE CARÁTER GERAL

Nos arts. 81 a 85 a lei estabelece uma espécie de *"parte geral"* pela qual regula o alcance, a forma de aplicação da lei e suas consequências, sem definir um fato punível.

2.1 Alcance da Lei

Lei 8.666/93
Art. 82. Os agentes administrativos que praticarem atos em desacordo com os preceitos desta Lei ou visando a frustrar os objetivos da licitação sujeitam-se às sanções previstas nesta Lei e nos regulamentos próprios, sem prejuízo das responsabilidades civil e criminal que seu ato ensejar.

A atuação do agente público, independente de ser ou não em processo licitatório, deve sempre atender aos preceitos legais, eis que a Administração Pública se submete ao princípio da legalidade.

O art. 82 da lei licitatória submete os agentes públicos que pratiquem atos em desacordo com os preceitos legais às sanções previstas na própria lei e nos regulamentos próprios, sem prejuízo das responsabilidades civil e criminal que o ato ensejar.

A norma, interpretada de forma literal, admite a possibilidade de aplicação simultânea de sanções administrativas em decorrência do mesmo fato, o que pode caracterizar *bis in idem*.

Como se sabe, os órgãos e entidades públicas possuem regime próprio que prevê a cominação de sanções administrativas aplicáveis aos servidores públicos. O ato praticado em desacordo com as diretrizes legais pode ensejar, então, a abertura de processo disciplinar e o agente vir a ser condenado administrativamente nos termos do regimento próprio, o que impediria a aplicação das sanções previstas na lei de licitações e contratos administrativos.

A solução para o impasse é o da aplicação da norma especial, caso a conduta enseje a aplicação de sanções previstas em leis distintas. A Lei 8.666/93 é especial, pois regula um procedimento específico da Administração Pública. Como tal, suas regras prevalecem sobre aquelas de caráter geral, aplicáveis para aferir a conduta do agente público em qualquer outro tipo de procedimento.

A responsabilidade civil, no caso, deve ser entendida como a obrigação de reparar o dano causado ao erário em virtude do ato praticado em desacordo com as diretrizes legais ou visando frustrar os objetivos da licitação. A responsabilidade civil independe da aplicação de sanção administrativa e penal.

2.2 Efeitos Decorrentes da Aplicação de Sanção Penal

Lei 8.666/93
Art. 83. Os crimes definidos nesta Lei, ainda que simplesmente tentados, sujeitam os seus autores, quando servidores públicos, além das sanções penais, à perda do cargo, emprego, função ou mandato eletivo.

A condenação penal produz efeitos além da aplicação da pena. São os chamados efeitos secundários e decorrem da condenação, podendo ou não depender da pena aplicada.

A perda da função pública é um efeito secundário da condenação penal de caráter especial, pois alcança somente o seu detentor. Não se trata de um gravame peculiar da pena, mas uma mera consequência dela.

Qualquer pessoa pode ser sujeito ativo de crime contra a Administração Pública, seja servidor público ou não. A condenação de dois indivíduos pela prática de um mesmo fato delituoso, um servidor público e outro não, mesmo que por conduta diversa, pode ensejar a aplicação da mesma pena. No entanto, os efeitos da condenação serão diferentes.

O art. 83 da Lei 8.666/93 traz em seu conteúdo o efeito da perda do cargo, emprego, função ou mandato eletivo pela prática dos crimes nela definidos, ainda que simplesmente tentados.

A perda do cargo, emprego, função ou mandato eletivo decorrente da condenação por crimes definidos na lei licitatória independe da pena aplicada, no entanto, não é um efeito automático, deve estar expressamente declarado na sentença penal, haja vista que os servidores públicos estarão *sujeitos* ao efeito, da mesma forma que estão *sujeitos* às penas.

No Código Penal a previsão pela perda de cargo, função pública ou mandato eletivo encontra-se regulada no art. 92, I, abaixo transcrito:

Decreto-Lei 2.848/40
Art. 92. São também efeitos da condenação:
I – a perda de cargo, função pública ou mandato eletivo:
a) quando aplicada pena privativa de liberdade por tempo igual ou superior a um ano, nos crimes praticados com abuso de poder ou violação de dever para com a Administração Pública;

b) quando for aplicada pena privativa de liberdade por tempo superior a 4 (quatro) anos nos demais casos.

Como se vê, nos crimes descritos no Código Penal a perda do cargo, função pública ou mandato eletivo depende do *quantum* da pena aplicada, ao passo que no caso dos crimes definidos na lei licitatória são independentes.

2.3 Servidor Público por Equiparação

Lei 8.666/93
Art. 84. Considera-se servidor público, para os fins desta Lei, aquele que exerce, mesmo que transitoriamente ou sem remuneração, cargo, função ou emprego público.
§ 1º. Equipara-se a servidor público, para os fins desta Lei, quem exerce cargo, emprego ou função em entidade paraestatal, assim consideradas, além das fundações, empresas públicas e sociedades de economia mista, as demais entidades sob controle, direto ou indireto, do Poder Público.
§ 2º. A pena imposta será acrescida da terça parte, quando os autores dos crimes previstos nesta Lei forem ocupantes de cargo em comissão ou de função de confiança em órgão da Administração direta, autarquia, empresa pública, sociedade de economia mista, fundação pública, ou outra entidade controlada direta ou indiretamente pelo Poder Público.

Servidor público é a pessoa que exerce cargo, emprego ou função pública, investido por concurso público, por nomeação ou por eleição.

O exercício, cargo, emprego ou função pública possui, como regra, o caráter profissional, no entanto, a lei equipara a servidor público aquele que, mesmo provisoriamente ou sem remuneração, esteja no exercício de cargo, emprego ou função pública. O exercício transitório ou sem remuneração se dá na forma de colaboração ou convocação do Poder Público.

Vimos que o procedimento de licitação é obrigatório para órgãos da Administração direta, assim como para entidades da Administração indireta. De igual modo ficou claro que as empresas públicas e as sociedades de economia mista, entidades pertencentes a Administração indireta, atuam no setor econômico e, como tal, são dotadas de personalidade jurídica de direito privado, tecnicamente, seus funcionários não são servidores públicos propriamente ditos. Ocorre que, no procedimento licitatório, independente do regime jurídico aplicado ao órgão ou entidade licitante, os funcionários são equiparados a servidor público.

O § 2° do art. 84 prevê uma circunstância qualificadora do crime que importa no acréscimo da pena na terça parte. O acréscimo é obrigatório, não possuindo o aplicador discricionariedade de mensurar o aumento da pena entre um intervalo definido ou deixar de aplicar. Quando os autores dos crimes previstos na lei licitatória forem ocupantes de cargo em comissão ou de função de confiança em órgão da Administração direta, autarquia, empresa pública, sociedade de economia mista, fundação pública, ou outra entidade controlada direta ou indiretamente pelo Poder Público, terão a pena fixada acrescida da terça parte.

2.4 Aplicação da Lei

Lei 8.666/93
Art. 85. As infrações penais previstas nesta Lei pertinem às licitações e aos contratos celebrados pela União, Estados, Distrito Federal, Municípios, e respectivas autarquias, empresas públicas, sociedades de economia mista, fundações públicas, e quaisquer outras entidades sob seu controle direto ou indireto.

O teor do art. 85, salvo melhor juízo, é desnecessário. Como dito anteriormente, ao dispor sobre direito penal e processual penal, a União fez uso de sua competência legislativa privativa. Por outro lado, o pacto federativo impõe que as regras ditadas pela União no exercício desta competência alcancem todos os entes federados.

3 SANÇÕES ADMINISTRATIVAS

No teor do art. 85 a 88, a lei tipifica sanções administrativas e, como tal, aplicáveis pela Administração Pública em processo que tenha assegurado a ampla defesa e o contraditório.

As sanções são dirigidas ao contratado e servem para coibir a inexecução do contrato.

3.1 Atraso Injustificado na Execução do Contrato

Lei 8.666/93
Art. 86. O atraso injustificado na execução do contrato sujeitará o contratado à multa de mora, na forma prevista no instrumento convocatório ou no contrato.

§ 1º. A multa a que alude este artigo não impede que a Administração rescinda unilateralmente o contrato e aplique as outras sanções previstas nesta Lei.
§ 2º. A multa, aplicada após regular processo administrativo, será descontada da garantia do respectivo contratado.
§ 3º. Se a multa for de valor superior ao valor da garantia prestada, além da perda desta, responderá o contratado pela sua diferença, a qual será descontada dos pagamentos eventualmente devidos pela Administração ou ainda, quando for o caso, cobrada judicialmente.

O instrumento convocatório ou o contrato podem prever a aplicação de multa, pelo atraso injustificado na execução do contrato. A falta de previsão no instrumento convocatório pode ser suprida no contrato. No entanto, a Administração só poderá aplicar multa se houver previsão em um ou no outro instrumento.

A multa tem por objetivo forçar a execução do contrato, ou seja, prevenir a inexecução. Sua imposição não impede a rescisão unilateral do contrato e a aplicação de outras sanções previstas na lei licitatória.

A multa pode ser inferior ou superior ao valor da garantia prestada. Se inferior, será descontada e devolvido o saldo remanescente. Se superior, o contratado responderá pela diferença, que pode ser descontada de eventual crédito ou cobrada judicialmente.

A propósito, a Administração não possui o poder de se apropriar da garantia quando prestada em dinheiro. A garantia servirá para a autoexecução de multa aplicada em processo administrativo apropriado e que tenha assegurado a ampla defesa e o contraditório.

3.2 Inexecução Total ou Parcial do Contrato

Lei 8.666/93
Art. 87. Pela inexecução total ou parcial do contrato a Administração poderá, garantida a prévia defesa, aplicar ao contratado as seguintes sanções:
I – advertência;
II - multa, na forma prevista no instrumento convocatório ou no contrato;
III – suspensão temporária de participação em licitação e impedimento de contratar com a Administração, por prazo não superior a 2 (dois) anos;
IV – declaração de inidoneidade para licitar ou contratar com a Administração Pública enquanto perdurarem os motivos determinantes da punição ou até que seja promovida a reabilitação perante a própria au-

toridade que aplicou a penalidade, que será concedida sempre que o contratado ressarcir a Administração pelos prejuízos resultantes e após decorrido o prazo da sanção aplicada com base no inciso anterior.

§ 1º. Se a multa aplicada for superior ao valor da garantia prestada, além da perda desta, responderá o contratado pela sua diferença, que será descontada dos pagamentos eventualmente devidos pela Administração ou cobrada judicialmente.

§ 2º. As sanções previstas nos incisos I, III e IV deste artigo poderão ser aplicadas juntamente com a do inciso II, facultada a defesa prévia do interessado, no respectivo processo, no prazo de 5 (cinco) dias úteis.

§ 3º. A sanção estabelecida no inciso IV deste artigo é de competência exclusiva do Ministro de Estado, do Secretário Estadual ou Municipal, conforme o caso, facultada a defesa do interessado no respectivo processo, no prazo de 10 (dez) dias da abertura de vista, podendo a reabilitação ser requerida após 2 (dois) anos de sua aplicação.

No caso de inexecução total ou parcial do contrato, a lei prevê a aplicação de sanções administrativas, o que se dá mediante processo administrativo que tenha garantido prévia defesa.

3.2.1 Advertência

Advertência é um tipo de pena que possui objetivo de coibir a reiteração de ato praticado de maneira inadequada.

No caso, melhor seria se houvesse previsão da aplicação de advertência na hipótese do art. 86, de modo a coibir o atraso injustificado. Se o contrato já se encontra na condição de inexecução, sua missão será coibir ações do agente em contratação futura.

3.2.2 Multa

Diferentemente da prevista no art. 86, a multa contida no inciso II do art. 87 tem por objetivo forçar a execução do contrato que já se encontra na qualidade de inexecução. Possui, então, somente o caráter repressor.

A aplicação da pena de multa só se admite se houver previsão neste sentido no instrumento convocatório ou no contrato e será descontada da garantia, quando de menor valor, cabendo ao contratado suportar a diferença, se o valor da multa superar a garantia prestada, o que deve ser descontado de crédito remanescente ou cobrado judicialmente.

3.2.3 Suspensão temporária de participação em licitação e impedimento de contratar com a Administração, por prazo não superior a 2 (dois) anos

A inexecução de um contrato administrativo pode ensejar ao contratado a aplicação da pena de suspensão temporária de participação em licitação, assim como a declaração de inidoneidade para licitar ou contratar com a Administração Pública.

Trata-se de penas extremas que, em razão dos princípios da razoabilidade e da proporcionalidade, só devem ser aplicadas nos casos graves e quando as outras modalidades de penas se mostrarem insuficientes para a resolução da situação.

As penas previstas nos incisos III e IV do art. 87 da lei licitatória são, de certo modo, similares, pois elas guardam o mesmo objetivo, elidir a pessoa de futuras licitações e contratações. A suspensão temporária, contudo, possui um grau inferior à declaração de inidoneidade, pois o "condenado" não necessita reabilitar-se perante a autoridade que aplicou a penalidade para restabelecer sua aptidão em licitar e a suspensão não poderá ser por prazo superior a dois anos.

3.2.4 Declaração de inidoneidade para licitar ou contratar com a Administração Pública

A declaração de inidoneidade para licitar ou contratar com a Administração Pública é a sanção mais drástica a ser imputada ao contratado em caso de inexecução total ou parcial do contrato.

A "pena" perdurará enquanto os motivos determinantes da punição não cessarem ou houver a reabilitação perante a própria autoridade que a aplicou. Diferentemente da sanção de suspensão temporária que, decorrido o prazo estabelecido pela Administração, o suspenso volta a estar apto a participar de licitações ou ser contratado pela Administração. No caso da declaração de inidoneidade há a necessidade de manifestação da autoridade que aplicou a sanção de que o cessaram os motivos que determinaram a sua aplicação ou que houve a reabilitação do "apenado", o que somente se dará pelo ressarcimento dos prejuízos e após decorrido o prazo de dois anos.

A declaração de inidoneidade só produz efeitos futuros *ex nunc*, não alcança contratos firmados antes de sua aplicação, mesmo que perante o órgão ou entidade que aplicou a pena.

A este respeito o Superior Tribunal de Justiça assim já decidiu:

Ementa: Administrativo. Declaração de inidoneidade para licitar e contratar com a Administração Pública. Vícios formais do processo administrativo. Inexistência. *Efeitos ex nunc da declaração de inidoneidade: significado. 1. Ainda que reconhecida a ilegitimidade da utilização, em processo administrativo, de conversações telefônicas interceptadas para fins de instrução criminal (única finalidade autorizada pela Constituição – art. 5º, XII), não há nulidade na sanção administrativa aplicada, já que fundada em outros elementos de prova, colhidas em processo administrativo regular, com a participação da empresa interessada. 2. Segundo precedentes da 1ª Seção, a declaração de inidoneidade "só produz efeito para o futuro (efeito ex nunc), sem interferir nos contratos já existentes e em andamento"* **(MS 13.101/DF, Min. Eliana Calmon, DJe de 09.12.2008).** *Afirma-se, com isso, que o efeito da sanção inibe a empresa de "licitar ou contratar com a Administração Pública" (Lei 8666/93, art. 87), sem, no entanto, acarretar, automaticamente, a rescisão de contratos administrativos já aperfeiçoados juridicamente e em curso de execução, notadamente os celebrados perante outros órgãos administrativos não vinculados à autoridade impetrada ou integrantes de outros entes da Federação (Estados, Distrito Federal e Municípios). Todavia, a ausência do efeito rescisório automático não compromete nem restringe a faculdade que têm as entidades da Administração Pública de, no âmbito da sua esfera autônoma de atuação, promover medidas administrativas específicas para rescindir os contratos, nos casos autorizados e observadas as formalidades estabelecidas nos artigos 77 a 80 da Lei 8.666/93. 3. No caso, está reconhecido que o ato atacado não operou automaticamente a rescisão dos contratos em curso, firmados pela impetrante. 4. Mandado de segurança denegado, prejudicado o agravo regimental*[41]. **(MS 13964/DF – Relator Ministro Teori Albino Zavascki – Publicação: DJe 25.05.2009)**

Outra questão importante diz respeito ao alcance da aplicação da pena de inidoneidade, se a pessoa estará inidônea somente perante o órgão ou entidade que a aplicou ou se alcança aos demais órgãos da Administração, mesmo os pertencentes a outra esfera de governo.

A lei não faz nenhuma ressalva de que a suspensão temporária de licitar ou contratar, assim como a declaração de inidoneidade, seja restrita apenas no âmbito do órgão ou entidade que a prolatou. Ademais, a intenção expressa da lei é a de impedir que pessoa declaradamente inidônea venha a participar de licitação futura ou ser contratada pela Administração Pública, assim entendido qualquer órgão da Administração direta ou indireta, mesmo que pertencente a outra esfera de governo.

---

[41] Consulta ao site <www.stj.jus.br/SCON/jurisprudencia> em 28.10.2009.

O Superior Tribunal de Justiça ao enfrentar a matéria entendeu, em um caso específico, que a impossibilidade de participação seria dentro do ramo que se deu a declaração e perante o órgão que aplicou a sanção. No entanto, em outro caso, corroborou entendimento de outro tribunal de que a declaração de inidoneidade visa a proteção do interesse público e, por tal razão, não se limita ao órgão que a aplicou.

A tese de que a declaração de inidoneidade, assim como a suspensão temporária para participar de licitações ou contratar com a Administração Pública, se estende além do órgão ou entidade que aplicou a sanção é a expressão *"reabilitação perante a própria autoridade que aplicou a penalidade"*. Ora, se a lei expressamente afirma que os efeitos da sanção perduram até que haja a reabilitação perante a própria autoridade que aplicou a pena, indiscutivelmente que a mesma alcança toda a Administração Pública, independente da esfera de Governo. Deste modo, se a pena é aplicada pelo Município, impede que os demais Municípios, os Estados, o Distrito Federal e a União permitam a participação do inidôneo em procedimento de licitação ou o contrate.

Conheça o entendimento do Superior Tribunal de Justiça sobre a matéria.

EMENTA: Administrativo e processual civil. *Licitação pública para exploração do serviço de transporte público alternativo do distrito federal. Motorista auxiliar. ausência de vínculo empregatício com a administração. Punição disciplinar.* Inidoneidade para licitar e contratar **com o distrito federal afastada para garantir a participação em outros procedimentos licitatórios do mesmo gênero.** *Atuação legítima do poder judiciário. Recurso especial desprovido*[42]. **(REsp 647417/DF – Relator Ministro José Delgado – Publicação: DJ 21.02.2005 p. 114 – LEXSTJ vol. 187, p. 181).** (Grifos só da transcrição)

EMENTA: Administrativo. Rescisão de contrato. Proibição de contratar com a administração pública. Inidoneidade técnica e moral. Extensão territorial da decisão judicial. Artigo 4º da Lei 4.348/64. Recurso especial. Ausência de violação do artigo 535 do CPC. Aplicação da Súmula 284/STF. *I – Inexiste a alegada violação do artigo 535 do Código de Processo Civil. A demanda foi respondida pelo Tribunal a quo de forma fundamentada, sendo certo que cabe ao magistrado aplicar o direito que entende melhor ajustado à espécie. Assim sendo, não se pode tachar de omisso julgado que enfrenta a matéria controvertida, dando-lhe solução, pelo simples fato de com ele não se conformar a parte. Esta a firme jurisprudência deste eg.*

---

[42] Consulta ao site <www.stj.jus.br/SCON/jurisprudencia> em 28.10.2009.

Tribunal sobre o tema. II – Vê-se que o Tribunal de Justiça enfrentou expressamente o tema, embora sob ponto de vista diverso daquele buscado pela recorrente, consoante se extrai: "o escopo de tal sanção administrativa é mesmo a proteção ao interesse público, que não se limita, por óbvio, ao Município requerente, a impedir restrição aos limites da suspensão, como pretende a requerente, mormente pelo fato de que, o motivo ensejador da suspensão do direito da embargante em participar de licitações públicas e de contratar com a Administração Pública pelo prazo de dois anos se deu em razão de sua inidoneidade técnica e moral"[43]. **(AgRg no AgRg no REsp 1056761/SP – Relator Ministro Francisco Falcão – Publicação: DJe 06.10.2008).** (grifei)

* Perspectiva de alteração da lei

O Projeto de Lei 7.709/07 pretende alterar a redação do art. 87, acrescentando os §§ 4º e 5º. O primeiro prevendo a possibilidade de aplicação das penas de suspensão temporária e declaração de inidoneidade, previstas nos incisos III e IV, aos proprietários e aos diretores das pessoas jurídicas de direito privado contratadas.

O § 5º admitirá a continuação do contrato, mesmo após a aplicação de sanção administrativa, quando o interesse público assim exigir.

Conheça o texto da proposta:

Art. 87. (...)
§ 4º. As sanções previstas nos incisos III e IV aplicam-se também aos proprietários e aos diretores das pessoas jurídicas de direito privado contratadas, quando praticarem atos com excesso de poder, abuso de direito ou infração à lei, contrato social ou estatutos, bem como na dissolução irregular da sociedade.
§ 5º. A aplicação das sanções previstas neste artigo não implica automática rescisão de contratos vigentes com a Administração, que poderão ser mantidos, quando presentes indispensáveis razões de interesse público, pelos prazos necessários, devidamente justificados.

3.3 Outras Possibilidades

Lei 8.666/93
Art. 88. As sanções previstas nos incisos III e IV do artigo anterior poderão também ser aplicadas às empresas ou aos profissionais que, em razão dos contratos regidos por esta Lei:

---

[43] *Idem.*

I – tenham sofrido condenação definitiva por praticarem, por meios dolosos, fraude fiscal no recolhimento de quaisquer tributos;
II – tenham praticado atos ilícitos visando a frustrar os objetivos da licitação;
III – demonstrem não possuir idoneidade para contratar com a Administração em virtude de atos ilícitos praticados.

As sanções previstas nos III e IV, suspensão temporária do direito de licitar e firmar contrato com a Administração Pública e a declaração de inidoneidade, respectivamente, poderão ser aplicadas independentemente da ocorrência de inexecução total ou parcial do contrato, se ocorrer umas das situações contidas nos incisos do art. 88, a saber: I – tenham sofrido condenação definitiva por praticarem, por meios dolosos, fraude fiscal no recolhimento de quaisquer tributos; II – tenham praticado atos ilícitos visando a frustrar os objetivos da licitação; e III – demonstrem não possuir idoneidade para contratar com a Administração em virtude de atos ilícitos praticados.

A possibilidade de aplicação das sanções nos termos do art. 88 só será possível se os atos ilícitos praticados decorrerem dos contratos administrativos.

O inciso I se faz necessário, ainda que haja condenação judicial e definitiva pela prática de fraude fiscal dolosa.

4 SANÇÕES PENAIS

Ao estabelecer sanções penais a Lei 8.666/93 deixa de ser simplesmente *norma geral sobre licitações e contratos*, expedida no exercício da competência concorrente, e assume o caráter de *norma especial em matéria penal e processual*, baixada pela União dentro de sua competência legislativa privativa.

As penas previstas pela prática de crime em processo de licitação são privativas de liberdade, como tal, somente suportável por pessoa física.

Em certame licitatório, comumente, as empresas (pessoas jurídicas) é que participam com o oferecimento de propostas. Nessa qualidade, seria ineficaz a aplicação de pena privativa de liberdade, restando para a empresa as sanções administrativas contidas na lei e, para o agente público, as penais.

A redação do parágrafo único do art. 92 expressamente afirma que incide na mesma pena, no caso detenção, de dois a quatro anos, e multa, *o contratado*. Se o contratado for pessoa jurídica, a pena só pode ser aplicada se houver a *desconsideração da pessoa jurídica* para alcançar os sócios ou o responsável para a consumação da ilegalidade.

Da mesma maneira que a pessoa jurídica não pode sofrer pena privativa de liberdade, não pratica sozinha, sem a atuação de pessoas físicas, atos ilegais.

A desconsideração da personalidade da pessoa jurídica é um instituto em fase de evolução, ainda embrionário, que visa descaracterizar a proteção das pessoas físicas responsáveis pelos atos da pessoa jurídica. Desconsiderada a personalidade da pessoa jurídica, os atos da sociedade passam a ser considerados praticados pela pessoa do sócio ou responsável e, na qualidade de autor, venha a responder.

Para a aplicação da sanção penal com base na Lei 8.666/93, a desconsideração da personalidade da pessoa jurídica se fará necessária em alguns casos.

4.1 Dispensar ou Inexigir Licitação Fora dos Parâmetros Legais

Lei 8.666/93
Art. 89. Dispensar ou inexigir licitação fora das hipóteses previstas em lei, ou deixar de observar as formalidades pertinentes à dispensa ou à inexigibilidade:
Pena – detenção, de 3 (três) a 5 (cinco) anos, e multa.
Parágrafo único. *Na mesma pena incorre aquele que, tendo comprovadamente concorrido para a consumação da ilegalidade, beneficiou-se da dispensa ou inexigibilidade ilegal, para celebrar contrato com o Poder Público.*

Vimos que a dispensa e a inexigibilidade de licitação são fenômenos distintos mas que levam à contratação direta. A licitação somente pode ser dispensada na ocorrência de uma das hipóteses previstas no rol taxativo constante no art. 24. A inexigibilidade de licitação se dará quando for inviável a competição.

Em que pese não haver a licitação, o procedimento em que ocorrer a contratação direta é formal, devendo se revestir com os requisitos exigidos no art. 26 da lei licitatória.

O administrador deve agir com cautela ao deliberar pela contratação direta e tomar todos os cuidados necessários para aferir se a situação fática corresponde a uma hipótese permitida na lei, assim como observar as formalidades sob pena de incorrer no crime tipificado no art. 89 da Lei 8.666/93.

O art. 89 da Lei 8.666/93 prevê duas condutas antijurídicas: *"dispensar ou inexigir licitação fora das hipóteses previstas em lei"* ou *"deixar de observar as formalidades pertinentes à dispensa ou à inexigibilidade"*. Uma ou outra conduta configura o fato típico que sujeita o agente à pena de detenção de 3 (três) a 5 (cinco) anos e multa.

Na mesma pena incorrerá quem houver concorrido para a consumação ou beneficiou-se da dispensa ou inexigibilidade.

O beneficiado pela dispensa ou inexigibilidade pode ser pessoa jurídica contratada mediante dispensa ou inexigibilidade de licitação pela Administração Pública. A responsabilidade pelas condutas lesivas recairá sobre as pessoas físicas responsáveis pela contratada.

O tipo penal admite conduta positiva, materializada na dispensa ou na inexigibilidade de licitação, ou omissa, a não observância das formalidades legais.

Nas condutas comissivas pode haver a forma tentada; na omissa e para alcançar eventual beneficiado nos termos do parágrafo único deve se verificar o prejuízo da Administração, o que se dá pela prestação do objeto decorrente da dispensa ou da inexigibilidade, ou de uma ou de outra, mas sem as formalidades legais. O tipo penal só se caracteriza se houver "benefício" pelo terceiro particular.

4.1.1 Objeto jurídico

O objeto jurídico protegido é a moralidade administrativa atingida pela violação de seus princípios, especialmente o da legalidade, da moralidade e da impessoalidade.

Ao proteger a moralidade administrativa a norma tem por objetivo impedir dano patrimonial à Administração Pública.

4.1.2 Elementos objetivos do tipo

Três condutas conduzem a tipicidade: 1. *dispensar* licitação fora das hipóteses previstas na lei; 2. *inexigir* licitação quando houver possibilidade de competição; 3. não *observar as formalidades legais* na dispensa ou na inexigibilidade.

Nas condutas 1 e 2 somente admite uma ação, ou seja um ato comissivo; já na descrita no item 3 a conduta antijurídica se configura pela omissão de praticar ato formal.

Pode-se dizer que o inverso é verdadeiro. Dispensar ou inexigir licitação fora dos preceitos legais pode ser a *omissão* em fazê-lo dentro dos preceitos legais. Ocorre que se a lei admitir que, para o caso concreto, haveria possibilidade de dispensa ou seria uma hipótese de inexigibilidade, não haverá ilícito por estas condutas. Poderá subsistir a falta das formalidades, que se trata de ato omissivo.

4.1.3 Elementos subjetivos do tipo

O elemento subjetivo do tipo é o dolo direto ou eventual. Os crimes previstos na Lei 8.666/93 não admitem a modalidade culposa.

O dolo eventual é possível quando o agente, embora não tenha a intenção de praticar a conduta antijurídica, assume a responsabilidade ao não impedir que ocorra quando tiver poderes para tanto, mesmo que tenha dúvida de sua licitude. Outra hipótese de dolo eventual é a do beneficiário que, sabendo que a licitação poderia ser realizada ou que há indícios de que as formalidades não foram observadas, admite os atos e aceita a contratação para o fornecimento do objeto levando vantagens indevidas.

4.1.4 Sujeito ativo e passivo

O sujeito ativo do tipo previsto no art. 89 é o agente público, mesmo que exerça o cargo sem remuneração ou transitoriamente.

Pode ser sujeito ativo o contratado que auferiu benefício da contratação ilegal.

O sujeito passivo é a Administração Pública.

4.1.5 Consumação e tentativa

O crime se consuma ao término do procedimento que se dá com a publicação do aviso de dispensa ou inexigibilidade de licitação, para os agentes públicos, e com a aferição do benefício por parte do particular.

A tentativa ocorrerá, na hipótese do *caput*, se o crime não se consumir por motivo alheio à vontade do agente. Com relação ao particular, existe uma elementar especial que deve ser verificada que é a ocorrência de "benefício" sem o qual não há crime. Trata-se de crime material que não admite a tentativa.

4.2 Frustrar ou Fraudar o Caráter Competitivo

Lei 8.666/93
Art. 90. Frustrar ou fraudar, mediante ajuste, combinação ou qualquer outro expediente, o caráter competitivo do procedimento licitatório, com o intuito de obter, para si ou para outrem, vantagem decorrente da adjudicação do objeto da licitação:
Pena – detenção, de 2 (dois) a 4 (quatro) anos, e multa.

O procedimento de licitação possui dois objetivos, um dois quais é oportunizar a competição entre os particulares. Sem competição é como se não houvesse a licitação.

O art. 90 da Lei 8.666/93 tutela a competição por ser um bem jurídico fundamental ao certame. Fraudar o caráter competitivo compromete a seleção da melhor proposta o que, em outras palavras, configura a aplicação de golpe contra a Administração Pública.

4.2.1 Objeto jurídico

O objeto jurídico protegido é o direito a competição leal entre os licitantes particulares.

Ao proteger o caráter competitivo, a norma tem por objetivo secundário a proteção do patrimonial público ao assegurar a possibilidade da seleção da melhor proposta.

4.2.2 Elementos objetivos do tipo

Os verbos nucleares do tipo penal do art. 90 da lei licitatória são *frustrar* e *fraudar* o caráter competitivo da licitação.

Frustrar significa impedir, evitar que ocorra a competição, se verifica, por exemplo, quando os agentes, mediante ajustes, não habilitam ou desclassificam licitantes sem razão, para eliminá-los do certame.

Fraudar é utilizar meios ardis, tornando a competição apenas aparente. A combinação, entre os licitantes, pode ser dada como exemplo.

4.2.3 Elementos subjetivos do tipo

O elemento subjetivo do tipo é o dolo direto ou eventual. Não se admite a forma culposa.

O dolo eventual é possível quando o agente, embora não tenha a intenção de praticar a conduta antijurídica, assume a responsabilidade ao não impedir que ocorra quando tiver poderes para tanto, mesmo que tenha dúvida de sua licitude.

4.2.4 Sujeito ativo e passivo

O tipo penal do art. 90 necessita mais de um sujeito ativo, por tal razão, classifica-se como crime plurissubjetivo. As condutas dos agentes voltam-se para o mesmo objetivo que é frustrar ou fraudar o caráter competitivo do certame licitatório. A necessidade de participação de mais de um sujeito ativo se dá pois o crime é cometido *mediante ajuste*.

Pode ser sujeito ativo o agente público em combinação com o particular, ou somente entre particulares.

O sujeito passivo é a Administração Pública e os demais licitantes inocentes.

4.2.5 Consumação e tentativa

O crime previsto no art. 90 é de mera conduta, para a consumação basta que haja o *intuito* de obter, para si ou para outrem, vantagem decorrente da adjudicação do objeto da licitação. Não há necessidade que a vantagem seja obtida. O crime se consuma no momento em que a licitação for frustrada ou fraudada, materializando-se com a adjudicação do objeto.

A forma tentada se dá quando a consumação não ocorre por motivo alheio à vontade dos agentes.

4.3 Agenciamento ou *Lobby*

Lei 8.666/93
Art. 91. *Patrocinar, direta ou indiretamente, interesse privado perante a Administração, dando causa à instauração de licitação ou à celebração de contrato, cuja invalidação vier a ser decretada pelo Poder Judiciário:*
Pena – detenção, de 6 (seis) meses a 2 (dois) anos, e multa.

A Administração Pública é constantemente assediada por representantes comerciais de empresas que oferecem serviços, os mais milagrosos possíveis, e, muitas vezes, induzem a abertura de procedimento licitatório que, sabidamente, sairá vencedor ou, quase sempre, induzem o administrador de que o procedimento é inviável para que a contratação ocorra sem licitação.

Já presenciei a apresentação de um processo "montado" contendo até mesmo o parecer jurídico pela contratação direta.

4.3.1 Objeto jurídico

O objeto jurídico protegido é a moralidade administrativa e o patrimônio público.

4.3.2 Elementos objetivos do tipo

O verbo nuclear do tipo penal do art. 91 da lei licitatória é *patrocinar* interesse privado dando causa a instauração de licitação ou à celebração do contrato.

Trata-se de crime condicional à sentença judicial de controle dos atos da Administração Pública.

A ação é popularmente conhecida por agenciamento ou *lobby*.

4.3.3 Elementos subjetivos do tipo

O elemento subjetivo do tipo é o dolo direto ou eventual. Não se admite a forma culposa.

O dolo eventual é possível quando o agente, embora não tenha a intenção de praticar a conduta antijurídica, assume a responsabilidade ao não impedir que ocorra quando tiver poderes para tanto, embora tenha dúvida de sua licitude, promove a instauração da licitação ou a contratação.

4.3.4 Sujeito ativo e passivo

O sujeito ativo é o patrocinador, o *lobista*, aquele que oferece à Administração Pública os serviços de empresas privadas.

O sujeito passivo é a Administração Pública.

4.3.5 Consumação e tentativa

O crime previsto no art. 91 se consuma no momento da instauração do certame licitatório ou da contratação. No entanto, somente ficará caracterizado se a licitação ou a contratação for invalidada pelo Poder Judiciário.

Trata-se de um tipo penal que a consumação ocorre em um momento, mas que somente será crime se houver a manifestação do Poder Judiciário em ação de controle dos atos da Administração. Interessante é o fato de que o tipo penal exige que a invalidação provenha do Poder Judiciário. Se a Administração anular o ato decorrente do patrocínio e não houver manifestação judicial, não haverá a configuração do delito.

Antes da invalidação presume-se lícita a conduta da Administração. Não se admite a tentativa pois só será crime após a invalidação da licitação ou do contrato pelo Poder Judiciário.

4.4 Prorrogação Ilegal de Contrato e Quebra da Ordem Cronológica de Pagamento

Lei 8.666/93
Art. 92. Admitir, possibilitar ou dar causa a qualquer modificação ou vantagem, inclusive prorrogação contratual, em favor do adjudicatário, durante a execução dos contratos celebrados com o Poder Públi-

co, sem autorização em lei, no ato convocatório da licitação ou nos respectivos instrumentos contratuais, ou, ainda, pagar fatura com preterição da ordem cronológica de sua exigibilidade, observado o disposto no art. 121 desta Lei:
Pena – detenção, de dois a quatro anos, e multa.
Parágrafo único. *Incide na mesma pena o contratado que, tendo comprovadamente concorrido para a consumação da ilegalidade, obtém vantagem indevida ou se beneficia, injustamente, das modificações ou prorrogações contratuais.*

O contrato só pode ser prorrogado nas hipóteses previstas na lei. De regra, são firmados para vigorar durante o crédito orçamentário do órgão ou entidade licitante. A prorrogação só é admitida naqueles casos cujo objeto esteja contemplado no plano plurianual, para os serviços de natureza continuada e para locação de equipamentos ou sistemas de informática.

4.4.1 Objeto jurídico

O objeto jurídico protegido é a legalidade e a moralidade administrativa e o patrimônio público.

4.4.2 Elementos objetivos do tipo

Os verbos nucleares do tipo penal do art. 92 são *admitir, possibilitar* e *dar causa* a qualquer modificação ou vantagem, inclusive a prorrogação do contrato, em benefício do adjudicatário, sem observância da lei ou regulamento.

Admitir é aceitar, é uma ação de gestor, somente ele pode admitir a modificação do objeto em benefício do adjudicatário.

Possibilitar é uma ação que pode ser praticada por qualquer agente público que, ao constatar a irregularidade, pratica atos que levam a alteração indevida.

Dar causa é a conduta do agente público ou do particular contratado que altera as condições de execução ou induz a Administração a acreditar na necessidade de modificação do objeto em benefício do contratado.

4.4.3 Elementos subjetivos do tipo

O elemento subjetivo do tipo é o dolo direto ou eventual. Não se admite a forma culposa nos crimes licitatórios.

O dolo eventual é possível quando o agente embora não tenha a intenção de praticar a conduta antijurídica, assume a responsabilidade ao não impedir que ocorra quando tiver poderes para tanto, embora tenha dúvida de sua licitude, promove a instauração da licitação ou a contratação.

4.4.4 Sujeito ativo e passivo

Pode ser sujeito ativo o agente público ou o particular. O crime necessita da participação de mais de uma pessoa, sempre um agente público em coautoria com o particular contratado ou seu preposto.

O sujeito passivo é a Administração Pública.

4.4.5 Consumação e tentativa

O crime previsto no art. 92 se consuma no momento da alteração contratual, especificamente, com a publicação do extrato do termo aditivo que modificou o objeto.

Uma das elementares do tipo é a necessidade da modificação ocorrer *durante a execução do contrato*.

A tentativa é possível se a alteração do contrato não se der por motivo alheio à vontade dos agentes.

4.5 Impedir, Perturbar ou Fraudar a Realização de Ato Licitatório

Lei 8.666/93
Art. 93. Impedir, perturbar ou fraudar a realização de qualquer ato de procedimento licitatório:
Pena – detenção, de 6 (seis) meses a 2 (dois) anos, e multa.

A licitação constitui um procedimento administrativo desenvolvido com a prática de vários atos formais. *Impedir, tumultuar* ou *fraudar* a prática de qualquer ato do certame constitui o crime tipificado no art. 93.

4.5.1 Objeto jurídico

O objeto jurídico protegido é o direito à competição leal entre os licitantes particulares e a realização do certame.

Ao proteger o caráter competitivo, a norma tem por objetivo secundário a proteção do patrimonial público ao assegurar a possibilidade da seleção da melhor proposta.

4.5.2 Elementos objetivos do tipo

Os verbos nucleares do tipo penal do art. 93 da lei licitatória são *impedir, perturbar* ou *fraudar* a realização de ato de procedimento licitatório.

Impedir é não deixar que o ato se realize.

Perturbar é o mesmo que causar tumulto injustificado com o fim de impedir que o ato se realize.

Fraudar é utilizar meios ardis visando a obtenção de vantagem, viciando o ato praticado. Nesta modalidade o agente deseja a realização do ato, pois com a fraude saberá o resultado.

A diferença entre a fraude do art. 93 com a prevista no art. 90 é que naquela situação a fraude se dá mediante acordo, ajuste ou qualquer outro meio, ou seja, necessita a atuação de mais de sujeito ativo com vistas a viciar todo o certame. A fraude do art. 93 pode ser praticada por apenas uma pessoa e se consuma com a fraude em apenas um ato e não em todo o certame.

4.5.3 Elementos subjetivos do tipo

O elemento subjetivo do tipo é o dolo direto ou eventual. Não se admite a forma culposa.

O dolo eventual é possível quando o agente, embora não tenha a intenção de praticar a conduta antijurídica, assume a responsabilidade ao não impedir que ocorra quando tiver poderes para tanto, embora tenha dúvida de sua licitude.

4.5.4 Sujeito ativo e passivo

O tipo penal do art. 93 é dirigido ao particular, mas pode ser praticado por qualquer pessoa, inclusive agente público isoladamente ou em coautoria.

O sujeito passivo é a Administração Pública e os demais licitantes inocentes.

4.5.5 Consumação e tentativa

A conduta de *impedir* se consumo no momento em o ato não for realizado. O *tumulto* se consuma durante a realização do ato, requer que conste na Ata advertências da Comissão ao sujeito que está tumultuando a realização do ato.

A fraude se consuma juntamente com o ato realizado de forma viciosa.

A forma tentada se dá quando a consumação não ocorre por motivo alheio à vontade dos agentes. A conduta de *tumultuar* não admite tentativa, trata-se de crime formal, que é aquele que não há necessidade de realização daquilo que é pretendido pelo agente e o resultado jurídico previsto no tipo ocorre em concomitância com o desenrolar da conduta, independe do resultado produzido.

4.6 Quebra de Sigilo da Proposta

Lei 8.666/93
Art. 94. Devassar o sigilo de proposta apresentada em procedimento licitatório, ou proporcionar a terceiro o ensejo de devassá-lo:
Pena – detenção, de 2 (dois) a 3 (três) anos, e multa.

O único elemento sigiloso do certame licitatório é a proposta entregue em envelope lacrado pelo proponente. Até a abertura seu sigilo é protegido pela lei, sendo crime sua quebra.

4.6.1 Objeto jurídico

O objeto jurídico protegido é o direito a competição leal entre os licitantes particulares.

Ao proteger o caráter competitivo, a norma tem por objetivo secundário a proteção do patrimonial público ao assegurar a possibilidade da seleção da melhor proposta.

4.6.2 Elementos objetivos do tipo

O verbo nuclear do tipo penal do art. 94 é *devassar* o sigilo da proposta, ofende o caráter competitivo da licitação.

4.6.3 Elementos subjetivos do tipo

O elemento subjetivo do tipo é o dolo direto ou eventual. Não se admite a forma culposa.

O dolo eventual é possível quando o agente, embora não tenha a intenção de praticar a conduta antijurídica, assume a responsabilidade ao não impedir que ocorra quando tiver poderes para tanto, embora tenha dúvida de sua licitude.

4.6.4 Sujeito ativo e passivo

Qualquer pessoa pode ser sujeito ativo do tipo penal do art. 94 da lei licitatória.

O sujeito passivo é a Administração Pública e os demais licitantes inocentes.

4.6.5 Consumação e tentativa

O crime se consuma no momento em que o conteúdo da proposta é devassado e dele outra pessoa toma conhecimento.

A devassa não admite tentativa, a tentativa se resume em mera curiosidade. Trata-se de crime material.

4.7 Afastar Licitante

Lei 8.666/93
Art. 95. Afastar ou procura afastar licitante, por meio de violência, grave ameaça, fraude ou oferecimento de vantagem de qualquer tipo:
Pena – detenção, de 2 (dois) a 4 (quatro) anos, e multa, além da pena correspondente à violência.
Parágrafo único. Incorre na mesma pena quem se abstém ou desiste de licitar, em razão da vantagem oferecida.

O licitante particular, visando garantir sua vitória, pode procurar eliminar a competição ao afastar outro licitante do certame.

O agente público também pode pretender afastar licitante e praticar o tipo descrito no art. 95.

4.7.1 Objeto jurídico

O objeto jurídico protegido é o direito à competição leal entre os licitantes particulares.

Ao proteger o caráter competitivo, a norma tem por objetivo secundário a proteção do patrimonial público ao assegurar a possibilidade da seleção da melhor proposta.

4.7.2 Elementos objetivos do tipo

O verbo nuclear do tipo penal do art. 95 da lei licitatória é *afastar* licitante do certame.

O tipo penal apresenta as elementares "por meio de violência, grave ameaça ou fraude".

A violência pode caracterizar a prática de outro crime como o sequestro ou a agressão física; de igual forma a grave ameaça pode se materializar em outro crime, principalmente se emprega arma.

A fraude ocorrerá quando o agente oferece vantagens para que o licitante se afaste do procedimento.

4.7.3 Elementos subjetivos do tipo

O elemento subjetivo do tipo é o dolo direto ou eventual. Não se admite a forma culposa.

O dolo eventual é possível quando o agente, embora não tenha a intenção de praticar a conduta antijurídica, assume a responsabilidade ao não impedir que ocorra quando tiver poderes para tanto, embora tenha dúvida de sua licitude.

4.7.4 Sujeito Ativo e passivo

O tipo penal do art. 95 é dirigido ao particular, mas, como vimos, pode ser praticado pelo agente público.

O sujeito passivo é a Administração Pública e os demais licitantes inocentes.

4.7.5 Consumação e tentativa

O crime previsto no art. 95 tem duas condutas, afastar ou **tentar afastar**. A primeira conduta se consuma quando o licitante deixa de comparecer ao atos da licitação. *Tentar afastar* é um crime de mera conduta. A propósito, o tipo penal não admite tentativa pois se houver tentativa já se consuma o crime.

4.8 Fraude a Licitação

Lei 8.666/93
Art. 96. Fraudar, em prejuízo da Fazenda Pública, licitação instaurada para aquisição ou venda de bens ou mercadorias, ou contrato dela decorrente:
I – elevando arbitrariamente os preços;
II – vendendo, como verdadeira ou perfeita, mercadoria falsificada ou deteriorada;
III – entregando uma mercadoria por outra;
IV – alterando substância, qualidade ou quantidade da mercadoria fornecida;
V – tornando, por qualquer modo, injustamente, mais onerosa a proposta ou a execução do contrato:
Pena – detenção, de 3 (três) a 6 (seis) anos, e multa.

A fraude à licitação prevista no art. 96 da lei licitatória é especial e diferencia das demais fraudes em razão da necessidade de se dar mediante a prática de uma das elementares contidas nos incisos da norma.

4.8.1 Objeto jurídico

O objeto jurídico protegido é a moralidade administrativa e o patrimônio público.

4.8.2 Elementos objetivos do tipo

O tipo penal do art. 96 se materializa por múltiplas ações. Qualquer conduta descritas nos incisos I a V caracteriza o delito, a saber: I – elevando arbitrariamente os preços; II – vendendo, como verdadeira ou perfeita, mercadoria falsificada ou deteriorada; III – entregando uma mercadoria por outra; IV – alterando substância, qualidade ou quantidade da mercadoria fornecida; V – tornando, por qualquer modo, injustamente, mais onerosa a proposta ou a execução do contrato.

4.8.3 Elementos subjetivos do tipo

O elemento subjetivo do tipo é o dolo direto ou eventual. Não se admite a forma culposa.

O dolo eventual é possível quando o agente embora não tenha a intenção de praticar a conduta antijurídica, assume a responsabilidade ao não impedir que ocorra quando tiver poderes para tanto, embora tenha dúvida de sua licitude.

4.8.4 Sujeito ativo e passivo

O tipo penal do art. 96 é dirigido ao particular, o agente público pode apenas participar da ação criminosa na qualidade de coautor, o que se dá, geralmente, pela omissão de adoção de providências.

O sujeito passivo é a Administração Pública.

4.8.5 Consumação e tentativa

O crime se consuma no momento da ação, ou seja, da entrega de um produto por outro, da entrega de produto como verdadeiro sendo o mesmo falsificado, quando altera a substância do produto.

Tecnicamente o tipo penal do art. 96 não admite tentativa, entretanto, pode ocorrer do bem não ser aceito pela Administração Pública e ser substituído por outro de acordo com o objeto constante no contrato, o que pode ser considerado como tentativa da prática do delito.

4.9 Admitir à Licitação ou Celebrar Contrato com Empresa ou Profissional Declarado Inidôneo

Lei 8.666/93
Art. 97. Admitir à licitação ou celebrar contrato com empresa ou profissional declarado inidôneo:
Pena – detenção, de 6 (seis) meses a 2 (dois) anos, e multa.
Parágrafo único. *Incide na mesma pena aquele que, declarado inidôneo, venha a licitar ou a contratar com a Administração.*

A declaração inidoneidade é uma sanção administrativa que impede o punido de participar de licitações ou ser contratado pela Administração Pública enquanto perdurarem os motivos que o levou a receber a punição ou até que haja a sua reabilitação perante a autoridade que aplicou a pena.

A questão é saber se a punição só alcança a licitação e os contratos com o órgão ou entidade que aplicou a pena ou se impede o inidôneo de participar de qualquer licitação ou se contratado por qualquer outro órgão ou entidade da Administração Pública.

A lei afirma expressamente que o punido é declarado inidôneo *"(...) para licitar ou contratar com a Administração Pública (...)"*. Ao que parece o conteúdo da norma é bastante claro no sentido de que a pena alcança toda Administração Pública e não só aquela que a aplicou.

Corrobora com esta tese o fato de que a pena de inidoneidade perdura enquanto durarem os motivos determinantes da punição *ou até que seja promovida a reabilitação perante a própria autoridade que aplicou a pena*. Ora, se a declaração de inidoneidade só produzisse efeitos perante o órgão ou entidade que aplicou a pena, não haveria a necessidade da reabilitação perante a autoridade que a aplicou.

Por outro lado, uma das funções sociais da pena, mesmo que administrativa, é a proteção da sociedade, retirando o punido de seu meio. Não haveria razão a aplicação de uma pena grave se seus efeitos fossem limitados ao órgão ou entidade que a aplicou.

4.9.1 Objeto jurídico

O objeto jurídico protegido é a moralidade administrativa, de modo a impedir que pessoa não grata possa fornecer bens e serviços para a Administração Pública.

4.9.2 Elementos objetivos do tipo

O elemento subjuntivo do tipo é *admitir* inidôneo a participar de licitação ou *contratar* inidôneo.

4.9.3 Elementos subjetivos do tipo

O elemento subjetivo do tipo é o dolo direto ou eventual. Não se admite a forma culposa.

O dolo eventual é possível quando o agente, embora não tenha a intenção de praticar a conduta antijurídica, assume a responsabilidade ao não impedir que ocorra quando tiver poderes para tanto, embora tenha dúvida de sua licitude.

4.9.4 Sujeito ativo e passivo

O sujeito ativo é o agente público que admite ou que contrata empresa ou profissional declarado inidôneo e o declarado inidôneo que participa de licitação ou aceita o contrato administrativo.

O sujeito passivo é a Administração Pública e os demais licitantes inocentes.

4.9.5 Consumação e tentativa

O crime se consuma no momento em que há o aceite no certame licitatório ou no ato de contratação. A tentativa é possível quando a consumação não ocorre por motivo alheio à vontade do agente.

4.10 Obstar, Impedir ou Dificultar a Inscrição de Interessados em Registro Cadastral

Lei 8.666/93
Art. 98. Obstar, impedir ou dificultar, injustamente, a inscrição de qualquer interessado nos registros cadastrais ou promover indevidamente a alteração, suspensão ou cancelamento de registro do inscrito:
Pena – detenção, de 6 (seis) meses a 2 (dois) anos, e multa.

O registro cadastral é um procedimento que não se interrompe, a qualquer momento o interessado pode requerer sua inscrição ao apresentar a documentação exigida.

O cadastro prévio é exigência para participação de licitação na modalidade tomada de preços. Impedir o registro é mesmo que eliminar ou tentar eliminar licitante de certame.

4.10.1 Objeto jurídico

O objeto jurídico protegido é a moralidade administrativa e a proteção dos princípios da isonomia e da impessoalidade.

4.10.2 Elementos objetivos do tipo

Os verbos nucleares do tipo penal do art. 98 da lei licitatória são *obstar*, *impedir* ou *dificultar*.

Obstar e impedir são sinônimos, é quando o agente evita a inscrição ao registro quando o interessado preencher todos os requisitos para se registrar.

Dificultar é colocar obstáculos injustificáveis ao registro.

4.10.3 Elementos subjetivos do tipo

O elemento subjetivo do tipo é o dolo direto ou eventual. Não se admite a forma culposa.

O dolo eventual é possível quando o agente, embora não tenha a intenção de praticar a conduta antijurídica, assume a responsabilidade ao não impedir que ocorra quando tiver poderes para tanto, embora tenha dúvida de sua licitude.

4.10.4 Sujeito ativo e passivo

O tipo penal do art. 98 é dirigido ao agente público responsável pelo registro cadastral ou que possua poderes para interferir no procedimento.

O sujeito passivo é o interessado ao registro e, indiretamente, a Administração Pública.

4.10.5 Consumação e tentativa

Os verbos *obstar* e *impedir* se consumam no momento em que o registro deveria ser efetivado e não é. Já *dificultar* é um crime de mera conduta, se consuma a cada exigência, não justificada, requerida ao interessado.

A forma tentada se dá quando a consumação não ocorre por motivo alheio à vontade dos agentes.

4.11 Fixação da Pena de Multa

Lei 8.666/93
Art. 99. A pena de multa cominada nos artigos 89 a 98 desta Lei consiste no pagamento de quantia fixada na sentença e calculada em ín-

dices percentuais, cuja base corresponderá ao valor da vantagem efetivamente obtida ou potencialmente auferível pelo agente.

§ 1º. Os índices a que se refere este artigo não poderão ser inferiores a 2% (dois por cento), nem superiores a 5% (cinco por cento) do valor do contrato licitado ou celebrado com dispensa ou inexigibilidade de licitação.

§ 2º. O produto da arrecadação da multa reverterá, conforme o caso, à Fazenda Federal, Distrital, Estadual ou Municipal.

A base de cálculo da pena de multa será o valor da contratação e variará no intervalo de 2 a 5% (dois a cinco por cento).

O índice deve ser fixado de acordo com a vantagem efetivamente obtida ou potencialmente auferível pelo agente.

A lei não exige, então, que haja vantagem do autor do delito. Por certo, se não houver vantagem, os efeitos do crime ficar no campo probabilidade, a multa deverá ser fixada no mínimo legal que é de 2% do valor da contratação, aumento sua gradação de forma proporcional ao aumento da vantagem pecuniária efetivamente auferida.

5 DO PROCESSO E DO PROCEDIMENTO JUDICIAL

5.1 Ação Penal

Lei 8.666/93
Art. 100. Os crimes definidos nesta Lei são de ação penal pública incondicionada, cabendo ao Ministério Público promovê-la.

Os crimes definidos na lei licitatória são de ação penal pública incondicionada.

Ação penal pública é aquela em que o Ministério Público é o seu titular. Será *incondicionada* quando o seu exercício independer de qualquer condição para que o órgão ministerial possa promovê-la, o que se dará mesmo contra a vontade da vítima; *condicionada* é aquela em que a lei condiciona a sua propositura, por parte do Ministério Público, à manifestação da vontade da vítima ou seu representante legal (representação) ou mediante requisição do Ministro da Justiça, conheça a redação do Código Penal sobre o tema:

Decreto-Lei 3.689/41 – Código de Processo Penal
Art. 24. Nos crimes de ação pública, esta será promovida por denúncia do Ministério Público, mas dependerá, quando a lei o exigir, de

requisição do Ministro da Justiça, ou de representação do ofendido ou de quem tiver qualidade para representá-lo.

§ 1º. No caso de morte do ofendido ou quando declarado ausente por decisão judicial, o direito de representação passará ao cônjuge, ascendente, descendente ou irmão.

§ 2º. Seja qual for o crime, quando praticado em detrimento do patrimônio ou interesse da União, Estado e Município, a ação penal será pública.

***Art. 25.** A representação será irretratável, depois de oferecida a denúncia.*

Existe ainda a *ação privada* e a *privada subsidiária da pública*. A primeira é aquela em que o seu titular é a vítima ou seu representante legal, que se processa mediante queixa; a segunda ocorrerá na hipótese de inércia do Ministério Público em oferecer a denúncia no prazo legal.

Só será inércia do Ministério Público se este deixar de oferecer a denúncia no prazo legal, com isso, não caberá a ação privada subsidiária da pública, nos crimes cometidos em processo de licitação, na hipótese de arquivamento da notícia do crime ou do inquérito policial (se houver) a requerimento do promotor de justiça, aplicando, na espécie, a Súmula 524 do Supremo Tribunal Federal.

SÚMULA 524: ARQUIVADO O INQUÉRITO POLICIAL, POR DESPACHO DO JUIZ, A REQUERIMENTO DO PROMOTOR DE JUSTIÇA, NÃO PODE A AÇÃO PENAL SER INICIADA, SEM NOVAS PROVAS.

No direito processual brasileiro a ação pública incondicionada é a regra. Será pública incondicionada quando a lei não dispuser de forma contrária. No caso, o art. 100 da Lei 8.666/93 especificou o que é comum, ao afirmar expressamente ser de ação pública incondicionada os delitos cometidos em processo de licitação. Não havia necessidade desta "especialização", haja vista que os crimes cometidos em licitações públicas ofendem o patrimônio ou interesse da União, Estado e Município, o que, por si só, torna a ação penal pública, inteligência do § 2º do art. 24 do Código de Processo Penal.

5.2 Notícia Crime

Lei 8.666/93
***Art. 101.** Qualquer pessoa poderá provocar, para os efeitos desta Lei, a iniciativa do Ministério Público, fornecendo-lhe, por escrito, infor-*

mações sobre o fato e sua autoria, bem como as circunstâncias em que se deu a ocorrência.
Parágrafo único. *Quando a comunicação for verbal, mandará a autoridade reduzi-la a termo, assinado pelo apresentante e por duas testemunhas.*
Art. 102. *Quando em autos ou documentos de que conhecerem, os magistrados, os membros dos Tribunais ou Conselhos de Contas ou os titulares dos órgãos integrantes do sistema de controle interno de qualquer dos Poderes verificarem a existência dos crimes definidos nesta Lei, remeterão ao Ministério Público as cópias e os documentos necessários ao oferecimento da denúncia.*

O agente público tem o *dever* e qualquer pessoa o *poder* de provocar o Ministério Público, fornecendo-lhe informações sobre o fato e sua autoria, bem como as circunstâncias em que se deu a ocorrência.

A *notícia crime* deve ser encaminhada por escrito, podendo, contudo, ser verbal, oportunidade em que será reduzida a termo e assinada pelo representante e por duas testemunhas.

Com o recebimento da notícia, o Ministério Público poderá de plano oferecer a denúncia ou promover diligências para averiguar os fatos, para, só depois, propor a ação penal.

O art. 101 da Lei 8.666/93 reproduz a disposição contida no art. 27 do Código de Processo Penal, *verbis:*

Decreto-Lei 3.689/41 – Código de Processo Penal
Art. 27. *Qualquer pessoa do povo poderá provocar a iniciativa do Ministério Público, nos casos em que caiba a ação pública, fornecendo-lhe, por escrito, informações sobre o fato e a autoria e indicando o tempo, o lugar e os elementos de convicção.*

5.3 Ação Penal Privada Subsidiária da Pública

Lei 8.666/93
Art. 103. *Será admitida ação penal privada subsidiária da pública, se esta não for ajuizada no prazo legal, aplicando-se, no que couber, o disposto nos artigos 29 e 30 do Código de Processo Penal.*

Vimos que a ação penal privada subsidiária da pública é aquela proposta por pessoa distinta do Ministério Público quando este não promover a denúncia no prazo legal.

O prazo que o Ministério Público dispõe para apresentar a denúncia é regulado pelo Código de Processo Penal, que estabelece o prazo de 5 (cinco) dias se o réu estiver preso e 15 (quinze dias) se estiver solto ou afiançado, contados a partir da data em que o órgão ministerial receber os autos do inquérito policial ou da provocação com a apresentação dos fatos e da autoria, advinda de autoridade – os magistrados, os membros dos Tribunais ou Conselhos de Contas ou os titulares dos órgãos integrantes do sistema de controle interno de qualquer dos Poderes – ou por qualquer pessoa.

Decreto-Lei 3.689/41 – Código de Processo Penal
Art. 46. O prazo para oferecimento da denúncia, estando o réu preso, será de 5 dias, contado da data em que o órgão do Ministério Público receber os autos do inquérito policial, e de 15 dias, se o réu estiver solto ou afiançado. No último caso, se houver devolução do inquérito à autoridade policial (art. 16), contar-se-á o prazo da data em que o órgão do Ministério Público receber novamente os autos.
§ 1º. Quando o Ministério Público dispensar o inquérito policial, o prazo para o oferecimento da denúncia contar-se-á da data em que tiver recebido as peças de informações ou a representação;
§ 2º. O prazo para o aditamento da queixa será de 3 dias, contado da data em que o órgão do Ministério Público receber os autos, e, se este não se pronunciar dentro do tríduo, entender-se-á que não tem o que aditar, prosseguindo-se nos demais termos do processo.

Nos termos do art. 29 do Código de Processo Penal, no caso da propositura de ação penal privada subsidiária da pública, ao Ministério Público caberá aditar a queixa, repudiá-la e oferecer denúncia substitutiva, intervir em todos os termos do processo e oferecer elementos de prova, interpor recurso e, a todo tempo, no caso de negligência do querelante, retomar a ação como parte principal.

A referência ao art. 30 do Código de Processo Penal feita pela lei licitatória em seu art. 103, salvo melhor entendimento, não me parece possuir razão de ser.

O art. 30 do Código de Processo Civil trata da legitimidade para propositura da ação privada. Ocorre que a ação cabível nos crimes definidos pela lei licitatória é a pública incondicionada, sendo admissível apenas a ação privada subsidiária da pública, que, como vimos, não se confunde com a ação privada propriamente dita, aquela que somente o ofendido possui legitimidade para propô-la.

Decreto-lei 3.689/41 – Código de Processo Penal
Art. 29. *Será admitida ação privada nos crimes de ação pública, se esta não for intentada no prazo legal, cabendo ao Ministério Público aditar a queixa, repudiá-la e oferecer denúncia substitutiva, intervir em todos os termos do processo, fornecer elementos de prova, interpor recurso e, a todo tempo, no caso de negligência do querelante, retomar a ação como parte principal.*
Art. 30. *Ao ofendido ou a quem tenha qualidade para representá-lo caberá intentar a ação privada.*

Nos crimes definidos na Lei 8.666/93, pode figurar no polo passivo a Administração Pública sozinha ou acompanhada de pessoas particulares. Na hipótese de ação penal privada subsidiária da pública, quando a Administração Pública tiver interesse, sua representação caberá ao procurador jurídico devidamente investido na função. Ao cidadão, quando se sentir atingido, caberá a propositura de ação popular, não possuindo o mesmo legitimidade para propor ação penal.

5.4 Procedimento

Lei 8.666/93
Art. 104. *Recebida a denúncia e citado o réu, terá este o prazo de 10 (dez) dias para apresentação de defesa escrita, contado da data do seu interrogatório, podendo juntar documentos, arrolar as testemunhas que tiver, em número não superior a 5 (cinco), e indicar as demais provas que pretenda produzir.*
Art. 105. *Ouvidas as testemunhas da acusação e da defesa e praticadas as diligências instrutórias deferidas ou ordenadas pelo juiz, abrir-se-á, sucessivamente, o prazo de 5 (cinco) dias a cada parte para alegações finais.*
Art. 106. *Decorrido esse prazo, e conclusos os autos dentro de 24 (vinte e quatro) horas, terá o juiz 10 (dez) dias para proferir a sentença.*
Art. 107. *Da sentença cabe apelação, interponível no prazo de 5 (cinco) dias.*
Art. 108. *No processamento e julgamento das infrações penais definidas nesta Lei, assim como nos recursos e nas execuções que lhes digam respeito, aplicar-se-ão, subsidiariamente, o Código de Processo Penal e a Lei de Execução Penal*

O procedimento da ação penal para os crimes definidos pela lei licitatória é especial, pois a lei define como será, aplicando, para o caso, o disposto no art. 394, § 2º do Código de Processo Penal.

Decreto-lei 3.689/41** – **Código de Processo Penal
Art. 394. *O procedimento será comum ou especial.*
(...)
§ 2º. Aplica-se a todos os processos o procedimento comum, salvo disposições em contrário deste Código ou de lei especial.

Ao receber a denúncia o juiz determinará a citação do réu e designará data para o interrogatório. Após o qual o réu terá o prazo de 10 (dez) dias para apresentação de defesa escrita podendo juntar documentos, arrolar as testemunhas que tiver – em número não superior a cinco – e indicar as demais provas que pretenda produzir.

Oitivadas as testemunhas de acusação e da defesa e praticadas as diligências instrutórias deferidas ou ordenadas pelo juiz, abrir-se-á, sucessivamente, o prazo de 5 (cinco) dias a cada parte para alegações finais. Em atenção ao princípio da ampla defesa, o prazo deve ser outorgado primeiro ao Ministério Público para que a defesa seja a última a falar nos autos antes de se proferir a sentença.

Transcorrido o prazo para as alegações finais o processo segue concluso ao juiz para, dentro de 10 (dez) dias, proferir a sentença.

Da sentença caberá apelação no prazo de 5 (cinco) dias.

Capítulo IV

RECURSOS ADMINISTRATIVOS E DISPOSIÇÕES FINAIS E TRANSITÓRIAS

1 RECURSOS ADMINISTRATIVOS

Os atos praticados pela Administração Pública, embora gozem de presunção de legitimidade, podem ser combatidos, na própria administração, mediante instrumentos recursais postos à disposição do administrado.

No procedimento de licitação estabelecido pela Lei 8.666/93 em dois momentos existe a oportunidade de interposição de recurso, uma após a fase de habilitação e a outra após a classificação. A inversão das fases na modalidade pregão, instituída pela Lei 10.520/02, fez com que, para esta modalidade, a existência de uma fase recursal, o que vem se demonstrando um grande avanço no procedimento de licitação.

Ao ser proposto o recurso a Administração deverá comunicar aos demais licitantes e conferir o prazo legal para contrarrazões. Após, com ou sem as contrarrazões, exercer juízo de admissibilidade e aferir se o recurso preenche os requisitos para ser processado.

Os requisitos de admissibilidade são *intrínsecos* (legitimidade para recorrer, interesse recursal e cabimento); e *extrínsecos* (tempestividade e regularidade formal).

A interposição de um recurso administrativo se reveste de formalidades similares à dos recursos cabíveis no processo judicial. Trata-se do exercício do direito de petição perante o Poder Público, que requer, contudo, a observância de requisitos *intrínsecos,* ou seja, internos ao recurso em si; e *extrínsecos,* externos ao recurso, porém, a ele vinculados.

A necessidade de aferição dos requisitos de admissibilidade se dá pelo fato de que, no processo de licitação, a manutenção ou a modificação de uma situação jurídica alcança interesses de terceiros. O exercício do direito de recorrer contrapõe-se com o direito daqueles que pretendem ver a manutenção da decisão recorrida. A estes a lei licitatória assegura o direito de contra-arrazoar o recurso.

O exame do mérito do recurso administrativo dependerá da aferição das "condições de agir" ou da presença dos requisitos de admissibilidade recursal. Se juízo de admissibilidade prévio, a ser exercido pela autoridade que prolatou o ato, for ultrapassado o recurso será conhecido, podendo o seu mérito ser apreciado.

Como se vê, o recurso administrativo não foge à regra estabelecida para os recursos judiciais previstos nas lei processual civil e penal. Antes da apreciação do mérito deve ser exercido o juízo de admissibilidade.

O juízo de admissibilidade será exercido em dois momentos. O primeiro – prévio – feito pela autoridade que praticou o ato; o segundo por aquela que irá julgá-lo.

Os requisitos *intrínsecos* de admissibilidade do recurso administrativo são aqueles que dizem respeito ao que se chama, no processo judicial, de "condições da ação", sendo: legitimidade das partes, interesse de agir, possibilidade jurídica ou cabimento.

Parte legítima é aquela que a lei confere o direito de recorrer, em geral será a pessoa que sofreu as consequências do ato praticado. No processo de licitação são legítimos à interposição do recurso administrativo os licitantes particulares.

Associada à legitimidade da parte, há de ter o *interesse em recorrer*. No processo judicial possui interesse em recorrer o Ministério Público na qualidade de *custos legis,* o terceiro prejudicado e, principalmente, aquele que foi sucumbente, mesmo que em parte, na demanda. No processo administrativo não é diferente. Por certo, não existe uma "demanda" propriamente dita. O que há são interesses da Administração e dos licitantes particulares. Quando o particular tiver um interesse seu atingido pelo ato, surgirá o *interesse em recorrer*. O interesse pode ser positivo ou negativo. Positivo é quando o bem atingido é próprio, de sorte, possui interesse em recorrer àquele que não foi habilitado; negativo é o interesse que possui o licitante em "eliminar" seu oponente, desta forma, o habilitado ou não, possui interesse em recorrer da habilitação de seu adversário. Já não possuirá interesse em recorrer o habilitado diante da inabilitação do oponente.

O último requisito *intrínseco* a ser verificado é o *cabimento*. A lei licitatória discrimina as hipóteses em que cada recurso poderá ser manejado e se o ato suporta ataque mediante recurso.

Os requisitos *extrínsecos* são condições impostas pela lei sem as quais o recurso não pode ser conhecido, como a *tempestividade* e a *forma* de interposição.

O recurso administrativo deve ser interposto dentro do prazo previsto para o exercício do poder de recorrer. Para cada recurso disponível a lei estabelece um prazo determinado. A interposição após o transcurso do prazo ou antes que o ato esteja apto a ser atacado, leva à sua intempestividade.

Quanto à *forma*, os recursos devem ser propostos por escrito, salvo na modalidade pregão em que a interposição do recurso é oral, mediante a apresentação da motivação, sendo conferido o prazo para a apresentação das razões.

Os recursos administrativos possuem, de regra, a característica de serem hierárquicos, ou seja, devem ser interpostos perante a autoridade que praticou o ato impugnado, para, após as formalidades, ser encaminhado à autoridade superior para deliberação.

O art. 109 do estatuto licitatório prevê o cabimento dos seguintes recursos: *recurso* (hierárquico), *representação* e *pedido de reconsideração*.

1.1 Recurso "Hierárquico"

Lei 8.666/93
Art. 109. Dos atos da Administração decorrentes da aplicação desta Lei cabem:
I – recurso, no prazo de 5 (cinco) dias úteis a contar da intimação do ato ou da lavratura da ata, nos casos de:
a) habilitação ou inabilitação do licitante;
b) julgamento das propostas;
c) anulação ou revogação da licitação;
d) indeferimento do pedido de inscrição em registro cadastral, sua alteração ou cancelamento;
e) rescisão do contrato, a que se refere o inciso I do art. 79 desta Lei;
f) aplicação das penas de advertência, suspensão temporária ou de multa;
(...)
§ 1º. A intimação dos atos referidos no inciso I, alíneas "a", "b", "c" e "e", deste artigo, excluídos os relativos a advertência e multa de mora, e no inciso III, será feita mediante publicação na imprensa oficial, salvo para os casos previstos nas alíneas "a" e "b", se presentes os prepostos dos licitantes no ato em que foi adotada a decisão, quando poderá ser feita por comunicação direta aos interessados e lavrada em ata.
§ 2º. O recurso previsto nas alíneas "a" e "b" do inciso I deste artigo terá efeito suspensivo, podendo a autoridade competente, motivadamente e presentes razões de interesse público, atribuir ao recurso interposto eficácia suspensiva aos demais recursos.

§ 3º. *Interposto, o recurso será comunicado aos demais licitantes, que poderão impugná-lo no prazo de 5 (cinco) dias úteis.*

§ 4º. *O recurso será dirigido à autoridade superior, por intermédio da que praticou o ato recorrido, a qual poderá reconsiderar sua decisão, no prazo de 5 (cinco) dias úteis, ou, nesse mesmo prazo, fazê-lo subir, devidamente informado, devendo, neste caso, a decisão ser proferida dentro do prazo de 5 (cinco) dias úteis, contado do recebimento do recurso, sob pena de responsabilidade.*

§ 5º. *Nenhum prazo de recurso, representação ou pedido de reconsideração se inicia ou corre sem que os autos do processo estejam com vista franqueada ao interessado.*

§ 6º. *Em se tratando de licitações efetuadas na modalidade de "carta convite" os prazos estabelecidos nos incisos I e II e no parágrafo 3º deste artigo serão de dois dias úteis.*

O *recurso hierárquico* é cabível no prazo de 5 (cinco) dias úteis, a contar da intimação do ato ou da lavratura da ata, para atacar os descritos, em rol taxativo, nas alíneas do inciso I do art. 109 da lei de licitações e contratos administrativos, a saber: a) habilitação ou inabilitação do licitante; b) julgamento das propostas; c) anulação ou revogação da licitação; d) indeferimento do pedido de inscrição em registro cadastral, sua alteração ou cancelamento; e) rescisão do contrato promovida unilateralmente pela administração (art. 79, I), nos casos enumerados nos incs. I a XII e XVII do art. 78 da Lei 8.666/93; e, f) aplicação de pena de advertência, suspensão temporária ou multa.

Embora a Lei 8.666/93 tenha denominado este recurso simplesmente por *recurso*, o que pode gerar confusão, a doutrina o vem tratando como *recurso hierárquico,* termo utilizado no inciso II do art. 109 da lei.

Ao ser proposto, a Administração dará conhecimento dele aos demais licitantes, ofertando-lhes o prazo de 5 (cinco) dias úteis para a apresentação de contrarrazões. Findo os quais, com ou sem a manifestação dos interessados, a autoridade recorrida poderá, também em cinco dias úteis, reconsiderar o ato ou, dentro do prazo, fazer subir o recurso à autoridade competente para decidir.

A decisão deve ser dada no prazo de 5 (cinco) dias úteis, contados do seu recebimento, sob pena de responsabilidade.

O recurso hierárquico será recebido nos efeitos devolutivo e suspensivo quando proposto em face da habilitação ou inabilitação do licitante e do julgamento das propostas. Nos demais casos só será recebido no efeito devolutivo.

A autoridade competente para julgar o recurso poderá atribuir o efetivo suspensivo às hipóteses dos demais incisos em despacho fundamentado.

Os prazos de interposição, das contrarrazões, do juízo de admissibilidade ou reconsideração e de julgamento será de 2 (dois) dias úteis na licitação promovida na modalidade *convite* e de 3 (três) dias úteis em caso de *pregão*.

Uma última questão que merece destaque diz respeito à redação dos §§ 5º e 6º do art. 109 da lei licitatória.

O § 5º refere-se à contagem dos prazos recursais, estabelecendo que os mesmos não se iniciam ou correm sem que os autos estejam com vista franqueada ao interessado, diferentemente da contagem dos prazos processuais. Para Marçal Justen Filho *"justifica-se a diferenciação porque o particular não tem o direito de retirar os documentos e os autos das instalações do órgão administrativo, diversamente do que se passa (em regra) com os prazos judiciais"* [44]. O problema, a meu ver, não é o fato de se permitir ou não a retirada dos autos da repartição licitante: até seria possível admitir a retirada dos autos, o que se daria mediante a implementação de um sistema de controle, a questão é saber se os prazos são comuns ou não.

O que se vê na prática é a adoção de prazo comum. Tal solução se justifica para não eternizar o certame. Ocorre que a lei não dispõe que os prazos sejam comuns, ao contrário, impede que corram sem que os autos do processo estejam com vista franqueada ao interessado. Se o prazo não corre sem que os autos do processo estejam com vista franqueada ao interessado, não se pode interpretar o disposto no § 5º como sendo prazo comum. Os prazos são, pois, consecutivos.

A solução para o caso é o fornecimento, pela Administração, de cópia de todos os elementos necessários e/ou solicitados pelos interessados.

Finalmente, é lamentável a redação do § 6º que denomina a modalidade *convite* por "carta-convite". "Carta-convite" é o instrumento convocatório da licitação realizada na modalidade convite. O mais lamentável é que este equívoco não é privilégio do § 6º deste artigo, em vários momentos a própria lei faz confusão entre a modalidade *convite* com seu instrumento convocatório *carta-convite*.

---

[44] JUSTEN FILHO, Marçal. **Comentários à Lei de Licitações e Contratos Administrativos**. 9. ed., São Paulo: Dialética, 2002. p. 592.

1.2 Representação

Lei 8.666/93
Art. 109. Dos atos da Administração decorrentes da aplicação desta Lei cabem:
(...)
II – representação, no prazo de 5 (cinco) dias úteis da intimação da decisão relacionada com o objeto da licitação ou do contrato, de que não caiba recurso hierárquico;

Cabível a apresentação no prazo de 5 (cinco) dias úteis da intimação da decisão relacionada com o objeto da licitação ou do contrato, de que não caiba recurso hierárquico.

ATENÇÃO: o recurso de representação não se confunde com a medida de mesmo nome prevista no art. 113 da Lei 8.666/93, que permite a qualquer interessado representar ou denunciar ilegalidade ou irregularidade. A representação do art. 109, II, é um recurso contra decisão da comissão de licitação sobre matéria de mérito que não comporte recurso hierárquico; a representação do art. 113 é a formulação de denúncia contra ilegalidade e não se presta para alterar decisão proferida, mas, sim, a anulação do ato.

Em obediência ao princípio da ampla defesa e do direito de petição perante a Administração Pública, a representação é o recurso cabível contra qualquer fato não previsto nos casos de cabimento do *recurso* "hierárquico", sob pena de remeter o interessado às vias judiciais, quando o fato impugnado não constar no rol taxativo do inciso I do art. 109 da Lei 8.666/93.

1.3 Pedido de Reconsideração

Lei 8.666/93
Art. 109. Dos atos da Administração decorrentes da aplicação desta Lei cabem:
(...)
III – pedido de reconsideração, de decisão de Ministro de Estado, ou Secretário Estadual ou Municipal, conforme o caso, na hipótese do § 4º do art. 87 desta Lei, no prazo de 10 (dez) dias úteis da intimação do ato.

É o recurso cabível contra decisões de ministro de Estado, de secretário estadual, distrital ou municipal, conforme o caso, no prazo de

10 (dez) dias da abertura de vista, na hipótese do § 3º do art. 87 da Lei 8.666/93[45].

Diógenes Gasparini[46] entende ser inconstitucional a parte que atribui a secretários estaduais e municipais o poder de decisão do pedido de reconsideração, segundo o qual, por se tratar de matéria administrativa, para o doutrinador a União não pode legislar para os Estados, o Distrito Federal e os Municípios.

Outra questão de relevância é a possibilidade de se aplicar a pena de inidoneidade (LLC, art. 87, IV) pela autoridade máxima do órgão licitante.

A exigência de que a pena seja de aplicação exclusiva de ministro de Estado e de secretários estaduais, distritais e municipais, torna "letra morta" o dispositivo, principalmente quando a licitação for realizada por órgão ou Poder não vinculado administrativa e hierarquicamente àquelas autoridades.

A lei deveria ter atribuído a competência de aplicação da pena de inidoneidade à autoridade máxima do órgão licitante. A propósito, outro caminho não pode ser tomado senão admitir tal competência sob pena de não ser possível a aplicação desta sanção nas licitações e contratações realizadas pelo Poder Judiciário ou Legislativo, pelo ministério público e tantos outros órgãos que possuem autonomia administrativa, além de submeter os ministros de Estado, os secretários estaduais, distritais e municipais à obrigação de examinarem autos de licitação e contratos de todos os órgãos vinculados aos seus respectivos ministérios e secretarias, numa burocracia descabida que apenas gera despesa desnecessária.

A interpretação extensiva da norma, admitindo a possibilidade de aplicação da pena prevista no inc. IV do art. 87 da Lei 8.666/93, pela autoridade máxima do órgão licitante, além daquelas mencionadas no § 3º do mesmo artigo, é a forma de solucionar a questão.

* **Perspectiva de alteração da lei**

O Projeto de Lei 7.709/07 pretende alterar a redação do art. 109 da Lei 8.666/93, visando tornar o procedimento mais célere com: 1. diminuição significativa dos prazos de interposição dos recursos; 2. eliminação do efeito suspensivo, inclusive nas hipóteses de habilitação ou inabilitação e julgamento das propostas, hipótese em que o processo segue e o recurso deve ser julgado antes da homologação e adjudicação do

---

[45] ATENÇÃO: a lei remeteu para o § 4º do art. 87, que é inexistente. Trata-se de um erro legislativo, cabendo ao aplicador a correção.
[46] GASPARINI, Diógenes. **Direito Administrativo**. 12. ed., ver. e atual. São Paulo: Saraiva, 2007. p. 638.

objeto; 3. diminuição do prazo de apresentação de contrarrazões, dentre outras novidades.

Conheça o texto da proposta:

Art. 109. (...)

I – recurso, no prazo fixado no ato convocatório, não inferior a 2 (dois) dias úteis a contar da intimação do ato ou da lavratura da ata, nos casos de:

(...)

II – representação, no prazo fixado no ato convocatório, não inferior a 2 (dois) dias úteis da intimação da decisão relacionada com o objeto da licitação ou do contrato, do que não caiba recurso hierárquico;

III – pedido de reconsideração, de decisão de Ministro de Estado, ou Secretário Estadual ou Municipal, conforme o caso, na hipótese do inciso IV do art. 87 desta Lei, no prazo de 5 (cinco) dias úteis da intimação do ato.

§ 1º. A intimação dos atos referidos no inciso I, alíneas "a", "b", "c" e "e", deste artigo, excluídos os relativos a advertência e multa de mora, e no inciso III, será feita mediante publicidade através dos meios de divulgação oficial previstos no art. 21, salvo para os casos previstos nas alíneas "a" e "b", se presentes os prepostos dos licitantes no ato em que for adotada a decisão, quando poderá ser feita por comunicação direta aos interessados e lavrada em ata.

§ 2º. Os recursos não terão efeito suspensivo.

§ 3º. Os recursos previstos nas alíneas "a" e "b" do inciso I, tempestivamente interpostos, serão julgados antes da homologação e da adjudicação do objeto da licitação.

§ 4º. O deferimento do recurso importará a invalidação apenas dos atos insuscetíveis de aproveitamento.

§ 5º. Interposto, o recurso será comunicado aos demais licitantes que poderão impugná-lo no prazo fixado no ato convocatório, não inferior a 2 (dois) dias úteis.

§ 6º. O recurso será dirigido à autoridade superior, por intermédio da que praticou o ato recorrido, a qual poderá reconsiderar sua decisão, no prazo de 2 (dois) dias úteis, ou, nesse mesmo prazo, fazê-lo subir, devidamente informado, devendo, neste caso, a decisão ser proferida dentro do prazo de 5 (cinco) dias úteis, contado do recebimento do recurso, sob pena de responsabilidade.

§ 7º. Nenhum prazo de recurso, representação ou pedido de reconsideração se inicia ou corre sem que os autos do processo estejam com vista franqueada ao interessado.

§ 8º. Não caberá recurso contra o julgamento da habilitação e das propostas, nos casos de erros ou falhas que não alterem a substância das

propostas, dos documentos e sua validade jurídica saneados pela Comissão ou pregoeiro, mediante decisão fundamentada e registrada em ata.

2 DISPOSIÇÕES FINAIS E TRANSITÓRIAS

A partir do artigo 110 a lei licitatória passa a estabelecer disposições finais e transitórias, algumas das quais já abordadas no curso deste trabalho, para onde será remetido o leitor.

2.1 Contagem dos Prazos

Lei 8.666/93
Art. 110. Na contagem dos prazos estabelecidos nesta Lei, excluir-se-á o dia do início e incluir-se-á o do vencimento, e considerar-se-ão os dias consecutivos, exceto quando for explicitamente disposto em contrário.
Parágrafo único. Só se iniciam e vencem os prazos referidos neste artigo em dia de expediente no órgão ou na entidade.

Remeto o leitor ao Capítulo I, item 6.5.

2.2 Direitos Patrimoniais Relativos a Serviço Técnico Especializado

Lei 8.666/93
Art. 111. A Administração só poderá contratar, pagar, premiar ou receber projeto ou serviço técnico especializado desde que o autor ceda os direitos patrimoniais a ele relativos e a Administração possa utilizá-lo de acordo com o previsto no regulamento de concurso ou no ajuste para sua elaboração.
Parágrafo único. Quando o projeto referir-se a obra imaterial de caráter tecnológico, insuscetível de privilégio, a cessão dos direitos incluirá o fornecimento de todos os dados, documentos e elementos de informação pertinentes à tecnologia de concepção, desenvolvimento, fixação em suporte físico de qualquer natureza e aplicação da obra.

A licitação de serviços técnicos especializados cujo objeto envolva o desenvolvimento intelectual do autor da proposta, tem a prevista no art. 111 da lei licitatória que é a cessão, para a Administração Pública, dos direitos autorais e patrimoniais decorrentes do trabalho.

A não cessão dos direitos autorais e patrimoniais impede a contratação, o pagamento, a entrega de prêmios, assim como o recebimento do trabalho técnico especializado por parte da Administração Pública.

A "cedência" prevista no *caput* do art. 111 da lei licitatória é um termo inadequado. Na verdade o autor do projeto incluirá em sua proposta o valor pela utilização por parte da Administração do trabalho intelectual desenvolvido.

2.3 Objeto de Interesse de Mais de Uma Entidade Pública

Lei 8.666/93
Art. 112. Quando o objeto do contrato interessar a mais de uma entidade pública, caberá ao órgão contratante, perante a entidade interessada, responder pela sua boa execução, fiscalização e pagamento.
§ 1º. Os consórcios públicos poderão realizar licitação da qual, nos termos do edital, decorram contratos administrativos celebrados por órgãos ou entidades dos entes da Federação consorciados.
§ 2º. É facultado à entidade interessada o acompanhamento da licitação e da execução do contrato.

Uma nova sistemática de gestão pública vem evoluindo no meio da Administração Pública brasileira, que é a associação de entes públicos para a prestação de serviços de interesse comum. O exemplo maior veio com a edição da Lei 11.107/05, que dispõe sobre consórcios públicos.

O consórcio público é uma espécie de "associação" entre entes públicos para a realização de obras ou prestação de serviços de interesses comuns. Trata-se de uma gestão associada de serviços públicos.

Antes da edição da lei consorcial já era possível a realização de licitação de objeto de interesses de mais de um órgão. O sistema de registro de preços, que admite sua utilização por órgão ou entidade que não tenha participado do certame, serve de exemplo para comprovar uma licitação de múltiplos interesses.

Voltando à lei consorcial, a mesma alterou a redação do art. 112 da Lei 8.666/93, admitindo a realização de licitação pelo consórcio que decorra contratos administrativos celebrados por órgãos ou entidades dos entes consorciados.

O certame licitatório é oneroso e às vezes demorado. A utilização por diversos órgãos prestigia os princípios da eficiência e da economicidade. A regra do *caput* do art. 112, contudo, não admite a utilização pura e simples de qualquer licitação realizada por outro órgão, tal possibilidade poderia banalizar o sistema de compras públicas, a exemplo do que hoje já ocorre com o registro de preços. No entanto, a legislação poderia evoluir para tornar menos dispendiosa e mais eficiente a máquina pública brasileira.

2.4 Controle

Lei 8.666/93
Art. 113. *O controle das despesas decorrentes dos contratos e demais instrumentos regidos por esta Lei será feito pelo Tribunal de Contas competente, na forma da legislação pertinente, ficando os órgãos interessados da Administração responsáveis pela demonstração da legalidade e regularidade da despesa e execução, nos termos da Constituição e sem prejuízo do sistema de controle interno nela previsto.*

§ 1º. Qualquer licitante, contratado ou pessoa física ou jurídica poderá representar ao Tribunal de Contas ou aos órgãos integrantes do sistema de controle interno contra irregularidades na aplicação desta Lei, para os fins do disposto neste artigo.

§ 2º. Os Tribunais de Contas e os órgãos integrantes do sistema de controle interno poderão solicitar para exame, até o dia útil imediatamente anterior à data de recebimento das propostas, cópia de edital de licitação já publicado, obrigando-se os órgãos ou entidades da Administração interessada à adoção de medidas corretivas pertinentes que, em função desse exame, lhes forem determinadas.

O controle dos atos da Administração Pública, especialmente quanto à fiscalização contábil, financeira, orçamentária, operacional e patrimonial é exercido pelo Poder Legislativo, com o auxílio do tribunal de contas respectivo e também, internamente, por órgãos de controle da própria administração, conforte estabelece os artigos 70 e 71 da Constituição Federal, *verbis*:

CF/88
Art. 70. *A fiscalização contábil, financeira, orçamentária, operacional e patrimonial da União e das entidades da administração direta e indireta, quanto à legalidade, legitimidade, economicidade, aplicação das subvenções e renúncia de receitas, será exercida pelo Congresso Nacional, mediante controle externo, e pelo sistema de controle interno de cada Poder.*
Parágrafo único. *Prestará contas qualquer pessoa física ou jurídica, pública ou privada, que utilize, arrecade, guarde, gerencie ou administre dinheiros, bens e valores públicos ou pelos quais a União responda, ou que, em nome desta, assuma obrigações de natureza pecuniária.*
Art. 71. *O controle externo, a cargo do Congresso Nacional, será exercido com o auxílio do Tribunal de Contas da União, ao qual compete:*

Por força do comando constitucional existem duas espécies de controle da Administração Pública; o *interno* e o *externo*. O controle interno, como se verá adiante, é amplo e alcança o mérito do ato; enquanto o externo se limita a aspectos da legalidade, legitimidade e da economicidade.

Embora o controle externo, exercido pelo Poder Legislativo com o auxílio do tribunal de contas respectivo, seja limitado à aferição da legalidade, legitimidade e economicidade, quanto a estes pontos é amplo e pode ser exercido de forma prévia, concomitante e posterior à prática do ato. Apenas o mérito do ato, posto no campo da discricionariedade do administrador público, não se sujeita ao controle externo.

A amplitude do controle externo a ser exercido pelo tribunal de contas encontra-se conferida no § 2º do art. 113 da Lei 8.666/93. Ao conferir o direito de solicitação, até o dia imediatamente anterior à data de recebimento das propostas, cópia do edital de licitação já publicado, a norma confere ao tribunal o poder de, ao constatar qualquer irregularidade ou obscuridade que possa comprometer o caráter competitivo ou a lisura do certame, sobrestá-lo, até que haja o seu saneamento. A tese do poder de sobrestamento se funda no fato da lei admitir a solicitação dos documentos antes da data designada para o recebimento das propostas.

Os tribunais de contas possuem o poder para solicitar documentos da Administração Pública a qualquer tempo, se a norma expressamente assegura este poder e estabelece um prazo para que a requisição ocorra antes da prática do ato, sobressai o poder de sobrestamento do ato em si.

A propósito, o Tribunal de Contas do Estado de Rondônia visando regular a sistemática de controle prévio dos editais de licitações promovidas por órgãos ou entidades estaduais e municipais no âmbito de sua jurisdição, baixo a Instrução Normativa 025/TCE-RO-2009, que disciplina o encaminhamento, por meio eletrônico, dos editais já publicados.

Por entender que a norma do Tribunal de Contas do Estado de Rondônia, serve de exemplo de controle e de efetivação do disposto no § 2º do art. 113 da lei licitatória, a transcrevo na íntegra com a finalidade de melhorar a compreensão da matéria.

INSTRUÇÃO NORMATIVA 025/TCE-R0-2009

"Disciplina a disponibilização por meio eletrônico de editais de licitação, para fins da análise prévia de que trata o artigo 113, § 2º, da Lei Federal nº 8.666/93".

O TRIBUNAL DE CONTAS DO ESTADO DE RONDÔNIA, no uso de suas atribuições legais e regimentais;

CONSIDERANDO o disposto no artigo 113, § 2°, da Lei Federal 8.666/93, que faculta aos Tribunais de Contas solicitar para análise prévia, até o dia útil imediatamente anterior à data de recebimento das propostas, cópia de editais de licitação já publicados, obrigando-se os órgãos e entidades da Administração interessada a adoção das medidas corretivas que em função desse exame lhes forem determinadas;

CONSIDERANDO que ao Tribunal de Contas, no âmbito de sua competência e jurisdição, assiste o poder regulamentar, podendo, em consequência, expedir instruções normativas sobre matérias de suas atribuições e sobre a organização dos processos que lhe devam ser submetidos, sendo-lhe facultado exigir a remessa de documentos e informações que considerar necessários ao desempenho de tais atribuições, obrigando o seu cumprimento, sob pena de responsabilidade, nos termos do artigo 2° c/c o artigo 3° da Lei Complementar 154/96; e

CONSIDERANDO que ao Tribunal de Contas é assegurado acesso irrestrito a todas as fontes de informações disponíveis em órgãos e entidades das administrações estadual e municipais, inclusive via sistemas eletrônicos de processamento de dados, conforme dispõe o artigo 6° do seu Regimento Interno. **RESOLVE:**

Art. 1°. Para os fins do que dispõe o artigo 38, I, b, da Lei Complementar 154/96 c/c o artigo 113, *caput*, e § 2°, da Lei Federal 8.666/93, as unidades jurisdicionadas sujeitas às normas de licitação disponibilizarão eletronicamente ao Tribunal de Contas, por meio de módulo próprio da plataforma do Sistema Integrado de Gestão e Auditoria Pública – SIGAP, os editais de licitação e os atos de dispensa ou inexigibilidade de licitação envolvendo recursos próprios do Estado ou dos Municípios, na mesma data de sua publicação, cujo valor seja igual ou superior a R$ 650.000,00 (seiscentos e cinqüenta mil reais), em se tratando de compras, ou igual ou superior a R$ 1.500.000,00 (um milhão e quinhentos mil reais), quando se tratar de serviços.

§ 1°. O módulo específico para envio dos arquivos digitais em questão será disponibilizado pela Secretaria Geral de Informática aos órgãos e entidades jurisdicionados no prazo de 30 (trinta) dias a contar da publicação desta Instrução Normativa.

§ 2°. A Secretaria Geral de Controle Externo encaminhará expediente aos órgãos e entidades referidos no *caput*, juntamente com cópia desta Instrução Normativa, fixando o prazo de 15 (quinze) dias para que indiquem, para fins de cadastramento no sistema, os agentes responsáveis pelo envio dos documentos eletrônicos, sem prejuízo do disposto no § 3°.

§ 3°. O envio eletrônico de que trata o *caput* poderá ser efetuado pelos responsáveis já cadastrados junto ao SIGAP, a critério do órgão ou entidade jurisdicionado, devendo tal opção ser manifestada expressamente na resposta ao expediente de que trata o § 2°.

§ 4º. O documento de encaminhamento dos arquivos digitais de que trata o *caput* conterá campo obrigatório no qual será informada a data de publicação do edital ou do ato de dispensa ou inexigibilidade de licitação.

Art. 2º. A análise prévia dos editais de licitação já publicados será determinada, caso a caso, pelo Conselheiro Relator, de ofício ou por provocação do titular da respectiva Diretoria Técnica, de Auditor ou de membro do Ministério Público de Contas, mediante solicitação formulada ao órgão ou entidade promotor do certame, nos termos do artigo 113, § 2º, da Lei Federal 8.666/93.

Parágrafo único. O Conselheiro Relator poderá estabelecer critérios amostrais para a análise dos editais de licitação de sua competência.

Art. 3º. Os editais que forem objeto de solicitação específica, nos termos do art. 2º, deverão vir acompanhados, sem prejuízo de outros que a Lei especificar, dos seguintes elementos:

I. autorização da abertura da licitação passada pelo ordenador de despesa (art. 38, *caput*, da Lei Federal 8.666/93);

II. justificativa da necessidade da contratação passada pelo ordenador da despesa (art. 3º, I, da Lei Federal 10.520/02);

III. indicação dos recursos orçamentários disponíveis (art. 7º, § 2º, III, c/c 14, *caput*, da Lei Federal 8.666/93);

IV. declaração de adequação financeira passada pelo ordenador de despesa (art. 16, II, da Lei Complementar 101/00 – LRF);

V. designação do pregoeiro e da equipe de apoio (art. 3º, IV, da Lei Federal 10.520/02 ou dispositivo equivalente do Decreto específico, se houver);

VI. minuta do contrato a ser firmado entre a Administração e o licitante vencedor, ou do documento equivalente (art. 38, I, c/c 40, § 2º, III, da Lei Federal 8.666/93);

VII. comprovação da publicidade do edital na forma regulamentada (art. 21 da Lei 8.666/93 c/c art. 4º, I, da Lei Federal 10.520/02 ou dispositivo equivalente do Decreto específico, se houver);

VIII. orçamento estimado em planilhas de quantitativos e preços unitários (art. 38, I, c/c art. 40, § 2º, II, da Lei Federal 8.666/93);

IX. estimativa do preço elaborado pelo órgão ou entidade promotora da licitação dos bens ou serviços a serem licitados, indicando o responsável pela sua elaboração (art. 3º, III, da Lei Federal 10.520/02);

X. nos casos de contratação de serviços e obras, projeto básico (art. 7º, § 2º, I, c/c art. 38, I, e art. 40, § 2º, I, da Lei Federal 8.666/93);

XI. as especificações complementares e as normas de execução pertinentes à licitação (art. 38, I, c/c 40, § 2º, IV, da Lei Federal 8.666/93);

XII. prova de que os documentos foram examinados e aprovados pela Assessoria Jurídica da administração (art. 38, VI e parágrafo único, da Lei Federal 8.666/93).

Parágrafo único. A decisão do Relator de requisição do edital determinará, motivadamente, se for o caso, a imediata suspensão do certame, obrigando-se o órgão ou entidade da administração interessada à adoção das medidas pertinentes.

Art. 4º. A requisição dos processos de dispensa ou inexigibilidade de licitação se processará, no que couber, nos mesmos moldes do disposto no art. 2º e parágrafo único do art. 3º, os quais deverão vir obrigatoriamente acompanhados da comprovação das situações previstas nos artigos 24 e 25 da Lei Federal 8.666/93, conforme o caso, bem como do atendimento dos requisitos do artigo 26 da mesma Lei.

Art. 5º. Não remeter ou remeter intempestivamente qualquer dos documentos mencionados nesta Instrução Normativa, eletrônicos ou não, sem prejuízo de outras sanções legais, sujeitará o responsável à aplicação de multa, na forma do art. 55, II, da Lei Complementar 154/96.

Art. 6º. Esta Instrução Normativa entrará em vigor no prazo de 30 (trinta) dias após a data de sua publicação, revogando-se as disposições em contrário, em especial o Capítulo I do Título III da Instrução Normativa 13/TCE-2004, as Instruções Normativas 15/TCER-2005 e 23/TCE-RO-2007 e a Resolução 047/TCE-RO-2007.

Sala das Sessões, 16 de julho de 2009.

Conselheiro *JOSÉ GOMES DE MELO* – Presidente

2.4.1 Controle interno

O controle é exercido em vários momentos e por diversas formas e pessoas. Quanto ao momento, o controle pode ser *prévio*, *concomitante* ou *posterior* à prática do ato controlado; quanto às formas pode ser: *interno* ou *externo*; e quanto às pessoas o controle é *administrativo* – se realizado pela pessoa ou órgão que praticou o ato ou dentro da mesma esfera política; *legislativo* e *judiciário*.

O gigantismo da máquina administrativa e, porque não dizer, a infeliz tradição de corrupção, exigem cada vez mais o aperfeiçoamento do sistema de controle da Administração Pública. O administrador é gestor de negócios, o síndico de grande condomínio administra coisa que não é sua, o controle de seus passos deve ser implacável. Mesmo assim, há a sensação de derrota na guerra para este inimigo forte, presente, mas quase invisível.

Não é só o combate à corrupção que leva à necessidade de controle. A Administração Pública deve ser controlada como forma de limitação de sua atividade. Sem controle não se tem limites; sem limite, tende-se para o autoritarismo, ou, como preferiu Montesquieu, ao Estado despótico.

A aristocracia se corrompe quando o poder dos nobres se torna arbitrário: não mais poderá haver virtude nos que governam, nem nos que são governados.

Quando as famílias reinantes observam as leis, elas formam uma monarquia que tem vários monarcas e que é excelente por sua natureza; quase todos os seus monarcas estão ligados pelas leis. Mas, quando estas não são observadas, constituem um Estado despótico que tem vários déspotas[47].

Montesquieu, em *De l'espirit des lois*, distingue a corrupção na democracia, na aristocracia e na monarquia.

Na democracia, afirma que "*quanto mais o povo pensa auferir vantagens de sua liberdade, mais se aproximará o momento em que deverá perdê-la*"[48]. Para o filósofo, a corrupção se inicia na forma de acesso ao poder. Se sistema eleitoral for corrompido, o governo também o será. O povo se engana ao achar que está levando vantagem no processo eleitoral e, ao vender o voto, troca um momento de vantagem por um período longo de desvantagens.

Uma forma de correção de eventuais distorções na forma de acesso ao poder na democracia será, então, o controle e a fiscalização dos atos da Administração Pública. O controle passa a ser um dos suportes basilares da democracia.

Diógenes Gasparini[49] assim conceitua o controle da Administração Pública como a

(...) atribuição de vigilância, orientação e correção de certo órgão ou agente público sob a atuação de outro ou de sua própria atuação, visando confirmá-la ou desfazê-la, conforme seja ou não, legal, conveniente, oportuna e eficiente. No primeiro caso tem-se heterocontrole; no segundo, autocontrole, ou respectivamente, controle externo e controle interno.

A definição do saudoso doutrinador acima transcrita serve, sem dúvidas, para controle interno, exercido pela própria Administração que praticou o ato.

---

[47] MONTESQUIEU. **Do espírito das leis**. Tradução de Jean Melville. Série ouro. São Paulo: Martin Claret, 2002. p. 127.
[48] *Idem*, p. 125.
[49] GASPARINI, Diógenes. **Direito Administrativo**. 5. ed., ver., atual. e aum. São Paulo: Saraiva, 2000. p. 724.

Controle interno é o exercido pelo órgão que praticou o ato ou por outro, dentro da mesma esfera política, que se faz em decorrência do Poder de autotutela. Trata-se do reexame do ato feito pela própria Administração e serve para confirmá-lo ou desfazê-lo por questões de mérito – conveniência e oportunidade – ou por ilegalidade.

Hely Lopes Meirelles[50] conceitua o controle administrativo como

> ...*todo aquele que o Executivo e os órgãos de administração dos demais Poderes exercem sobre suas próprias atividades, visando mantê-las dentro da lei, segundo as necessidades do serviço e as exigências técnicas e econômicas de sua realização, pelo que é um controle da legalidade e de mérito.*

O controle administrativo possui as seguintes características: é *interno*, realizado em qualquer fase do ato (prévio, concomitante e posterior); dá-se sobre o *mérito* ou sobre a *legalidade* do ato; e, ocorre de *ofício* ou por *provocação*.

O controle administrativo é amplo, através dele a Administração Pública pode anular o ato quando ilegal e também modificá-lo ou revogá-lo quando se tornar inconveniente, inoportuno ou ineficiente. A Súmula 473 do Supremo Tribunal Federal traduz, em linguagem simples e didática, o controle administrativo:

> *A Administração pode anular seus próprios atos quando eivados de vícios que os tornem ilegais, porque deles não se originam direitos; ou revogá-los, por motivo de conveniência ou oportunidade, respeitados os direitos adquiridos e ressalvada, em todos os casos, a apreciação judicial.*

O controle administrativo é *interno* pois é exercido com o fundamento do dever-poder de autotutela do Poder Público. Somente o órgão que praticou o ato pode exercê-lo, assim é exercido a qualquer momento sendo: *prévio, concomitante* e *posterior* à prática do ato. Outra característica destacável é que o controle administrativo pode ser realizado de *ofício* ou por *provocação* de terceiros.

As características do controle administrativo, especialmente a que autoriza o controle do mérito por questões de conveniência e oportu-

---

[50] MEIRELLES, Hely Lopes. **Direito Administrativo brasileiro**. 16. ed., atual. pela Constituição de 1988, 2. tir. São Paulo: Revista dos Tribunais, 1991. p. 566.

nidade, o tornam amplo e autônomo, independendo da manifestação de órgão externo.

2.4.1.1 Finalidades

A Administração Pública não age por impulso, trabalha de acordo com o que foi previamente planejado. O planejamento se dá através da elaboração do plano plurianual, da lei de diretrizes orçamentárias e da lei orçamentária anual. O plano plurianual e a lei orçamentária anual, estabelecem metas a serem atingidas no período em que vigoram, assim, uma das finalidades essenciais do controle interno é aferir o acompanhamento da execução das metas, dentro da legalidade e avaliar os resultados.

As finalidades do controle interno estão descritas no art. 74 da Constituição Federal:

CF/88
Art. 74. Os Poderes Legislativo, Executivo e Judiciário manterão, de forma integrada, sistema de controle interno com a finalidade de:
I – avaliar o cumprimento das metas previstas no plano plurianual, a execução dos programas de governo e dos orçamentos da União;
II – comprovar a legalidade e avaliar os resultados, quanto à eficácia e eficiência, da gestão orçamentária, financeira e patrimonial nos órgãos e entidades da administração federal, bem como da aplicação de recursos públicos por entidades de direito privado;
III – exercer o controle das operações de crédito, avais e garantias, bem como dos direitos e haveres da União;
IV – apoiar o controle externo no exercício de sua missão institucional.
§ 1º. Os responsáveis pelo controle interno, ao tomarem conhecimento de qualquer irregularidade ou ilegalidade, dela darão ciência ao Tribunal de Contas da União, sob pena de responsabilidade solidária.
§ 2º. Qualquer cidadão, partido político, associação ou sindicato é parte legítima para, na forma da lei, denunciar irregularidades ou ilegalidades perante o Tribunal de Contas da União.

2.4.1.2 Órgãos de controle administrativo

Como vimos, o controle administrativo é interno, como tal, realizado pelo órgão ou ente que praticou o ato. A Administração o realiza por órgãos que compõe sua estrutura administrativa. Cada ente possui estrutura própria. Na União, a Controladoria Geral da União é o órgão responsável para exercê-lo; os Estados possuem controladorias gerais ou auditorias gerais, alguns possuem ouvidorias, órgão responsável para recepcionar denúncias ou reclamações do administrado, o que não deixa de ser uma espécie de controle.

As Procuradorias Gerais dos Estados, assim como a Advocacia-Geral da União, também exercem função de controle da legalidade dos atos da Administração.

O controle administrativo conta ainda com a fiscalização permanente do cidadão, que o faz através de instrumentos específicos como o direito de petição e os recursos administrativos.

2.4.1.3 Coisa julgada administrativa

A Administração não possui a prerrogativa de dizer o direito de forma definitiva. Assim, as decisões administrativas, mesmo em grau de recurso, são passíveis do controle judicial. Não existe, tecnicamente, a chamada coisa julgada na esfera administrativa. No entanto, haverá o momento em que a Administração não poderá alterar sua decisão, terá dado sua palavra em definitivo em homenagem ao princípio da segurança jurídica. O administrado não pode ficar a mercê de constantes alterações da situação posta pelo Poder Público.

Neste contexto não se pode desmerecer os fenômenos da prescrição e decadência. O decurso do tempo, por si só, estabiliza a situação jurídica, tornando o ato imutável por parte da Administração Pública.

Sempre que houver a impossibilidade de alteração de decisão anterior, surge, para a Administração, a denominada coisa julgada administrativa, impedindo-a de rever seus próprios atos, tornando-se, pois, imutável a respectiva decisão administrativa em prol do administrado.

Veja o posicionamento do Supremo Tribunal Federal a respeito do tema:

EMENTA: **SERVIDOR PÚBLICO. Funcionário(s) da Empresa Brasileira de Correios e Telégrafos – ECT. Cargo. Ascensão funcional sem concurso público. Anulação pelo Tribunal de Contas da União – TCU. Inadmissibilidade. Ato aprovado pelo TCU há mais de cinco (5) anos. Inobservância do contraditório e da ampla defesa. Consumação, ademais, da decadência administrativa após o quinquênio legal. Ofensa a direito líquido e certo. Cassação dos acórdãos. Segurança concedida para esse fim. Aplicação do art. 5º, inc. LV, da CF, e art. 54 da Lei Federal 9.784/99.** *Não pode o Tribunal de Contas da União, sob fundamento ou pretexto algum, anular ascensão funcional de servidor operada e aprovada há mais de 5 (cinco) anos, sobretudo em procedimento que lhe não assegura o contraditório e a ampla defesa.* (**MS 26405 / DF – Distrito Federal – Mandado de Segurança – Rel. Min. Cezar Peluso – Julgamento:**

17.12.2007 Órgão Julgador: Tribunal Pleno – Publicação: DJe-031 DIVULG 21.02.2008 PUBLIC 22.02.2008)

EMENTA: **Mandado de Segurança.** *2. Acórdão do Tribunal de Contas da União. Prestação de Contas da Empresa Brasileira de Infraestrutura Aeroportuária – INFRAERO. Emprego Público. Regularização de admissões. 3. Contratações realizadas em conformidade com a legislação vigente à época. Admissões realizadas por processo seletivo sem concurso público, validadas por decisão administrativa e acórdão anterior do TCU. 4. Transcurso de mais de dez anos desde a concessão da liminar no mandado de segurança. 5. Obrigatoriedade da observância do princípio da segurança jurídica enquanto subprincípio do Estado de Direito. Necessidade de estabilidade das situações criadas administrativamente. 6. Princípio da confiança como elemento do princípio da segurança jurídica. Presença de um componente de ética jurídica e sua aplicação nas relações jurídicas de direito público. 7. Concurso de circunstâncias específicas e excepcionais que revelam: a boa fé dos impetrantes; a realização de processo seletivo rigoroso; a observância do regulamento da Infraero, vigente à época da realização do processo seletivo; a existência de controvérsia, à época das contratações, quanto à exigência, nos termos do art. 37 da Constituição, de concurso público no âmbito das empresas públicas e sociedades de economia mista. 8. Circunstâncias que, aliadas ao longo período de tempo transcorrido, afastam a alegada nulidade das contratações dos impetrantes. 9. Mandado de Segurança deferido.* **(MS 22357 / DF – Distrito Federal – Mandado de Segurança – Rel. Min. Gilmar Mendes – Julgamento: 27.05.2004 Órgão Julgador: Tribunal Pleno – Publicação: DJ 05.11.2004 PP-00006)**

Note que o Supremo Tribunal Federal consagra o princípio da imutabilidade das decisões administrativas, mesmo quando haja um direito conferido através de ato ilegal, mas esse direito tenha sido dado há longo tempo.

Com a imutabilidade da decisão administrativa, mesmo por parte do Poder Judiciário, é necessário reconhecer a existência da chamada *coisa julgada administrativa,* que ocorre sempre que o direito for conferido por decisão administrativa e esteja protegido sob o manto da prescrição, do direito adquirido e do ato jurídico perfeito.

Com efeito, quando a Administração der sua palavra final ou sua decisão não puder sofrer alterações administrativas, tem-se o fenômeno da *coisa julgada administrativa* ou, como queria, da *impossibilidade de alteração administrativa.*

2.4.2 Controle externo – legislativo

O controle legislativo divide-se em duas espécies: político e orçamentário/financeiro. O político é exercido diretamente pelas casas legislativas; o orçamentário e financeiro, pelo Legislativo com o auxílio tribunal de contas respectivo.

2.4.2.1 Características

O controle legislativo é *externo* – exercido por órgão distinto daquele que praticou o ato; *limitado* – incidente apenas quanto a legalidade do ato, salvo nos atos complexos em que o Poder Legislativo participa de sua formação; de regra é *posterior* – somente aprecia ato concretizado, mas nada obsta que seja *prévio* ou *concomitante*. O Poder Legislativo possui a prerrogativa de acompanhar a realização dos atos administrativos; realizado de *ofício* ou por *provocação* de terceiros.

2.4.2.1.2 Controle político

Dispõe o art. 50 da Constituição Federal que qualquer uma das casas legislativas, ou, qualquer uma de suas comissões, poderá convocar ministro de Estado, ou outros administradores, para, pessoalmente, prestarem informações sobre assunto de sua pasta. O atendimento a essa convocação é obrigatório, o não comparecimento configura crime de responsabilidade.

O controle político é exercido principalmente por Comissões Parlamentares de Inquérito (CPI), formada pela Câmara dos Deputados, pelo Senado Federal ou pelas duas casas conjuntamente, mediante requerimento de 1/3 dos membros de cada casa.

A CPI tem função inquisitória, com poder de investigação amplo, semelhante ao poder das autoridades policiais. Após a conclusão, se ficar configurada a ocorrência de crime de responsabilidade, o processo será encaminhado ao Senado Federal para a aplicação da penalidade cabível e, se constatada a ocorrência de crime comum, ao Ministério Público.

O julgamento pelo Senado Federal nos casos de crime de responsabilidade deve ser presidido pelo Presidente do Supremo Tribunal Federal. A decisão absolutória ou condenatória terá que ser tomada por, pelo menos, 2/3 dos votos de todos os senadores. A sanção, no caso de condenação, consiste na perda do cargo e na inabilitação para o exercício de funções públicas pelo período de oito anos (suspensão temporária dos direitos políticos).

O controle político aprecia o ato quanto à sua legalidade.

2.4.2.1.3 Controle orçamentário e financeiro

O controle financeiro e orçamentário é exercido pelo Poder Legislativo com o auxílio do tribunal de contas respectivo, órgão responsável pela análise das contas encaminhadas pela Administração Pública.

As contas da União, dos Estados e dos Municípios, aqui entendido a dos chefes do Poder Executivo de cada ente federado, são apreciadas pelo Tribunal de Contas e julgada pelo Poder Legislativo respectivo.

As contas das demais autoridades ordenadoras de despesa pública são analisadas e julgadas diretamente ao Tribunal de Contas que o órgão, entidade ou poder esteja sob sua jurisdição.

Durante o processo de análise das contas o administrador pode ser intimado para corrigir as falhas ou para apresentar justificativa; se não o fizer, as contas serão rejeitadas, apurando-se a quantia a ser devolvida ao Erário, fato que deve ocorrer, de regra, no prazo de quinze dias. Transcorrido o prazo sem pagamento e/ou julgados improcedentes possíveis recursos, os autos serão remetidos ao Ministério Público para as providências cabíveis na esfera penal e ao Poder Executivo para lançamento do valor apurado em dívida ativa e cobrança judicial.

2.4.3 Controle externo – judicial

Assim como o controle legislativo, o judicial é *externo* eis que é exercido por órgão diverso daquele que praticou o ato, mesmo quando o ato tiver sido praticado pelo próprio judiciário na função administrativa, se for objeto de ação de controle proposta por cidadão ou pelo Ministério Público, será externo.

Quando o Poder Judiciário pratica atos administrativos e exerce o controle internamente, trata-se do controle administrativo e não judicial. Por outro lado, se for acionado, via ação judicial, tendo por causa de pedir ato por si praticado, será exercido o controle externo judicial, embora o ato a ser controlado tenha sido praticado pelo próprio Judiciário, porém no exercício de função atípica que é administrar.

O controle judicial também é *posterior*, mas pode, eventualmente, ser *prévio*, como ocorre no mandado de segurança preventivo proposto para impedir a prática de ato administrativo. Frise-se que, se for *posterior*, o controle judicial será, em regra, *repressivo*.

Pelo princípio da inércia, o controle judicial é *provocado*. O ato só será passível de controle pela via judicial se houver a interposição de ação própria. O Judiciário não age de ofício.

O controle judicial é *externo, posterior* (podendo ser prévio, como, por exemplo no mandado de segurança preventivo), *provocado* (princípio da inércia jurisdicional) e, como no controle legislativo, *limitado,* pois aprecia apenas a legalidade da atividade administrativa.

Dos instrumentos jurídicos postos a disposição dos jurisdicionados, o mandado de segurança é o mais utilizado para combater atos praticados em procedimentos licitatórios. Trata-se de ação constitucional que serve para resguardar direito líquido e certo, não amparado por *habeas corpus* ou *habeas data.*

Direito líquido e certo é aquele que existe por si só, não necessita ser provado, é visto a "olho nu".

O ofendido dispõe do prazo de 120 dias, a contar da ciência do ato, para manejar a ação mandamental. Trata-se de ação de rito especial, assim, esgotado o prazo sem a sua interposição ou se o direito não for líquido e certo (necessitar da produção de provas) o interessado poderá fazer uso de ação ordinária para combater a ação estatal.

A ação popular é uma modalidade de ação constitucional posta à disposição do cidadão para a defesa de bens de interesse público, contra atos ilegais causadores de dano ao patrimônio público ou de pessoas jurídicas de que o Estado faça parte, notadamente quanto aos aspectos da moralidade administrativa, do meio ambiente, do patrimônio cultural, artístico e paisagístico, contra ação ou omissão lesiva aos mesmos e, ainda, indenização pelos danos causados.

A ação popular busca anular ato (comissivo ou omissivo) lesivo ao patrimônio público e a condenação dos responsáveis a restituir o bem, quando for possível, ou indenizar determinada entidade pelas perdas e danos.

A legitimação ativa pertence a qualquer cidadão, desde que comprove esta condição através do título eleitoral e esteja em dia com a Justiça Eleitoral e em pleno gozo dos direitos políticos.

No polo passivo podem figurar as pessoas jurídicas, públicas ou privadas, agentes públicos ou particulares, que concorreram para o dano ou levaram proveito em virtude da lesão.

A competência será da Justiça Federal quando o interesse for da União; e da Justiça Estadual quando o interesse for do Estado ou de Municípios.

O Ministério Público deve acompanhar a ação popular em toda sua tramitação, na condição de fiscal da lei, e assumir a sua titularidade quando houver desinteresse ou desistência por parte do autor popular.

Eis algumas características do processo:

a) da ação: é especial por ter origem constitucional; seu rito é o ordinário;
b) do juiz: ao despachar, o juiz ordenará a citação dos réus, a intimação do representante do MP, a requisição de documentos e informações a serem prestadas por entidades referidas pelo autor. O prazo é de 15 dias;
c) da contestação: o prazo é de 20 dias, podendo ser prorrogado por igual período, a requerimento do interessado, se este encontrar obstáculos que o impossibilitem de obter os documentos necessários no prazo legal;
d) do julgamento: se não houver requerimento de produção de provas até o despacho saneador, o juiz ordenará a abertura de vistas aos interessados, pelo prazo de dez dias, para apresentarem alegações finais. Expirado esse prazo, os autos devem ser conclusos para que o juiz profira sentença em 48 horas. Havendo requerimento de provas, o processo obedecerá ao rito ordinário;
e) da desistência da ação: na hipótese de o autor da ação popular dela desistir, ou der motivo à absolvição da instância, são publicados editais nos prazos da lei sobre esse fato. Essa publicação legitima qualquer cidadão ou representante do Ministério Público a dar prosseguimento à ação no prazo de noventa dias, contado da última publicação do edital;
f) da condenação: julgada procedente a ação, o juiz decreta a invalidação do ato impugnado e condena os responsáveis e seus beneficiários, à indenização de perdas e danos, resguardando às entidades públicas o direito de regresso contra o servidor causador do dano. São os réus condenados também nas custas processuais e nos honorários advocatícios;
g) dos recursos: os recursos são os mesmos previstos no Código de Processo Civil;
h) da execução da sentença: após 60 dias do trânsito em julgado sem que o autor providencie a sua execução, o Ministério Público terá que promover a medida, no prazo de 30 dias contados do último dia reservado ao autor, sob pena de falta grave em virtude da omissão.

Ao Ministério Público, além da competência para propositura de ação penal, lhe é assegurado o exercício da ação civil pública que pode ser conceituada como meio judicial destinado a reparar ou impedir danos contra interesses difusos ou direitos coletivos no sentido geral, tendo como autor o Ministério Público ou uma das pessoas legitimadas pela Lei 7.374/85.

Tem por objeto condenar o causador do dano aos bens jurídicos protegidos, ao pagamento em dinheiro da indenização plena do valor das lesões causadas, ou impor-lhe o dever de fazer ou de não fazer.

A legitimidade da ação é do Ministério Público, da União, dos Estados-membros, dos Municípios, das autarquias, das empresas públicas, das fundações, das sociedades de economia mista e, ainda, das associações que tenham sido constituídas há, pelo menos, um ano e que tenham, entre os seus objetivos institucionais, a proteção ao meio ambiente, ao consumidor, à ordem econômica, à livre concorrência, ou ao patrimônio artístico, estético, histórico, turístico e paisagístico.

Pode figurar no polo passivo qualquer pessoa jurídica, pública ou privada, ou pessoa física, que tenha causado dano.

O processo seguirá o rito ordinário; pode ser sumário, dependendo do valor da causa.

O juiz, tanto na ação principal como na cautelar, poderá, mesmo sem justificativa prévia, expedir mandado liminar, para evitar danos a interesses difusos ou coletivos em sentido amplo.

2.5 Pré-qualificação

Lei 8.666/93
Art. 114. O sistema instituído nesta Lei não impede a pré-qualificação de licitantes nas concorrências, a ser procedida sempre que o objeto da licitação recomende análise mais detida da qualificação técnica dos interessados.
§ 1º. A adoção do procedimento de pré-qualificação será feita mediante proposta da autoridade competente, aprovada pela imediatamente superior.
§ 2º. Na pré-qualificação serão observadas as exigências desta Lei relativas à concorrência, à convocação dos interessados, ao procedimento e à analise da documentação.

A pré-qualificação prevista no art. 114 da Lei 8.666/93 é uma espécie de habilitação técnica realizada antes do procedimento de licitação, que serve para selecionar propensos fornecedores ou executores de serviços, habilitando-os à disputa futura.

A habilitação compreendida no certame é feita para aferir se o contratado possui condições de executar o objeto pretendido. O mesmo objetivo tem a pré-qualificação, que pode ser realizada face a peculiaridade ou complexidade do objeto a ser licitado.

Marçal Justen Filho[51] esclarece este procedimento da seguinte forma:

> *A pré-qualificação consiste na dissociação da fase de habilitação do restante do procedimento da concorrência. A Administração institui exigências especiais e excepcionais severas como requisito de participação em futura concorrência. Essas exigências envolvem a idoneidade financeira e a capacidade técnica, além dos requisitos comuns sobre capacidade jurídica e regularidade fiscal. Instaura-se um procedimento seletivo preliminar destinado a verificar o preenchimento de tais requisitos.*
>
> *Os licitantes que preencherem os requisitos previstos serão considerados pré-qualificados para a concorrência. Somente eles estarão legitimados a participar da concorrência. Serão convocados para apresentar suas propostas, em data futura a ser definida.*

De fato a pré-qualificação é uma fase de habilitação especial. O que é questionável é se a Administração Pública pode, na pré-qualificação, antecipar toda esta fase ou se somente aferir a capacidade técnica e financeira de propensos participantes do certame e, feita a qualificação prévia, se a fase de habilitação estaria dispensada na concorrência propriamente dita.

A pré-qualificação é uma seleção prévia de futuros licitantes, a lei autoriza a aferição de aspectos técnicos, pois justifica sua utilização para uma *"(...) análise mais detida da qualificação técnica dos interessados"*.

É certo que os licitantes particulares são habilitados para a execução do objeto pretendido e não para participação em certame licitatório, tanto que, na contratação direta, também há necessidade de aferir as condições de habilitação do contratado. A pré-qualificação também se faz para aferir se o futuro contratado terá condições técnicas de realizar o objeto, no entanto, sua realização caracteriza uma espécie de *condição* de participação em futura licitação a ser realizada na modalidade concorrência, que terá todas as fases, inclusive de habilitação. Não se trata, então, de antecipação da fase de habilitação, mas sim, uma seleção prévia dos futuros concorrentes quanto a sua habilidade para executar o objeto. É um procedimento que se agrega ao da concorrência, com isso, pode-se afirmar que se trata de uma fase daquele.

---

[51] JUSTEN FILHO. Marçal. **Comentários à lei de licitações e contratos administrativos.** 13. ed. São Paulo: Dialética, 2009. p. 905.

A pré-qualificação é do licitante e não da proposta. Na fase de classificação a ser promovida na concorrência, também haverá aferição da técnica, no entanto trata-se da *proposta* e não do licitante.

Em que pesem as doutas opiniões contrárias, a pré-qualificação é uma fase do procedimento de licitação, embora ocorra antes da sua abertura propriamente dita, após esta etapa somente os qualificados previamente estarão aptos a participar da concorrência a ser instaurada. Deve se dar com ampla publicidade, pois será o momento em que delimitará os propensos licitantes. O princípio da universalidade, presente na modalidade concorrência, será observado neste momento.

2.6 Poder Normatizador de Procedimentos Operacionais

Lei 8.666/93
Art. 115. Os órgãos da Administração poderão expedir normas relativas aos procedimentos operacionais a serem observados na execução das licitações, no âmbito de sua competência, observadas as disposições desta Lei.
Parágrafo único. As normas a que se refere este artigo, após aprovação da autoridade competente, deverão ser publicadas na imprensa oficial.

A possibilidade de expedição, por parte do órgão licitante, de normas relativas aos procedimentos operacionais, não significa que as normas possam inovar o procedimento para, por exemplo, tornar mais rigorosa a habilitação ao incluir exigências não previstas na lei, o que pode levar a ofensa ao caráter competitivo.

Por procedimentos operacionais deve-se entender aqueles inerentes à rotina administrativa do órgão, como estabelecer o horário de realização dos certames; a forma de apresentação da proposta e dos documentos de habilitação; rotinas administrativas preparatórias à licitação. Nada que possa comprometer o caráter competitivo.

2.7 Convênios

Lei 8.666/93
Art. 116. Aplicam-se as disposições desta Lei, no que couber, aos convênios, acordos, ajustes e outros instrumentos congêneres celebrados por órgãos e entidades da Administração.
§ 1º. A celebração de convênio, acordo ou ajuste pelos órgãos ou entidades da Administração Pública depende de prévia aprovação de

competente plano de trabalho proposto pela organização interessada, o qual deverá conter, no mínimo, as seguintes informações:

I – identificação do objeto a ser executado;

II – metas a serem atingidas;

III – etapas ou fases de execução;

IV – plano de aplicação dos recursos financeiros;

V – cronograma de desembolso;

VI – previsão de início e fim da execução do objeto, bem assim da conclusão das etapas ou fases programadas;

VII – se o ajuste compreender obra ou serviço de engenharia, comprovação de que os recursos próprios para complementar a execução do objeto estão devidamente assegurados, salvo se o custo total do empreendimento recair sobre a entidade ou órgão descentralizador.

§ 2º. Assinado o convênio, a entidade ou órgão repassador dará ciência do mesmo à Assembleia Legislativa ou à Câmara Municipal respectiva.

§ 3º. As parcelas do convênio serão liberadas em estrita conformidade com o plano de aplicação aprovado, exceto nos casos a seguir, em que as mesmas ficarão retidas até o saneamento das impropriedades ocorrentes:

I – quando não tiver havido comprovação da boa e regular aplicação da parcela anteriormente recebida, na forma da legislação aplicável, inclusive mediante procedimentos de fiscalização local, realizados periodicamente pela entidade ou órgão descentralizador dos recursos ou pelo órgão competente do sistema de controle interno da Administração Pública;

II – quando verificado desvio de finalidade na aplicação dos recursos, atrasos não justificados no cumprimento das etapas ou fases programadas, práticas atentatórias aos princípios fundamentais de Administração Pública nas contratações e demais atos praticados na execução do convênio, ou o inadimplemento do executor com relação a outras cláusulas conveniais básicas;

III – quando o executor deixar de adotar as medidas saneadoras apontadas pelo partícipe repassador dos recursos ou por integrantes do respectivo sistema de controle interno.

§ 4º. Os saldos de convênio, enquanto não utilizados, serão obrigatoriamente aplicados em cadernetas de poupança de instituição financeira oficial se a previsão de seu uso for igual ou superior a um mês, ou em fundo de aplicação financeira de curto prazo ou operação de mercado aberto lastreada em títulos da dívida pública, quando a utilização dos mesmos verificar-se em prazos menores que um mês.

§ 5º. As receitas financeiras auferidas na forma do parágrafo anterior serão obrigatoriamente computadas a crédito do convênio e aplicadas, exclusivamente, no objeto de sua finalidade, devendo constar de demonstrativo específico que integrará as prestações de contas do ajuste.

§ 6º. Quando da conclusão, denúncia, rescisão ou extinção do convênio, acordo ou ajuste, os saldos financeiros remanescentes, inclusive os provenientes das receitas obtidas das aplicações financeiras realizadas, serão devolvidos à entidade ou órgão repassador dos recursos, no prazo improrrogável de 30 (trinta) dias do evento, sob pena da imediata instauração de tomada de contas especial do responsável, providenciada pela autoridade competente do órgão ou entidade titular dos recursos.

Convênio é o ajuste feito entre órgãos da Administração Pública, ou entre esta e entidade privada de cunho social, para a realização de certa atividade de interesse comum.

O que diferencia contrato e convênio é que no contrato os interesses são opostos; os contratantes possuem objetivos antagônicos. No convênio o objetivo é o mesmo e as partes conveniadas unem-se para a sua realização.

Por óbvio, o convênio prescinde de licitação, no entanto algumas formalidades devem ser cumpridas, principalmente na definição do objeto e dos objetivos a serem alcançados.

A iniciativa do convênio parte, em regra, da organização ou ente público interessado na sua execução, mediante a apresentação de proposta para a Administração Pública em busca, quase sempre, de financiamento.

A proposta deverá conter, no mínimo, as informações descritas nos inciso do art. 116 da Lei 8.666/93, os quais destaco: I – identificação do objeto a ser executado; II – metas a serem atingidas; III – etapas ou fases de execução; IV – plano de aplicação dos recursos financeiros; V – cronograma de desembolso; VI – previsão de início e fim da execução do objeto, bem assim da conclusão das etapas ou fases programadas; VII – se o ajuste compreender obra ou serviço de engenharia, comprovação de que recursos próprios para complementar a execução do objeto estão devidamente assegurados, salvo se o custo total do empreendimento recair sobre a entidade ou órgão descentralizador.

Assinado o convênio a entidade ou o órgão repassador dos recursos deve dar ciência à Assembleia Legislativa ou à Câmara Municipal. Providência, aliás, que é observada.

O plano de trabalho, peça técnica e obrigatória, definirá o cronograma de desembolso o que deve ser rigorosamente cumprido pelo órgão ou entidade repassadora, a retenção de recursos, no entanto, será obrigatória se houver falha na aplicação das parcelas anteriormente recebidas, constatadas pela fiscalização, quando houver desvio de finalidade ou o executor deixar de adotar as medidas saneadoras apontadas pelo partícipe repassador dos recursos.

Assim que os recursos forem sendo recebidos devem ser depositados em conta remunerada (caderneta de poupança ou em fundo de aplicação financeira de curto prazo ou operação de mercado aberto lastreada em títulos da dívida pública) até sua aplicação, providência que deve ser adotada para eventuais saldos remanescentes, cujas receitas financeiras auferidas serão computadas a crédito do convênio e aplicadas, exclusivamente, no objeto de sua finalidade, o que integrará as prestações de contas.

Na hipótese de conclusão, rescisão, denúncia ou extinção do convênio, os saldos financeiros remanescentes, inclusive os provenientes das receitas obtidas das aplicações financeiras, serão devolvidos à entidade ou órgão repassador dos recursos, no prazo improrrogável de 30 (trinta) dias a contar do evento, sob pena de imediata instauração de tomadas de contas especial do responsável.

2.8 Licitações Realizadas por Órgãos dos Poderes Legislativo e Judiciário e do Tribunal de Contas

Lei 8.666/93
Art. 117. As obras, serviços, compras e alienações realizados pelos órgãos dos Poderes Legislativo e Judiciário e do Tribunal de Contas regem-se pelas normas desta Lei, no que couber, nas três esferas administrativas.

Remeto o leitor para o Capítulo I, item 5.

2.9 Recepção da Legislação Preexistentes dos Estados, do Distrito Federal e dos Municípios

Lei 8.666/93
Art. 118. Os Estados, o Distrito Federal, os Municípios e as entidades da administração indireta deverão adaptar suas normas sobre licitações e contratos ao disposto nesta Lei.

A Lei 8.666/93 é norma geral editada pela União no uso de competência concorrente. Como tal, em matéria de licitações públicas é admissível a legislação dos Estados, do Distrito Federal e dos Municípios (ver item 1.6, Capítulo I).

As normas preexistentes dos Estados, do Distrito Federal e dos Municípios foram recepcionadas pela Constituição Federal se não contrariarem as regras gerais estabelecidas pela Lei 8.666/93.

As disposições contrárias à lei geral federal perderam, de imediato, sua vigência, devendo os entes adaptarem suas normas ou passar a adotar a lei licitatória federal nos procedimentos de licitação por eles realizados.

2.10 Legislação Aplicável às Sociedades de Economia Mista, Empresas e Fundações Públicas

Lei 8.666/93
Art. 119. As sociedades de economia mista, empresas e fundações públicas e demais entidades controladas direta ou indiretamente pela União e pelas entidades referidas no artigo anterior editarão regulamentos próprios devidamente publicados, ficando sujeitas às disposições desta Lei.
Parágrafo único. Os regulamentos a que se refere este artigo, no âmbito da Administração Pública, após aprovados pela autoridade de nível superior a que estiverem vinculados os respectivos órgãos, sociedades e entidades, deverão ser publicados na imprensa oficial.

Matéria tratada no Capítulo I, item 1.6 para onde remeto o leitor.

2.11 Atualização de Valores

Lei 8.666/93
Art. 120. Os valores fixados por esta Lei poderão ser anualmente revistos pelo Poder Executivo Federal, que os fará publicar no Diário Oficial da União, observando como limite superior a variação geral dos preços do mercado, no período.
Parágrafo único. O Poder Executivo Federal fará publicar no Diário Oficial da União os novos valores oficialmente vigentes por ocasião de cada evento citado no *"caput"* deste artigo, desprezando-se as frações inferiores a Cr$ 1,00 (hum cruzeiro real).

Matéria tratada no Capítulo I item 15.5, para onde remeto o leitor.

2.12 Aplicação da Lei Licitatória no Tempo

Lei 8.666/93
Art. 121. O disposto nesta Lei não se aplica às licitações instauradas e aos contratos assinados anteriormente à sua vigência, ressalvado o

*disposto no art. 57, nos parágrafos 1º, 2º e 8º do art. 65, no inciso XV do art. 78, bem assim o disposto no "**caput**" do art. 5º, com relação ao pagamento das obrigações na ordem cronológica, podendo esta ser observada, no prazo de noventa dias contados da vigência desta Lei, separadamente para as obrigações relativas aos contratos regidos por legislação anterior à Lei 8.666, de 21.06.1993.*

Parágrafo único. *Os contratos relativos a imóveis do patrimônio da União continuam a reger-se pelas disposições do Decreto-lei 9.760, de 5 de setembro de 1946, com suas alterações, e os relativos a operações de crédito interno ou externo celebrados pela União ou a concessão de garantia do Tesouro Nacional continuam regidos pela legislação pertinente, aplicando-se esta Lei, no que couber.*

O art. 121 da Lei 8.666/93 é de natureza transitória que atualmente, salvo para regular eventual questão ainda não resolvida com relação a prestação de contas ou ações judiciais decorrentes de contratações realizadas com base na norma revogada, não produz nenhum efeito.

Trata-se de uma regra de transição entre os procedimentos licitatórios realizados antes de sua entrada em vigor. Como a atual lei de licitações já se encontra em vigor a mais de dezesseis anos, dificilmente haverá contrato em vigor fundado na lei anterior.

O parágrafo único, contudo, disciplina contratos especiais como os relativos a imóveis do patrimônio da União, que continuam regidos pelo Decreto-Lei 9.760/46, assim como os contratos relativos a operações de crédito interno ou externo celebrados pela União ou concessão de garantia do Tesouro Nacional que continuam sendo regidos pela legislação pertinente.

2.13 Concessão de Linhas Aéreas

Lei 8.666/93
Art. 122. *Nas concessões de linhas aéreas, observar-se-á procedimento licitatório específico, a ser estabelecido no Código Brasileiro de Aeronáutica.*

A regra do art. 122 é destinada à União, pois, nos termos do art. 22, I e X da Constituição Federal, é ela a detentora de competência para legislar sobre direito aeronáutico e navegação aérea. Sendo assim, trata-se de norma de caráter especial e não geral.

A entidade que detém a competência para dar concessão de linhas aéreas é a Agência Nacional Aviação Civil – ANAC e a lei aplicável é o Código Brasileiro de Aeronáutica, Lei 7.565/86.

Além das concessões de linhas aéreas, outra situação estritamente vinculada àquela, diz respeito a concessão, permissão e autorização da utilização de espaço público nos aeroportos administrados pela Empresa Brasileira de Infraestrutura Aeroportuária – Infraero.

A Lei 5.332/67 regulamenta o arrendamento de áreas aeroportuárias às empresas e pessoas físicas ou jurídicas ligadas às atividades aeronáuticas; prevê, em seu art. 1º, hipótese em que a licitação é dispensada, o que foi acolhido pelo Código Brasileiro de Aeronáutica em seu art. 40.

Conheça os textos legais.

Lei 5.332/67
Art. 1º. Ficam dispensados do regime de concorrência pública os arrendamentos de áreas aeroportuárias destinadas às instalações para abrigo, reparação, abastecimento de aeronaves e outros serviços auxiliares, que interessarem diretamente às empresas ou pessoas físicas concessionárias do serviços aéreo pertinentes à aviação, assim julgados pela autoridade competente.

Lei 7.565/86
Art. 40. Dispensa-se do regime de concorrência pública a utilização de áreas aeroportuárias pelos concessionários ou permissionários dos serviços públicos, para suas instalações de despacho, escritório, oficina e depósito, ou para abrigo, reparação e abastecimento de aeronaves.

A concessão de linhas aéreas encontra-se regulamentada pelo Código Brasileiro de Aeronáutica, que em seu art. 183 remete ao Poder Executivo o poder de regulamentar a matéria. Por sua vez, o Decreto 99.677/90, fundado no Código Brasileiro de Aeronáutica – CBA, estabeleceu que o Ministro da Aeronáutica passaria a expedir instruções, na forma do seu art. 193, para a exploração de serviços aéreos regulares e para constituição de novas empresas a eles dedicados, *verbis*:

Lei 7.565/86
Art. 193. Os serviços aéreos de transporte regular ficarão sujeitos às normas que o Governo estabelecer para impedir a competição ruinosa e assegurar o seu melhor rendimento econômico podendo, para esse fim, a autoridade aeronáutica, a qualquer tempo, modificar frequências, rotas, horários e tarifas de serviços e outras quaisquer condições da concessão ou autorização.

Como se vê, a lei concede ao Poder Executivo Federal o poder de ditar normas que regulem o procedimento licitatório para a concessão de linhas aéreas.

O então Ministério da Aeronáutica editou portarias ministeriais, a exemplo das Portarias de números 687/GM5 e 686/GM5, de 15.09.1992, para dar efetividade ao poder regulamentar especial.

A portaria 687/GM5, dispõe sobre os procedimentos para o registro de empresas aéreas e de obtenção de concessão de linha aérea regular e não regular; e a Portaria 696/GM5, dispõe sobre parâmetros a serem observados na concessão das linhas aéreas, e que visam o melhor aproveitamento das linhas disponíveis de forma a preservar o interesse do usuário.

2.14 Licitações Realizadas no Exterior

Lei 8.666/93
Art. 123. Em suas licitações e contratações administrativas, as repartições sediadas no exterior observarão as peculiaridades locais e os princípios básicos desta Lei, na forma de regulamentação específica.

Embora os Estados, o Distrito Federal e os Municípios possam ter repartições no exterior, diretamente ou por intermédio de uma entidade da Administração indireta, a regra do art. 123 da lei licitatória é voltada mais para a União que, necessariamente possuirá órgãos em todos os países que mantém relações diplomáticas.

A diversidade de culturas dificulta a aplicação da Lei 8.666/93, em todos os seus termos, no exterior. De fato, será impossível, por exemplo, promover a habilitação dos licitantes, particulares aos moldes da realizada no Brasil.

Sabiamente, a lei licitatória admitiu a adoção de procedimento especial em que, com alto grau de indeterminação, os órgãos observarão as peculiaridades locais e os seus princípios básicos.

Por princípios básicos deve-se entender os objetivos do certame licitatório que é escolher a melhor proposta dentro de um processo que assegure igualdade de condições de disputa entre os particulares.

As regras de publicidade, por exemplo, obedecerão os veículos de comunicação do local, não é razoável exigir a publicação em diário oficial no Brasil se a compra será feita exclusivamente no exterior.

2.15 Aplicação da Lei para Permissão ou Concessão de Serviços Públicos

Lei 8.666/93
Art. 124. Aplicam-se às licitações e aos contratos para permissão ou concessão de serviços públicos os dispositivos desta Lei que não conflitem com a legislação específica sobre o assunto.
Parágrafo único. As exigências contidas nos incisos II a IV do § 2º do art. 7º serão dispensadas nas licitações para concessão de serviços com execução prévia de obras em que não foram previstos desembolso por parte da Administração Pública concedente.

As concessões e permissões de serviços públicos possuem a peculiaridade de não representar uma despesa pública, ao contrário, os serviços transferíveis à iniciativa privada são aqueles cuja exploração proporciona renda, principalmente quando são custeados pelos usuários mediante o pagamento de tarifa.

A Lei 8.987/95 estabelece regras especiais para a licitação e o contrato de concessão ou permissão de serviços públicos. Por se tratar de norma de caráter especial em relação a matéria, a citada lei estabelece regras gerais, aplicáveis à Administração Pública de todas as esferas de governo, quando o objeto da licitação for selecionar prestadores privados para a exploração de serviços públicos mediante permissão ou concessão.

Lei 8.987/95
Art. 14. Toda concessão de serviço público, precedida ou não da execução de obra pública, será objeto de prévia licitação, nos termos da legislação própria e com observância dos princípios da legalidade, moralidade, publicidade, igualdade, do julgamento por critérios objetivos e da vinculação ao instrumento convocatório.

Por certo os princípios básicos da Lei 8.666/93 são aplicados em qualquer procedimento licitatório, assim como para a solução dos casos omissos na lei especial deve-se recorrer à lei geral de licitações.

A remuneração do permissionário e/ou concessionário será feita diretamente pelos usuários mediante o pagamento de tarifa. Tal peculiaridade conduz à necessidade de estabelecer, como critério maior de seleção, a proposta que apresentar *o menor valor da tarifa do serviço público a ser prestado.*

Quando o serviço público a ser explorado representar uma fonte de riqueza desproporcional ao custo para sua exploração, a Administração poderá exigir pagamento pela outorga da concessão cuja oferta deverá constar da proposta e ser critério de seleção. A Lei 8.987/95 enumera em seu art. 15 os critérios a serem observados no julgamento da licitação que, por questões didáticas, entenda-se: *julgamento das propostas ofertadas na licitação*. Conheça o teor da lei.

Lei 8.987/95
Art. 15. No julgamento da licitação será considerado um dos seguintes critérios:
I – o menor valor da tarifa do serviço público a ser prestado;
II – a maior oferta, nos casos de pagamento ao poder concedente pela outorga da concessão;
III – a combinação, dois a dois, dos critérios referidos nos incisos I, II e VII;
IV – melhor proposta técnica, com preço fixado no edital;
V – melhor proposta em razão da combinação dos critérios de menor valor da tarifa do serviço público a ser prestado com o de melhor técnica;
VI – melhor proposta em razão da combinação dos critérios de maior oferta pela outorga da concessão com o de melhor técnica; ou
VII – melhor oferta de pagamento pela outorga após qualificação de propostas técnicas.
§ 1º. A aplicação do critério previsto no inciso III só será admitida quando previamente estabelecida no edital de licitação, inclusive com regras e fórmulas precisas para avaliação econômico-financeira.
§ 2º. Para fins de aplicação do disposto nos incisos IV, V, VI e VII, o edital de licitação conterá parâmetros e exigências para formulação de propostas técnicas.
§ 3º. O poder concedente recusará propostas manifestamente inexequíveis ou financeiramente incompatíveis com os objetivos da licitação.
§ 4º. Em igualdade de condições, será dada preferência à proposta apresentada por empresa brasileira.

Concessão é a delegação contratual feita pela Administração Pública para que terceiro execute serviço público na forma autorizada e regulamentada pelo poder concedente. O objeto do contrato de concessão continua a ser público. Assim, a concessão não exclui a possibilidade de o Poder Público vir a executá-lo direta ou indiretamente, desde que o interesse coletivo assim o exija. Em tais condições, permanece com o poder concedente a faculdade de, a qualquer tempo, no curso da concessão, retomar o serviço concedido, mediante indenização, ao concessionário, dos lucros cessantes e danos emergentes resultantes da encampação.

A diferença básica entre a concessão e a terceirização se encontra fincada na forma de remunerar o terceiro contratado, bem como no serviço prestado.

Na terceirização o contratado é remunerado pela própria Administração; enquanto na concessão, de regra, o usuário do serviço efetua o pagamento de tarifa previamente aprovada pelo Poder Público concedente.

No serviço prestado também se encontram diferenças. A Administração terceiriza serviços de sua atividade-meio, já na concessão ela transfere ao particular a realização de uma atividade-fim que lhe é privativa, como, por exemplo, a conservação de rodovia.

Pode ser objeto de concessão um serviço público ou uma obra pública e até mesmo a combinação de serviço público precedido da realização de obra pública.

As concessões estão sujeitas à fiscalização do poder concedente, que o faz com a cooperação dos usuários na aferirão da qualidade e da adequação do serviço prestado pelo concessionário.

A adequação do serviço compreende a satisfação das condições de regularidade, continuidade, eficiência, segurança, atualidade, generalidade, cortesia na sua prestação e modicidade das tarifas (Lei 8.987/95, art. 6º, § 1º).

A natureza jurídica da concessão é contratual e, logicamente, o vínculo se dá mediante um *indispensável* contrato administrativo especial.

Esse contrato se diz administrativo porque será sempre celebrado pelo Poder Público concedente com o particular, nesta condição, obedecerá às regras gerais estabelecidas na Lei 8.666/93 e suas alterações; é *especial* por apresentar cláusulas e condições previstas na Lei 8.987/95.

Nos termos do art. 23 da Lei 8.987/95, são cláusulas essenciais do contrato de concessão as relativas: I – ao objeto, à área e ao prazo da concessão; II – ao modo, forma e condições de prestação do serviço; III – aos critérios, indicadores, fórmulas e parâmetros definidores da qualidade do serviço; IV – ao preço do serviço e aos critérios e procedimentos para o reajuste e revisão das tarifas; V – aos direitos, garantias e obrigações do poder concedente e da concessionária, inclusive os relativos às previsíveis necessidades de futura alteração e expansão do serviço e consequente modernização, aperfeiçoamento e ampliação dos equipamentos e das instalações; VI – aos direitos e deveres dos usuários para a obtenção e utilização do serviço; VII – à forma de fiscalização das instalações, dos equipamentos, dos métodos e práticas de execução do serviço, bem como a indicação dos órgãos competentes para exercê-la; VII – às penalidades contratuais e administrativas a que se sujeita a concessionária e sua forma de aplicação; IX – aos casos de extinção da concessão; X – aos bens reversíveis; XI – aos critérios para o cálculo e a forma de pagamento das indenizações devidas à concessionária, quando for o caso; XII – às condições para prorrogação do contrato; XIII – à obrigatoriedade, forma e periodicidade da prestação de contas da concessionária ao poder concedente; XIV – à exigência da publicidade de demonstrações financeiras periódicas da concessionária; e XV – ao foro e modo amigável de solução das divergências contratuais.

Quando a concessão do serviço público for precedida de obra pública, adicionalmente, o contrato deverá: I – estipular os cronogramas físico-financeiros de execução das obras vinculadas à concessão; e II – exigir garantia do fiel cumprimento, pela concessionária, das obrigações relativas às obras vinculadas à concessão.

A cláusula XV permite a possibilidade de resolução amigável dos conflitos surgidos em decorrência da concessão. Para corroborar, a Lei 11. 196/05, acrescentou o art. 23-A à Lei 8.987/95, passando a admitir que o contrato preveja o emprego de mecanismos privados para a resolução de disputas decorrentes ou relacionadas ao contrato, inclusive a arbitragem.

A concessão, como qualquer outro contrato ou ato administrativo, extingue-se com o advento de um fato ou de um ato jurídico.

A extinção decorrente de um fato jurídico é natural e independe da manifestação administrativa. São fatos jurídicos que extinguem o contrato de concessão: I – o advento do termo contratual; do titular da concessionária no caso de empresa individual.

Por meio de um ato jurídico a extinção se dará pela encampação, caducidade, rescisão ou anulação e desafetação do serviço.

Encampação é a retomada do serviço pelo poder concedente durante o prazo da concessão, por motivo de interesse público, mediante lei autorizadora específica, e após prévio pagamento de indenização.

Caducidade é o reconhecimento por parte do II – o desaparecimento da concessionária (falência ou extinção); III – o desaparecimento poder concedente da inexecução total ou parcial do contrato de concessão. A declaração de caducidade importará a retomada dos serviços ou a delegação para outra concessionária.

A caducidade deverá ser declarada por decreto da autoridade competente e dele prescindirá a apuração da inadimplência da concessionária, mediante processo administrativo em que seja assegurada a ampla defesa. Verificada a inadimplência, o poder concedente poderá declarar a caducidade ou aplicar as penalidades administrativas previstas no contrato. Declarando a caducidade, que independe de indenização prévia, não resultará qualquer espécie de responsabilidade em relação aos encargos, ônus, obrigações ou compromissos com terceiros ou com empregados da concessionária.

A *rescisão unilateral* configura prerrogativa da Administração Pública estabelecida na Lei 8.666/93. A concessionária, por sua vez, poderá requerer a rescisão em juízo quando a Administração se tornar inadimplente com suas obrigações. Não se aplica em favor da concessionária a cláusula *excepio non adimpleti contractus,* valendo dizer que a rescisão por iniciativa da concessionária deverá ser processada judicialmente e a suspensão dos serviços somente poderá ocorrer após o trânsito em julgado da decisão.

A *desafetação do serviço* ocorre quando o serviço deixar de ser vinculado, obrigatoriamente, ao setor público. Por exemplo, em um determinado Município o serviço de transporte escolar está afetado ao Poder Público. Nesse caso, o serviço deve ser prestado diretamente pelo Município ou mediante outorga de concessão. Posteriormente à concessão, lei municipal retira (desafeta) a obrigatoriedade de prestação pelo Poder Público e transfere para a iniciativa privada; com isso, operou-se a *desafetação do serviço* levando à extinção da concessão.

A concessão, como foi visto, dá-se por meio contratual, sendo, portanto, ato bilateral. A permissão, por seu turno, consolida-se através de contrato de adesão, unilateral, simplificado e precário.

Serviços permitidos são aqueles em que a Administração estabelece os requisitos para sua prestação ao público e, por ato unilateral (termo de permissão), admite a execução a particulares que demonstrarem capacidade para seu desempenho.

A permissão é, em princípio, discricionária e precária, mas se admite a fixação de determinadas condições, bem como a de prazo para exploração do serviço, como meio de garantir rentabilidade e assegurar a recuperação do investimento do permissionário.

Por sua natureza precária, a permissão se presta à execução de serviços ou atividades transitórias, ou mesmo permanentes, mas que exijam frequentes modificações para acompanhar a evolução da técnica ou as variações do interesse público.

A permissão conferida pela Administração Pública não gera privilégios nem assegura exclusividade ao permissionário. No entanto, exige-se licitação e se dá *intuitu personae,* ou seja, não se admite a transferência do permissionário, tampouco a subpermissão.

Conheça as regras especiais a respeito da permissão.

Lei 8.987/95
Art. 2º. Para os fins do disposto nesta Lei, considera-se:
(...)
IV – permissão de serviço público: a delegação, a título precário, mediante licitação, da prestação de serviços públicos, feita pelo poder concedente à pessoa física ou jurídica que demonstre capacidade para seu desempenho, por sua conta e risco.
Art. 3º. As concessões e permissões sujeitar-se-ão à fiscalização pelo poder concedente responsável pela delegação, com a cooperação dos usuários.
Art. 4º. A concessão de serviço público, precedida ou não da execução de obra pública, será formalizada mediante contrato, que deverá observar os termos desta Lei, das normas pertinentes e do edital de licitação.
Art. 5º. O poder concedente publicará, previamente ao edital de licitação, ato justificando a conveniência da outorga de concessão ou permissão, caracterizando seu objeto, área e prazo.
(...)
Art. 40. A permissão de serviço público será formalizada mediante contrato de adesão, que observará os termos desta Lei, das demais normas pertinentes e do edital de licitação, inclusive quanto à precariedade e à revogabilidade unilateral do contrato pelo poder concedente.
Parágrafo único. Aplica-se às permissões o disposto nesta Lei.

2.15.1 Aspectos especiais do procedimento de licitação

Quando a Administração desejar transferir à iniciativa privada a exploração de serviço público mediante permissão ou concessão, não sendo caso de contratação direta, abrirá procedimento licitatório fundado na Lei 8.987/95 e, subsidiariamente, na Lei 8.666/93.

De regra a concessão ou permissão não terá caráter de exclusividade, salvo no caso de inviabilidade técnica ou econômica devidamente justificada.

Os serviços públicos postos em concessão ou permissão são aqueles ditos industriais, ou seja, seu explorador aufere renda. Admite-se que uma entidade estatal possa se qualificar perante outra, o poder concedente, visando obter a concessão, como, por exemplo, um consórcio público em que o poder concedente não seja consorciado.

A proposta proveniente de entidades públicas será desclassificada se a mesma contemplar a necessidade de subsídios ou vantagens tributárias não extensivas aos demais, sob pena de se ferir o caráter competitivo e a isonomia do certame. Veja o que diz a norma especial.

Lei 8.987/95

Art. 16. *A outorga de concessão ou permissão não terá caráter de exclusividade, salvo no caso de inviabilidade técnica ou econômica justificada no ato a que se refere o art. 5º desta Lei.*

Art. 17. *Considerar-se-á desclassificada a proposta que, para sua viabilização, necessite de vantagens ou subsídios que não estejam previamente autorizados em lei e à disposição de todos os concorrentes.*

§ 1º. Considerar-se-á, também, desclassificada a proposta de entidade estatal alheia à esfera político-administrativa do poder concedente que, para sua viabilização, necessite de vantagens ou subsídios do poder público controlador da referida entidade.

§ 2º. Inclui-se nas vantagens ou subsídios de que trata este artigo, qualquer tipo de tratamento tributário diferenciado, ainda que em consequência da natureza jurídica do licitante, que comprometa a isonomia fiscal que deve prevalecer entre todos os concorrentes.

O edital será elaborado pelo poder concedente de acordo com os critérios estabelecidos no art. 18 da lei especial. Conheça o texto.

Lei 8.987/95

Art. 18. *O edital de licitação será elaborado pelo poder concedente, observados, no que couber, os critérios e as normas gerais da legislação própria sobre licitações e contratos e conterá, especialmente:*

I – o objeto, metas e prazo da concessão;

II – a descrição das condições necessárias à prestação adequada do serviço;

III – os prazos para recebimento das propostas, julgamento da licitação e assinatura do contrato;

IV – prazo, local e horário em que serão fornecidos, aos interessados, os dados, estudos e projetos necessários à elaboração dos orçamentos e apresentação das propostas;

V – os critérios e a relação dos documentos exigidos para a aferição da capacidade técnica, da idoneidade financeira e da regularidade jurídica e fiscal;

VI – as possíveis fontes de receitas alternativas, complementares ou acessórias, bem como as provenientes de projetos associados;

VII – os direitos e obrigações do poder concedente e da concessionária em relação a alterações e expansões a serem realizadas no futuro, para garantir a continuidade da prestação do serviço;

VIII – os critérios de reajuste e revisão da tarifa;

IX – os critérios, indicadores, fórmulas e parâmetros a serem utilizados no julgamento técnico e econômico-financeiro da proposta;

X – a indicação dos bens reversíveis;

XI – as características dos bens reversíveis e as condições em que estes serão postos à disposição, nos casos em que houver sido extinta a concessão anterior;

XII – a expressa indicação do responsável pelo ônus das desapropriações necessárias à execução do serviço ou da obra pública, ou para a instituição de servidão administrativa;

XIII – as condições de liderança da empresa responsável, na hipótese em que for permitida a participação de empresas em consórcio;

XIV – nos casos de concessão, a minuta do respectivo contrato, que conterá as cláusulas essenciais referidas no art. 23 desta Lei, quando aplicáveis;

XV – nos casos de concessão de serviços públicos precedida da execução de obra pública, os dados relativos à obra, dentre os quais os elementos do projeto básico que permitam sua plena caracterização, bem assim as garantias exigidas para essa parte específica do contrato, adequadas a cada caso e limitadas ao valor da obra;

XVI – nos casos de permissão, os termos do contrato de adesão a ser firmado.

O edital poderá prever a inversão das fases de habilitação e julgamento, hipótese em que o procedimento seguirá as diretrizes traçadas no art. 18 – A, até que se conheça o vencedor.

Lei 8.987/95
Art. 18-A. *O edital poderá prever a inversão da ordem das fases de habilitação e julgamento, hipótese em que:*
I – encerrada a fase de classificação das propostas ou o oferecimento de lances, será aberto o invólucro com os documentos de habilitação do licitante mais bem classificado, para verificação do atendimento das condições fixadas no edital;
II – verificado o atendimento das exigências do edital, o licitante será declarado vencedor;
III – inabilitado o licitante melhor classificado, serão analisados os documentos habilitatórios do licitante com a proposta classificada em segundo lugar, e assim sucessivamente, até que um licitante classificado atenda às condições fixadas no edital;
IV – proclamado o resultado final do certame, o objeto será adjudicado ao vencedor nas condições técnicas e econômicas por ele ofertadas.

A lei especial disciplina a participação de consórcios de empresas na disputa pelo objeto. Da mesma forma como prevê a Lei 8.666/93, o consórcio somente será constituído após a conclusão do certame. Não é razoável exigir a constituição de uma pessoa jurídica apenas para participar da seleção. Uma vez vencedor, as empresas que firmaram compromisso de se unirem em consórcio promoverão a sua constituição antes da assinatura do contrato.

O consórcio deverá indicar a empresa líder, que será a responsável, perante o poder concedente, pelo cumprimento do contrato de concessão ou permissão, sem prejuízo da responsabilidade solidária das demais consorciadas.

As regras estão descritas no art. 19, conheça.

Lei 8.987/95
Art. 19. Quando permitida, na licitação, a participação de empresas em consórcio, observar-se-ão as seguintes normas:
I – comprovação de compromisso, público ou particular, de constituição de consórcio, subscrito pelas consorciadas;
II – indicação da empresa responsável pelo consórcio;
III – apresentação dos documentos exigidos nos incisos V e XIII do artigo anterior, por parte de cada consorciada;
IV – impedimento de participação de empresas consorciadas na mesma licitação, por intermédio de mais de um consórcio ou isoladamente.
§ 1º. O licitante vencedor fica obrigado a promover, antes da celebração do contrato, a constituição e registro do consórcio, nos termos do compromisso referido no inciso I deste artigo.
§ 2º. A empresa líder do consórcio é a responsável perante o poder concedente pelo cumprimento do contrato de concessão, sem prejuízo da responsabilidade solidária das demais consorciadas.
Art. 20. É facultado ao poder concedente, desde que previsto no edital, no interesse do serviço a ser concedido, determinar que o licitante vencedor, no caso de consórcio, se constitua em empresa antes da celebração do contrato.

2.16 Entrada em Vigor

Lei 8.666/93
Art. 125. Esta Lei entra em vigor na data de sua publicação.

Salvo disposição em contrário, a lei começa a vigorar em todo o país quarenta e cinco dias depois de oficialmente publicada, e no exterior depois de três meses da publicação, conforme estatui o art. 1º do Decreto-Lei 4.657/42.

Como a Lei 8.666/93 trouxe a ressalva de que entraria em vigor na data de sua publicação, fato ocorrido em 22.06.1993, está é data em que passou a vigorar as normas gerais sobre licitações e contratos no âmbito da Administração Pública brasileira.

2.17 Legislação Revogada

Lei 8.666/93
Art. 126. Revogam-se as disposições em contrário, especialmente os Decretos-leis 2.300, de 21.11.1986, 2.348, de 24.07.1987, 2.360, de 16.09.1987, a Lei 8.220, de 04.09.1991, e o art. 83 da Lei 5.194, de 24.12.1966.

REFERÊNCIAS

ARAÚJO, Florivaldo Dutra de. **Motivação e controle do ato administrativo.** Belo Horizonte: Del Rey, 1992.
BASTOS, Celso Ribeiro. **Curso de Direito Administrativo.** São Paulo: Celso Bastos, 2002.
BAZILLI, Roberto Ribeiro. Serviços públicos e atividades econômicas na Constituição de 1988. **Revista de Direito Administrativo.** Rio de Janeiro: Renovar, v. 1, n. 197, jul./set. 1994.
BOBBIO, Noberto. **A era dos direitos.** Tradução de Carlos Nelson Coutinho. Rio de Janeiro: Campus, 1992.
BRASIL, **Constituição Federal de 1988.**
_____. **STF.** Portal <www.stf.jus.br/jurisprudencia>.
_____. **STJ.** Portal <www.stf.jus.br>. ADI 3.158-9.
_____. **STF.** RE 79.802 – **RDA v. 127,** jan./mar. 1977.
_____. **STJ.** Portal <www.stj.jus.br/scon/jurisprudenvia>.
_____. Decreto Federal 30/91.
DESCARTES, René. **Discurso do método.** Tradução: Pietro Massette. São Paulo: Martin Claret, 2002.
DI PIETRO, Maria Sylvia Zanella. **Parcerias na Administração Pública.** 4. ed. São Paulo: Atlas, 2002.
DWORKIN, Ronald. **O império do direito.** Tradução de Jefferson Luiz Camargo. São Paulo: Martins Fontes, 1999.
FERNANDES, Jorge Ulisses Jacoby. **Contratação direta sem licitação, modalidades, dispensa e inexigibilidade de licitação.** Brasília: Brasília Jurídica, 1995.
FIÚZA, César. **Direito Civil:** curso completo. 9. ed. atual. e ampl. Belo Horizonte: Del Rey, 2006.
GASPARINI, Diógenes. **Direito Administrativo.** 5 ed. São Paulo: Saraiva, 2000.
_____. **Direito Administrativo.** 12 ed. atual. São Paulo: Saraiva, 2007.
HABERMAS, Jürgen. **Mudança estrutural da esfera pública:** investigações

quanto a uma categoria da sociedade burguesa. Tradução de Flávio R. Kothe. Rio de Janeiro: Tempo Brasileiro, 1984.

HÉCTOR Jorge Escola, *apud* BASTOS, Celso Ribeiro. **Curso de Direito Administrativo**. São Paulo: Celso Bastos, 2002.

JUSTEN FILHO, Marçal. **Comentários à Lei de Licitações e Contratos Administrativos**. 9. ed. São Paulo: Dialética, 2002.

_____. **Comentários à Lei de Licitações e Contratos Administrativos**. 13. ed. São Paulo: Dialética, 2009.

_____. **Curso de direito administrativo**. São Paulo: Saraiva, 2005.

_____. **Direito Administrativo**. 11 ed. atual. São Paulo: Dialética, 2005.

_____. **Pregão**: nova modalidade licitatória. Artigo publicado no Informativo de Licitação e Contratos. Curitiba: Zênite, a. VIII, n. 83, jan. 2001.

KANT, Immanuel. **Fundamentação da metafísica dos costumes**. Trad. Paulo Quintanela. Lisboa: Edições 70. *Apud* GOMES, Alexandre Travessoni. **O fundamento de validade do direito** – Kant e Kelsen. Belo Horizonte: Mandamentos, 2000.

KELSEN, Hans. **Teoria pura do Direito**. Tradução de J. Cretella Jr. e Agnes Cretella. São Paulo: Revista dos Tribunais, 2001.

MEIRELLES, Hely Lopes. **Direito Administrativo brasileiro**. 16. ed., atual. pela Constituição de 1988, 2ª tir. São Paulo: Revista dos Tribunais, 1991.

_____. **Direito Administrativo brasileiro**. 19. ed. atual. Eurico de Andrade Azevedo, Délcio Balestero Aleixo e José Emmanuel Burle Filho. São Paulo: Malheiros, 1994.

MONTESQUIEU. **Do espírito das leis**. Tradução: Jean Melville. São Paulo: Martin Claret, 2002.

MORAES, Isaias Fonseca. **Manual de direito administrativo**. Curitiba: Juruá, 2008.

_____. **Manual de direito administrativo**. Teoria e Prática. Curitiba: Juruá, 2010.

MOTTA, Carlos Pinto Coelho; FERNANDES, Jorge Ulisses Jacoby. **Responsabilidade fiscal**: LC 101 de 04.05.2000. 2. ed. rev., atual. e ampl. Belo Horizonte: Del Rey, 2001.

PEREIRA JUNIOR, Jessé Torres. **Comentários à Lei das Licitações da Administração Pública**. 5. ed. ver., atual. e ampl., de acordo com a EC 06/95 e 19/98, com a LC 101/02 e com as Leis 9.648/98 e 9.845/00 e com a MP 2.108/01 e seus regulamentos. Rio de Janeiro: Renovar, 2002.

RAWLS, John. **Uma teoria da justiça**. Tradução de Almiro Piseta e Lenita M. R. Esteves. 1. ed. São Paulo: Martins Fontes. 2000.

SLERTA, Eduardo. **Os princípios da razoabilidade e da proporcionalidade**. Rio de Janeiro: Lumen Juris, 2002.

ÍNDICE ALFABÉTICO

A

- Alienações 134

C

- Contratação direta 237
- Contratos administrativos 323
- Contratos administrativos. Alteração do contrato 350
- Contratos administrativos. Classificação 326
- Contratos administrativos. Cláusula *pacta sunt servanda* 358
- Contratos administrativos. Cláusulas necessárias 329
- Contratos administrativos. Conceito 324
- Contratos administrativos. Conhecimento prévio 348
- Contratos administrativos. Considerações iniciais 323
- Contratos administrativos. Convocação 348
- Contratos administrativos. Dispensa do aditamento 358
- Contratos administrativos. Efeitos da declaração de nulidade 342
- Contratos administrativos. Encargos trabalhistas, previdenciários, fiscais e comerciais 362
- Contratos administrativos. Extinção do contrato 373
- Contratos administrativos. Fiscalização 359
- Contratos administrativos. Formalização 343

- Contratos administrativos. Garantia...................336
- Contratos administrativos. Inexecução do contrato...................371
- Contratos administrativos. Interpretação...................328
- Contratos administrativos. O que deve conter...................344
- Contratos administrativos. Objeto do contrato...................327
- Contratos administrativos. Obrigações acessórias do contratado...................360
- Contratos administrativos. Obrigatoriedade...................346
- Contratos administrativos. Partes...................328
- Contratos administrativos. Prerrogativas da administração...................341
- Contratos administrativos. Publicação...................345
- Contratos administrativos. Recebimento do objeto...................367
- Contratos administrativos. Regime jurídico...................325
- Contratos administrativos. Rejeição do objeto...................369
- Contratos administrativos. Responsabilidade subjetiva do contrato...................361
- Contratos administrativos. Subcontratação...................365
- Contratos administrativos. Testes e ensaios...................369
- Contratos administrativos. Vigência...................338

D

- Disposições finais e transitórias...................423

L

- Licitação fracassada...................314
- Licitação...................15
- Licitação. Adjudicação compulsória...................318
- Licitação. Comissão processante...................319
- Licitação. Conceito e objetivos...................30
- Licitação. Definições...................75
- Licitação. Desclassificação da proposta...................313
- Licitação. Dia da abertura...................296
- Licitação. Elaboração da proposta...................312

- Licitação. Escolha da modalidade..171
- Licitação. Evolução legislativa...15
- Licitação. Fase de classificação e julgamento..300
- Licitação. Finalidades e princípios...43
- Licitação. Habilitação...268
- Licitação. Homologação e adjudicação...315
- Licitação. Instrumento convocatório..289
- Licitação. Lei 8.666/93. Norma geral...33
- Licitação. Local da licitação...155
- Licitação. Local e prazo de publicação do instrumento convocatório..........156
- Licitação. Modalidades de licitação...160
- Licitação. Necessidade de audiência pública...288
- Licitação. Obrigatoriedade...34
- Licitação. Ordem cronológica de pagamento e correção monetária..............73
- Licitação. Participação de consórcio..279
- Licitação. Procedimento formal...32
- Licitação. Processamento do concurso e do leilão.......................................321
- Licitação. Processamento e julgamento...283
- Licitação. Ratificação pela autoridade superior...266
- Licitação. Registro cadastral..281
- Licitação. Revogação, invalidação e desistência da licitação......................315
- Licitação. Tipos de licitação...302
- Licitação. Vinculação ao instrumento convocatório e sua impugnação......292
- Licitações de compras..117
- Licitações de obras e serviços..103

P

- Pregão..177
- Processo judicial. Sanções e do processo judicial.......................................381
- Processo judicial. Sanções. Disposições gerais...381
- Processo judicial. Sanções. Do processo e do procedimento judicial.........409
- Processo judicial. Sanções. Normas de caráter geral...................................382
- Processo judicial. Sanções. Sanções administrativas..................................385

- Processo judicial. Sanções. Sanções penais 392

R

- Recursos administrativos e disposições finais e transitórias 415
- Recursos administrativos 415
- Referências 459
- Regime Diferenciado de Contratação Pública – RDC 196

S

- Sanções e do processo judicial 381

Integrantes dos CONSELHOS EDITORIAIS da JURUÁ EDITORA nas áreas de DIREITO, CONTABILIDADE, ADMINISTRAÇÃO, ECONOMIA E FILOSOFIA

Adel El Tasse
Me. e doutorando em Direito Penal. Proc. Federal. Prof. Universitário.

Aderbal Nicolas Müller
Dr. pela UFSC. Me. em Ciências Sociais Aplicadas. Esp. em Administração/Finanças. Graduado em Ciências Contábeis pela FAE Business School. Prof. Universitário.

André G. Dias Pereira
Me. e doutorando pela Faculdade de Direito da Universidade de Coimbra.

Airton Cerqueira Leite Seelaender
Dr. em Direito pela Johann Wolfgang Goethe-Universität Frankfurt. Me. e graduado em Direito. Pres. do Instituto Brasileiro de História do Direito. Prof. Universitário.

Alessandra Silveira
Dra. em Direito pela Faculdade de Direito da Universidade de Coimbra: Direito público – Direito da União Europeia, Direito constitucional e ciência política. Prof.ª da Escola de Direito da Universidade do Minho.

Alessandra Galli
Doutoranda do Programa de Pós-graduação em Tecnologia – Linha de Pesquisa Tecnologia e Desenvolvimento Sustentável da UTFPR. M.ª em Direito Econômico e Social. Prof.ª Universitária.

Alexandre L. Dias Pereira
Dr. em Direito pela Faculdade de Direito da Universidade de Coimbra. Prof. da Faculdade de Direito da Universidade de Coimbra.

Alexandre Mota Pinto
Dr. em Direito pelo Instituto Europeu de Florença: Direito privado – Direito do trabalho e Direito comercial e civil em geral. Docente da Faculdade de Direito da Universidade de Coimbra.

Alexandre Coutinho Pagliarini
Pós-Dr. pela Faculdade de Direito da Universidade de Lisboa. Dr. e Me. em Direito do Estado. Prof. Pesquisador. Proc. Municipal.

Aloísio Khroling
Pós-Dr. em Filosofia Política. Dr. em Filosofia. Me. em Teologia e Filosofia e em Sociologia Política. Graduado em Filosofia e em Ciências Sociais.

Ana Paula Gularte Liberato
M.ª em Direito Socioambiental pela PUCPR. Adv. Membro da Comissão Interna de Meio Ambiente da PUCPR. Prof.ª Universitária.

Andrei Koerner
Dr. e Me. em Ciência Política pela Universidade de São Paulo. Graduado em Direito. Prof. Universitário.

Anélio Berti
Me. em Ciências Contábeis e Esp. em Auditoria contábil. Graduado em Ciências Econômicas. Prof. Universitário.

Antoninho Caron
Dr. em Engenharia de Produção e Me. em Desenvolvimento Econômico. Graduado em Administração de Empresas. Prof. Universitário.

Antônio Carlos Efing
Dr. e Me. pela PUC-SP. Prof. Universitário na graduação, especialização, mestrado e doutorado.

Antonio Carlos Wolkmer
Dr. em Direito. Me. em Ciência Política. Esp. em Metodologia do Ensino Superior. Graduado em Direito. Prof. Universitário.

Antônio Veloso Peleja Júnior
Mestre em Direito pela UERJ; Pós-graduado em Direito Eleitoral pela UnB; Juiz de Direito no Tribunal de Justiça do Estado de Mato Grosso.

Arno Dal Ri Júnior
Pós-Dr. pela Université Paris I (Panthéon-Sorbonne). Dr. em Direito Internacional pela Università Luigi Bocconi de Milão. Me. em Direito e Política da União Europeia pela Università degli Studi di Padova. Bel. em Ciências Jurídicas. Prof. Universitário.

Artur Stamford da Silva
Dr. em Teoria, Filosofia e Sociologia do Direito. Me. em Direito Público pela UFPE. Diplomado em Estudios Avanzados de Tercer Ciclo do Doutorado de Derechos Humanos y Desarrollo pela Universidad Pablo de Olavid-Sevilla, Espanha. Graduado em Direito pela Unicap. Prof. Universitário.

Beltrina da Purificação da Côrte Pereira
Pós-Dra. e Dra. em Ciências da Comunicação pela USP. M.ª em Planejamento e Administração do Desenvolvimento Regional, pela Universidad de los Andes – Bogotá, Colômbia. Graduada em Jornalismo. Prof.ª Universitária.

Benedito Gonçalves da Silva
Me. em Controladoria e Contabilidade. Graduado em Ciências Contábeis. Graduado e Lic. em Ciências. Graduado e Lic. em Matemática. Prof. Universitário.

Carlos Diogenes Cortes Tourinho
Dr. e Me. em Filosofia. Esp. em Filosofia Contemporânea. Graduado em Psicologia e em Filosofia. Prof. Universitário.

Carlos Eduardo Batalha da Silva e Costa
Dr. em Filosofia e Me. em Direito pela USP. Graduado em Direito e em Filosofia. Prof. Universitário e Pesquisador.

Carlyle Popp
Dr. em Direito Civil. Me. em Direito Público. Membro do Instituto dos Advogados do Paraná e da Academia Paranaense de Letras Jurídicas. Prof. Universitário.

Carolina Machado Saraiva de Albuquerque Maranhão
Dra. em Administração. M.ª em Marketing. Graduada em Administração. Prof.ª Universitária.

Clarice von Oertzen de Araujo
Dra. e M.ª em Direito pela PUC/SP. Graduada em Direito e LD. em Direito.

Cláudia Viana
Dra. em Direito Público pela Faculdade de Direito da Universidade da Corunha. Prof.ª da Escola Superior de Gestão do Instituto Politécnico do Cávado e do Ave.

Christian Baldus
Prof. da Faculdade de Direito da Ruprecht-Karls--Universität Heidelberg, Deutschland (Alemanha). Director no Institut für geschichtliche Rechtswissenschaft "Instituto para a Ciência Jurídica e Jurisprudencial Histórica": História do Direito; Direito romano; Direito civil (Direito das coisas; Direito das sucessões); Direito alemão e europeu e Direito comparado.

Claudia Maria Barbosa
Dra., M.ª e Graduada em Direito. Prof.ª Universitária. Membro do Instituto Latinoamericano para una Sociedad y un Derecho Alternativos – ILSA, com sede na Colômbia. Consultora *ad hoc* do MEC.

Cleverson Vitorio Andreoli
Dr. em Meio Ambiente e Desenvolvimento. Me. em Ciências do Solo. Eng. Agrônomo. Prof. Universitário.

Cristina Zanello
M.ª em Direito Negocial pela UEL. Esp. em Direito e Negócios Internacionais pela UFSC. Graduada em Direito pela PUCPR. Graduada em Economia pela UFPR. Prof.ª Universitária. Membro do Instituto de Direito Tributário de Curitiba e Membro da Comissão de Direito Tributário da OAB-PR. Adv. em Curitiba, atuante no âmbito do Direito Tributário, Empresarial, Administrativo e Civil, com experiência adquirida, inclusive, na gerência de setor jurídico de empresas nacionais e multinacionais.

Danilo Borges dos Santos Gomes de Araujo
Dr. em Direito. Graduado em Direito e em Administração de Empresas. Prof. Universitário.

Dário Manuel Lentz de Moura Vicente
Dr. e Agregado em Direito pela Universidade de Lisboa. Prof. Catedrático da Faculdade de Direito da Universidade de Lisboa.

Deise Luiza da Silva Ferraz
Dra., M.ª e Bela. em Administração. Estágio-doutoral no Centro de Investigação em Sociologia Econômica e das Organizações (SOCIUS) do Instituto Superior de Economia e Gestão da Universidade Técnica de Lisboa.

Eduardo Biacchi Gomes
Pós-Dr. em Estudos Culturais pela UFRJ. Dr. em Direito. Prof. Universitário.

Eduardo Ely Mendes Ribeiro
Dr. em Antropologia Social. Me. em Filosofia. Graduado em Filosofia.

Elizabeth Accioly
Dra. em Direito Internacional e Diplomada em Estudos Europeus pela Faculdade de Direito de Lisboa. Prof.ª Universitária. Adv. e consultora jurídica internacional.

Eloise Helena Livramento Dellagnelo
Pós-Dra. pela Universidade de Essex – Inglaterra. Dra. em Engenharia de Produção. M.ª em Administração. Bela. em Administração e em Letras – Português e Inglês. Bolsa sanduíche na Escola de Administração Pública da University of Southern California (USC) em Los Angeles. Prof.ª Universitária.

Everton das Neves Gonçalves
Dr. em Derecho Internacional pela Universidad de Buenos Aires. Dr. e Me. em Direito, área de concentração em Instituições Jurídico-Políticas. Graduado em Ciências Econômicas e em Direito pela Faculdade de Direito. Professor.

Fabiana Del Padre Tomé
Dra. e M.ª em Direito. Graduada em Direito. Prof.ª Universitária.

Fernando Galvão da Rocha
Dr. em Ciências Jurídicas e Sociais pela Universidade do Museu Social Argentino. Me. em Direito. Esp. em Filosofia. Graduado em Direito. Juiz do Tribunal de Justiça Militar de Minas Gerais. Prof. Universitário.

Fernando Rister de Souza Lima
Doutorando pela Faculdade de Direito da PUC/SP, com estágio doutoral sanduíche na Università degli Studi di Macerata – Itália. Prof. Universitário.

Filipe Avides Moreira
Lic. em Direito pela Faculdade de Direito da Universidade de Coimbra: Direito público e Direito privado. Formador da Ordem dos Advogados. Prof. em pós-graduações na Faculdade de Direito da Universidade Católica Portuguesa, Centro Regional do Porto.

Florence Cronemberger Haret
Dra. em Direito Tributário pela USP. Graduada em Direito. Prof.ª conferencista.

Francis Kanashiro Meneghetti
Dr. em Educação. Me. e graduado em Administração. Prof. Universitário.

Francisco Carlos Duarte
Dr. pela Universidade Técnica de Lisboa e pela Universidad de Granada – Espanha. Dr. em Ciências Jurídicas e Sociais. Me. em Direito. Graduado em Direito. Proc. do Estado do Paraná. Prof. Universitário.

Geraldo Balduíno Horn
Dr. em Filosofia da Educação. Me. em Educação. Esp. em Antropologia Filosófica. Graduado em Filosofia. Prof. Universitário.

Germano André Doederlein Schwartz
Dr., Me. e graduado em Direito. Estágio doutoral sanduíche na Université Paris X-Nanterre. Estágio Pós-Doutoral na University of Reading (UK). Prof. Universitário.

Gilberto Bercovici
Dr. em Direito do Estado. Graduado em Direito. Prof. Universitário.

Gilberto Gaertner
Me. em Engenharia de Produção. Esp. em: Formação em Psicologia Somática Biossíntese; Formação em Integração Estrutural Método Rolf; Formação em Bioenergia Raízes; e Psicologia Corporal – Orgone.

Gonçalo S. de Melo Bandeira
Dr. em Direito pela Faculdade de Direito da Universidade de Coimbra. Me. em Direito pela Faculdade de Direito da Universidade Católica Portuguesa e Esp. em Ciências Jurídico-Criminais pela mesma instituição. Lic. em Direito. Prof. da Escola Estatal Superior de Gestão do Instituto Politécnico do Cávado e do Ave – Portugal. Prof. Universitário.

Helena de Toledo Coelho Gonçalves
Dra. e M.ª em Direito. Graduada em Direito pela PUCPR. Prof.ª Universitária.

Ilton Garcia da Costa
Dr. em Direito. Me. em Administração e Direito. Graduado em Matemática. Prof. Universitário.

Irene M. Portela
Dra. em Direito Público pela Faculdade de Direito da Universidade de Santiago de Compostela. Prof.ª da Escola Superior de Gestão e Provedora do Estudante, do Instituto Politécnico do Cávado e do Ave.

Ivo Dantas
Dr. em Direito Constitucional. Prof. Titular da Faculdade de Direito do Recife – UFPE. LD. em Direito Constitucional – UERJ. LD. em Teoria do Estado – UFPE. Membro da Academia Brasileira de Letras Jurídicas e da Academia Brasileira de Ciências Morais e Políticas. Miembro del Instituto Ibero-Americano de Derecho Constitucional – México. Miembro del Consejo Asesor del Anuario Ibero-Americano de Justicia Constitucional, Centro de Estudios Políticos y Constitucionales (CEPC) – Madrid. Prof. Universitário.

James José Marins de Souza
Pós-Dr. em Direito do Estado pela Universitat de Barcelona – Espanha. Dr. em Direito do Estado pela PUC/SP. Professor.

Jan-Michael Simon
Jurista pela Faculdade de Direito de Rheinische Friedrich-Wilhelms-Universität Bonn – Alemanha: Direito penal, Direito processual penal, Direito internacional penal e Criminologia.

Jane Lúcia Wilhelm Berwanger
Doutora em Direito Previdenciário. M.ª em Direitos sociais e Políticas Públicas. Prof.ª Universitária.

João Bosco Lee
Dr. em Direito Internacional pela Université de Paris II. Me. em Direito Internacional Privado e do Comércio Internacional pela Université de Paris II. Graduado em Direito. Prof. Universitário.

João Paulo F. Remédio Marques
Dr. em Direito pela Faculdade de Direito da Universidade de Coimbra e Prof. Universitário da mesma instituição.

João Ibaixe Junior
Me. em Direito. Pós-graduado em Filosofia. Pres. do CEADJUS.

Jorge Cesar de Assis
Graduado em Direito e em Curso de Formação de Oficiais pela Academia Policial Militar do Guatupê. Prom. da Justiça Militar. Prof. da Escola Superior do Ministério Público da União. Membro do Ministério Público da União.

José Antonio Savaris
Dr. em Direito da Seguridade Social. Me. em Direito Econômico e Social. Juiz Federal.

José Augusto Delgado
Esp. em Direito Civil e Comercial. Bel. em Direito.

José Carlos Couto de Carvalho
Subprocurador geral da Justiça Militar aposentado. Prof. Universitário.

Jose Edmilson de Souza Lima
Dr. em Meio Ambiente e Desenvolvimento. Me. em Sociologia Política.

José Elias Dubard de Moura Rocha
Dr., Me. e graduado em Direito pela UFPE. Prof. Universitário.

José Engrácia Antunes
Dr. em Direito pelo Instituto Europeu de Florença: Direito privado. Prof. da Faculdade de Direito da Universidade Católica Portuguesa, Centro Regional do Porto.

José Henrique de Faria
Pós-Dr. em Labor Relations pelo Institute of Labor and Industrial Relations – ILIR – University of Michigan (2003). Dr. e Me. em Administração. Graduação em Ciências Econômicas. Prof. Universitário.

José Ramón Narváez
Dr. em Teoria e História do Direito pela Universidade de Florença. Prof. associado da Universidade Nacional Autônoma do México.

José Renato Gaziero Cella
Dr. em Filosofia e Teoria do Direito. Me. em Direito do Estado. Pesquisador da Universidade de Zaragoza – Espanha. Prof. Universitário.

José Renato Martins
Dr. em Direito Penal. Me. em Direito Constitucional. Bel. em Direito. Prof. Universitário.

José Ricardo Vargas de Faria
Doutorando pelo Instituto de Pesquisa e Planejamento Urbano e Regional. Me. em Administração e Eng. Civil. Prof. Universitário.

Joseli Nunes Mendonça
Dra., M.ª e Graduada em História. Prof.ª Universitária.

Julimar Luiz Pereira
Me. em Educação Física pela UFPR. Esp. em Treinamento Desportivo. Graduação em Lic. em Educação Física. Prof. Universitário.

Lafaiete Santos Neves
Dr. em Desenvolvimento Econômico. Me. e graduado em História. Prof. Universitário.

Lafayette Pozzoli
Pós-Dr. pela Universidade La Sapienza – Roma. Dr. e Me. em Filosofia do Direito. Graduado em Direito. Adv. Prof. Universitário.

Lauro Brito de Almeida
Dr. e Me. em Controladoria e Contabilidade pela USP. Prof. Adjunto da UFPR.

Liana Maria da Frota Carleial
Pós-Dra. pela Université Paris XIII, no Centre de Recherche en Économie Industrielle (CREI) – França. Dra. e M.ª em Economia. Graduada em Ciências Econômicas. Prof.ª Universitária.

Lúcia Helena Briski Young
Esp. em Auditoria e Controladoria Interna, Gestão Empresarial e Direito, Direito Tributário e Metodologia do Ensino Superior.

Luciano Salamacha
Dr. em Administração. Me. em Engenharia de Produção. Pós-graduado em Gestão Industrial e MBA em Gestão Empresarial. Prof. Universitário.

Luís Alexandre Carta Winter
Dr. em Integração da América Latina. Me. em Integração Latino-americana. Esp. em Filosofia da Educação. Graduado em Direito. Prof. Universitário.

Luis Fernando Lopes Pereira
Pós-Dr. pela Università degli Studi di Firenze – Itália. Dr. em História Social. Me. em História. Esp. em Pensamento Contemporâneo e em História e Cidade. Graduado em Direito e em História. Prof. Universitário.

Luísa Neto
Dra. em Direito pela Faculdade de Direito da Universidade do Porto – Direito constitucional – Direito biomédico e Direito da medicina. Prof.ª da Faculdade de Direito da Universidade do Porto.

Luiz Antonio Câmara
Dr. e Me. em Direito. Prof. Universitário em cursos de graduação, especialização e mestrado.

Luiz Carlos de Souza
Me. em Ciências Contábeis e Atuariais. Esp. em Administração Financeira e em Política e Estratégia. Prof. Universitário.

Manuel da Costa Andrade
Dr. em Direito pela Faculdade de Direito da Universidade de Coimbra: Direito público – Direito penal e Direito processual penal. Prof. Catedrático da Faculdade de Direito da Universidade de Coimbra.

Manuel Martínez Neira
Dr. em Direito. Prof. Universitário na Universidade Carlos III – Madrid.

Mara Regina de Oliveira
Dra., M.ª e Bela. em Direito. Prof.ª Universitária.

Marcelo Pereira de Mello
Dr. em Ciência Política. Me. em Sociologia. Graduado em Ciências Sociais. Prof. Universitário.

Marcelo Weitzel Rabello de Souza
MSc. em Coimbra – Portugal. Pres. da Associação Nacional do Ministério Público. Subprocurador geral da Justiça Militar em Brasília.

Marcio Pugliesi
Dr. e LD. em Direito. Dr. em Filosofia. Dr. em Educação. Bel. em Direito. Graduado em Filosofia. Prof. Universitário.

Marcos Kahtalian
Me. em Multimeios pela Unicamp. Pós-graduado em Administração de Marketing. Prof. de graduação e pós-graduação.

Marcos Wachowicz
Dr. em Direito. Me. em Direito pela Universidade Clássica de Lisboa – Portugal. Graduado em Direito. Prof. Universitário.

Margarida Azevedo Almeida
Doutoranda pela Faculdade de Direito da Universidade de Coimbra: Direito privado. M.ª Prof.ª do Instituto de Contabilidade e Administração do Porto, Instituto Politécnico do Porto.

Margarida da Costa Andrade
Doutoranda pela Faculdade de Direito da Universidade de Coimbra: Direito privado. M.ª Prof.ª da Faculdade de Direito da Universidade de Coimbra.

Maria Elizabeth Guimarães Teixeira Rocha
Pós-doutoranda em Direito. Dra. em Direito Constitucional. M.ª em Ciências Jurídico-Políticas. Esp. em Direito Constitucional. Bela. em Direito. Prof.ª Universitária.

Mário João Ferreira Monte
Dr. em Ciências Jurídico-Criminais pela Universidade do Minho. Me. e Pós-graduado em ciências jurídico-criminais. Prof. Universitário.

Masako Shirai
Dra., M.ª e Graduada em Direito. Membro da Comissão de Exame da Ordem da OAB-SP e da Comissão de Ensino Jurídico da OAB-SP.

Massimo Meccarelli
Prof. Catedrático de História do Direito Medieval e Moderno. Coord. do Programa de Doutorado em História do Direito da Università degli Studi di Macerata – Itália.

Melissa Folmann
Mestre em Direito pela PUCPR. Diretora Científica do IBDP. Professora da Graduação e Pós-graduação em Direito Previdenciário e Processual Previdenciário. Advogada.

Néfi Cordeiro
Dr., Me. e graduado em Direito. Graduação em Engenharia. Graduação Oficial Militar pela Academia Policial Militar do Guatupê. Desemb. Federal. Prof. Universitário.

Nuno M. Pinto de Oliveira
Dr. em Direito pelo Instituto Europeu de Florença: Direito privado – Direito das obrigações e dos contratos. Prof. da Escola de Direito da Universidade do Minho.

Octavio Augusto Simon de Souza
Me. no Alabama, EUA. Juiz do Tribunal de Justiça Militar do Rio Grande do Sul.

Oksandro Osdival Gonçalves
Dr. em Direito Comercial – Direito das Relações Sociais. Me. em Direito Econômico. Prof. Universitário.

Osmar Ponchirolli
Dr. e Me. em Engenharia de Produção. Esp. em Didática do Ensino Superior. Graduado em Filosofia. Graduado em Teologia. Bel. em Teologia. Prof. Universitário.

Pablo Galain Palermo
Dr. em Direito pela Universidade de Salamanca – Espanha: Direito penal, Direito processual penal e Criminologia.

Paolo Cappellini
Prof. Catedrático de História do Direito Medieval e Moderno. Coord. do Programa de Doutorado em Teoria e História do Direito. Diretor da Faculdade de Direito Università degli Studi di Firenze – Itália.

Paula Távora
Doutoranda pela Faculdade de Direito da Universidade de Coimbra: Direito privado. M.ª Prof.ª da Faculdade de Direito da Universidade de Coimbra.

Paulo Ferreira da Cunha
Dr. em Direito pela Faculdade de Direito da Universidade de Coimbra e Dr. em Direito pela Universidade de Paris II. Prof. Catedrático da Faculdade de Direito da Universidade do Porto.

Paulo Gomes Pimentel Júnior
Doutorando da Universidade de Salamanca – Espanha. Me. e graduado em Direito. Esp. em Direito e Cidadania. Pós-graduado em Jurisdição Constitucional e Processos Constitucionais.

Paulo Mota Pinto
Dr. em Direito Privado pela Faculdade de Direito da Universidade de Coimba. Prof. da Faculdade de Direito da Universidade de Coimbra. Deputado da Assembleia da República Portuguesa.

Paulo Nalin
Dr. em Direito das Relações Sociais. Pesquisa em nível de Doutorado na Università degli Studi di Camerino. Me. em Direito Privado. Prof. Universitário.

Paulo Ricardo Opuszka
Dr. em Direito. Me. em Direito, na área de Direito Cooperativo e Cidadania. Bel. em Direito. Prof. Universitário.

Pedro Costa Gonçalves
Dr. em Direito Público pela Faculdade de Direito da Universidade de Coimbra e Prof. Universitário da mesma instituição.

Rafael Rodrigo Mueller
Dr. e Me. em Educação. Graduado em Administração de Empresas. Prof. do Programa de Mestrado Interdisciplinar em Organizações e Desenvolvimento.

Rainer Czajkowski
Me. e graduado em Direito. Pró-Reitor Acadêmico e Prof. Universitário.

Renata Ceschin Melfi de Macedo
M.ª e Graduada em Direito. Prof.ª Universitária Lic.

Ricardo Tinoco de Góes
Doutorando em Filosofia do Direito. Me. em Direito. Prof. Universitário.

Rivail Carvalho Rolim
Pós-Dr. na Universidade de Barcelona em Sociologia Jurídica e Criminologia. Dr. em História. Prof. Universitário.

Roberto Catalano Botelho Ferraz
Dr. em Direito Econômico e Financeiro. Me. em Direito Público. Prof. Universitário.

Roland Hasson
Dr., Me. e graduado em Direito. Prof. Universitário.

Ronaldo João Roth
Juiz de Direito da Justiça Militar do Estado de São Paulo. Membro correspondente da Academia Mineira de Direito Militar. Prof. Universitário.

Sady Ivo Pezzi Júnior
Me. em Educação e Trabalho pela UFPR. Pós-graduado em Gestão da Qualidade pelo Instituto de Tecnologia do Paraná. Pós-graduado em Marketing. Prof. e Coord. do Curso de Administração.

Salvador Antonio Mireles Sandoval
Pós-Dr. pelo Center for the Study of Social Change, New School for Social Research. Dr. e Me. em Ciência Política pela University of Michigan. Me. em Ciência Política pela University of Texas – El Paso. Graduado em Latin American Studies pela University of Texas – El Paso. Prof. Universitário. Prof. Assistente. Pesquisador convidado no David Rockefeller Center for Latin American Studies, Harvard University como J. P. Lemann Visiting Scholar.

Samuel Rodrigues Barbosa
Dr. em Teoria do Direito. Me. em Ciências da Religião. Graduado em Direito. Prof. Universitário.

Sergio Said Staut Jr.
Dr., Me. e Bel. em Direito. Prof. Universitário.

Silma Mendes Berti
Dra. e M.ª Graduada em Direito. Prof.ª Universitária. Juíza Auditora do Tribunal Eclesiástico da Arquidiocese.

Silvia Hunold Lara
Dra. em História Social. Graduada em História. Prof.ª Universitária.

Tercio Sampaio Ferraz Jr.
Dr. em Direito. Dr. em Filosofia pela Johannes Gutemberg Universitat de Mainz. Graduado em Filosofia, Letras e Ciências Humanas, e em Ciências Jurídicas e Sociais. Prof. Universitário.

Valdir Fernandes
Pós-Dr. em Saúde Ambiental. Dr. em Engenharia Ambiental. Me. em Engenharia Ambiental. Graduado em Ciências Sociais. Academic Partner do projeto Advancing Sustainability da Alcoa Foundation.

Vanessa Hernandez Caporlingua
Dra. e M.ª em Educação Ambiental. Graduada em Direito. Prof.ª e pesquisadora em cursos de graduação e no Programa de Pós-graduação em Educação Ambiental.

Vittorio Olgiati
Dr. em Sociologia do Direito. Prof. Associado da Faculdade de Direito da Universidade de Macerata – Itália.

Vladimir Passos de Freitas
Dr., Me. e Lic. em Direito. Prof. Universitário de graduação e de pós-graduação.

Vladmir Oliveira da Silveira
Pós-Dr., Dr. e Me. em Direito. Graduado em Direito e em Relações Internacionais. Prof. Universitário.

Wladimir Brito
Dr. em Direito pela Faculdade de Direito da Universidade de Coimbra: Direito público. Prof. da Escola de Direito da Universidade do Minho.

Willis Santiago Guerra Filho
Pós-Dr. em Filosofia. Dr. em Ciência do Direito pela Fakultät für Rechtswissenschaft der Universität Bielefeld. Me. e graduado em Direito. LD. em Filosofia do Direito. Prof. Universitário.

Wilson Alberto Zappa Hoog
Me. em Ciência Jurídica. Perito Contador Auditor. Prof. Doutrinador de Perícia contábil, Direito contábil e de Empresas em cursos de pós-graduação.

Wilson Furtado Roberto
Me. e Esp. em Ciências Jurídico-internacionais pela Faculdade de Direito da Universidade Clássica de Lisboa. MBA em Gestão Empresarial pela Fundação Getúlio Vargas. Bel. em Direito.

Esta obra foi impressa em oficinas próprias, utilizando moderno sistema de impressão digital. Ela é fruto do trabalho das seguintes pessoas:

Editoração:
Elisabeth Padilha
Fernanda Brunken
Silvia R. Perucelli

Índices:
Emilio Sabatovski
Iara P. Fontoura
Tania Saiki

Impressão:
Lucas Fontoura
Marcelo Schwb
Marlisson Cardoso

Acabamento:
Afonso P. T. Neto
Anderson A. Marques
Carlos A. P. Teixeira
Lucia H. Rodrigues
Luciana de Melo
Maria José V. Rocha
Marilene de O. Guimarães
Nádia Sabatovski
Rosinilda G. Machado
Terezinha F. Oliveira

"Se você não sabe para onde vai, todos os caminhos o levam para lugar nenhum."
Henry Kissinger

LANÇAMENTOS

JURUÁ EDITORA

DIREITO

Legislação Previdenciária - Acompanha CD-ROM - 29ª Ed.
Atualizada até 25/09/2013
Orgs: Emilio Sabatovski e Iara P. Fontoura - 316p
ISBN: 978853624448-8
R$ 89,90

Lei de Licitações - Paraná 4ª Ed.
Legislação Complementar Índice Alfabético Geral
Atualizada até 10/09/2013
Orgs.: Emilio Sabatovski e Iara P. Fontoura - 156p
ISBN: 978853624426-6
R$ 29,90

Previdência Social nos 90 Anos da Lei Eloy Chaves
Coords: Melissa Folmann e Jane Lucia Wilhelm Berwanger - 784p
ISBN: 978853624444-0
R$ 189,90

Curso de Processo Previdenciário - Vol. 1 - *Processo Administrativo de Benefícios no RGPS*
Marcelo Barroso Lima Brito de Campos - 214p
ISBN: 978853624445-7
R$ 49,90

Aposentadoria Especial Teoria e Prática
Adriane Bramante de Castro Ladenthin - 346p
ISBN: 978853624372-6
R$ 89,70

Previdência Social e Sociedade Pós-Industrial
Fabio Luiz dos Passos - 210p
ISBN: 978853624437-2
R$ 49,90

Manual de Acidente do Trabalho 7ª Ed. - *Abordagem Inédita do Interesse Judicial do Empregador nos Benefícios dos Empregados*
Hertz Jacinto Costa - 432p
ISBN: 978853624442-6
R$ 97,40

Dano Moral no Direito Previdenciário 2ª Ed.
Doutrina, Legislação, Jurisprudência e Prática
Wânia Alice F. L. Campos - 186p
ISBN: 978853624446-4
R$ 49,90

Aposentadoria Especial 6ª Ed.
Regime Geral da Previdência Social
Maria Helena Carreira Alvim Ribeiro - 976p
ISBN: 978853624443-3
R$ 239,90

Revisões de Benefícios Previdenciários 2ª Ed.
Melissa Folmann e João Marcelino Soares - 348p
ISBN: 978853624447-1
R$ 84,90

Propriedade Intelectual em Mercados Regulamentados, A
Os Casos das Indústrias Farmacêutica e Automotiva
Coleção Para Entender
Nuno Pires de Carvalho - 137p
ISBN: 978853624438-9
R$ 34,90

Convenção de Viena sobre o Direito dos Tratados, A
Coleção Para Entender
Carolina Laboissiere Muzzi, Júlia Soares Amaral, Loni Melillo Cardoso - 126 p
ISBN: 978853624440-2
R$ 34,90

Saber Jurídico Diante da Diversidade do Conhecimento, O
Coords.: Clayton Reis e Wesley Macedo de Sousa - 364p
ISBN: 978853624415-0
R$ 89,90

Papel do Consentimento no Direito Internacional, O
Coleção Para Entender
Leonardo Nemer Caldeira Brant - 142p
ISBN: 978853624441-9
R$ 34,90

Direito Processual Internacional e o Contencioso Internacional Privado
Coleção Para Entender
Fabrício Bertini P. Polido - 190p
ISBN: 978853624439-6
R$ 49,90

Preços sujeitos à alterações sem aviso-prévio.

Estratégia na Advocacia 3ª Ed.
Lara Selem - 210p
ISBN: 978853624497-6
R$ 54,40

Ações Coletivas e Construção da Cidadania
Coords.: José Querino Tavares Neto e Juvencio Borges Silva - 272p
ISBN: 978853624421-1
R$ 69,80

Direito Imigratório 2ª Ed.
Serviço Público Migratório - Vistos, Acordos de Residência, Naturalização - Atualizado até a RN 104/2013 CNIg
Alexandre Rocha Pintal - 424 p
ISBN: 978853624417-4
R$ 99,70

Curso de Direito Disciplinar Militar 4ª Ed.
Da Simples Transgressão ao Processo Administrativo
Jorge Cesar de Assis - 464p
ISBN: 978853624423-5
R$ 114,90

Manual Prático da Vara de Família 3ª Ed.
Roteiros, Procedimentos, Despachos, Sentenças e Audiências
Denise Damo Comel - 504p
ISBN: 978853624382-5
R$ 124,90

25 Anos da Constituição e o Direito do Trabalho
Coords.: Luiz Eduardo Gunther e Silvana Souza Netto Mandalozzo
Orgs.: Juliana Cristina Busnardo e Marco Antônio C. Villatore - 568p
ISBN: 978853624460-0
R$ 139,90

Ação de Execução de Entrega de Coisa (Certa e Incerta)
Para o Dia a Dia, Exame da Ordem e Concursos
J. E. Carreira Alvim - 140p
ISBN: 978853624416-7
R$ 34,90

Estatuto dos Servidores Públicos Civis do Paraná 6ª Ed.
Atualizada até 01/10/2013
Orgs.: Emílio Sabatovski e Iara P. Fontoura - 180p
ISBN: 978853624458-7
R$ 39,90

Função Social do Contrato & Direito Ambiental
Aspectos Contratuais Civis, Ambientais e Hermenêuticos
Karina Alves Teixeira Santos 228p
ISBN: 978853624424-2
R$ 59,90

Direitos Fundamentais nas Relações Entre Particulares
Coleção Mirada a Bombordo
Ana Paula N. Mendonça - 174p
ISBN: 978853624428-0
R$ 44,90

Repercussão Geral no Recurso Extraordinário
Sandro Luiz de O. Rosa - 208p
ISBN: 978853624411-2
R$ 52,90

Investigação Criminal
Conduzida por Delegado de Polícia - Comentários à Lei 12.830/2013
Coords.: Ellomar da Silva Pereira e Sandro Lucio Dezan - 288p
ISBN: 978853624449-5
R$ 74,90

Administração Tributária Cibernética
O Interesse Público e o Princípio da Eficiência como Critérios de Legitimidade
Marcelo Miranda Ribeiro - 264p
ISBN: 978853624467-9
R$ 69,90

Seguros de Responsabilidade Civil - Manual Prático e Teórico
Walter A. Polido - 1304p
ISBN: 978853624462-4
R$ 289,90

Nova Execução de Título Extrajudicial 6ª Ed.
Comentários à Lei 11.382/06
J. E. Carreira Alvim e Luciana G. Carreira Alvim Cabral - 268p
ISBN: 978853624498-3
R$ 64,70

Responsabilidade Civil no Direito de Família 5ª Ed.
Atualizado de Acordo com a EC 66/2010
Inacio de Carvalho Neto - 552p
ISBN: 978853624434-1
R$ 129,90

Mediação Penal & Justiça
Da Ética da Alteridade como Fundamento Filosófico para a adoção das Práticas Restaurativas
Cristina Rego de Oliveira - 170p
ISBN: 978853624453-2
R$ 44,90

Relações Internacionais do Mundo Árabe 2ª Ed.
Coleção Relações Internacionais
Os Desafios para a Realização da Utopia Pan-Arabista
Silvia Ferabolli - 178p
ISBN: 978853624469-3
R$ 44,70

Concursos Públicos Militares
Tutelas de Urgência Teoria e Prática
Diógenes Gomes Vieira - 616 p
ISBN: 978853624385-6
R$ 149,90

Competência Cível da Justiça Federal e dos Juizados Especiais Federais 2ª Ed.
Antônio César Bochenek e Vinicius Dalazoana - 236 p
ISBN: 978853624499-0
R$ 59,90

Tributação, Concorrência & Desenvolvimento
Coords.: Melissa Folmann e Oksandro O. Gonçalves - 312 p
ISBN: 978853624463-1
R$ 79,90

Programas de Transferência de Renda
Atores e Políticas Públicas na Reconfiguração do Estado Contemporâneo
Cleide Calgaro - 200p
ISBN: 978853624430-3
R$ 49,90

Estatuto dos Funcionários do Poder Judiciário Paraná
Orgs.: Emílio Sabatovski e Iara P. Fontoura - 98p
ISBN: 978853624470-9
R$ 22,90

Execução Penal e Direitos Humanos 2ª Ed.
Para Provas e Concursos
Cláudio Mendes Júnior - 304p
ISBN: 978853624451-8
R$ 59,70

El Proceso Ordinario Civil Teoría y Práctica
Colección Procesal Civil
Rosa Pérez Martell e Salvador Iglesias Machado - 214p
ISBN: 978853624435-8
R$ 49,90

Comentários à Nova Lei do Mandado de Segurança Lei 12.016/09 2ª Ed.
J. E. Carreira Alvim - 416p
ISBN: 978853624429-7
R$ 87,90

Como Tornar-se Juiz?
Uma Análise Interacionista sobre o Concurso da Magistratura Francesa
Fernando de C. Fontainha - 560p
ISBN: 978853624465-5
R$ 139,90

Processo do Trabalho & Evolução do Direito
Estudos em Homenagem ao Professor José Soares Filho
Cords.: Amaro C. Pessoa, Sergio T. Teixeira e Juliana T. Esteves - 328p
ISBN: 978853624454-9
R$ 79,90

Direito e Saúde
Enfoques Interdisciplinares
Coords.: Felipe Asensi, Paula Lucia Arévalo Mutiz e Roseni Pinheiro - 504p
ISBN: 978853624472-3
R$ 114,80

E-Justiça e Processo Eletrônico
Anais do 1º Congresso de e-Justiça da UFPR
Coord.: César Antonio Serbena - 366p
ISBN: 978853624432-7
R$ 89,90

PSICOLOGIA

Psicopatologia Forense e Direito
Teoria e Aspectos Práticos
Nivaldo Duarte de Marins - 126p
ISBN: 978853624427-3
R$ 34,90

Comportamento Antissocial
Psicoterapia para Adolescentes Infratores de Alto Risco
Giovana Veloso Munhoz da Rocha - 176p
ISBN: 978853623997-2
R$ 44,90

Esquizofrenia de Acordo com a Abordagem Comportamental, A
Gina Nolêto Bueno e Ilma A. Goulart de Souza Britto - 182p
ISBN: 978853624455-6
R$ 49,90

Treinamento de Habilidades Elementares em Grupo
Psicoterapia e Outras Práticas Manual Teórico-Prático
Norma Sant'Ana Zakir e Edmarcia Manfredin Vila - 108p
ISBN: 978853624380-1
R$ 28,90

Crianças Infratoras
Garantia ou Restrição de Direitos? - Um estudo psicanalítico sobre as medidas de proteção no campo do ato infracional infantil
Adriana Simões Marino - 178p
ISBN: 978853624464-8
R$ 44,90

LITERATURA

Violência nas Escolas
Uma Realidade a Ser Transformada
Coord.: Celma B. Gomes - 236p
ISBN: 978853624474-7
R$ 59,90

Virando Patrão
Semeando Livros
Renato de Paiva Pereira - 88p
ISBN: 978853624419-8
R$ 24,90

Diabo Vai ao Céu, O
Semeando Livros
Renato de Paiva Pereira -154p
ISBN: 978853624459-4
R$ 39,80

A Mulher é +
Semeando Livros
Presente para a Mulher - Manual para o Homem
Lutero de Paiva Pereira - 66p
ISBN: 978853624433-4
R$ 19,90

FILOSOFIA

Filosofia Política
Emancipação e Espaço Público
Coords.: José Henrique S. Assai, Ricardo G. de Araújo Silva, Antonio G. Brasil Maia - 156p
ISBN: 978853624466-2
R$ 39,90

CONFIRA NOSSO CATÁLOGO COMPLETO EM:
www.jurua.com.br